高职高专规划教材

Economic Law

经济法

【第七版】

主　编 / 曾建飞　何玉龙

副主编 / 张文福　白　婧

撰稿人：曾建飞　何玉龙　张文福
白　婧　王沛锐　刘　辉
金　丛　郑亦麒　黄翼丹

厦门大学出版社
XIAMEN UNIVERSITY PRESS
国家一级出版社
全国百佳图书出版单位

图书在版编目（CIP）数据

经济法 / 曾建飞，何玉龙主编. -- 7版. -- 厦门 : 厦门大学出版社，2022.8
高职高专规划教材
ISBN 978-7-5615-8701-0

Ⅰ. ①经… Ⅱ. ①曾… ②何… Ⅲ. ①经济法—中国—高等职业教育—教材 Ⅳ. ①D922.29

中国版本图书馆CIP数据核字(2022)第140352号

出 版 人 郑文礼
责任编辑 李 宁

出版发行 厦门大学出版社
社　　址 厦门市软件园二期望海路39号
邮政编码 361008
总　　机 0592-2181111 0592-2181406(传真)
营销中心 0592-2184458 0592-2181365
网　　址 http://www.xmupress.com
邮　　箱 xmup@xmupress.com
印　　刷 厦门兴立通印刷设计有限公司

开本 787 mm×1 092 mm 1/16
印张 18
插页 2
字数 450千字
版次 2009年5月第1版 2022年8月第7版
印次 2022年8月第1次印刷
定价 52.00元

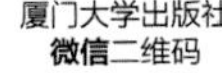
厦门大学出版社
微信二维码

厦门大学出版社
微博二维码

前言

近几年，高职高专教育发展迅速。由于高职高专教育有非常强烈的应用导向，因此，如何在有限的时间里，最大限度地突出课程的应用特色是每一个教师都要面临的挑战。本书即是编者在实践基础上，结合近年教学经验的创新尝试。高职高专经济管理类专业人才的特点是以应用能力培养为本位，因此，本书采取“以案说法”的形式编排理论内容，使得学生能在课堂上更好地吸收经济法基础知识。本书每章后均附有练习题，体现了“教、学、做”合一的职教特色。以下是本书的简要介绍：

1.适用范围。本教材的读者对象主要定位于高等职业院校、高等专科院校及成人高校的管理类、经济类各专业学生。同时适用于对经济法有兴趣者。

2.内容特色。本教材行文力求生动、鲜明，内容表达遵循简明扼要、深入浅出、循序渐进原则，对一些重点难点讲解透彻。为了更好地进行教学，本书在兼顾学科体系的前提下，在编排上采用了理论与案例相结合的教学手段来加强课程的应用特色，力求营造一个师生互动的教学环境。

3.结构体系。从高职高专培养应用型人才的角度来看，本书把握“必需、够用”的原则，介绍经济法的基本原理、基础知识，其主要面向高职高专学生，内容不应该太庞杂，但又不至于太简略。

4.教学建议。希望教师在注重讲解经济法的基础知识、基本理论的同时，根据本教材各章节的具体内容选择一些案例进行分析，以便学以致用，使学生能够逐步把所学的理论知识用来解决实际问题。

本书在编写过程中，参阅了目前已经出版的许多优秀教材、专著和相关资料，引用了其中一些有关的内容和研究成果，恕不一一详尽说明，仅在参考文献中列出，在此谨向有关作者致以衷心的感谢！另外，厦门大学出版社的贾素文编辑和李宁编辑不仅在文字上给予很多细心的帮助，而且也一起参与了本书的整体规划，在此一并表示感谢。

本书由曾建飞拟订写作大纲，明确写作指导思想和具体要求，负责总撰定稿工作，并担任主编；何玉龙负责写作协调并担任主编。张文福、白婧负责全书的文字规划并担任副主编。全书共19章，具体编写分工如下：

曾建飞，撰写第四章、第五章、第六章，共计7万字；

何玉龙，撰写第一章、第九章，共计2万字；

张文福，撰写第十四章 第十五章，共计3万字；

白婧，撰写第二章、第十章，共计3万字；

王沛锐，撰写第三章、第十六章、第十七章，共计6万字；

刘辉，撰写第十一章、第十二章、第十三章，共计4万字；

金丛，撰写第十八章、第十九章，共计3万字；

郑亦麒，撰写第八章，共计1万字；

黄翼丹，撰写第七章，共计1万字。

限于作者水平有限，书中难免有错误和不妥之处，请各位读者、前辈不吝赐教！

作者 Email：feixmu@qq.com

目　录

第一章　经济法概述

学习目标

★ 掌握经济法的概念及调整对象

★ 理解经济法律关系的概念及构成要素

★ 明确经济法律责任

理论精要

【案例导入】

在实行市场经济的社会里，随着生产社会化、市场化程度的大幅度提高，市场竞争日益激烈，社会经济生活中出现了一系列新的法律现象：(1)美国在1890年制定了《谢尔曼法》，1914年制定了《克莱顿法》和《联邦贸易委员会法》。(2)作家辛克莱尔描写屠宰业黑幕的小说《丛林》(*The Jungle*)出版后，很多美国人连肉都不敢吃了，因这本书所引发的讨论，促使美国政府制定了《肉品检疫法》等产品责任法。(3)面对亚洲金融危机，香港特别行政区政府于1998年8月动用巨额港元入市公开操作，并推出30条措施强化金融监管。这些法律现象有何共同点？对你有何启示？

第一节　经济法的概念及调整对象

一、经济法的概念

经济法是调整国家在干预与协调经济运行过程中发生的经济关系的法律规范的总称。

一般认为，“经济法”这个概念，是18世纪法国空想社会主义的代表人物之一莫莱里(Morelly)在1755年出版的《自然法典》一书中首先提出来的。1943年，法国另一位空想共产主义代表人物德萨米(Dezamy)在《公有法典》一书中也使用了“经济法”这一概念。但那时的“经济法”是在大致相当于产品分配法的意义上来使用这一概念的。进入20世纪后，德国学者首先使用了经济法这一概念，后来，其他国家的学者和颁布的法律中也先后使用了经济法这一用语。如1964年捷克斯洛伐克的《经济法典》。

经济法是一项重要的部门法，与其他各种法律一样，是统治阶级意志的体现，由制定法律的统治阶级及其产生的社会政治、经济制度所决定的。因此，我国经济法是建立在社会主义经济基础之上的国家意志和利益的体现，它的服务目标是保证社会主义市场经济的建立和巩固。

【思考1-1】经济法是调整经济关系的法律规范的总称。这一说法正确吗？

二、经济法的调整对象

经济法的调整对象即经济法调整的社会关系，是指国家在干预社会经济活动过程中所发生的经济关系。所谓国家干预的经济关系是指需要由国家或者国家政府部门运用法律手段对经济发展进行调控、管理、监督、引导、扶植所产生的经济关系。经济法最基本的属性是体现国家运用法律对社会经济生活的干预。“干预”体现了经济法的权力属性。

经济法并不调整所有的经济关系，而仅仅是调整具有全局性和社会公共性的经济关系。经济法以“社会本位”作为存在的基础。对于具有全局性和社会公共性的经济关系，干预或者不干预，完全取决于国家的需要。

1.市场主体调控关系

市场主体调控关系即国家对市场主体的活动进行管理以及市场主体在自身运行过程中所发生的社会关系。所谓市场主体，主要指在市场上从事直接和间接交易活动的经济组织，如企业(公司、合伙企业、独资企业等)和非企业性经济组织。国家为了协调经济的运行，对于各种市场经济主体的设立、变更、终止及其内部各部门之间的关系通过法律手段进行规范。如果对企业管得太严格，不利于发挥其积极性；相反，如果不进行管理，则会出现责任不清、效率低下等一系列问题。

2.市场运行调控关系

社会主义市场经济的建立和健全，有赖于统一的、开放的、竞争的、法制化的市场体系的建立和健全。统一的市场要求打破条块分割；开放的市场要求生产要素的流动；竞争的市场要求禁止封锁和垄断；法制化的市场要求有法可依、有法必依、执法必严、违法必究。而市场本身不能达到此目标，必须依赖国家的干预，加强市场的管理。通过对市场的调控，可以有效地反对垄断，制止不正当的竞争。

3.宏观经济调控关系

现代市场经济的运行是一个极其复杂的过程，经济运行到一定程度，“市场之手”的缺陷就会暴露。市场主体个体利益取向的单一和短视导致资源配置的无序化与严重浪费。再者，全球经济的一体化趋势加强，国家在世界经济的竞争中要增强综合国力，国家经济的发展需要整体规划，技术创新需要国家政策调控与引导。仅仅依靠基础层次的市场自发调节无法解决以上问题，而需要国家进行宏观调控。

4.社会经济保障关系

建立健全的社会主义市场经济，国家必须通过立法强制实施互济互助、社会化管理的社会保障制度。

三、经济法的特征

1.经济性

经济法是关于经济的法。它作用于市场经济，调整特定的经济关系。它反映经济规律，包括价值规律、投入产出规律等。它所运用的是经济手段，即经济手段法律化。因此，在一定程度上经济法可称为“效益法”，即经济性、效益性是经济法最显著的特征。

2.灵活性

经济法是国家干预社会经济的法，面对复杂多变的经济生活，国家在什么时候干预、什么程度上干预、什么条件下干预,并不是一成不变的。同时,国家干预经济往往以政策先行,继而将经济政策赋予法律效力或是上升为法律。因此,经济法表现出灵活性和变动性的特征。但是,这并不意味着经济法规范缺乏确定性和稳定性而随意改变。

3.社会性

经济法是国家干预社会经济之法,调控的对象是国民经济整体,是从社会整体利益出发的。经济法的各种规范,如反不正当竞争和反垄断法、银行法、财税法、产品质量法等都是着眼于维护社会整体利益的,其规范具有明显的社会性特征。经济法追求社会公共利益目标,是保障社会经济良性运行的法律形式。

4.综合性

经济法反映了法律对经济事务的有机调整,具有综合性特征。这主要表现在经济法在规范内容上融合了公法因素和私法因素,在调整手段上运用了公法手段、私法手段甚至其他奖励手段,在法律原则上注重了经济民主与经济集中、宏观与微观、经济多重目标的结合。

第二节　经济法律关系

一、经济法律关系的概念

法律关系是由法律规范所确认的当事人之间的具有权利义务内容的社会关系。不同的社会关系经不同的法律调整形成不同的法律关系,经济法律关系是法律关系的一种,是指被经济法规调整的、在经济法主体之间形成的权利义务关系。

经济法律关系同其他法律关系一样,由主体、客体和内容三个基本要素构成。

二、经济法律关系的构成要素

(一)主体

经济法律关系的主体,即经济法主体,是指参加经济法律关系,依法享有权利和承担义务的当事人。经济法的主体包括如下几种。

1.国家机关

国家机关是行使国家职能的各种机关的统称。在经济法律关系的主体范畴中,国家机关,主要是指经济管理机关。具有经济管理职能的国家管理机关,具体来讲可分为两大类:一类是按不同的经济部门来划分的部门性经济管理机关,如交通运输部、农业农村部、工业和信息化部等;一类是职能性经济管理机关,如财政部、国家市场监督管理总局、税务总局、物价局、海关总署等,它们体现国家计划、组织、指挥、管理和调节的职能。

2.社会组织

社会组织,是指经法定程序设立,实行独立核算或预算,拥有独立的财产权或经营管理权的企业、事业单位和社会团体等。

3.经济组织内部的职能机构或下属单位

经济组织内部一般都有职能部门和下属的分支机构或基层单位,表现为一定的隶属层次,如企业内部的职能科室,工厂中的车间、班组等。一个企业的经济效益在一定程度上取决于内部经济关系调整的好坏，取决于内部各种机构以及所属成员的能力是否得到了充分的发挥。因此，对内部机构实行法律保护，确认其地位和权限是非常重要的。当社会组织内部机构的关系用经济法律来调整时，其主体就成为经济法律关系的主体。

【思考 1-2】分析下列各项中，可以成为经济法主体的有哪些？

A.商场　B.市政府　C.某公司的生产车间　D.财政局的预算科

4.个体户与承包户

城乡居民从事个体经营活动，一般要在经济法律规范允许的范围内进行，他们依法申请营业执照后，从事工商经营的为个体户。城乡居民与其他经济组织签订承包合同，进行承包经营的为承包户。

5.自然人

自然人与公民不同。公民，是一个宪法的概念，是指具有一国国籍的人。一个国家的公民当然都是自然人，但是在该国的自然人并不限于其国内的公民。自然人的范围要广于公民，在民法领域，公民只是自然人的一种。

公民与自然人，除了在公法和私法上的不同称谓外，还有下列深刻含义：首先，自然人概念更能反映民事主体的市民属性。市民社会是由市民所构成，政治国家则是由公民所构成。民法是调整市民社会生活关系的法，民法上的人就是市民社会的市民。其次，自然人概念更能体现民法规范人权的基本性质。从个人权利角度出发，市民社会和政治国家的分离，导致了人权和公民权的确立。在市民社会中，人的目的性体现为人权；在政治国家中，人的目的性体现为公民权。

【思考 1-3】经济法律关系的主体必须是市场主体，政府机关是行政主体，不能称为经济法律关系的主体。该观点是否正确？

（二）客体

1.经济法律关系客体的概念

经济法律关系的客体是指经济法律关系主体的经济权利和经济义务所共同指向的对象，是经济权利和经济义务的载体和目标。

2.经济法律关系客体的种类

经济法律关系的客体主要包括以下几类：

（1）物。物是指能够满足人们需要的，可以为人所控制的，具有一定经济价值的物质实体。它可以是天然物，也可以是人类的劳动创造物，还可以是充当一般等价物的货币和有价证券。人作为整体只能是法律关系的主体，但人的部分，例如与身体相分离的头发、血液、骨髓和其他器官等在某些情况下也可视为法律上的“物”。

（2）行为。这里的行为是指经济法主体在市场经济活动中为达到一定的目的所进行的活动，包括经济管理行为、完成一定的工作和提供一定的劳务。经济管理行为是指经济管理主体行使管理权和经营管理权所指向的行为，如经济决策行为、经济命令行为、审查批准行为及经济监督检查行为等。完成一定的工作是指经济法主体的一方利用自己的资金和技术设备为对方完成一定的工作任务，而对方根据完成工作的数量和质量支付一定的报酬。比如，建筑安装、勘察设计和工程施工等。提供一定的劳务是指经济法主体的一方利用自己的设施和技术条件，为对方提供一定的劳务或服务满足对方的需求，而对方支付一定的酬金，比如仓储保管、货物运输等。

(3)知识产品。这是指人们创造的能够带来经济价值的创造性智力成果和经营性标记,即知识产权的客体,如著作、专利、商标、商业机密等。

(4)权利。随着社会的发展,经济法律关系的客体在多样性方面日益扩张,权利亦可能成为经济法律关系的客体,如专有技术、土地使用权、专营权、特许权等。

(5)信息、数据、网络虚拟财产。随着信息时代的到来,信息、数据等网络资源在法律关系客体中的地位愈发重要,《中华人民共和国网络安全法》《中华人民共和国数据安全法》都明确了对于信息数据安全的保护。信息,通常是指有价值的情报或资讯,包括产业情报、商业机密、个人隐私等。数据,是指任何以电子或者其他方式对信息的记录。网络虚拟财产,是指一切存在于特定网络虚拟空间的专属性的虚拟物。

(三)内容

1.经济法律关系内容的概念

经济法律关系的内容是指经济法律关系主体所享有的经济权利和承担的经济义务。

2.权利

经济权利是指经济法律关系主体依法享有的自己为一定行为或不为一定行为和要求他人为一定行为或不为一定行为的资格。经济权利包括经济职权、所有权、国有资产管理权、经营管理权、承包经营权、债权、知识产权。

3.义务

经济义务是指经济法主体依法为满足权利主体的要求必须为或不为一定行为的责任,承担经济义务的主体又可称为义务主体。它包括以下含义:

(1)经济义务主体必须依法或依照合同约定为一定的行为以满足权利主体的利益和要求。

(2)经济义务主体必须依法或依照合同的约定不为一定的行为以满足权利主体的利益和要求。

(3)当经济义务主体不履行或不当履行义务时,要受到国家强制力的制裁。

在我国,经济法主体应履行的义务主要有:①贯彻党的路线、方针、政策;②遵守国家法律和计划的要求;③不得违背国家利益和社会公共利益;④履行经济管理的职责;⑤完成国家指令性计划,缴纳税金;⑥全面履行法律规定的义务或约定的义务;⑦不得侵犯其他经济法主体的合法权益。

三、经济法律事实

1.经济法律事实的概念

法律事实是指能够引起经济法律关系产生、变更和终止的客观情况。仅有经济法规的存在并不能直接指导经济法律关系的产生、变更和终止。经济法律关系的产生、变更和终止还必须与经济生活中发生的某种现象、某种具体事实联系在一起,但并不是所有的客观事实都是经济法律事实,只有那些被经济法所调整的客观事实才属于法律事实。经济法律事实是由经济法所规范的,具有法律意义的,并能引起一定的经济法律后果的客观事实。

2.经济法律事实的种类

法律事实是多种多样的,依据它们与经济法律关系主体的主观意志的关系,可以把经济法律事实分为行为和事件两大类。

(1)行为。指由一定的组织或个人在其主观意志支配下自觉实施的,能够引起经济法律关系发生、变更和终止的活动。经济法律行为按其性质可分为合法行为与违法行为。经济合法行为是指符合法律规定的行为。通常是指行为者要有合法的主体资格,意思表示要真实,内容要求合法,有必要的形式和手续。经济违法行为是指经济法律关系主体违反法律、法规的行为。如国家机关的不当罚款行为、违法征税行为等。

(2)事件。事件是指不以当事人的意志为转移的能够引起经济法律关系产生、变更和终止的客观事实。经济法律事件人们无法或难以预见,也无法或难以克服。水灾、火灾、虫灾、旱灾、地震等自然灾害,战争、政府更迭、国家解体、游行、示威、罢工等人为灾难均属法律事件。这些事件的出现和发生,既可以引起经济法律关系的产生,又可以引起经济法律关系的变更和消灭。例如,当遇自然灾害,公路被洪水冲毁时,会引起有关运输合同的变更或解除等。

第三节 经济法律责任

【思考 1-4】经济法是调整经济关系的法律,因而违反经济法之后,只需承担民事责任,对吗?

国家通过经济立法和经济司法活动,保障经济法律关系当事人权利和义务的实现,对破坏经济法律关系的行为追究法律责任。经济法上的责任,即经济法责任,指的是行为人违反经济法上规定的义务所应当承担的法定强制的不利后果。其含义如下:

(1)行为人违反了经济法规定的义务,这是其承担责任的前提。

(2)经济法责任表示的是对行为人的一种否定性评价或应由其承担的不利后果。

(3)经济法责任由法定强制力予以保障,致使行为人受到追究和制裁。

与经济法调整方法相联系,经济法责任具有一定的综合性,它并不像民、行、刑等部门法责任制度那样只限于单一的民事、行政、刑事责任,而是表现为多种责任形式的统一和组合。经济法律责任包括以下几种:

1.民事责任

民事责任是指违反经济法律、法规所规定的民事义务的单位和个人所应当承担的法律责任。其主要形式有:赔偿损失、支付违约金、停止侵害、返还财产、恢复原状、修理、重作、更换等。

2.行政责任

行政责任是由有关管理机关对违反经济法律、法规的单位和个人,依行政程序而给予的制裁,包括行政处罚和行政处分。对企业和经济组织可以采取警告、限期停业整顿、吊销营业执照、勒令关闭等行政处罚方法;对国家机关工作人员和经济组织的职工可以采取警告、记过、记大过、降级、降职、撤职、留用察看、开除等行政处分方法。

3.刑事责任

刑事责任是对违反经济法律、法规造成严重后果,已触犯国家刑律的人依法给予的刑事处罚措施。

刑罚分为主刑和附加刑。主刑的种类有:管制、拘役、有期徒刑、无期徒刑、死刑。附加刑的种类有:罚金、剥夺政治权利、没收财产。附加刑可以独立适用。对于犯罪的外国人,可以独立适用或者附加适用驱逐出境。

刑事责任不只限于自然人,对于法人和社会组织也适用刑事责任。公司、企业、事业单位、机关、团体实施的危害社会的行为,法律规定为单位犯罪的,应当负刑事责任。单位犯罪的,除另有规定外,对单位判处罚金,并对其直接负责的主管人员和其他直接责任人员判处刑罚。

此外,经济法上还规定了奖励制度。假定、处理、后果是法律规则的三要素,其中就后果而言分为肯定性后果和否定性后果两种形式。肯定性后果是确认行为以及由此产生的利益和状态具有合法性和有效性,予以保护甚至奖励;否定性后果是否认行为以及由此产生的利益和状态具有合法性和有效性,进而追究行为人的法律责任,并施以制裁。在传统法部门中否定性后果较为突出,而在现代法部门中则越来越多地设定肯定性后果。经济法中的奖励便是一种肯定性后果。经济法奖励,是指行为人因积极履行经济法规定的义务(职责)或满足某种法定条件,所应得到的某种物质利益或精神鼓励、荣誉。经济法奖励可分为物质奖励和精神奖励。物质奖励包括:减、免或部分返还应上缴的税收、利润;信贷优惠;价格优惠;物资供应优惠;财政补贴;颁发奖金、奖品;晋升工资等。精神奖励包括:通令嘉奖、记功、授予荣誉称号、评优评奖、晋升职务职称等。物质奖励和精神奖励可以单独适用,也可以同时适用;可以对单位,也可以对个人。

一、选择题

1. 下列各项中,可以作为经济法律关系的客体的有哪些?(　　)

A. 阳光　　B. 空气　　C. 股票　　D. 房屋

2.下列选项中可以作为经济法律关系主体的是(　　)。

A.某股份有限公司　　B.中国银行　　C.消费者　　D.某律师事务所

3.下列各项中属于民事责任形式的有(　　)。

A.返还财产　　B.支付违约金　　C.罚款　　D.责令停产停业

4.罚款属于(　　)。

A.民事责任　　B.刑事责任　　C.行政处分　　D.行政处罚

二、问答题

1. 什么是经济法?经济法的调整对象是什么?
2. 经济法律关系的构成要素有哪些?
3. 举例说明经济法律关系的三要素。

三、案例分析

在20世纪90年代末亚洲金融危机期间,作为世界金融中心的香港受到了较大的影响。为保证香港金融市场的稳定,香港特别行政区于1998年8月动用了近千亿港币入市操作;

1998 年 9 月，香港特别行政区金管局采取了 7 项技术性措施；之后，香港特别行政区财政司又公布了 30 条措施。这些行为都是为了增强香港特别行政区货币及金融系统抵御国际投机者操控的能力。分析：

(1)香港特别行政区政府入市操作的行为是否属于经济法的调整范围？

(2)香港特别行政区金管局和财政司的措施受经济法的约束吗？

(3)什么是经济法？经济法律关系的构成要素有哪些？

第二章 企业法

学习目标

★ 了解个人独资企业、合伙企业的概念、特征以及设立程序
★ 掌握个人独资企业的投资人及事务管理规定
★ 掌握普通合伙企业的财产构成、事务执行、与第三人关系以及入伙、退伙规定
★ 掌握有限合伙的特殊规定

第一节 个人独资企业法

【案例导入】

李某2021年1月独资开办了一家食品加工厂，注册资金为4万元，由于原材料保存不当，发生了腐烂，造成消费者食物中毒，索赔16万余元，食品加工厂被迫破产，其破产财产只有7万元。于是消费者向法院要求强制执行李某的个人财产及其家庭共有财产。分析：

(1)李某是否应当承担偿还责任？为什么？

(2)能否用家庭共有财产偿还？为什么？

(3)什么是个人独资企业？设立时应具备哪些条件？

(4)个人独资企业的投资人应承担哪些法律责任？

一、个人独资企业法概述

(一)个人独资企业的概念

个人独资企业，是指依照《中华人民共和国个人独资企业法》(以下简称《个人独资企业法》)在中国境内设立，由一个自然人投资，财产为投资人个人所有，投资人以其个人财产对企业债务承担无限责任的经营实体。

(二)个人独资企业的特征

1.个人独资企业的投资人为一个自然人。国家机关授权投资的机构或者国家授权的部门、企业、事业单位都不得作为个人独资企业的投资人。此外，外商独资企业也不能作为个人独资企业的投资人。

2.个人独资企业的投资人对企业的债务承担无限责任。当企业的财产不足以清偿到期债务时，投资人应以自己的个人全部财产用于清偿。

【思考2-1】假设甲自然人出资10万元投资设立了A个人独资企业，若干年后，A企业的全部资产增加为15万元，全部负债为20万元，对不足清偿的5万元，该如何处理？

3.个人独资企业的内部机构设置简单,经营管理方式灵活。

4.个人独资企业是非法人企业。尽管个人独资企业有自己的名称,并以企业的名义从事经营及其他活动,但其仍不具有独立承担民事责任的能力。不过,个人独资企业是独立的民事主体,可以以自己的名义从事民事活动。

【思考 2-2】个人独资企业和个体工商户有什么区别?

二、个人独资企业的设立

(一)个人独资企业的设立条件

1.投资人为一个自然人。

国家机关、企事业单位等组织,以及法律、行政法规禁止从事营利性活动的人(国家公务员和商业银行工作人员等),不得作为个人独资企业的投资人。

2.有合法的企业名称。

个人独资企业的名称应当与其责任形式及从事的营业活动相符合,名称中不得使用"有限"、"有限责任"、"公司"等字样。

3.有投资人申报的出资。

个人独资企业投资人申报的出资可以个人财产出资,也可以家庭共有财产作为个人出资,其注册资本无最低限额的限制。以家庭共有财产作为个人出资的,投资人应当在设立登记申请书上予以注明。

【思考 2-3】投资人的劳务、专利技术、家庭共有房屋和土地使用权可以作为其独资企业的出资吗?

4.有固定的生产经营场所和必要的生产经营条件。

生产经营场所包括企业的住所和与生产经营相适应的处所。住所是企业的主要办事机构所在地,是企业的法定地址。

5.有必要的从业人员。

(二)个人独资企业的设立程序

1.提出申请

个人独资企业的设立采取直接登记制,即设立独资企业无须经过任何部门的审批,而由投资人或者其委托的代理人向个人独资企业所在地的工商登记机关申请设立登记。

申请应提交设立申请书、投资人身份证明、生产经营场所使用证明等文件。由委托人申请设立登记的,应当出具投资人的委托书和代理人的合法证明。

2.核准登记

投资人或者其委托的代理人向登记机关提出设立申请后,登记机关应当在收到文件之日起 15 日内,作出核准登记或者不予登记的决定。对予以登记的,发给营业执照;对不符合《个人独资企业法》规定条件的,不予登记,并给予书面答复,说明理由。个人独资企业营业执照的签发日期,为个人独资企业成立日期。

个人独资企业设立分支机构,应当由投资人或者其委托的代理人向分支机构所在地的登记机关申请登记,领取营业执照。个人独资企业分支机构经核准登记后,应将登记情况报个人独资企业的原登记机关备案。分支机构的民事责任由设立该分支机构的个人独资企业承担。

3.企业的变更

个人独资企业存续期间登记事项(企业的名称、住所、经营范围、经营期限等)发生变更的,应当在作出变更决定之日起15日内,依法向登记机关申请办理变更登记。

三、个人独资企业的投资人和事务管理

(一)个人独资企业的投资人

个人独资企业投资人对本企业的财产依法享有所有权,其有关权利可以依法进行转让或继承。个人独资企业财产不足以清偿债务的,投资人应当以其个人的其他财产予以清偿。

如果个人独资企业在申请企业设立登记时明确以其家庭共有财产作为个人出资的,应当依法以家庭共有财产对企业债务承担无限责任。

(二)个人独资企业的事务管理

1.个人独资企业事务管理的方式

个人独资企业投资人可以自行管理企业事务,也可以委托或者聘用其他具有民事行为能力的人负责企业的事务管理。投资人委托或者聘用他人管理个人独资企业事务的,应当与受托人或者被聘用的人员签订书面合同,明确委托的具体内容和授予的权利范围。

但是,投资人对受托人或者被聘用的人员职权的限制,不得对抗善意第三人。

【思考2-4】投资人甲设立个人独资企业,委托乙管理企业事务,并对乙的职权限制为其签订合同的价款不得超过1万元。某日,乙擅自与丙签订了1.5万元的合同。请问该合同是否有效?

2.受托人或被聘用的管理人的义务

受托人或者被聘用的人员应当履行诚信、勤勉义务,按照与投资人签订的书面合同负责个人独资企业的事务管理,不得从事下列行为:(1)利用职务上的便利,索取或者收受贿赂;(2)利用职务或者工作上的便利侵占企业财产;(3)挪用企业的资金归个人使用或者借贷给他人;(4)擅自将企业资金以个人名义或者以他人名义开立账户储存;(5)擅自以企业财产提供担保;(6)未经投资人同意,从事与本企业相竞争的业务;(7)未经投资人同意,同本企业订立合同或者进行交易;(8)未经投资人同意,擅自将企业商标或者其他知识产权转让给他人使用;(9)泄露本企业的商业秘密;(10)法律、行政法规禁止的其他行为。

【思考2-5】甲设立了个人独资企业,聘请乙管理企业事务。后来企业急需资金,乙擅自将企业的专有技术转让给了丙企业。甲得知后坚决反对。试分析乙与丙之间的转让合同是否有效?为什么?

四、个人独资企业的权利与义务

1.个人独资企业的权利

国家依法保护个人独资企业的财产和其他合法权益。个人独资企业享有以下权利:财产所有权;管理权;申请贷款、取得土地使用权;拒绝摊派权;法律、行政法规规定的其他权利。

2.个人独资企业的义务

个人独资企业在享有权利的同时,必须履行以下义务:从事经营活动必须遵守法律、行政法规,遵守诚实信用原则,不得损害社会公共利益;履行纳税义务;依法设置会计账簿,进

行会计核算；应当依法与职工签订劳动合同，保障职工的劳动安全，按时、足额发放职工工资；应当按照国家规定参加社会保险，为职工缴纳社会保险费。

五、个人独资企业的解散和清算

（一）个人独资企业的解散

个人独资企业的解散是指个人独资企业因出现某些法定事由而导致其民事主体资格消灭的行为。个人独资企业有下列情形之一时，应当解散：

(1)投资人决定解散；

(2)投资人死亡或者被宣告死亡，无继承人或者继承人决定放弃继承；

(3)被依法吊销营业执照；

(4)法律、行政法规规定的其他情形。

（二）个人独资企业的清算

1.清算人。个人独资企业解散，由投资人自行清算或者由债权人申请人民法院指定清算人进行清算。投资人自行清算的，应当在清算前15日内书面通知债权人；无法通知的，应当予以公告。债权人应当自接到通知之日起30日内，未接到通知的应当在公告之日起60日内，向投资人申报其债权。在清算期间，个人独资企业不得开展与清算目的无关的经营活动。在清偿债务前，投资人不得转移、隐匿财产。

2.清偿顺序。个人独资企业解散的，财产应当按照下列顺序清偿：

(1)所欠职工工资和社会保险费用。

(2)所欠税款。

(3)其他债务。个人独资企业财产不足以清偿债务的，投资人应当以其个人的其他财产予以清偿。

3.持续偿债。个人独资企业解散后，原投资人对个人独资企业存续期间的债务仍应承担偿还责任，但债权人在5年内未向债务人提出偿债请求的，该责任消灭。

4.注销登记。个人独资企业清偿结束后，投资人或者人民法院指定的清算人应当编制清算报告，并于15日内到登记机关办理注销登记。经登记机关注销登记，个人独资企业终止，并应当缴回营业执照。

【思考2-6】2020年3月1日，中国工商银行职员甲出资5万，拟设立个人独资企业，取名德君实业公司。假设该个人独资企业成立，聘请朋友乙管理企业事务，同时规定，凡乙对外签订标的额超过1000元以上的合同，须经甲同意。同年4月1日，乙未经甲同意，以个人独资企业名义与善意第三人丙签订了购入5000元原材料的合同。2021年7月，因企业亏损严重，甲决定解散企业。2021年12月20日，债权人丁要求甲偿还企业所欠货款2万元。甲以企业已解散为由，拒绝偿还债务。试分析：

(1)该个人独资企业的设立过程合法吗？

(2)乙与丙签订的购入5000元原材料的合同是否有效？为什么？

(3)甲以个人独资企业已解散为由拒不还款，是否有法律依据？为什么？

第二节 合伙企业法

【案例导入】

甲与乙有限公司经协商后，决定设立一家合伙企业。合伙企业协议中规定：乙公司向企业投资30万元，甲负责经营管理，但不投资，乙公司每年从合伙企业取得60%的经营收益，亏损时，责任及其他一切风险均由甲承担。随后，双方共同向合伙登记机关申请合伙登记，登记机关工作人员丙在收取了甲的贿赂后，作出登记决定，并颁发了合伙企业"营业执照"。后甲为了经营方便一直使用乙有限责任公司的名义对外进行经营活动。

(1)什么是合伙企业？设立合伙企业应具备哪些条件？

(2)本案例中存在哪些违法行为？应如何处理？

一、合伙企业法概述

(一)合伙的概念

合伙是指两个或两个以上的人为着共同目的，相互约定共同出资、共同经营、共享收益、共担风险的自愿联合。

(二)合伙企业的概念

合伙企业，是指自然人、法人和其他组织依照《中华人民共和国合伙企业法》(以下简称《合伙企业法》)的规定，在中国境内设立的普通合伙企业和有限合伙企业。

合伙企业分为普通合伙企业和有限合伙企业两种。普通合伙企业由普通合伙人组成，合伙人对合伙企业债务承担无限连带责任，法律另有规定的除外。有限合伙企业由普通合伙人和有限合伙人组成，普通合伙人对合伙企业债务承担无限连带责任，有限合伙人以其认缴的出资额为限对合伙企业债务承担责任。

(三)合伙企业法的修订

为规范合伙企业行为，保护合伙企业及其合伙人的合法权益，维护社会经济秩序，全国人大常委会于1997年2月23日通过了《合伙企业法》，并于2006年进行了修订，新修订的《合伙企业法》自2007年6月1日起施行。

二、普通合伙企业

(一)普通合伙企业的概念

普通合伙企业，是指由普通合伙人组成，合伙人对合伙企业债务承担无限连带责任的一种合伙企业。普通合伙企业具有以下特征：

1.由普通合伙人组成。所谓普通合伙人，是指在合伙企业中对合伙企业的债务依法承担无限连带责任的自然人、法人和其他组织。

2.合伙人对合伙企业债务依法承担无限连带责任，法律另有规定的除外。

【思考2-7】甲、乙、丙三个自然人投资设立了一家合伙企业，甲出资5万元，乙出资3万元，丙出资2万元，若干年后，合伙企业的全部资产增加为15万元，全部负债为20万元，不足清偿的5万元该如何处理？

(二)普通合伙企业的设立

1.普通合伙企业的设立条件

(1)有2个以上合伙人。

合伙人可以是自然人,也可以是法人或者其他组织,但是国有独资公司、国有企业、上市公司以及公益性的事业单位、社会团体不得成为普通合伙人。合伙人为自然人的,应当具有完全民事行为能力。无民事行为能力的人和限制民事行为能力的人不得成为合伙企业的合伙人。

(2)有书面合伙协议。

合伙协议是各合伙人通过协商,共同决定相互间的权利义务,达成的具有法律约束力的协议。合伙企业应当依全体合伙人协商一致,以书面形式订立。

合伙协议应当载明下列事项:合伙企业的名称和主要经营场所的地点;合伙目的和合伙经营范围;合伙人的姓名或者名称、住所;合伙人的出资方式、数额和缴付期限;利润分配、亏损分担方式;合伙事务的执行;入伙与退伙;争议解决办法;合伙企业的解散与清算;违约责任等。

合伙协议经全体合伙人签名、盖章后生效。合伙人依照合伙协议享有权利、履行义务。合伙协议生效后,全体合伙人可以在协商一致的基础上,对合伙企业加以修改或者补充。

(3)有合伙人认缴或者实际缴付的出资。

合伙人出资形式可以是货币、实物、土地使用权、知识产权、劳务或者其他财产权利。经全体合伙人协商一致,合伙人也可以用劳务出资。

合伙人以实物、知识产权、土地使用权或者其他财产权利出资,需要评估作价的,可以由全体合伙人协商确定,也可以由全体合伙人委托法定评估机构评估。合伙人以劳务出资的,其评估办法由全体合伙人协商确定,并在合伙协议中载明。以非货币财产出资的,依照法律、行政法规的规定,需要办理财产权转移手续的,应当依法办理。

(4)有合伙企业的名称和生产经营场所。

普通合伙企业应当在其名称中标明“普通合伙”字样,其中特殊的普通合伙企业,应当在其名称中标明“特殊普通合伙”字样。

(5)法律、行政法规规定的其他条件。

【思考2-8】甲、乙、丙三人拟设立一个普通合伙企业,其合伙协议部分内容如下:

(1)甲的出资为现金1万元和劳务作价2万元。

(2)乙的出资为注册商标使用权,作价2万元,于合伙企业成立后半年内缴付。

(3)丙的出资为作价5万元的房屋一栋,不办理财产转移手续。

(4)合伙企业的经营期限,于合伙企业成立满2年时再协商确定。

试分析该合伙协议的上述内容是否符合法律规定?为什么?

2.合伙企业的设立程序

(1)申请人向企业登记机关提交相关文件

申请合伙企业设立登记,应当向企业登记机关提交下列文件:①全体合伙人签署的设立登记申请书;②全体合伙人的身份证明;③全体合伙人指定的代表或者共同委托的代理人的委托书;④合伙协议;⑤出资权属证明;⑥经营场所证明;⑦国务院工商行政管理部门规定提交的其他文件。法律、行政法规规定设立合伙企业须报经批准的,还应当提交有关批准文件。

(2)企业登记机关核发营业执照

申请人提交的登记申请材料齐全、符合法定形式，企业登记机关能够当场登记的，应予当场登记，发给营业执照。若申请人提交的资料不全也不符合法定形式，需要补充有关材料，或企业登记机关需要对有关材料进一步核实，当场难以发给营业执照的，企业登记机关可以不予当场登记，但应当自受理20日内，作出是否登记的决定。予以登记的，发给营业执照；不予登记的，应当给予书面答复，并说明理由。

合伙企业营业执照的签发日期，为合伙企业成立日期。合伙企业领取营业执照前，不得以合伙企业名义从事合伙业务。合伙企业设立分支机构，应当向分支机构所在地的企业登记机关申请登记，领取营业执照。合伙企业登记事项发生变更的，执行合伙事务的合伙人应当自作出变更决定或者发生变更事由之日起15日内，向企业登记机关申请办理变更登记。

(三)合伙企业财产

1.合伙企业财产的构成

合伙企业存续期间，合伙人的出资、所有以合伙企业名义取得的收益和依法取得的其他财产，均为合伙企业的财产。

2.合伙企业的财产的性质

合伙企业的合伙财产具有共有财产性质，即由合伙企业所有。合伙企业存续期间，合伙企业的财产独立于合伙人个人财产。对合伙财产的占有、使用、收益和处分，应当依据全体合伙人的共同意志进行。根据《合伙企业法》的规定，合伙人在合伙企业清算前，不得请求分割合伙企业的财产，但是，法律另有规定的除外。合伙人在合伙企业清算前私自转移或者处分合伙企业财产的，合伙企业不得以此对抗善意的第三人。其损失只能向合伙人进行追索，而不能向善意第三人追索。

3.合伙人财产份额的转让

(1)内部转让。合伙人之间转让在合伙企业中的全部或者部分财产份额时，无须经过其他合伙人的同意，只需通知其他合伙人。

(2)外部转让。除合伙协议另有约定外，合伙人向合伙人以外的人转让其在合伙企业中的全部或者部分财产份额时，须经其他合伙人一致同意，在同等条件下，其他合伙人有优先购买权。

(3)出质。合伙人以其在合伙企业中的财产份额出质的，须经其他合伙人一致同意；未经其他合伙人一致同意，其行为无效，由此给善意第三人造成损失，由行为人依法承担赔偿责任。

【思考2-9】合伙人甲、乙、丙、丁设立A合伙企业，合伙人甲以自己所有的动产折合12万元出资。A合伙企业成立后，甲与戊签订10万元的借款合同，甲拟以该动产设定质押担保，问：甲是否可以以该动产设定质押担保？

(四)合伙企业事务执行

1.合伙事务执行的形式

合伙人执行合伙企业事务，有共同执行和委托执行两种形式。既可以由全体合伙人共同执行，也可以委托一名或者数名合伙人执行合伙企业事务。执行合伙企业事务的合伙人，对外代表合伙企业。

委托一名或者数名合伙人执行合伙企业事务，其他合伙人不再执行合伙事务。但执行合伙事务的人应当依照约定向其他不参加执行事务的合伙人报告事务执行情况以及合伙企业的经营状况和财务状况，其执行合伙企业事务所产生的收益归全体合伙人，所产生的亏损或者民事责任，由全体合伙人承担。

经全体合伙人同意，合伙企业可以聘用外部人员，从事合伙企业的日常事务的管理工作。被聘用的合伙企业的经营管理人员应当在合伙企业授权范围内履行职务，因超越合伙企业授权范围从事经营活动，或因故意或者重大过失，给合伙企业造成损失的，依法承担赔偿责任。

除合伙协议另有约定外，合伙企业的下列事项应当经全体合伙人一致同意：

(1)改变合伙企业的名称；

(2)处分合伙企业的不动产；

(3)转让或者处分合伙企业的知识产权和其他财产权利；

(4)以合伙企业名义为他人提供担保；

(5)聘任合伙人以外的人担任合伙企业的经营管理人员。

【思考 2-10】甲、乙、丙三人设立一合伙企业，推举甲为负责人并管理合伙企业的日常事务。后来甲在执行企业事务时，未经其他合伙人同意，擅自决定以3万元的价格将企业的专有技术转让给丁公司。试分析甲的行为是否合法？为什么？

2.合伙人在执行合伙企业事务中的权利和义务

(1)合伙人的权利主要有：合伙人对执行合伙事务享有同等的权利；执行合伙事务的合伙人对外代表合伙企业；作为合伙人的法人、其他组织执行合伙企业事务的，由其委托的代表执行；不执行合伙事务的合伙人有权监督执行事务合伙人执行合伙事务的情况；合伙人有权查阅合伙企业会计账簿等财务资料；合伙人分别执行合伙企业事务的，执行事务合伙人可以对其他合伙人执行的事务提出异议。提出异议时，应暂停该项事务的执行。如果发生争议，依照有关规定作出决定。受委托执行合伙企业事务的合伙人不按照合伙协议或者全体合伙人的决定执行事务的，其他合伙人可以决定撤销该委托。

(2)合伙人的义务主要有：由一个或者数个合伙人执行合伙事务的，执行事务合伙人应当定期向其他合伙人报告事务执行情况以及合伙企业的经营和财务状况；合伙人不得自营或者同他人合伙经营与本合伙企业相竞争的业务；除合伙企业另有约定或者经全体合伙人一致同意外，合伙人不得同本合伙企业进行交易；合伙人不得从事损害本合伙企业利益的活动。

3.合伙事务执行的决议办法

合伙人对合伙企业有关事项作出决议，按照合伙协议约定的表决办法办理。合伙协议未约定或者约定不明确的，实行合伙人一人一票并经全体合伙人过半数通过的表决办法。

4.合伙企业的损益分配

合伙企业的损益分配原则可以归纳为：约定→商定→按出资比例→平分。其具体含义是：

(1)合伙企业的利润分配、亏损分担，按照合伙协议的约定办理；

(2)合伙协议未约定或者约定不明确的，由合伙人协商决定；

(3)协商不成的，由合伙人按照实缴出资比例分配、分担；

(4)无法确定出资比例的，由合伙人平均分配、分担。

(5)合伙协议不得约定将全部利润分配给部分合伙人或者由部分合伙人承担全部亏损。

【思考 2-11】甲、乙、丙共同投资设立一普通合伙企业,实缴出资比例为 1∶1∶3,但未约定损益分配比例,年终盈利 2 万元,应如何进行分配?

5.非合伙人参与经营管理

合伙企业可以从合伙人之外聘任经营管理人员;聘任非合伙人的经营管理人员,除合伙协议另有约定外,应当经全体合伙人一致同意;被聘任的经营管理人员,仅是合伙企业的经营管理人员,不是合伙企业的合伙人,因而不具有合伙人的资格。

(五)合伙企业与第三人的关系

1.合伙企业对外代表权的效力

执行合伙企业事务的合伙人,对外代表合伙企业,执行合伙事务所产生的收益归全体合伙人,所产生的费用和亏损,由全体合伙人承担。

可以取得合伙企业对外代表权的合伙人,主要有三种情况:一是由全体合伙人共同执行合伙企业事务的,全体合伙人都有权对外代表合伙企业;二是由部分合伙人执行合伙企业事务的,只有受委托执行合伙企业事务的那一部分合伙人有权对外代表合伙企业;三是由于特别授权在当项合伙事务上有执行权的合伙人,依照授权范围可对外代表合伙企业。

合伙企业对合伙人执行合伙事务以及对外代表合伙企业权利的限制,不得对抗善意第三人。

2.合伙企业和合伙人的债务清偿

(1)合伙企业的债务清偿与合伙人的关系

①合伙人的连带清偿责任。合伙企业对其债务,应先以其全部财产进行清偿。合伙企业不能清偿到期债务的,合伙人应当承担无限连带责任。

②合伙人之间的债务分担和追偿。以合伙企业财产清偿合伙企业债务时,其不足的部分,由各合伙人按照《合伙企业法》规定的亏损分担的比例,用其在合伙企业出资以外的财产承担清偿责任。

③合伙人之间的分担比例对债权人没有约束力。债权人可以根据自己的清偿利益,请求全体合伙人中的一人或数人承担全部清偿责任,也可以按照自己确定的比例向各合伙人分别追索。

(2)合伙人的债务清偿与合伙企业的关系

①合伙企业中某一合伙人的债权人,不得以该债权抵消其对合伙企业的债务。合伙企业具有独立的民事主体资格,与合伙人个人是两个不同的民事主体,债权债务不能混淆。

【思考 2-12】甲乙丙共同设立合伙企业 A,甲由于个人原因欠丁的钱,而 A 企业是丁的债权人,甲可否以该债权抵消其对合伙企业的债务?

②合伙人个人负有债务,其债权人不得代位行使该合伙人在合伙企业中的权利。

③合伙人个人财产不足以清偿其个人所负债务时,该合伙人只能以其从合伙企业中分取的收益清偿;债权人也可以依法请求人民法院强制执行该合伙人在合伙企业中的财产份额用于清偿。

人民法院强制执行合伙人的财产份额时,应当通知全体合伙人,其他合伙人有优先购买权;其他合伙人未购买,又不同意将该财产份额转让给他人的,依照《合伙企业法》的规定为该合伙人办理退伙结算,或者办理削减该合伙人相应财产份额的结算。

【思考 2-13】甲欠丁 10 万元，而甲在合伙企业的出资是 5 万元，其他个人财产 3 万元，甲在 A 企业的收益是 1 万元，以个人财产和收益偿还后，还剩余 6 万元的债务，丁可否强制执行甲在合伙企业中的财产份额用于清偿？

（六）入伙和退伙

1.入伙

入伙是指合伙企业存续期间，合伙企业吸纳新合伙人的行为，也就是某个合伙企业原合伙人以外的人加入该合伙企业，从而增加合伙人的过程。

（1）新合伙人入伙，除合伙企业另有约定外，应当经全体合伙人一致同意，并依法订立书面入伙协议。订立入伙协议时，原合伙人应当向新合伙人如实告知原合伙企业的经营状况和财务状况。

（2）入伙的新合伙人与原合伙人享有同等权利，承担同等责任。入伙协议另有约定的，从其约定。新合伙人对入伙前合伙企业的债务承担无限连带责任。但是，如果原合伙人愿意以更优越的条件吸引新合伙人入伙，或者新合伙人愿意以较为不利的条件入伙，也可以在入伙协议中另行约定。

【思考 2-14】甲、乙、丙三人各出资 2 万元成立一普通合伙的饮食店。在经营中因资金短缺，三人决定向外借钱。乙向其朋友丁借钱，丁声明借钱可以，但要以合伙人身份加入该饮食店。乙、丙同意丁的要求，甲因出差在外，未得到通知。甲回来后坚决反对丁入伙。丁的入伙是否有效？

2.退伙

退伙是指合伙人退出合伙企业，从而丧失合伙人的资格。

（1）自愿退伙

自愿退伙是指合伙人基于自愿的意思表示而退伙，分为协议退伙和通知退伙两种情况。

关于协议退伙。合伙协议约定合伙期限的，在合伙企业存续期间，有下列情形之一的，合伙人可以退伙：①合伙协议约定的退伙事由出现；②经全体合伙人一致同意；③发生合伙人难以继续参加合伙的事由；④其他合伙人严重违反合伙协议约定的义务。

关于通知退伙。合伙协议未约定合伙期限的，合伙人在不给合伙企业事务执行造成不利影响的情况下，可以退伙，但应当提前 30 日通知其他合伙人。

合伙人违反上述规定擅自退伙的，应当赔偿由此给合伙企业造成的损失。

【思考 2-15】合伙人在不给合伙企业事务执行造成不利影响的情况下，可以退伙，但应当提前 30 日通知其他合伙人。这一说法正确吗？

（2）法定退伙

法定退伙是指合伙人因出现法律规定的事由而退伙，法定退伙分为当然退伙和除名两类。

合伙人有下列情形之一的，当然退伙：①作为合伙人的自然人死亡或者被依法宣告死亡；②个人丧失偿债能力；③作为合伙人的法人或者其他组织依法被吊销营业执照、责令关闭、被撤销，或者被宣告破产；④法律规定或者合伙协议约定合伙人必须具有相关资格而丧失该资格；⑤合伙人在合伙企业中的全部财产份额被人民法院强制执行。当然退伙以退伙事由实际发生之日为退伙生效日。

关于除名。合伙人有下列情形之一的，经其他合伙人一致同意，可以决议将其除名：

①未履行出资义务;②因故意或者重大过失给合伙企业造成损失;③执行合伙事务时有不正当行为;④发生合伙协议约定的事由。

对合伙人的除名决议应当书面通知被除名人。被除名人接到除名通知之日,除名生效,被除名人退伙。被除名人对除名决议有异议的,可以自接到除名通知之日起30日内,向人民法院起诉。

合伙人被依法认定为无民事行为能力人或者限制民事行为能力人的,经其他合伙人一致同意,可以依法转为有限合伙人,普通合伙企业依法转为有限合伙企业。其他合伙人未能一致同意的,该无民事行为能力或者限制民事行为能力的合伙人退伙。

合伙人死亡或者被依法宣告死亡的,对该合伙人在合伙企业中的财产份额享有合法继承权的继承人,按照合伙协议的约定或者经全体合伙人一致同意,从继承开始之日起,取得该合伙企业的合伙人资格。

【思考2-16】赵某是一普通合伙企业的合伙人,因车祸成为植物人,被人民法院依法宣告为无民事行为能力人,其他合伙人不同意将其转为有限合伙人,赵某属于哪种退伙?退伙日期是哪天?

(3)退伙的效果

合伙人退伙后的相关事务包括两个方面:一是财产继承问题,二是退伙结算问题。

关于财产继承,有下列情形之一的,合伙企业应当向合伙人的继承人退还被继承合伙人的财产份额:①继承人不愿意成为合伙人;②法律规定或者合伙协议约定合伙人必须具有相关资格,而该继承人未取得该资格;③合伙协议约定不能成为合伙人的其他情形。

合伙人的继承人为无民事行为能力人或者限制民事行为能力人的,经全体合伙人一致同意,可以依法成为有限合伙人,普通合伙企业依法转为有限合伙企业。全体合伙人未能一致同意的,合伙企业应当将被继承合伙人的财产份额退还该继承人。

关于退伙结算:①合伙人退伙的,其他合伙人应当与该退伙人按照退伙时的合伙企业的财产状况进行结算,退还退伙人的财产份额;②退伙人对给合伙企业造成的损失负有赔偿责任的,相应扣减其应当赔偿的数额;③退伙时有未了结的合伙企业债务的,待了结后进行结算;④退伙人对基于其退伙前的原因发生的合伙企业债务,承担无限连带责任。

【思考2-17】普通合伙企业与个人独资企业有何异同?

(七)特殊的普通合伙企业

1.特殊的普通合伙企业的含义

特殊的普通合伙企业,是指以专业知识和专门技能为客户提供有偿服务的专业服务机构,如会计师事务所、律师事务所等。特殊的普通合伙企业名称中应当标明“特殊普通合伙”字样。

2.特殊的普通合伙企业的责任形式

(1)有限责任与无限连带责任相结合

一个合伙人或者数个合伙人在执业过程中因故意或者重大过失造成合伙企业负担债务的,应当承担无限责任或者无限连带责任,其他合伙人以其在合伙企业中的财产份额为限承担责任。合伙人在执业活动中因故意或者重大过失造成合伙企业负担债务的,以合伙企业财产对外承担责任后,该合伙人应当按照合伙协议的约定对给合伙企业造成的损失承担赔偿责任。所谓重大过失,是指明知可能造成损失而轻率地作为或者不作为。

（2）无限连带责任

合伙人在执业活动中非因故意或者重大过失造成的合伙企业债务以及合伙企业的其他债务，由全体合伙人承担无限连带责任。

3.特殊的普通合伙企业的执业风险防范

特殊的普通合伙企业应当建立执业风险基金，办理职业保险。

【思考 2-18】A、B、C 三名注册会计师各出资 50 万元，设立了甲特殊普通合伙会计师事务所，明确合伙损益由三人平分。2021 年该所净资产达 300 万元，12 月份，A 在一项受托审计业务中发生重大过失，致使合伙企业承担 500 万元的债务。试分析：

（1）此债务应如何承担？

（2）若合伙企业 500 万元的债务并非 A 故意或重大过失造成，此债务又如何承担？

三、有限合伙企业

（一）有限合伙企业的概念

有限合伙企业，是指由有限合伙人和普通合伙人共同组成，普通合伙人对合伙企业债务承担无限责任，有限合伙人以其认缴的出资额为限对合伙企业债务承担责任的合伙组织。

（二）有限合伙企业设立的特殊规定

1.合伙人的人数规定。有限合伙企业由 2 个以上 50 个以下合伙人设立，但是，法律另有规定的除外。有限合伙企业至少应当有一个普通合伙人。

2.名称。有限合伙企业名称中应当标明“有限合伙”字样。

3.有限合伙企业协议。除符合普通合伙企业合伙协议的规定外，还应当载明下列事项：普通合伙人和有限合伙人的姓名或者名称、住所；执行事务合伙人应具备的条件和选择程序；执行事务合伙人权限与违约处理办法；执行事务合伙人的除名条件和更换程序；有限合伙人入伙、退伙的条件、程序以及相关责任；有限合伙人和普通合伙人相互转变程序。

4.出资方式。有限合伙人可以用货币、实物、知识产权、土地使用权或者其他财产权利作价出资。有限合伙人不得以劳务出资。

有限合伙人应当按照合伙协议的约定按期足额缴纳出资；未按期足额缴纳的，应当承担补缴义务，并对其他合伙人承担违约责任。

有限合伙企业登记事项中应当载明有限合伙人的姓名或者名称及认缴的出资数额。

（三）有限合伙企业事务执行的特殊规定

1.执行人的规定

有限合伙企业由普通合伙人执行合伙事务。执行事务合伙人可以要求在合伙协议中确定执行事务的报酬及报酬提取方式。有限合伙人不执行合伙事务，不得对外代表有限合伙企业。

有限合伙人的下列行为，不视为执行合伙事务：

（1）参与决定普通合伙人入伙、退伙；

（2）对企业的经营管理提出建议；

（3）参与选择承办有限合伙企业审计业务的会计师事务所；

（4）获取经审计的有限合伙企业财务会计报告；

（5）对涉及自身利益的情况，查阅有限合伙企业财务会计账簿等财务资料；

(6)在有限合伙企业中的利益受到侵害时，向有责任的合伙人主张权利或者提起诉讼；

(7)执行事务合伙人怠于行使权利时，督促其行使权利或者为了本企业的利益以自己的名义提起诉讼；

(8)依法为本企业提供担保。

2.有限合伙人表见代理和无权代理责任的承担

(1)第三人有理由相信有限合伙人为普通合伙人并与其交易的，该有限合伙人对该笔交易承担与普通合伙人同样的责任。(有限合伙人的表见代理)

(2)有限合伙人未经授权以有限合伙企业名义与他人进行交易，给有限合伙企业或者其他合伙人造成损失的，该有限合伙人应当承担赔偿责任。(有限合伙人的无权代理)

3.有限合伙企业利润分配

有限合伙企业不得将全部利润分配给部分合伙人，但是，合伙协议另有约定的除外。

4.有限合伙人的权利

(1)有限合伙人关联交易的规定

有限合伙人可以同本有限合伙企业进行交易，但是，合伙协议另有约定的除外。

(2)有限合伙人竞业禁止的规定

有限合伙人可以自营或者同他人合作经营与本有限合伙企业相竞争的业务，但是，合伙协议另有约定的除外。

(四)有限合伙企业财产出质与财产转让的特殊规定

1.有限合伙人可以将其在有限合伙企业中的财产份额出质，但是，合伙协议另有约定的除外。

2.有限合伙人可以按照合伙协议的约定向合伙人以外的人转让其在有限合伙企业中的财产份额，但应当提前30日通知其他合伙人。

(五)有限合伙人债务清偿的特殊规定

有限合伙人的自有财产不足清偿其与合伙企业无关的债务的，该合伙人可以以其从有限合伙企业中分取的收益用于清偿；债权人也可以依法请求人民法院强制执行该合伙人在有限合伙企业中的财产份额用于清偿。

人民法院强制执行有限合伙人的财产份额时，应当通知全体合伙人。在同等条件下，其他合伙人有优先购买权。

(六)有限合伙企业入伙与退伙的特殊规定

1.新入伙的有限合伙人对入伙前有限合伙企业的债务，以其认缴的出资额为限承担责任。

2.有限合伙人退伙后，对基于其退伙前的原因发生的有限合伙企业债务，以其退伙时从有限合伙企业中取回的财产承担责任。

3.作为有限合伙人的自然人在有限合伙企业存续期间丧失民事行为能力的，其他合伙人不得因此要求其退伙。因为有限合伙人对合伙企业而言，只是投资人，不执行合伙企业事务，其丧失民事行为能力，不影响有限合伙企业正常的生产经营。

4.作为有限合伙人的自然人死亡、被依法宣告死亡或者作为有限合伙人的法人及其他组织终止时，其继承人或者权利承受人可以依法取得该有限合伙人在有限合伙企业中的资格。

【思考 2-19】某有限合伙企业由甲、乙、丙、丁四人出资设立，其中，甲、乙为普通合伙人，丙、丁为有限合伙人。后丙因故退伙。问：对于在丙退伙前有限合伙企业既有的债务，丙应承担怎样的责任？

（七）合伙人性质转变的特殊规定

有限合伙企业仅剩有限合伙人的，应当解散；有限合伙企业仅剩普通合伙人的，转为普通合伙企业。

1.除合伙协议另有约定外，普通合伙人转变为有限合伙人，或者有限合伙人转变为普通合伙人，应当经全体合伙人一致同意。

2.有限合伙人转变为普通合伙人的，对其作为有限合伙人期间有限合伙企业发生的债务承担无限连带责任。

【思考 2-20】甲为某有限合伙企业的有限合伙人。经全体合伙人一致同意，甲转为普通合伙人。问：对其作为有限合伙人期间有限合伙企业发生的债务，甲应承担怎样的责任？

3.普通合伙人转变为有限合伙人的，对其作为普通合伙人期间合伙企业发生的债务承担无限连带责任。

表 2-1 普通合伙企业与有限合伙企业的区别

	普通合伙企业	有限合伙企业
合伙人的规定	有 2 个以上合伙人。合伙人为自然人的，应当具有完全民事行为能力。	1.有 2 个以上 50 个以下的合伙人； 2.由普通合伙人和有限合伙人组成； 3.至少有 1 个普通合伙人。
出资方式的规定	货币、实物、土地使用权、知识产权、劳务或者其他财产权利。经全体合伙人协商一致，合伙人也可以用劳务出资。	1.货币、实物、土地使用权、知识产权、劳务或者其他财产权利； 2.有限合伙人不得以劳务出资。
事务执行规定	共同执行和委托执行。	1.由普通合伙人执行合伙事务； 2.有限合伙人不执行合伙事务，不得对外代表有限合伙企业。
竞业禁止的规定	合伙人不得自营或者同他人合作经营与本合伙企业相竞争的业务。	有限合伙人可以同本有限合伙企业进行交易，但是，合伙协议另有约定的除外。

续表

	普通合伙企业	有限合伙企业
关联交易的规定	除合伙协议另有约定或者经全体合伙人一致同意外，合伙人不得同本合伙企业进行交易。	有限合伙人可以自营或者同他人合作经营与本有限合伙企业相竞争的业务，但是，合伙协议另有约定的除外。
出质的规定	合伙人以其在合伙企业中的财产份额出质的，须经其他合伙人一致同意。	有限合伙人可以将其在有限合伙企业中的财产份额出质。但是，合伙协议另有约定的除外。
财产转让的规定	除合伙协议另有约定外，合伙人向合伙人以外的人转让其在合伙企业中的全部或者部分财产份额时，须经其他合伙人一致同意。	有限合伙人可以按照合伙协议的约定向合伙人以外的人转让其在有限合伙企业中的财产份额，但应当提前30日通知其他合伙人。
入伙人对入伙前企业债务的责任	对入伙前合伙企业的债务承担无限连带责任。	新入伙的有限合伙人对入伙前有限合伙企业的债务，以其认缴的出资额为限承担责任。
退伙人对退伙前企业债务的责任	退伙人对基于其退伙前的原因发生的合伙企业债务，承担无限连带责任。	有限合伙人退伙后，对基于其退伙前的原因发生的有限合伙企业债务，以其退伙时从有限合伙企业中取回的财产承担责任。

四、合伙企业解散和清算

（一）合伙企业解散

合伙企业有下列情形之一的，应当解散：

（1）合伙期限届满，合伙人决定不再经营；

（2）合伙协议约定的解散事由出现；

（3）全体合伙人决定解散；

（4）合伙人已不具备法定人数满30天；

（5）合伙协议约定的合伙目的已经实现或者无法实现；

（6）依法被吊销营业执照、责令关闭或者被撤销；

（7）法律、行政法规规定的其他原因。

（二）合伙企业清算

1.清算人的确定

合伙企业解散，应当由清算人进行清算。清算人由全体合伙人担任；经全体合伙人过半数同意，可以自合伙企业解散事由出现后15日内指定一个或者数个合伙人，或者委托第三人担任清算人。自合伙企业解散事由出现之日起15日未确定清算人的,合伙人或者其他利害关系人可以申请人民法院指定清算人。

2.清算人职责

清算人在清算期间执行下列事务:清理合伙企业财产,分别编制资产负债表和财产清单;处理与清算有关的合伙企业未了结事务;清缴所欠税款;清理债权、债务;处理合伙企业清偿债务后的剩余财产;代表合伙企业参加诉讼或者仲裁活动。

3.债权申报

清算人自被确定之日起10日内通知债权人,并于60日内在报纸上公告。债权人应当自接到通知书之日起30日内,未接到通知书的自公告之日起45日内,向清算人申报债权。

4.清偿顺序

合伙企业财产在支付清算费用后,按下列顺序清偿:合伙企业所欠职工工资、社会保险费用、法定补偿金;合伙企业所欠税款;合伙企业的债务;剩余财产的分配。

5.注销登记

清算结束,应当编制清算报告,经全体合伙人签名、盖章后,在15日内向企业登记机关报送清算报告,办理合伙企业注销登记。

6.合伙企业不能清偿到期债务的处理

合伙企业注销后,原普通合伙人对合伙企业存续期间的债务仍应承担无限连带责任。

课后练习

一、选择题

1.某个人投资企业的投资人以家庭共有财产作为出资,下列关于投资人应对个人独资企业债务承担责任的表述中,正确的是(　　)。

A.投资人以其个人财产承担无限责任

B.投资人以其出资额为限承担无限责任

C.投资人以家庭共有财产承担无限责任

D.投资人以企业财产为限承担责任

2.普通合伙人承担合伙企业债务的方式有(　　)。

A.对内对外均承担按份责任

B.对内对外均承担连带责任

C.对内承担连带责任,对外承担按份责任

D.对外承担连带责任,对内承担按份责任

3.个人独资企业解散后,原合伙人对合伙企业存续期间的债务仍承担连带责任,但是债权人在(　　)年内未向债务人提出请求的,该权利消失。

A.5　　B.4　　C.6　　D.7

4.下列各项中,属于合伙人当然退伙的情形有(　　)。

A.合伙人在执行合伙企业事务中有侵占合伙企业财产的行为

B.合伙人未履行出资义务

C.合伙人被法院强制执行其在合伙企业中的全部财产份额

D.合伙人因重大过失给合伙企业造成损失

5.根据《合伙企业法》的规定，下列事项中，不必经普通合伙企业全体合伙人一致同意的是(　　)。

A.处分合伙企业的不动产

B.改变合伙企业的名称

C.合伙人之间转让在合伙企业中的财产份额

D.合伙人以其在合伙企业中的财产份额出质

二、问答题

1.个人独资企业的投资人有哪些特别规定？

2.我国目前合伙企业有几种？各有什么不同？

三、案例分析

1.2021年3月12日，陈永亮出资人民币5万元向海口市市场监督管理局申请设立个人独资企业。2021年3月31日，该个人独资企业永亮化工厂登记成立。陈永亮为了独资企业可以健康发展，逐渐壮大成为地方明星企业，高薪聘请了浙江大学工商管理学硕士王晓东管理独资企业的各种事务，双方签订了聘用协议，协议中规定，王晓东负责个人独资企业的事务管理，月薪3000元，凡王晓东以个人独资企业名义对外签订的标的额在人民币2万元以上的合同，必须经过陈永亮同意。2021年5月1日，王晓东因为与陈永亮的意见相左，因此在没有经过陈永亮的同意的情况下，以永亮化工厂的名义向山东聊城的一家化工企业购入3万元的原料，该企业没有与陈永亮打过交道，以为永亮化工厂是王晓东所有的个人独资企业。2021年8月15日，永亮化工厂由于产品不适应市场需求，导致亏损，并不能支付永亮化工厂对债权人何日清的10万元债务，陈永亮决定解散永亮化工厂，并请求人民法院指定清算人。2021年9月20日，人民法院指定甲为独资企业的清算人，对永亮化工厂进行清算。经清算人的统计和调查，永亮化工厂和陈永亮的资产及债权债务情况如下：

(1)永亮化工厂欠缴税款2000元，欠工人工资5000元，欠工人社会保险费用5000元，欠何日清10万元；

(2)永亮化工厂的银行存款1万元，实物折价6万元；

(3)陈永亮在某合伙企业中出资6万元，占合伙企业20%的出资额，该合伙企业每年可以向合伙人分配利润；

(4)陈永亮家庭个人财产价值人民币2万元。

问：2021年5月1日，王晓东以永亮化工厂的名义与山东聊城的一家化工企业购买价值3万元货物的行为是否有效？如何进行清偿？

2.南口镇农村女青年邵萍，自改革开放之初便在北京打工。2000年她看准北京市绿化对于人工草皮的需求日益增大，是一个可以开发的好项目，便将自己打工的积攒全部投入创业中，在顺义租了草场，自己既做老板也做工人。在经营过程中，由于她对市场的把握很准确，终于使她提供的绿化草皮在北京市场上占据了相当的份额，2021年她的草皮生产企业资产达1100万人民币。

在她的创业过程中，从老家一起来北京打工的姐妹刘云，一直与邵萍共患难，经历了企业从无到有的过程，为了感激刘云，2008 年，企业变更登记时，邵萍将自己企业的 45%的资产登记在刘云名下，自己则拥有企业 55%的资产。刘云作为企业的主管会计，从此更加努力工作，企业的效益一天比一天好。

天有不测风云。2021 年 5 月，邵萍被确诊为晚期胃癌，并于同年 8 月去世。其间刘云很少去医院看望邵萍，借机培养自己的势力，将企业中的重要职位都换上了自己的亲信，独揽企业的生产与财务大权，实现了对企业的控制。邵萍死后，她也没有去参加葬礼，并且阻止邵萍的唯一继承人——其弟邵兵及律师进入该企业。刘云坚决反对邵兵加入企业的管理，还扬言大不了就散伙，反正客户都在她手中掌握着，再重新来过也无所谓。

问：邵萍的死亡在《合伙企业法》上产生什么样的后果？邵兵可否加入合伙企业？

第三章　公司法

学习目标

★ 掌握公司与其他企业的区别
★ 了解公司的设立、组织机构
★ 掌握有限责任公司的股权转让和股份有限公司的股份发行与转让
★ 了解公司合并、分立以及解散和清算

理论精要

【案例导入】

2021 年 1 月，赵某与吴某共同出资 20 万元，组建了利民科技有限责任公司，其中赵某出资 18 万元，占公司 90%的股份，并担任该公司执行董事。2022 年 3 月，该公司欠下个体工商户张某 13 万元债务，张某多次催要未果，于是向法院请求强制执行利民公司的财产。在强制执行中发现，利民公司已资不抵债，公司被宣告破产。在公司清算中，张某只分得 3 万元。由于赵某的出资占 90%，张某认为公司就是赵某个人的企业。因此，向法院请求强制执行赵某的其他个人财产。分析：

(1)张某的请求是否会得到法院的认可？为什么？

(2)公司与个人独资企业、合伙企业的区别是什么？

(3)什么是公司？公司的设立条件、组织机构有哪些主要规定？

第一节　公司法概述

一、公司的概念和特征

根据我国《民法典》和《公司法》的规定，公司一般是指依法成立，以取得利润并分配给股东等出资人为目的的营利法人。我国的公司包括有限责任公司和股份有限公司。公司作为现代社会中最重要的企业组织形式之一，是商品生产和商品交换发展到一定阶段的必然产物，公司发达程度的高低在某种程度上决定了各国经济发展水平的高低。作为企业基本法律形式之一的公司，与其他社会经济组织相比，具有以下几个法律特征：

1.营利性

公司必须是以营利为目的的企业法人组织。公司的营利性主要表现在两个方面：一方面，公司应直接从事商品生产经营活动，独立核算，自负盈亏，以自己的收入抵补其支出，并对其经营行为承担责任；另一方面，公司应以其出资经营某项事业所获得的利益，分配给其社员，并以进行和获得该项分配作为其最终的经营目的。公司的营利性使其与不以营利为目的的公益事业、以国家管理和行业管理为目的的行政性公司区分。

2.法人性

法人是指依法成立的，具有民事权利能力和民事行为能力，能够依法独立承担民事责任的组织。公司是企业法人，能独立承担责任，其股东仅以出资额或所持股份为限对公司债务承担有限责任，公司以其全部财产为限对其债务承担责任。

3.合法性

公司必须是依照公司法的规定经合法登记注册而成立的法人组织，同时要求公司的设立条件、组织机构、活动原则等合法。

二、公司的种类

对公司的具体组织形式，各国立法规定各有不同。多数大陆法系国家的公司法在传统上将公司分为五种基本类型：无限公司、有限责任公司、两合公司、股份有限公司和股份两合公司。一些国家在公司法的发展过程中取消了个别适用情况甚少的公司形式，如股份两合公司。英美法系国家的公司法对公司的分类则有所不同，如果按照大陆法系国家近似的公司类型去类推，大体上可将注册的公司分为无限公司、有限责任公司和股份有限公司，此外还有保证责任有限公司等形式。

从不同角度，对公司可以有不同的分类方法。以公司的信用基础划分，可将公司分为人合公司、资合公司、资合兼人合公司；以公司组织关系划分，可将公司分为母公司和子公司、总公司和分公司；以股东对公司债务承担责任的方式划分，可将公司分为无限公司、两合公司、有限责任公司和股份有限公司。我国现行公司法所称公司是指在中国境内设立的有限责任公司和股份有限公司。

1.有限责任公司

有限责任公司的股东为 50 人以下，股东以其认缴出资额为限对公司承担责任，公司以其全部资产对公司的债务承担责任。

2.股份有限公司

股份有限公司的全部资本分为等额股份，股东以其所认购的股份为限对公司承担责任，公司以其全部资产对公司的债务承担责任。

三、公司法的概念

公司法是规定公司法律地位，调整公司组织关系，规范公司在设立、变更与终止过程中组织行为的法律规范的总称。公司法有广义与狭义之分，狭义的公司法仅指专门调整公司问题的法律；广义的公司法是指国家关于公司的设立、组织与活动的各种法律、法规和规章的总称。本章重点介绍狭义的公司法，即《中华人民共和国公司法》(以下简称《公司法》)。

1993 年 12 月 29 日第八届全国人民代表大会常务委员会第五次会议通过《公司法》，分别于 1999 年、2004 年、2005 年、2013 年、2018 年对该法进行修订。新修订的《公司法》于 2018 年 10 月 26 日起施行。

四、公司与其他企业的区别

(一)公司与合伙企业的区别

1.公司的设立以章程为基础,合伙企业的成立则建立在合伙合同的基础之上。

2.公司与合伙企业最根本的区别在于两者具有不同的法律地位:一般不承认合伙企业具有法人地位,而大多数国家都赋予公司以法人资格。

3.公司与合伙企业在内部及外部法律关系上具有实质性差异。其中公司股东对公司债务的有限责任与合伙出资人对合伙债务的无限连带责任是其显著区别。

(二)公司与联营企业的区别

联营企业是指在横向经济联合中,联营各方共同出资设立的从事生产经营活动的企业,可分为法人型联营(紧密型经济联合组织)、合伙联营(半紧密型经济联合组织)以及松散型联营企业。

1.法人型联营在《公司法》颁布后已被纳入《公司法》的调整范围。

2.合伙型联营不具有法人地位,不能自称为"公司",不属于《公司法》调整的范围。

3.松散型联营是指企业之间或者企业、事业单位之间按照合同的约定各自独立经营,它的权利和义务由合同约定,各自承担民事责任,这种联营,也称为合同型联营或协作型联营。联营各方的关系完全按照合同的约定或合同法的规定来确定。不具有企业的形态,与公司的区别是显而易见的。

(三)公司与企业集团的区别

企业集团是指以资本为主要连接纽带,以母子公司为主体,以集团章程为共同行为规范的母公司、子公司、参股公司及其他成员企业或机构共同组成的具有一定规模的企业法人联合体。企业集团不具有企业法人资格。

企业集团由母公司、子公司、参股公司以及其他成员单位组建而成。事业单位法人、社会团体法人也可以成为企业集团成员。其中母公司应当是依法登记注册,取得企业法人资格的控股企业;子公司应当是母公司对其拥有全部股权或者控股权的企业法人;企业集团的其他成员应当是母公司对其参股或者与母子公司形成生产经营、协作联系的其他企业法人、事业单位法人或者社会团体法人。设立企业集团应当具备《企业集团登记管理暂行规定》中的条件。

公司与企业集团比较而言,公司是单体企业,功能通常也较单一。现代公司在发展过程中,往往成为某一集团的成员,以增强自身抗风险的能力。

五、公司的社会责任

(一)公司社会责任的概念及其法理基础

所谓公司的社会责任,就是指公司不能仅仅以最大限度地为股东营利或赚钱作为自己的唯一存在目的,而应当最大限度地增进股东利益之外的其他所有社会利益。这种社会利益应该包括雇员利益、消费者利益、债权人利益、中小竞争者利益、当地社会利益、环境利益、社会弱者利益及整个社会利益等内容。因此公司的社会责任更加强调的是对其他利益者的利益保护,以纠正立法上对股东利益的过度保护,从而体现出法律的公平性。

公司作为法律上承认的具有独立人格的法人,这样的人是以营利为目的的,为了公司自身的利益和公司出资者的利益，它必须追求经济利益。但同时，我们也必须看到公司作为一个社会上的人，它占有和处置了社会上大部分的资源，也必须承担相应的社会责任，例如环境保护、社会经济稳定等方面的责任。追求股东利益的最大化只是公司价值的一部分，管理学界最有影响的学者之一彼得·德鲁克也认为：任何一个组织都不只是为了自身，而是为了社会存在，公司也不例外。公司不仅是股东争取利润的工具，更应该成为为其他社会利益者服务的工具，因为企业利益相关者的利益最大化才是现代企业的经营目的，股东价值最大化并不等于企业创造的社会财富最大化。

(二)我国公司法关于公司社会责任的规定

依据我国《公司法》第5条的规定，公司从事经营活动，必须做到以下几点：

1.必须遵守法律、行政法规。这是指公司在经营中，必须遵守和维护国家法律中体现的调整利益关系的原则和具体规范，承担应尽的责任。

2.必须遵守社会公德、商业道德，诚实守信。

3.必须接受政府和社会的监督，承担社会责任。这是公司的一项法定义务，公司在市场中活动，不仅享有经营自主权等项权利，关心自己的利益，而且要对社会公众负责，接受社会公众和政府的监督。

第二节　有限责任公司

一、有限责任公司的概念和特征

(一)有限责任公司的概念

有限责任公司，是指由法定人数的股东组成的，股东以其所认缴的出资额对公司承担有限责任，公司以其全部资产对其债务承担责任的公司。

(二)有限责任公司的特征

根据我国公司法的规定，有限责任公司可以分为一般有限责任公司和特殊有限责任公司两种。有限责任公司既具有人合公司的性质，又具有资合公司的性质，其法律特征可概括如下：

1.股东人数有限制。有限责任公司一般都有最高人数的规定，我国以股东人数50人为上限。这是基于有限责任公司的人合性质决定的。

2.股东仅就其出资额为限对公司担责。股东只对公司负有限责任，对公司的债权人不负直接责任。有限责任公司则以其全部资产对公司的债务承担责任。

3.公司不能发行股票。有限责任公司的股东出资后拥有股份证书，它只是一种权利证书，不能买卖。公司的股份不允许在证券交易所公开出售，所以又称“不上市公司”。

4.公司的股份一般不能任意转让。若要进行股东出资的转让，必须经大多数股东一致同意批准，并在公司登记；对欲转让的股份，其他股东有优先购买权。

5.公司的设立程序简便，只有发起设立而无募股设立，其成立可以由一个或几个人发起，组织管理机构比较灵便、精简，其行动迅速。营业账目也不需对外公开。

二、有限责任公司的设立条件

根据我国《公司法》第23条的规定，设立有限责任公司应当具备下列条件：

1.股东符合法定人数。有限责任公司的股东，是指依法向公司出资而设立公司的人。我国《公司法》对有限责任公司股东人数的规定有两种情况：一是由50个以下股东共同出资设立有限责任公司，即一般意义上的有限责任公司；二是国家单独出资、由国务院或者地方人民政府授权本级人民政府国有资产监督管理机构履行出资人职责的有限责任公司，即国有独资公司。

2. 股东认缴出资额。根据《公司法》第26条，有限责任公司的注册资本为在公司登记机关登记的全体股东认缴的出资额。法律、行政法规以及国务院决定对有限责任公司注册资本实缴、注册资本最低限额另有规定的，从其规定。该规定取消了一般公司的最低注册资本的要求，主要是证券法对证券公司最低注册资本的规定、商业银行法对设立商业银行最低注册资本的规定、保险法对保险公司最低注册资本的要求、国际货物运输代理业管理规定有关设立国际货运代理公司最低注册资本的要求等。

3.股东共同制定公司章程。公司章程是全体股东共同制定的有关公司组织与活动的内部规范文件。有限责任公司章程应当载明下列事项：公司名称和住所；公司经营范围；公司注册资本；股东的姓名或者名称；股东的出资方式、出资额和出资时间；公司的机构及其产生办法、职权、议事规则；公司法定代表人；股东会会议认为需要规定的其他事项。股东应当在公司章程上签名、盖章。

4.有公司名称，建立符合有限责任公司要求的组织机构。这要求有限责任公司必须选定自己的名称，以保障公司及公司交易对方的合法权益，维护社会经济秩序。公司名称必须标明“有限责任公司”的字样，公司名称一经登记，公司即取得名称专用权，受到法律保护。

有限责任公司还应建立符合有限责任公司要求的内部组织机构，即一般应设立权力机构、经营决策和业务执行机构及监督检查机构。

5.有公司住所。有限责任公司需要有稳定而不是随时变换的公司住所，如此公司才能进行生产、经营，也便于国家的监管。

【思考3-1】甲、乙、丙拟共同出资设立一生产服装的有限责任公司，并共同制定了公司章程草案。该草案有关要点如下：公司注册资本为100万元。甲出资40万元，其中货币10万元，专利技术30万元，首次出资3万元，其余出资于公司成立后8个月内缴付；乙出资30万元，其中设备作价15万元，土地使用权作价10万元，劳务作价5万元，均为公司成立后1年内缴付；丙出资30万元，其中货币15万元，设备作价10万元，商标作价5万元，除货币首次缴付外，其余出资于公司成立后3年内缴付。试根据《公司法》对比分析该章程草案有无不妥之处。

三、有限责任公司的设立程序

（一）申请设立登记

设立有限责任公司，应当由全体股东指定的代表或者共同委托的代理人向公司登记机关申请设立登记。设立国有独资公司，应当由国务院或者地方人民政府授权的本级人民政府国有资产监督管理机构作为申请人，申请设立登记。

申请设立有限责任公司，需向公司登记机关提交下列文件：

1.公司法定代表人签署的设立登记申请书；

2.全体股东指定代表或者共同委托代理人的证明；

3.股东首次出资是非货币财产的，应当在公司设立登记时提交已办理其财产权转移手续的证明文件；

4.股东的主体资格证明或者自然人身份证明；

5.载明公司董事、监事、经理的姓名、住所的文件以及有关委派、选举或者聘用的证明；

6.公司法定代表人任职文件和身份证明；

7.企业名称预先核准通知书；

8.公司住所证明；

9.国家市场监督管理总局要求提交的其他文件。

法律、行政法规或者国务院决定规定设立有限责任公司必须报经批准的，还应当提交有关批准文件。

(二)核准经营范围

《中华人民共和国公司登记管理条例》第 22 条规定：公司申请登记的经营范围中属于法律、行政法规或者国务院决定规定在登记前须经批准的项目的，应当在申请登记前报经国家有关部门批准，并向公司登记机关提交有关批准文件。

(三)颁发营业执照

《中华人民共和国公司登记管理条例》第 25 条规定，依法设立的公司，由公司登记机关发给《企业法人营业执照》。公司营业执照签发日期为公司成立日期。公司凭公司登记机关核发的《企业法人营业执照》刻制印章，开立银行账户，申请纳税登记。

四、有限责任公司的组织机构

(一)股东会

1.股东会的概念和职权

股东会是由全体股东组成的公司最高权力机构。除国家有禁止和有限的特殊规定外，有权代表国家投资的机构、企事业单位、社会团体、自然人均可以成为公司的股东。

股东会行使下列职权：决定公司的经营方针和投资计划；选举和更换非由职工代表担任的董事、监事，决定有关董事、监事的报酬事项；审议批准董事会的报告；审议批准监事会或者监事的报告；审议批准公司的年度财务预算方案、决算方案；审议批准公司的利润分配方案和弥补亏损方案；对公司增加或者减少注册资本作出决议；对发行公司债券作出决议；对公司合并、分立、解散、清算或者变更公司形式作出决议；修改公司章程；公司章程规定的其他职权。

2.股东会会议及其决议事规则

股东会会议分为定期会议和临时会议。首次股东会会议由出资最多的股东召集和主持，依照公司法规定行使职权。定期会议应当依照公司章程的规定按时召开。代表 1/10 以上表决权的股东，1/3 以上的董事，监事会或者不设监事会的公司的监事提议召开临时会议的，应当召开临时会议。

有限责任公司设立董事会的，股东会会议由董事会召集，董事长主持；董事长不能履行职务或者不履行职务的，由副董事长主持；副董事长不能履行职务或者不履行职务的，由半数以上董事共同推举一名董事主持。有限责任公司不设董事会的，股东会会议由执行董事召集和主持。

召开股东会会议，应当于会议召开 15 日前通知全体股东，但是，公司章程另有规定或者全体股东另有约定的除外。股东会应当对所议事项的决定作成会议记录，出席会议的股东应当在会议记录上签名。股东会会议由股东按照出资比例行使表决权，但是，公司章程另有规定的除外。股东会会议作出修改公司章程、增加或者减少注册资本的决议，以及公司合并、分立、解散或者变更公司形式的决议，必须经代表 2/3 以上表决权的股东通过。

（二）董事会和经理

1.董事会的概念和职权

董事会是股东会的执行机构，向股东会负责，是有限责任公司的常设机构，其成员为 3～13人；2 个以上的国有企业或者 2 个以上的其他国有投资主体投资设立的有限责任公司，其董事会成员中应当有公司职工代表。董事会中的职工代表由公司职工民主选举产生。董事会设董事长一人，可以设副董事长。董事长、副董事长的产生办法由公司章程规定。董事任期由公司章程规定，但每届任期不得超过 3 年。董事任期届满，连选可以连任。

董事会行使下列职权：召集股东会会议，并向股东会报告工作；执行股东会的决议；决定公司的经营计划和投资方案；制订公司增加或者减少注册资本以及发行公司债券的方案；制订公司合并、分立、解散或者变更公司形式的方案；决定公司内部管理机构的设置；决定聘任或者解聘公司经理及其报酬事项，并根据经理的提名决定聘任或者解聘公司副经理、财务负责人及其报酬事项；制定公司的基本管理制度；公司章程规定的其他职权。

2.董事会会议及其议事规则

董事会会议由董事长召集和主持；董事长不能履行职务或者不履行职务的，由副董事长召集和主持；副董事长不能履行职务或者不履行职务的，由半数以上董事共同推举一名董事召集和主持。董事会的议事方式和表决程序，除公司法的规定外，由公司章程规定。董事会应当对所议事项的决定作成会议记录，出席会议的董事应当在会议记录上签名。董事会决议的表决，实行一人一票。

3.经理

有限责任公司设经理，由董事会决定聘任或者解聘。经理负责公司日常经营管理工作，是董事会的执行机关，对董事会负责。

经理行使下列职权：主持公司的生产经营管理工作，组织实施董事会决议；组织实施公司年度经营计划和投资方案；拟订公司内部管理机构设置方案；拟订公司的基本管理制度；制定公司的具体规章；提请聘任或者解聘公司副经理、财务负责人；决定聘任或者解聘除应由董事会决定聘任或者解聘以外的负责管理人员；董事会授予的其他职权。公司章程对经理职权另有规定的，从其规定。经理列席董事会会议。

股东人数较少或者规模较小的有限责任公司，可以设一名执行董事，不设董事会。执行董事可以兼任公司经理。执行董事的职权由公司章程规定。

（三）监事会

1.监事会的概念和职权

监事会是公司的内部监督机构，它对公司执行机构的业务活动进行监督。有限责任公司设监事会，其成员不得少于 3 人。股东人数较少或者规模较小的有限责任公司，可以设1～2名监事，不设监事会。

监事会应当包括股东代表和适当比例的公司职工代表，其中职工代表的比例不得低于1/3，具体比例由公司章程规定。监事会中的职工代表由公司职工民主选举产生。监事会设主席 1 人，由全体监事过半数选举产生。监事会主席召集和主持监事会会议。监事的任期每届为 3 年。监事任期届满，连选可以连任。

监事会、不设监事会的公司的监事的职权：检查公司财务；对董事、高级管理人员执行公司事务的行为进行监督，对违反法律、行政法规、公司章程或者股东会决议的董事、高级管理人员提出罢免的建议；当董事、高级管理人员的行为损害公司的利益时，要求董事、高级管理人员予以纠正；提议召开临时股东会会议，在董事会不履行召集和主持股东会会议职责时召集和主持股东会会议；向股东会会议提出提案；依照公司法的规定，对董事、高级管理人员提起诉讼；公司章程规定的其他职权。

董事、高级管理人员不得兼任监事。

2.监事会会议及其议事规则

监事会每年度至少召开一次会议，监事可以提议召开临时监事会会议。监事会的议事方式和表决程序，除公司法的规定外，由公司章程规定。监事会应当将所议事项的决定作成会议记录，出席会议的监事应当在会议记录上签名。

【思考 3-2】甲有限责任公司注册资本为 100 万元，共 15 家股东，其中 A 出资 20 万元，B 出资 35 万元且是出资最多的股东。公司成立后，由 A 召集和主持了首次股东会议；经过几年运作，董事会提议将公司现有注册资本 100 万元增加到 150 万元。增资方案提交股东会讨论表决时，有 11 家股东赞成增资，其出资额合计为 62 万元；有 4 家股东反对，其出资额合计为 38 万元，股东会通过了增资决议，并授权董事执行。根据《公司法》的规定，试分析甲公司上述行为中有无不合法之处？并说明理由。

五、一人有限责任公司的特殊规定

(一)一人有限责任公司的概念

一人有限责任公司，是指只有一个自然人股东或者一个法人股东的有限责任公司。

(二)一人有限责任公司的特殊规定

一人有限公司(以下简称一人公司)是由一个投资者设立的公司。一个自然人只能投资设立一个一人公司。该一人公司不能投资设立新的一人公司。一人公司应当在公司登记中注明自然人独资或者法人独资，并在公司营业执照中载明。一人公司章程由股东制定。一人公司不设股东会。一人公司应当在每一会计年度终了时编制财务会计报告，并经会计师事务所审计。一人公司的股东不能证明公司财产独立于股东自己的财产的，应当对公司债务承担连带责任。

六、国有独资公司的特别规定

(一)国有独资公司的概念

国有独资公司，是指国家单独出资、由国务院或者地方人民政府授权本级人民政府国有资产监督管理机构履行出资人职责的有限责任公司。

(二)国有独资公司的设立

设立国有独资公司,应当由国务院或者地方人民政府授权的本级人民政府国有资产监督管理机构作为申请人申请设立登记。国有独资公司章程由国有资产监督管理机构制定,或者由董事会制定报国有资产监督管理机构批准。

(三)国有独资公司的经营管理

国有独资公司不设股东会,由国有资产监督管理机构行使股东会职权。

国有独资公司设董事会,除行使一般有限责任公司的董事会职权外,国有资产监督管理机构可以授权公司董事会行使股东会的部分职权,决定公司的重大事项,但公司的合并、分立、解散、增加或者减少注册资本和发行公司债券,必须由国有资产监督管理机构决定;其中,重要的国有独资公司合并、分立、解散、申请破产的,应当由国有资产监督管理机构审核后,报本级人民政府批准。

国有独资公司设经理,由董事会聘任或者解聘,职权与一般有限责任公司相同。经国有资产监督管理机构同意,董事会成员可以兼任经理。

国有独资公司的董事长、副董事长、董事、高级管理人员,未经国有资产监督管理机构同意,不得在其他有限责任公司、股份有限公司或者其他经济组织兼职。

国有独资公司监事会成员不得少于5人,其中职工代表的比例不得低于1/3,具体比例由公司章程规定。监事会成员由国有资产监督管理机构委派,但代表职工的成员由公司职工代表大会选举产生。监事会主席由国有资产监督管理机构从监事会成员中指定。

七、有限责任公司的股权转让

1.股东转让出资的程序规定

有限责任公司的股东之间可以相互转让其全部或者部分股权。股东向股东以外的人转让股权,应当经其他股东过半数同意。股东应就其股权转让事项书面通知其他股东征求同意,其他股东自接到书面通知之日起满30日未答复的,视为同意转让。其他股东半数以上不同意转让的,不同意的股东应当购买该转让的股权;不购买的,视为同意转让。经股东同意转让的股权,在同等条件下,其他股东有优先购买权。股东依照公司法规定转让股权后,公司应当注销原股东的出资证明书,向新股东签发出资证明书,并相应修改公司章程和股东名册中有关股东及其出资额的记载。

2.法院通过强制执行程序转让股东股权的规定

人民法院依照法律规定的强制执行程序转让股东的股权时,应当通知公司及全体股东,其他股东在同等条件下有优先购买权。其他股东自人民法院通知之日起满20日不行使优先购买权的,视为放弃优先购买权。

3.有限责任公司股东退出机制的规定

有下列情形之一的,对股东会该项决议投反对票的股东可以请求公司按照合理的价格收购其股权:公司连续5年不向股东分配利润,而公司该5年连续营利,并且符合《公司法》规定的分配利润条件的;公司合并、分立、转让主要财产的;公司章程规定的营业期限届满或者章程规定的其他解散事由出现,股东会会议通过决议修改章程使公司存续的。

自股东会会议决议通过之日起60日内,股东与公司不能达成股权收购协议的,股东可以自股东会会议决议通过之日起90日内向人民法院提起诉讼。

4.有限责任公司股东资格继承的规定

自然人股东死亡后,其合法继承人可以继承股东资格,但公司章程另有规定的除外。

【思考 3-3】2021 年 12 月 1 日,甲、乙、丙三个自然人准备投资设立一有限责任公司,并共同起草了公司章程。章程要点如下:

(1)公司名称为:创意服装公司。

(2)公司注册资本为 30 万元人民币;首次出资 5 万元,其余资金分别于 2022 年 12 月 1 日与 2023 年 12 月 1 日缴付。

(3)甲方以专利权作价出资 6 万元;乙方以现金 8 万元出资;丙方以土地使用权、房屋、机器设备作价 12 万元,信用作价 4 万元出资。

(4)公司设立董事会,由 2 人组成。

(5)公司设 1 名监事,由董事会成员兼任。

(6)公司存续期间,出资各方均可自由抽回投资。

试分析该章程的条款是否符合《公司法》的规定?为什么?

第三节　股份有限公司

一、股份有限公司的概念与特征

(一)股份有限公司的概念

股份有限公司是指全部资本由等额股份构成并通过发行股票筹集,股东以其所认购的股份对公司承担责任,公司以其全部资本对公司债务承担责任的公司。

(二)股份有限公司的特征

1.是典型的资合公司。股份有限公司通过资本集中来扩大资本和扩大再生产,绝大多数公司股份的拥有者并不直接参与公司的经营管理,他们以投入的股份享受权利承担义务,往往要求以现金、实物出资而不能以信用或劳务出资。在股份有限公司中,股东间以资本为中心而非以个人之间的相互信用为中心,只要是股票的合法持有者便是股东,股东的权利从股票上得到一定体现并随着股票的转让发生转移。

2.是典型的营利社团法人。股份有限公司的设立要求严格,组织完备,公司的所有权和经营权完全分离,最具法人条件,而且由于是在社会上公开募资,资金雄厚,竞争力强。在公司中,股东的个人财产与公司的财产相分离,只有公司才以公司本身的全部资产对公司的债务负责。

3.要达到法定人数要求。股份有限公司为了保证能从社会募集足够的资金,股东人数常有最低要求。如德国规定 5 人以上,法国规定 7 人以上。因为股东人数太少,无法体现股份有限公司广泛集资的特色,也难以形成极大股本和庞大的规模经营。

4.各股东承担有限责任。股份有限公司的每个股东的基本义务是以其所认购的股份金额为限,对公司承担有限责任,公司以其全部资产对外承担责任,这种责任也是有限的。

5.总资本均分等额,股票是股份的表现形式。股份有限公司的全部资本以一定标准分成等额的股份,每一股份所代表的资金额是相同的。股份是法律上的计量单位,又是股东地位的象征，是股东权利的凭证，更是公司向股东分派红利的数量依据。每股金额一样，使得股票的发行更便利、有序，避免了混乱。

二、股份有限公司的设立方式

股份有限公司的设立，可以采取发起设立或者募集设立的方式。发起设立，是指由发起人认购公司应发行的全部股份而设立公司。募集设立，是指由发起人认购公司应发行股份的一部分，其余股份向社会公开募集或者向特定对象募集而设立公司。

三、股份有限公司的设立条件

1.发起人符合法定人数。发起人是指依法认购公司应发行股份的全部或者一部分，并承担公司筹办事务的人。股份有限公司的发起人可以是自然人，也可以是法人。《公司法》规定，设立股份有限公司应当有 2 人以上 200 人以下为发起人，其中须有半数以上的发起人在中国境内有住所。

2. 股东认购股本。股份有限公司采取发起设立方式设立的，注册资本为在公司登记机关登记的全体发起人认购的股本总额。在发起人认购的股份缴足前，不得向他人募集股份。股份有限公司采取募集方式设立的，注册资本为在公司登记机关登记的实收股本总额。法律、行政法规以及国务院决定对股份有限公司注册资本实缴、注册资本最低限额另有规定的，从其规定。

3.股份发行、筹办事项符合法律规定。

4.发起人制定公司章程，采用募集方式设立的经创立大会通过。

5.有公司名称，建立符合股份有限公司要求的组织机构。

6.有公司住所。

四、股份有限公司的设立程序

股份有限公司设立的程序因设立方式的不同而不同。

（一）发起设立的程序

1.发起人订立公司章程。公司章程是关于股份有限公司的组织及其运作的基本规范，是规定股份有限公司的性质、宗旨、经营范围、组织机构等内容的基本文件。章程应当载明下列事项：发起人的名称和住所；公司经营范围；公司设立方式；公司股份总数、每股金额和注册资本；发起人的姓名或者名称、认购的股份数、出资方式和出资时间；董事会的组成、职权和议事规则；公司法定代表人；监事会的组成、职权和议事规则；公司利润分配方法；公司的解散事由与清算方法；公司的通知和公告办法；股东大会会议认为需要规定的其他事项。

2.发起人认足公司章程规定发行的股份。

3.发起人缴纳股款。

4.发起人选任公司董事会及监事会。

5.公司设立登记。

（二）募集设立的程序

募集设立时，股份有限公司的股本总额分别由发起人认缴和向社会公开募集，因此其程序较发起设立更为复杂和严格。包括下列步骤：

1.发起人订立公司章程。

2.发起人认购股份;全体发起人认购的股份不得少于公司股份总数的35%。

3.募集股款。发起人向社会公开募集股份,必须公告招股说明书,并制作认股书。认股人在认股书上填写认购股数、金额,住所,签名、盖章,并按照所认购股数缴纳股款。发起人向社会公开募集股份,应当由依法设立的证券公司承销,签订承销协议,并同银行签订代收股款协议,代收股款的银行应当按照协议代收和保存股款,向缴纳股款的认股人出具收款单据,并负有向有关部门出具收款证明的义务。

4.召开创立大会。发行股份的股款缴足后,必须经依法设立的验资机构验资并出具证明。发起人应当自股款缴足之日起30日内主持召开公司创立大会。创立大会应有代表股份总数过半数的发起人、认股人出席方可举行。创立大会行使下列职权:审议发起人关于公司筹办情况的报告;通过公司章程;选举董事会成员;选举监事会成员;对公司的设立费用进行审核;对发起人用于抵作股款的财产的作价进行审核;发生不可抗力或者经营条件发生重大变化直接影响公司设立的,可以作出不设立公司的决议。创立大会对前款所列事项作出决议,必须经出席会议的认股人所持表决权过半数通过。

【思考3-4】甲股份有限公司的发起人在招股说明书中承诺从2021年2月15日至2021年6月15日,4个月内向社会募集首批资金6000万元。公司如期募足了6000万元资金,但直至2021年9月1日,仍未发出召开创立大会的通知。很多股东要求甲公司的发起人返还所认购的股款并加计同期银行存款利息。但甲公司的发起人认为股东出资后不得撤资,拒绝了股东的要求。试分析发起人与股东之间谁对谁错。

5.申请设立登记。董事会应于创立大会结束后30日内,向公司登记机关报送有关文件,申请设立登记。登记机关自接到登记申请之日起30日内依法审查,作出是否可以登记的决定。经核准登记并领取《企业法人营业执照》后,公司即告成立。

6.公告。公司成立后,应进行公告,并将募股情况报国务院证券监督管理机构备案。

五、股份有限公司的组织机构

(一)股东大会

股东大会是公司的权力机构,决定公司的重大事项。股东大会由全体股东组成。股东是股份有限公司的股份持有人,按持有的股份对公司享有权利并承担相应义务。

股东的权利体现在:出席或者委托代理人出席股东大会,并依法行使表决权;依法转让股份;查阅公司文件,监督公司经营;按其股份取得股利;公司终止时取得公司剩余财产;对公司侵犯其合法利益的决议向法院提起诉讼。

股东对公司应负的义务体现在:遵守公司章程;依其所认购股份和入股方式缴纳股款;股东缴纳股款后,除未按期募足股份,发起人未按期召开创立大会或者创立大会决议不设立公司的情况外,不得抽回股本。

1.股东大会的职权。股东大会行使下列职权:决定公司的经营方针和投资计划;选举和更换非由职工代表担任的董事、监事,决定有关董事、监事的报酬事项;审议批准董事会的报告;审议批准监事会或者监事的报告;审议批准公司的年度财务预算方案、决算方案;审议批准公司的利润分配方案和弥补亏损方案。对公司增加或者减少注册资本作出决议;对发行公司债权作出决议;对公司合并、分立、解散、清算或者变更公司形式作出决议;修改公司章程;公司章程规定的其他职权。

2.股东大会的召开。股东大会分为股东年会和股东临时会。股东年会每年召开一次,有下列情形之一的,应当在2个月内召开临时股东大会:董事人数不足《公司法》规定人数或者公司章程所定人数的2/3时,公司未弥补的亏损达实收股本总额2/3时,单独或者合计持有公司10%以上股份的股东请求时,董事会认为必要时,监事会提议召开时,公司章程规定的其他情形。

股东大会会议由董事会召集,董事长主持;董事长不能履行职务或者不履行职务的,由副董事长主持;副董事长不能履行职务或者不履行职务的,由半数以上董事共同推举一名董事主持。董事会不能履行或者不履行召集股东大会会议的职责的,监事会应当及时召集和主持;监事会不召集和主持的,连续90日以上单独或者合计持有合同10%以上股份的股东可以自行召集和主持。

【思考3-5】甲股份有限公司董事会于2022年5月10日发出通知,定于6月1日召开临时股东大会,审议发行公司债券及中期利润分配事宜。在如期举行的股东大会上,通过了上述两项决议。会上还根据大股东A的提议,表决通过了增加一名董事的决议。试分析该临时股东会的三项决议是否合法?为什么?

3.股东大会的议事规则。股东出席股东大会会议,所持每一股份有一表决权。但是,公司持有的本公司股份没有表决权。

股东大会作出决议,必须经出席会议的股东所持表决权过半数通过。但是,股东大会作出修改公司章程、增加或者减少注册资本的决议,以及公司合并、分立、解散或者变更公司形式的决议,必须经出席会议的股东所持表决权的2/3以上通过。股东大会选举董事、监事,可以依照公司章程的规定或者股东大会的决议,实行累积投票制。所谓累积投票制,是指股东大会选举董事或者监事时,每一股份拥有与应选董事或者监事人数相同的表决权,股东拥有的表决权可以集中使用。股东大会应当对所议事项的决定作成会议记录,主持人、出席会议的董事应当在会议记录上签名。

(二)董事会和经理

1.董事会的设立。董事会是公司的常设机构,对股东大会负责,其成员为5~19人。董事由股东大会选举产生,任期不得超过3年,连选可连任。董事会成员中可以有公司职工代表。董事会中的职工代表由公司职工民主选举产生。董事会设董事长1人,可以设副董事长。董事长和副董事长由董事会以全体董事的过半数选举产生。

董事长召集和主持董事会议,检查董事会决议的实施情况。董事长是公司的法定代表人。

2.董事会的职权。董事会行使下列职权:召集股东会会议,并向股东会报告工作;执行股东会的决议;决定公司的经营计划和投资方案;制订公司的年度财务预算方案、决算方案;制订公司的利润分配方案和弥补亏损方案;制订公司增加或者减少注册资本以及发行公司债券的方案;制订公司合并、分立、解散或者变更公司形式的方案;决定公司内部管理机构的设置;决定聘任或者解聘公司经理及其报酬事项,并根据经理的提名决定聘任或者解聘公司副经理、财务负责人及其报酬事项;制定公司的基本管理制度,公司章程规定的其他职权。

3.董事会的召开及议事规则。董事会每年度至少召开两次会议,每次会议应当于会议召开10日前通知全体董事和监事。代表1/10以上表决权的股东、1/3以上董事或者监事会，可以提议召开董事会临时会议。董事长应当自接到提议后 10 日内，召集和主持董事会会议。

董事会会议应有半数的董事出席方可举行。董事会作出决议，必须经全体董事的过半数通过。董事会决议的表决，实行一人一票。董事会会议，应由董事本人出席；董事因故不能出席，可以书面委托其他董事代为出席，委托书中应载明授权范围。董事会应当对会议所议事项的决定作成会议记录，出席会议的董事应当在会议记录上签名。董事应当对董事会的决议承担责任。董事会的决议违反法律、行政法规或者公司章程、股东大会决议，致使公司遭受严重损失的，参与决议的董事对公司负赔偿责任。但经证明在表决时曾表明异议并记载于会议记录的，该董事可以免除责任。

4.股份有限公司的经理。股份有限公司设经理，由董事会聘任或者解聘，对董事会负责，其职权与有限责任公司经理的职权相同。经董事会决定，经理可以由董事会成员兼任。

【思考 3-6】ABC 股份有限公司是一家于 2017 年 9 月上市的上市公司。该公司董事会于 2022 年 4 月 2 日召开会议，有关会议情况如下。

(1)该公司董事会成员共 7 位，出席本次会议的有甲、乙、丙、丁 4 人，董事李某因出国不能参加会议，电话委托甲代为出席并表决，董事王某因病不能出席，书面委托其朋友(非 ABC 公司董事)代为出席。

(2)出席本次董事会的董事一致通过三项决议：一是增设公司人力资源部，二是改选了一名董事，三是因公司经理为他人经营与本公司同类的业务，决定罢免现任经理。

(3)为完善公司经营管理制度，董事会通过了修改公司章程的决议，并决定从通过之日起执行。

试分析上述各项是否符合法律规定。

(三)监事会

监事会主要对董事会及其成员和经理管理人员行使监督职能。股份有限公司设监事会，其成员不得少于 3 人。监事会应当包括股东代表和适当比例的公司职工代表，其中职工代表的比例不得低于 1/3，具体比例由公司章程规定。监事会中的职工代表由公司职工民主选举产生。监事会设主席 1 人，可以设副主席。监事会主席和副主席由全体监事过半数选举产生。监事会主席召集和主持监事会会议。监事会的职权与有限责任公司监事会相同。

董事、高级管理人员不得兼任监事。

【思考 3-7】股份有限公司和有限责任公司有什么主要区别？

第四节　股份有限公司的股份发行和转让

一、股份发行

(一)股份发行的概念

股份是公司资本的计量单位。股份有限公司把公司资本划分为等额股份，全部股份金额的综合即为公司资本的总额。同时，股份又是计算股东权利义务大小的依据。股东在公司中的法律地位基于其拥有的股份，股东权利大小范围也取决于其拥有的股份数额。

股份发行是指股份有限公司通过法定方式向社会发行公司股份的行为。因为股份必须采取股票的形式，因而发行股份，实际上就是发行股票。股票是公司签发的证明股东所持股份的凭证，是股份的法律表现形式。

（二）股票的形式和内容

股票采用纸面形式或者国务院证券监督管理机构规定的其他形式。

股票应当载明下列主要事项：公司名称；公司成立日期；股票种类、票面金额及代表的股份数；股票的编号。股票由法定代表人签名，公司盖章。发起人的股票，应当标明发起人股票字样。

公司发行的股票，可以为记名股票，也可以为无记名股票。公司向发起人、法人发行的股票，应当为记名股票，并应当记载该发起人、法人的名称或者姓名，不得另立户名或者以代表人姓名记名。公司发行记名股票的，应当置备股东名册，记载下列事项：股东的姓名或者名称及住所，各股东所持股份数，各股东所持股票的编号，各股东取得股份的日期。发行无记名股票的，公司应当记载其股票数量、编号及发行日期。

（三）股份发行的原则

股份的发行，实行公平、公正的原则，同种类的每一股份应当具有同等权利。同次发行的同种类股票，每股的发行条件和价格应当相同；任何单位或者个人所认购的股份，每股应当支付相同价额。

（四）股份发行的价格

股票发行价格可以按票面金额，也可以超过票面金额，但不得低于票面金额。

二、股份转让

（一）股份转让的概念

股份转让，即指股份所有人（股东）依一定程序将股份出让给受让人，受让人因此取得股份可成为公司股东的行为。

（二）股份转让的限制性规定

1.股东转让其股份，应当在依法设立的证券交易场所进行或者按照国务院规定的其他方式进行。

2.记名股票，由股东以背书方式或者法律、行政法规规定的其他方式转让；转让后由公司将受让人的姓名或者名称及住所记载于股东名册。股东大会召开前20日内或者公司决定分配股利的基准日前5日内，不得进行股东名册的变更登记。但是，法律对上市公司股东名册变更登记另有规定的，从其规定。

3.无记名股票的准让，由股东将该股票交付给受让人后即发生转让的效力。

4.发起人持有的本公司股份，自公司成立之日起1年内不得转让；公司公开发行股份前已发行的股份，自公司股票在证券交易所上市交易之日起1年内不得转让。公司董事、监事、高级管理人员应当向公司申报所持有的本公司的股份及其变动情况，在任职期间每年转让的股份不得超过其所持有本公司股份总数的25%；所持本公司股份自公司股票上市交易之日起1年内不得转让。上述人员离职后半年内，不得转让其所持有的本公司股份。公司章程还可以对上述人员所持有本公司股份的转让作出其他限制性规定。

5.公司不得收购本公司股份。但是，有下列情形之一的除外：减少公司注册资本；与持有本公司股份的其他公司合并；将股份用于员工持股计划或者股权激励；股东因对股东大会作出的公司合并、分立决议持异议，要求公司收购其股份；将股份用于转换上市公司发行的可转换为股票的公司债券；上市公司为维护公司价值及股东权益所必需。上市公司收购本公司股份的，应当依照《中华人民共和国证券法》的规定履行信息披露义务。公司不得接受本公司的股票作为质押权的标的。

第五节　公司董事、监事、高级管理人员的资格和义务

一、公司董事、监事、高级管理人员的任职资格

《公司法》规定，有下列情形之一的，不得担任公司的董事、监事、高级管理人员：

(1)无民事行为能力或者限制民事行为能力；

(2)因贪污、贿赂、侵占财产、挪用财产或者破坏社会主义市场经济秩序，被判处刑罚，执行期满未逾5年，或者因犯罪被剥夺政治权利，执行期满未逾5年；

(3)担任破产清算的公司、企业的董事或者厂长、经理，对该公司、企业的破产负有个人责任的，自该公司、企业破产清算完结之日起未逾3年；

(4)金额较大的债务到期未清偿。

公司违反前款规定选举、委派董事、监事或者聘任高级管理人员的，该选举、委派或者聘任无效。董事、监事和高级管理人员在任职期间出现上列第一款情形的，公司应当解除其职务。

二、公司董事、监事、高级管理人员的义务

1.公司董事、监事、高级管理人员应当遵守法律、行政法规和公司章程，对公司负有忠实义务和勤勉义务。

2.公司董事、监事、高级管理人员不得利用职权收受贿赂或者其他非法收入，不得侵占公司的财产。

3.公司董事、高级管理人员不得有下列行为：

(1)挪用公司资金。

(2)将公司资金以其个人名义或者以其他个人名义开立账户存储。

(3)违反公司章程的规定，未经股东会、股东大会或者董事会同意，将公司资金借贷给他人或者以公司财产为他人提供担保。

(4)违反公司章程的规定或者未经股东会、股东大会同意，与本公司订立合同或者进行交易。

(5)未经股东会或者股东大会同意，利用职务便利为自己或者他人谋取属于公司的商业机会，自营或者为他人经营与所任职公司同类的业务。

(6)接受他人与公司交易的佣金归为己有，擅自披露公司秘密。

(7)违反对公司忠实义务的其他行为。董事、高级管理人员违反上述规定所得的收入应

当归公司所有。

4.公司董事、监事、高级管理人员执行公司职务时违反法律、行政法规或者公司章程的规定，给公司造成损失的，应当承担赔偿责任。

5.股东会或者股东大会要求董事、监事、高级管理人员列席会议的，董事、监事、高级管理人员应当列席并接受股东的质询。董事、高级管理人员应当如实向监事会或者不设监事会的有限责任公司的监事提供有关情况和资料，不得妨碍监事会或者监事行使职权。

【思考 3-8】赵某是甲食品有限责任公司的董事。2022 年又与朋友一起设立了乙食品加工厂，与甲公司生产同类产品，挤占了甲公司 20%的市场销售份额。甲公司召开董事会，作出两项决议：一是免去赵某董事职务，增补股东代表李某为董事；二是要求赵某将其从乙厂取得的收入上交本公司。试分析：

(1)赵某能否出资设立乙食品加工厂？为什么？

(2)甲公司董事会作出的两项决议是否合法？为什么？

第六节　公司债券与公司财务、会计

一、公司债券的概念和特征

(一)公司债券的概念

公司债券是指公司依照法定程序发行的，约定在一定期限还本付息的有价证券。公司债券是要式证券，必须在债券上载明公司名称，债券票面金额、利率、偿还期限等事项，并由董事长签名，公司盖章。公司发行公司债券应当符合《中华人民共和国证券法》和《公司债券发行与交易管理办法》规定的发行条件与程序。公司发行公司债券应当置备公司债券存根簿。

(二)公司债券的特征

公司债券与股票都是有价证券，但二者具有不同的法律特征：

1.性质不同。股票表示投资者对发行股票的公司拥有股东的一系列权利，它属于股权凭证，公司债券表示发行者与投资者之间的债权、债务关系，它属于债权凭证。

2.收益不同。股票所表示的股金不允许退还，且股票收益可高可低，公司债券的本金到期退还，债券的利息是固定的，不论公司是否盈利，债券持有人都有权以事先约定的利率计取利息。

3.承担的风险不同。公司债券持有人在公司解散或者破产时，优先于公司股票得到债务清偿，相对于股票持有人承担的风险要小。

二、公司债券的种类

(一)记名债券和无记名债券

《公司法》规定："公司债券可以为记名债券，也可以为无记名债券。"

载明有债券持有人姓名或名称的公司债券为记名公司债券。记名债券由债券持有人以背书方式或者法律、行政法规规定的其他方式转让；转让后由公司将受让人的姓名或者名称及住所记载于公司债券存根簿。

债券上不记载债权人姓名或名称的公司债券为无记名公司债券。无记名公司债券的转让，由债券持有人将该债券交付给受让人后即发生转让的效力。

（二）可转换公司债券和非转换公司债券

可转换公司债券是指可以转换成公司股票的公司债券。不能转换为股票的公司债券为非转换公司债券。《公司法》规定，上市公司经股东大会决议可以发行可转换为股票的公司债券，并在公司债券募集办法中规定具体的转换办法。上市公司发行可转换为股票的公司债券，应当报国务院证券监督管理机构核准。发行可转换为股票的公司债券，应当在债券上标明可转换公司债券字样，并在公司债券存根簿上载明可转换公司债券的数额。发行可转换为股票的公司债券的，公司应当按照其转换办法向债券持有人换发股票，但债券持有人对转换股票或者不转换股票有选择权。

三、公司财务会计制度

（一）一般规定

公司应当依照法律、行政法规和国务院财政部门的规定建立本公司的财务、会计制度。

公司应当在每一会计年度终了时编制财务会计报告，并依法经会计师事务所审计。财务会计报告应当依照法律、行政法规和国务院财政部门的规定制作。

有限责任公司应当依照公司章程规定的期限将财务会计报告送交各股东。股份有限公司的财务会计报告应当在召开股东大会年会的20日前置备于本公司，供股东查阅；公开发行股票的股份有限公司必须公告其财务会计报告。

（二）公司税后利润分配

公司的利润分配方案和弥补亏损方案由董事会制订，提交股东会或股东大会审议，经股东会或股东大会审议批准的当年税后利润分配方案，交由董事会负责执行。

根据我国《公司法》等相关法律规定，公司应当按照如下顺序进行利润分配：

(1)弥补以前年度的亏损，但不得超过税法规定的弥补期限。

(2)缴纳所得税。即依照我国《企业所得税法》的规定缴纳企业所得税。

(3)弥补在税前利润弥补亏损之后仍存在的亏损。

(4)提取法定公积金。法定公积金按照公司税后利润的10%提取，当公司法定公积金累计额为公司注册资本的50%以上时，可以不再提取。

(5)提取任意公积金。任意公积金按照公司股东会或股东大会决议，从公司税后利润中提取。

(6)向股东分配利润。公司弥补亏损和提取公积金后所余税后利润，有限责任公司股东按照实缴的出资比例分配，股东另有约定的除外；股份有限公司按照股东持有的股份比例分配，但章程规定不按持股比例分配的除外。股东会、股东大会或者董事会违反规定，在公司弥补亏损和提取法定公积金之前向股东分配利润的，股东必须将违反规定分配的利润退还公司。公司持有的本公司股份不得分配利润。

股份有限公司以超过股票票面金额的发行价格发行股份所得的溢价款以及国务院财政部门规定列入资本公积金的其他收入，应当列为公司资本公积金。

公司的公积金用于弥补公司的亏损、扩大公司生产经营或者转为增加公司资本。但是，资本公积金不得用于弥补公司的亏损。法定公积金转为资本时，所留存的该项公积金不得少于转增前公司注册资本的25%。

第七节　公司的合并、分立

一、公司的合并

（一）概念与分类

公司合并是指两个或两个以上的公司依法达成合意，归并于一个公司或创立一个新的公司的法律行为。

公司合并的形式有两种，即吸收合并和新设合并。吸收合并是指一个或几个公司并入一个存续公司的行为。在吸收合并中，吸收方存续，而被吸收公司全部解散。新设合并是指两个或两个以上公司合并成一个新的公司，参与合并各方均归于消灭。公司合并引起的法律效力表现为：除吸收合并中吸收公司存续外，其他参与合并的公司和法人资格均归于消灭。公司合并可以采取吸收合并或者新设合并。一个公司吸收其他公司为吸收合并，被吸收的公司解散。两个以上公司合并设立一个新的公司为新设合并，合并各方解散。

（二）合并条件与责任承担

公司合并，应当由合并各方签订合并协议，并编制资产负债表及财产清单。公司应当自作出合并决议之日起10日内通知债权人，并于30日内在报纸上公告。债权人自接到通知书之日起30日内，未接到通知书的自公告之日起45日内，可以要求公司清偿债务或者提供相应的担保。

公司合并时，合并各方的债权、债务，应当由合并后存续的公司或者新设的公司承续。

二、公司的分立

（一）概念与分立

公司分立是指从一个公司中分离出另一个新公司或一个公司分解为两个以上新公司的法律行为。

公司分立的形式有两种，即新设分立和派生分立。所谓新设分立是指一个公司将其全部资产分割设立两个或两个以上的公司的行为。所谓派生分立，是指一个公司以其部分资产设立另一个公司的法律行为。在新设分立的情况下，原公司解散，需办理注销登记，新设公司需办理设立登记。在派生分立的情况下，原公司虽存续，却减少了注册资本，应依法办理变更登记，派生的公司则应办理设立登记。

（二）分立条件与责任承担

公司分立，其财产作相应的分割。公司分立，应当编制资产负债表及财产清单。公司应当自作出分立决议之日起10日内通知债权人，并于30日内在报纸上公告。

公司分立前的债务由分立后的公司承担连带责任。但是，公司在分立前与债权人就债务清偿达成的书面协议另有约定的除外。

第八节　公司的解散与清算

一、公司解散与清算的概念和原因

（一）公司解散与公司清算的概念

公司解散，是指已经成立的公司，因发生法律或章程规定的解散事由而停止业务活动，并开始处理未了结事务的法律行为。公司解散的形式有自愿解散与强制解散两种。自愿解散，是按照公司或股东的意愿而实施的解散行为；强制解散则是由于法律的规定或者行政机关命令、司法机关的裁决所引起的解散行为。

公司清算是指公司依法解散时，依照法律程序清结公司的债权债务，然后分配公司剩余财产，最终向公司登记机关申请注销登记，使公司法人资格归于消灭的法律行为。公司的清算有普通清算和特别清算两种：普通清算是公司解散时依法定程序进行清算活动的一种清算方式。特别清算，又称破产清算，是指公司发生破产情况时，在法院的主持和监督下，严格按照法定的程序进行清算程序。《中华人民共和国企业破产法》对破产清算的程序作了相应的规定。

（二）公司解散的原因

公司因下列原因解散：

（1）公司章程规定的营业期限届满或者公司章程规定的其他解散事由出现；

（2）股东会或者股东大会决议解散；

（3）因公司合并或者分立需要解散；

（4）依法被吊销营业执照、责令关闭或者被撤销；

（5）人民法院依照《公司法》第 182 条的规定予以解散的情形。公司经营管理发生严重困难，继续存续会使股东利益受到重大损失，通过其他途径不能解决的，持有公司全部股东表决权百分之十以上的股东，可以请求人民法院解散公司。

二、清算组

（一）清算组的成立

《公司法》规定，公司因法定原因解散的，应当在解散事由（公司合并、分立除外）出现之日起 15 日内成立清算组，开始清算。有限责任公司的清算组由股东组成，股份有限公司的清算组由董事或者股东大会确定的人员组成。逾期不成立清算组进行清算的，债权人可以申请人民法院指定有关人员组成清算组进行清算。人民法院应当受理该申请，并及时组织清算组进行清算。

（二）清算组在清算期间的职权

清理公司财产，分别编制资产负债表和财产清单；通知、公告债权人；处理与清算有关的公司未了结的业务；清缴所欠税款以及清算过程中产生的税款；清理债权、债务；处理公司清偿债务后的剩余财产；代表公司参与民事诉讼活动。

(三)清算组成员的义务

清算组成员不得利用职权收受贿赂或者其他非法收入,不得侵占公司财产。清算组成员因故意或者重大过失给公司或者债权人造成损失的,应当承担赔偿责任。

三、公司财产的分配

(一)登记债权

清算组应当自成立之日起10日内通知债权人,并于60日内在报纸上公告。债权人应当自接到通知书之日起30日内,未接到通知书的自公告之日起45日内,向清算组申报其债权。债权人申报债权,应当说明债权的有关事项,并提供证明材料。清算组应当对债权进行登记。在申报债权期间,清算组不得对债权人进行清偿。

(二)进行财产清算

清算组在清理公司财产、编制资产负债表和财产清单后,应当制订清算方案,并报股东会、股东大会或者人民法院确认。公司财产在分别支付清算费用、职工的工资、社会保险费用和法定补偿金,缴纳所欠税款,清偿公司债务后的剩余财产,有限责任公司按照股东的出资比例分配,股份有限公司按照股东持有的股份比例分配。清算期间,公司存续,但不得开展与清算无关的经营活动。公司财产在未按前款规定清偿前,不得分配给股东。

清算组在清理公司财产、编制资产负债表和财产清单后,发现公司财产不足清偿债务的,应当依法向人民法院申请宣告破产。公司经人民法院裁定宣告破产后,清算组应当将清算事务移交给人民法院。

(三)公告公司终止

公司清算结束后,清算组应当制作清算报告,报股东会、股东大会或者人民法院确认,并报送公司登记机关,申请注销公司登记,公告公司终止。

【思考3-9】甲有限责任公司2021年1月从乙厂购入一批原材料,货款50万元,一直未付,乙厂2022年6月催要时,才发现该公司已分立为A、B两个公司,甲公司已经解散。当乙找A公司追要时,A公司以原公司分立时B公司分得80%的资产,应由B公司承担为由拒绝支付。当乙找到B公司追要全部货款时,B公司以按原公司财产分配比例承担责任为由,只偿付80%的债务。试分析A、B两公司的做法有无法律依据。

课后练习

一、选择题

1.按照我国《公司法》的规定,下列组织中哪些属于公司?(　　)

A.所有的营利性组织　　B.股份有限公司

C.合伙企业　　D.有限责任公司

2.有限责任公司为公司的股东提供担保,应由下列哪些机构作出决议?(　　)

A.董事会　　B.股东会　　C.监事会　　D.董事长

3.除法律另有规定外,公司不得对下列哪些企业进行投资?(　　)

A.有限责任公司　　B.普通合伙企业

C.中外合资经营企业　　D.国有企业

4.下列选项中不属于有限责任公司股东会职权的有哪些?(　　)

A.决定公司的经营计划和投资方案

B.选举和更换由职工代表担任的董事

C.对发行公司债券作出决议

D.决定公司内部管理机构的设置

5.下列选项中有权提议召开有限责任公司临时股东会会议的有(　　)。

A.代表8%以上表决权的股东　　B.1/3以上的董事

C.监事会主席　　D.董事长

6.有限责任公司股东会作出的下列决议中,必须经代表2/3以上表决权的股东通过的有哪些?(　　)

A.对股东转让出资作出决议　　B.对利润分配方案作出决议

C.对变更公司形式作出决议　　D.对修改公司章程作出决议

7.下列有关有限责任公司董事会的职权表述正确的是哪项?(　　)

A.决定增设销售网点,但须经股东会同意后方可实施

B.决定罢免现任经理,但须请示股东会批准

C.决定公司的经营计划和投资方案

D.决定公司的经营方针和投资计划

8.下列关于一人有限责任公司的说法哪些是正确的?(　　)

A.一个自然人只能投资设立一个有限责任公司

B.一人有限责任公司的注册资本最低为30万元

C.一人有限责任公司的股东不能分期缴付出资,应当一次足额缴付出资

D.一人有限责任公司不设股东会

9.下列有关国有独资公司的说法,哪些是正确的?(　　)

A.董事长、副董事长由国有资产监督管理机构从董事会成员中指定

B.国有独资公司不设股东会

C.董事会成员中应当有公司职工代表

D.监事会成员不得少于3人

10. 甲、乙、丙共同出资设立了一有限责任公司,一年后,甲拟将其在公司的全部出资转让给丁,乙、丙不同意。下列解决方案中,符合公司法的有哪些?(　　)

A.由乙或丙购买甲拟转让给丁的出资

B.由乙和丙共同购买甲拟转让给丁的出资

C.如果乙和丙均不愿意购买,甲无权将出资转让给丁

D.如果乙和丙均不愿意购买,甲有权将出资转让给丁

11. 下列关于股份有限公司设立条件的表述中,正确的有哪些?(　　)

A.发起人应有5人以上,且半数以上的发起人是中国人

B.法定资本最低限额为500万元

C.采用发起设立方式的,发起人认购的股份不得少于公司股份总数的35%

D.股份发行、筹办事项符合法律规定

12. 下列选项中，哪些属于股份有限公司创立大会的职权？（　　）

A.选举董事会成员　　B.选举监事会成员

C.决定公司内部管理机构的设置　　D.对公司的设立费用进行审核

13. 某股份有限公司股本总额为5000万元，董事会有5名成员，下列哪些情形下该公司应在2个月内召开临时股东大会？（　　）

A.董事会人数减至4人时　　B.未弥补亏损达1500万元时

C.监事会提议召开时　　D.持有该公司8%股份的股东请求时

14.下列有关股份有限公司股东大会通过增加或减少注册资本决议的表述中，哪项是正确的？（　　）

A.必须经2/3以上有表决权的股东通过

B.必须经出席会议的股东所持表决权的2/3以上通过

C.必须经出席会议的股东所持表决权过半数通过

D.必须经过半数有表决权的股东通过

15. 某股份有限公司董事会有11名董事，下列情形中，哪些决议可以通过？（　　）

A.5名董事出席会议，一致同意　　B.7名董事出席会议，4名同意

C.10名董事出席会议，7名同意　　D.6名董事出席会议，一致同意

16. 下列关于股份有限公司股份转让的说法，正确的有哪些？（　　）

A. 发起人持有的本公司股份，自公司成立之日起1年内不得转让

B. 董事、监事、高级管理人员在任职期间不得转让其所持的本公司的股份

C. 记名股票的转让交付给受让人后即发生转让的效力

D. 公司为减少注册资本可以收购本公司股份

二、问答题

1. 什么是公司？公司的特征有哪些？

2. 设立有限责任公司和股份有限公司应当具备哪些条件？

3. 有限责任公司和股份有限责任公司的组织机构是怎样的？

三、案例分析

1. 某市兴华公司、永泰机械厂、华美电器厂三家企业经过相互协商准备共同投资设立一家生产经营性的有限责任公司。三方签订了相关协议，约定：公司形式为有限责任公司，名称为“华泰实业公司”，公司注册资本为300万元，其中兴华公司出资140万元，永泰机械厂出资60万元，华美电器厂出资100万元，华美电器厂的出资中有64万元是由华美电器厂所享有专利权的某专利技术折价而成的。后来，三方决定由兴华公司办理设立公司的申请登记事项。兴华公司派人到工商行政部门办理登记事宜，工商行政管理局（现为市场监督管理局）指出了在公司名称、出资等方面的一些问题，兴华公司在与永泰机械厂、华美电器厂协商后更改了一些项目。2020年5月9日，工商行政管理局向兴华公司颁发了“企业法人营业执照”。2020年6月19日，公司正式开始对外营业。2021年3月，经过华泰实业公司董事会决定，将公司资产20万元以公司财务人员李某的名义开设了账户存储。2021年11月，华泰实业公司发生财务危机，经过董事会研究决定解散公司。

问:兴华公司、永泰机械厂、华美电器厂三家企业成立某华泰实业公司,在最初的三方约定中存在什么问题?华泰实业公司的成立日期是哪天?华泰实业公司的董事会决议有没有不符合法律规定的事项?

2. 某百货有限责任公司是由三家企业联合投资设立的公司,其注册资本为2000万元。2022年5月,公司召开了股东会,作出以下决议:(1)更换了两名监事,其一是股东之一企业的代表,用另一股东代表替代;其二监事是职工代表,由另一职工代替。(2)决定在2022年9月发行公司债券1000万元,以便公司能够获得足够的资金生产经营。(3)决定用公司公益金中的一部分为职工修缮宿舍。(4)同意公司经理用公司资产为其亲属提供债务担保。

问:该公司作出的更换公司监事的决定是否符合法律要求?所作出的发行公司债券的事项有没有违反法律的方面?用公司公益金修缮职工宿舍是否可以?同意公司经理用公司资产为其亲属提供债务担保是否可以?

3. 德隆股份有限公司是一家于2022年6月在深圳证券交易所上市的上市公司。该公司董事会于2022年4月6日召开会议,该次会议召开的情况如下:(1)股份公司董事会由7名董事组成。出席该次会议的董事有赵某、吕某、何某、周某;董事萧某因出国考察不能出席会议;董事刘某因参加市人大会不能出席会议,电话委托董事赵某代为出席并行使表决权利;董事王某因生病卧床不能出席会议,委托董事会秘书长代为出席会议并行使表决权。(2)出席本次董事大会的董事一致讨论并通过决定,将以下一些事项提交股东大会审议通过:请求股东大会制订公司利润分配方案和弥补亏损方案,制订年度财务预算方案、决算方案。同时董事会还审议批准了监事会的报告,对发行公司债券作出相关决议。(3)由于公司事务比较繁忙,董事会决定设立副董事长3人,以协助董事长执行职务。(4)为了确保公司长期发展的需要,使公司稳定性更加突出,董事会决定将董事任期修改为每届5年。(5)该次董事会会议记录,由出席董事会的全体董事签名,列席会议的监事也在会议记录上签名。

问:该公司关于董事会召开的情况有哪些不符合法律规定的地方?所通过的事项中有无不妥当的地方?关于董事会构成事项上有没有不合法的地方?关于会议记录签名有无违法事项?

4. 2021年8月,飞龙机电设备有限公司董事会考虑到本公司规模小,竞争能力差,为了形成规模效应,决定与思源机电设备股份有限公司进行合并。飞龙机电设备有限公司向思源机电设备股份有限公司表达了合并的意向,思源机电设备股份有限公司经研究同意了合并意向。双方随后签订了合并协议。之后9月份飞龙机电设备有限公司在公开的报纸上公告了一次。当飞龙机电设备有限公司的债权人之一某百货公司从报纸上得知其要合并的消息后,向飞龙机电设备有限公司提出应当偿还债务,飞龙机电设备有限公司表示现在公司的资金紧张,没有现金归还债务,并且说明此债务可以由合并之后的公司来承担。百货公司又要求飞龙机电设备有限公司对于债务提供担保,飞龙机电设备有限公司表示拒绝。

问:飞龙机电设备有限公司决定同思源机电设备股份有限公司合并,在其内部应当遵循什么程序?是否需要政府部门批准?在合并公告通知方面,合并双方有什么不妥之处?

第四章 合同法

学习目标

★ 了解合同的概念和特征

★ 理解《合同法》的基本原则

★ 掌握合同的订立、效力、履行、变更、终止及违约责任的规定

理论精要

【案例导入】

李某与张某达成口头协议，李某将其房屋出租给张某，期限为1年。3个月后，李某的儿子结婚，急需住房，于是向张某提出解除房屋租赁合同，张某不同意，李某便以口头协议无效为由，向人民法院起诉，要求强制张某退回房屋。分析：

(1)口头协议是否无效？为什么？

(2)什么是合同？签订合同时应注意的事项是哪些？

(3)如何履行合同？违反合同的法律责任有哪些？

第一节 合同法概述

一、合同概述

(一)合同的概念和特征

1.合同的概念

根据《民法典》第四百六十四条的规定，合同是指民事主体之间设立、变更、终止民事法律关系的协议。合同是当事人之间意思表示一致的民事法律行为，旨在设立、变更或终止民事权利义务关系。

2.合同的特征

(1)合同的主体是自然人、法人、其他组织。

(2)合同的主体具有平等的法律地位。

(3)合同是以设立、变更、终止民事权利义务关系为目的的民事法律行为。合同的订立、履行能引起当事人之间民事权利义务关系的改变。合同是从法律上明确当事人间特定权利与义务关系的文件。

(4)合同是当事人意思表示一致而达成的一种协议。

(二)合同的分类

1.有名合同与无名合同

根据法律是否对合同名称作出明确规定,将合同分为有名合同与无名合同。有名合同,又称典型合同,是指法律对其设有详细规范,并赋予一定名称的合同,如《民法典》中规定的买卖合同、赠与合同、借款合同、租赁合同、融资租赁合同等。无名合同,又称非典型合同,是指法律对其未作特别规定,也未赋予一定名称的合同。在无名合同因当事人意思不完备而出现纠纷时,应适用《民法典》合同编通则的规定,并可以参照适用合同编分则或者其他法律最相类似合同的规定。

2.诺成合同与实践合同

根据是否以交付标的物为成立条件,将合同分为诺成合同与实践合同。诺成合同是指双方当事人意思表示一致即告成立的合同,如普通货物买卖合同、委托合同等;实践合同是指除双方当事人意思表示一致外,还须交付标的物才能成立的合同,如没有特殊约定的保管合同,自保管物交付时合同成立。在实践中,绝大多数的合同都是诺成合同。

3.要式合同与不要式合同

根据法律或者当事人对合同的形式是否有专门要求为标准,将合同分为要式合同与不要式合同。要式合同是指法律或当事人要求必须具备一定形式和手续的合同。不要式合同,是指法律或当事人不要求必须具备一定形式和手续的合同。要式合同除非采用法律规定或当事人约定的形式,否则不成立;不要式合同的成立则不拘泥于合同的形式。

4.双务合同与单务合同

根据当事人双方是否互负义务为标准,将合同分为双务合同与单务合同。双务合同是指当事人双方都享有权利并承担义务的合同,一方的权利和义务即对应为另一方的义务和权利,如买卖合同、承揽合同等;单务合同是指当事人一方只享有权利不承担义务,而另一方只承担义务不享有权利的合同,如赠与合同。

5.主合同与从合同

根据合同相互间的主从关系,将合同分为主合同与从合同。主合同是指不以他种合同的存在为前提即能独立存在的合同。从合同是指必须以他种合同的存在为前提,自身不能独立存在的合同。如借款合同与作为履行债务担保的保证合同之间,借款合同为主合同,其能够独立存在,不以保证合同的存在为条件;保证合同为从合同,是为了担保借款债务的履行而存在的。除非法律有特别规定或者当事人有特别约定,主合同与从合同之间存在"从随主"的关系。

6.预约合同与本约合同

根据合同的订立是否以订立另一合同为内容,将合同区分为预约合同与本约合同。预约合同是指约定将来订立相关联的另一合同的合同。本约合同是履行预约合同而订立的合同。《民法典》第495条规定:"当事人约定在将来一定期限内订立合同的认购书、订购书、预订书等,构成预约合同。当事人一方不履行预约合同约定的订立合同义务的,对方可以请求其承担预约合同的违约责任。"

二、合同编概述

(一)合同编的概念和调整范围

我国现行的合同法律制度主要规定在《民法典》合同编,《中华人民共和国民法典》于2020年5月28日在十三届全国人大三次会议表决通过,自2021年1月1日起施行。《民法典》合同编主要用于调整作为平等主体的自然人、法人、非法人组织之间的经济合同关系。

在政府机关(机关法人)参与的合同中,政府机关作为平等的主体与对方签订合同时,适用合同编的规定。婚姻、收养、监护等有关身份关系的协议,适用有关该身份关系的法律规定;没有规定的,可以根据其性质参照适用合同编的规定。

(二)合同编的基本原则

1.平等原则

合同当事人的法律地位平等,一方不得将自己的意志强加给另一方。当事人无论具有什么身份,在合同关系中相互之间的法律地位是平等的,都是独立、平等的合同当事人,没有高低、从属之分。平等原则贯穿于合同的全过程,不论订立合同,还是履行合同或承担合同责任,双方当事人法律地位都是平等的。平等原则是合同法最基本的原则,如果当事人的法律地位不平等,就谈不上自愿、公平、诚实信用等问题。

2.自愿原则

当事人依法享有自愿订立合同的权利,任何单位和个人不得非法干预。自愿原则是指合同当事人通过协商,自由决定和调整相互的权利义务关系,任何单位和个人不得非法干预。自愿原则贯穿合同活动全过程,但自由不是绝对的,当事人订立、履行合同,应当遵守法律、行政法规,尊重社会公德,不得扰乱社会经济秩序,损害社会公共利益。

3.公平原则

当事人应当遵循公平原则确定各方的权利和义务。公平原则要求当事人在订立合同时,应当遵循公平原则确定双方的权利和义务,对合同订立、变更、履行、终止过程中因当事人的过错或法定约定义务的违反所产生的损害,根据公平原则确定责任。

4.诚实信用原则

当事人行使权利、履行义务应当遵循诚实信用原则。诚实信用原则要求当事人在订立、履行合同,以及合同终止后的全过程中,尊重合同精神,信守商业信誉和承认交易习惯。

5.公序良俗原则

当事人订立、履行合同,应当遵守法律、行政法规,尊重社会公德,不得扰乱社会经济秩序,损害社会公共利益。合同的订立、履行都必须在法律规定的范围内进行,并不得有损于社会公共利益。

第二节 合同的订立

一、合同订立的概念

合同的订立,是指两个或两个以上的当事人,依法就合同的主要条款经过协商一致,达成协议的法律行为。

合同主体，是指通过订立合同而享有合同权利并承担合同义务的当事人，可以是自然人，也可以是法人或者其他组织。作为合同主体，应当具备法定的资格，即具有相应的民事权利能力和民事行为能力。

二、合同订立的形式

合同的形式是指合同当事人达成的协议的表现形式，即合同的外在表现方式。当事人订立合同可以有三种形式：书面形式、口头形式和其他形式。

1.书面形式

书面形式是指合同书、信件和数据电文（包括电报、电传、传真、电子数据交换和电子邮件）等可以有形地表现所载内容的形式。法律、行政法规规定采用书面形式的，应当采用书面形式。当事人约定采用书面形式的，应当采用书面形式。

书面形式虽没有口头形式迅速、简便，但明确肯定，有据可查。在实践中，书面形式是当事人最为普遍采用的一种合同约定形式。

2.口头形式

口头形式是指当事人双方就合同内容面对面或以通信设备交谈达成的协议。口头合同比较简便、迅速，但发生纠纷时难以取证，不易分清责任。对于不即时清结和较重要的合同不宜采用口头形式。

3.其他形式

除了书面形式和口头形式，合同还可以以其他形式成立。其他形式的合同可以分为推定形式和默示形式。推定形式，指当事人没有口头或文字的意思表示，由特定行为间接推知其意思而成立合同。默示形式，指当事人既未明示其意思，也不能借由其他事实推知其意思，即当事人单纯沉默。

【思考 4-1】甲企业与乙企业达成口头协议，由乙企业在半年之内供应甲企业 50 吨钢材。3 个月后，乙企业以原定钢材价格过低为由要求加价，并提出，如果甲企业表示同意，双方立即签订书面合同，否则，乙企业将不能按期供货。甲企业表示反对，并声称，如乙企业到期不履行协议，将向法院起诉。问：双方当事人签订的合同有无法律效力？

三、合同的主要条款

合同的内容，是指合同所确定的当事人各方的权利和义务。合同内容通过合同条款来体现，由当事人约定，依合同类型和性质的不同而有所区别。一般包括以下条款：

1.当事人基本情况

当事人是自然人的，应当明确规定其姓名和地址；当事人是法人或者其他组织的，应当明确规定其名称和住所以及法定代表人或者负责人等。

2.标的

标的是指合同当事人双方权利和义务所共同指向的对象。标的体现着合同的性质和当事人订立合同的目的，也是产生当事人权利和义务的依据，它是一切合同都应具备的条款。合同种类不同，其标的也不相同，有的表现为物，有的表现为行为。例如，赠与合同和买卖合同的标的是财产；借款合同的标的是货币；运输合同的标的是劳务等。

3.数量

数量，是指用数字和计量单位来衡量合同标的的具体标准，反映的是合同当事人权利和义务的大小和多少。因此，合同应当明确规定标的的数量，并且使用国家法定计量单位，使数量条款做到合法、准确、具体。

4.质量

质量是指标的的具体特征，是标的的内在素质和外观形态的综合，如商品的品种、型号、规格、等级和工程项目的标准等。当事人在订立合同时，应当明确合同标的的质量标准或质量要求，还可以约定有关质量检验、质量异议的内容。

5.价款或者报酬

价款或者报酬，是指一方当事人向对方当事人所付代价的货币表现。价款一般是指提供财产的当事人支付的货币，如买卖合同的货款、租赁合同的租金、借款合同中借款人向贷款人支付的本金和利息等。报酬一般是指对提供劳务或者工作成果的当事人支付的货币，如保管合同中的保管费、仓储合同中的仓储费、运输合同中的票款或者运费等。

6.履行期限、地点和方式

履行的期限，是指合同中规定的一方当事人向对方当事人履行义务的时间界限。它是衡量合同能否按时履行的标准。履行地点，是指合同规定的当事人履行合同义务和对方当事人接受履行的地点。履行地点关系到履行合同的费用、风险由谁承担，有时还是确定所有权是否转移、何时转移的依据，也是发生纠纷后确定由哪一地法院管辖的依据。履行方式，是指合同当事人履行合同义务的具体做法。不同种类的合同，有着不同的履行方式。有的需要以转移一定财产的方式履行，如买卖合同；有的需要以提供某种劳务的方式履行，如运输合同；有的需要以交付一定的工作成果的方式履行，如承揽合同等。履行方式还包括价款或者报酬的支付方式、结算方式等。

7.违约责任

违约责任，是指合同当事人一方或者双方不履行合同义务或者履行合同义务不符合约定时，按照法律或者合同的规定应当承担的法律责任。违约责任是合同具有法律约束力的重要体现，在合同中非常重要，一般有关合同的法律对于违约责任都尽量作出较为详尽的规定。但法律的规定是原则的，不可能面面俱到，照顾到各种合同的特殊情况。因此，当事人为了保证合同义务严格按照约定履行，为了及时地解决合同纠纷，可以在合同中明确规定违约责任条款，如约定定金或违约金，约定赔偿金额以及赔偿金的计算方法等。

8.争议解决方法

争议解决方法是指合同当事人对合同的履行发生争议时解决的途径和方式。解决争议的方法主要有：当事人协商和解、第三人调解、仲裁、诉讼。争议解决方法的选择对于纠纷发生后当事人利益的保护是非常重要的，应慎重对待。如果当事人意图通过诉讼解决争议，可以不进行约定；如果选择适用仲裁解决，要经过事先或者事后约定，还要明确选择的是哪一个仲裁机构，否则将无法确定仲裁条款的效力。

除法律另有规定外，涉外合同的当事人可以选择解决他们的争议所适用的法律，可以选择中国法律、其他国家或地区的法律。

四、合同订立的程序

《合同法》规定，当事人订立合同，采取要约、承诺方式。

(一)要约

1.要约的概念

要约是指当事人一方向他方发出的希望与其订立合同的意思表示。提出要约的一方称为要约人，接受要约的一方称为受要约人。要约在不同情况下还可以称为发盘、出盘、发价、出价或报价。

2.要约的条件

(1)内容具体确定。发出要约的目的在于订立合同，要约人必须是确定的；受要约人一般也是特定的，但在一些场合，要约人也可以向不特定人发出要约，如悬赏广告、图书征订单等。由于要约一经受要约人承诺，合同即为成立，因此，要约内容应当具体明确，应当包含合同的主要条款。

(2)表明经受要约人承诺，要约人即受该意思表示约束。也就是要约人要明确表明，如果对方接受要约，合同即告成立。

3.要约邀请

要约邀请又称要约引诱，是希望他人向自己发出要约的意思表示。要约邀请处于合同的准备阶段，没有法律约束力。在实践中，寄送价目表、拍卖公告、招标公告、招股说明书、商品广告等为要约邀请。但商业广告的内容符合要约规定的视为要约。

【思考 4-2】甲企业在电视上做广告，声称：本厂生产的A产品采用国外先进技术，性能稳定且收效显著，咨询订购热线6297891，免费送货。试分析是要约还是要约邀请。

4.要约生效时间

以对话方式作出的要约，自相对人知道其内容时生效。以非对话方式作出的邀约，自要约到达受要约人时生效。采用数据电文形式订立合同，收件人指定特定系统接收数据电文的，该数据电文进入该特定系统的时间，视为到达时间；未指定特定系统的，该数据电文进入收件人的任何系统的首次时间，视为到达时间。

要约到达受要约人，并不是指要约一定实际送到受要约人或其代理人手中，要约只要送达受要约人通常的地址、住所或能控制的地方(如信箱)即为送达。反之，即使在要约送到受要约人之前受要约人已经知道其内容，要约也不生效。

5.要约的撤回、撤销与失效

(1)要约的撤回是指要约在发出后、生效前，要约人使要约不发生法律效力的意思表示。由于要约在到达受要约人时生效，因此，撤回要约的通知应当在要约到达受要约人之前或者与要约同时到达受要约人。

(2)要约的撤销是指要约人在要约生效后、受要约人承诺前，使要约丧失法律效力的意思表示。撤销要约的通知应当在受要约人发出承诺通知之前到达受要约人。由于撤销要约可能会给受要约人带来不利的影响，合同法规定了两种不得撤销要约的情形：①要约人确定了承诺期限或者以其他形式明示要约不可撤销；②受要约人有理由认为要约是不可撤销的，并已经为履行合同做了准备工作。

(3)要约的失效是指要约丧失法律效力，即要约人和受要约人均不再受要约的约束。要约失效的情形包括：①拒绝要约的通知到达要约人；②要约人依法撤销要约；③承诺期限届满，受要约人未作出承诺；④受要约人对要约的内容作出实质性变更。

【思考 4-3】甲公司 4 月 5 日以信件方式向乙公司发出要约，乙公司于 4 月 9 日收到，试分析：

(1)甲公司 4 月 7 日以传真方式向乙公司发出声明 4 月 5 日信件内容作废的通知，属于要约撤回还是要约撤销？

(2)若甲公司 4 月 10 日反悔了，应该怎么办？

(二)承诺

1.承诺的概念

承诺是受要约人同意要约的意思表示。承诺生效时合同成立。

2.承诺的条件

(1)承诺必须由受要约人向要约人作出。

(2)承诺的内容应当与要约的内容一致。受要约人对要约的内容作出实质性变更的，为新要约。有关合同标的、数量、质量、价款或者报酬、履行期限、履行地点和方式、违约责任和解决争议方法等的变更，是对要约内容的实质性变更。

(3)承诺必须在规定的期限内作出。

3.承诺的方式

承诺应当以通知的方式作出，但根据交易习惯或者要约表明可以通过行为作出承诺的除外。

4.承诺的期限

承诺应当在要约确定的期限内到达要约人。要约以信件或者电报作出的，承诺期限自信件载明的日期或者电报交发之日开始计算。信件未载明日期的，自投寄该信件的邮戳日期开始计算。要约以电话、传真等快速通讯方式作出的，承诺期限自要约到达受要约人时开始计算。

要约没有确定承诺期限的，承诺应当依照下列规定到达：(1)要约以对话方式作出的，应当即时作出承诺，但当事人另有约定的除外；(2)要约以非对话方式作出的，承诺应当在合理期限内到达。

【思考 4-4】甲公司 3 月 1 日通过邮局向乙公司发出要约，信件中载明的日期为 2 月 28 日，要求乙公司在 20 天内答复，乙公司于 3 月 4 日收到该要约，试分析乙公司 20 天的承诺期从哪天算起？若信件上未载明日期，应从哪天算起？

5.承诺的生效

承诺通知到达要约人时生效。承诺不需要通知的，根据交易习惯或者要约的要求自作出承诺的行为时生效。采用数据电文形式订立合同的，承诺到达的时间适用上述要约到达时间的规定。

受要约人超过承诺期限发出承诺的，除要约人及时通知受要约人该承诺有效的以外，为新要约。受要约人在承诺期限内发出承诺，按照通常情形能够及时到达要约人，但因其他原因承诺到达要约人时超过承诺期限的，除要约人及时通知受要约人因承诺超过期限不接受该承诺的以外，该承诺有效。

受要约人对要约的内容作出实质性变更的，为新要约。有关合同标的主要条款的变更，是对要约内容的实质性变更。承诺对要约的内容作出非实质性变更的，除要约人及时表示反对或者要约表明承诺不得对要约的内容作出任何变更的以外，该承诺有效，合同的内容以承诺的内容为准。

6.承诺的撤回

承诺可以撤回。撤回承诺的通知应当在承诺通知到达要约人之前或者与承诺通知同时到达要约人。承诺生效时，合同成立。对已成立的合同，当事人一方无权撤销，只能依法变更、解除。

【思考 4-5】甲公司 5 月 1 日向乙商场发出要约，出售单价为 300 元的电风扇 500 台，5 月 10 日乙回复只要 200 台，5 月 15 日甲回函同意，试分析乙的回复是否是承诺？为什么？

五、格式条款

(一)格式条款的概念

格式条款是指当事人为了重复使用而预先拟定，并在订立合同时未与对方协商的条款，如保险合同、电信服务合同等。

(二)格式条款的限制规定

由于格式条款在订立时未与对方协商，容易造成权利义务的不公平，因此，《合同法》对格式条款的适用从以下三个方面予以限制：

1.提供格式条款一方的义务

采用格式条款订立合同的，提供格式条款的一方应当遵循公平原则确定当事人之间的权利和义务，并采取合理的方式提请对方注意免除或者限制其责任的条款，按照对方的要求，对该条款予以说明。

2.格式条款无效的情形

格式条款有下列情形之一的无效：

(1)提供格式条款的一方不合理地免除或减轻其责任，加重对方责任，限制对方主要权利。

(2)提供格式条款的一方排除对方主要权利。

(3)格式条款具有《民法典》总则编第六章第三节规定的无效情形，包括使用格式条款与无民事行为能力人订立合同；行为人与相对人以虚假的意思表示订立合同；恶意串通，损害他人合法权益的合同；违反法律、行政法规的强制性规定或违背公序良俗的合同等。

(4)格式条款具有《民法典》第 506 条规定的无效情形，包括造成对方人身损害的免责格式条款；因故意或重大过失造成对方财产损失的免责格式条款。

3.对格式条款的解释

对格式条款的理解发生争议的，应当按通常理解予以解释。对格式条款有两种以上解释的，应当作出不利于提供格式条款一方的解释。格式条款和非格式条款不一致的，应当采用非格式条款。

【思考 4-6】赵先生外出，将汽车停放在甲停车场，并交了停车费，停车管理员提醒赵先生注意停车收费单上印有“丢车不管”的字样，赵先生锁好车便离开了。5 个小时后，当他返回停车场取车时，车不见了。赵先生便要求甲停车场赔偿，可甲停车场管理人员以当初已声明“丢车不管”为由拒绝承担赔偿责任。试分析甲停车场管理人员的说法是否合法？为什么？

六、合同成立的时间、地点

（一）合同成立的时间

一般来说，合同谈判成立的过程，就是要约、新要约、再新要约直到承诺的过程。承诺生效时合同即告成立，当事人于此时开始享有合同权利、承担合同义务。合同成立的时间依不同情况而定，具体有：

1.当事人采用合同书形式订立合同的，自双方当事人签字或者盖章时合同成立。

2.当事人采用信件、数据电文等形式订立合同的，可以在合同成立之前要求签订确认书。签订确认书时合同成立。

3.根据《民法典》网购电子合同的相关规定，当事人一方通过互联网等信息网络发布的商品或者服务信息符合要约条件的，对方选择该商品或者服务并提交订单成功时合同成立，但是当事人另有约定的除外。

4.当事人以直接对话方式订立的合同，承诺人的承诺生效时合同成立；法律、行政法规规定或者当事人约定采用书面形式订立合同，当事人未采用书面形式但一方已经履行主要义务并且对方接受的，该合同成立。

5.当事人签订要式合同的，以法律、法规规定的特殊形式要求完成的时间为合同成立的时间。

【思考 4-7】A 公司与 B 公司达成一份买卖协议，由 A 分两批给 B 供货，约定采用合同书形式，但双方均未在合同书上签字盖章。8 月 10 日 A 按约定将第一批货 40 台计算机送到 B 公司，B 也按约定的时间支付了货款，由于 B 公司计算机销售不畅，于是拒绝接受 A 公司按约送来的第二批货 10 台计算机。理由是双方均未在合同书上签字盖章，双方合同关系不成立。试分析 B 公司拒绝的理由有无法律依据，为什么？

（二）合同成立的地点

合同成立的地点与合同成立的时间紧密联系，合同成立的时间是确定合同成立地点的重要因素。

1.承诺生效的地点为合同成立的地点，这是确定合同成立地点的一般原则。

2.采用数据电文形式的合同成立地点。采用数据电文形式订立合同的，收件人的主营业地为合同成立的地点；没有主营业地的，其经常居住地为合同成立的地点。

3.采用合同书、确认书形式的合同成立地点。当事人采用合同书、确认书形式订立合同的，双方当事人签字或者盖章的地点为合同成立的地点。

4.需要完成特殊的约定或法律形式才能成立的合同成立地点。合同需要完成特殊的约定或法律形式才能成立的，以完成合同的约定形式或法定形式的地点为合同成立的地点。

5.当事人对合同的成立地点另有约定的，按照其约定。

七、缔约过失责任

缔约过失责任是指当事人在订立合同过程中，因违背诚实信用原则给对方造成损失时所应承担的法律责任。合同谈不成并非均要承担缔约过失责任，只有因违背诚实信用原则致使合同未达成时，才追究过错方的法律责任。

当事人在订立合同过程中有下列情形之一，给对方造成损失的，应当承担损害赔偿责任：(1)假借订立合同，恶意进行磋商；(2)故意隐瞒与订立合同有关的重要事实或者提供虚假情况；(3)当事人在订立合同过程中知悉的商业秘密，无论合同是否成立，泄露或者不正当地使用，而给对方造成损失的；(4)其他违背诚实信用原则的行为。

第三节　合同的效力

合同的成立是合同生效的前提，但成立后的合同并不意味着必然产生当事人所追求的法律效果，只有符合法律规定的生效要件的合同才会产生法律拘束力。因此，在合同成立后随之而来的就是合同的生效问题。成立后的合同不符合相应生效要件的，分为无效合同、可变更可撤销合同和效力待定的合同。

一、合同的生效

合同的生效是指合同具备一定的要件后，便产生法律上的效力，当事人均要按合同约定履行义务和行使权利。合同生效，即已成立的合同开始发生以国家强制力保障的法律约束力。《民法典》规定，依法成立的合同，原则上自成立时生效。法律、行政法规规定应当办理批准、登记等手续生效的，自批准、登记时生效。

(一)合同的生效要件

1.主体合格

合同的当事人应当具有相应的民事行为能力。民事行为能力包括合同行为能力和相应的缔约行为能力。对自然人而言，原则上须有完全行为能力，限制行为能力人和无行为能力人不得亲自签订合同，而应由其法定代理人代为签订。但是，限制行为能力人可以独立签订与其年龄、智力相适应的合同；对于非自然人而言，必须是依法定程序成立后才具有合同行为能力，同时，还要具有相应的缔约能力，即必须在法律、行政法规及有关部门授予的权限范围内签订合同。

2.意思表示真实

当事人的行为应当真实地反映其内心的想法，合同是当事人双方意思表示一致的法律行为。

3.不违反法律和社会公共利益

当事人签订的合同从目的到内容都不能违反法律的强制性规定，不能违背社会公德、扰乱社会公共秩序、损害社会公共利益。

(二)合同生效的方式

一般而言，依法成立的合同，自成立时生效。具体又分为以下三种情况：

1.批准、登记生效

法律、行政法规规定应当办理批准或者登记手续的，自批准、登记时生效。如房地产买卖合同、抵押合同、专利权质押合同等。

2.附条件生效(或失效)

当事人可以约定对合同的效力附加一定的条件，包括附生效和附解除条件两种情况。

附生效条件的合同，自条件成就时生效。附解除条件的合同，自条件成就时失效。当事人为自己的利益不正当地阻止条件成就的，视为条件已成就；不正当地促成条件成就的，视为条件不成就。

3.附期限生效(或失效)

附期限的合同是指附有将来确定到来的期限作为合同的条款，并在该期限到来时合同的效力发生或终止。包括附生效期限和附终止期限两种情况。附生效期限的合同，自期限届至时生效。附终止期限的合同，自该期限届满时合同失效。

二、无效合同

无效合同是指不具有法律约束力和不发生履行效力的合同。无效合同自始没有法律约束力，国家不予承认和保护。

(一)无效合同的情形

(1)一方以欺诈、胁迫的手段订立合同，损害国家利益。

(2)恶意串通，损害国家、集体或者第三人利益。

(3)以合法形式掩盖非法目的。

(4)损害社会公共利益。

(5)违反法律、行政法规的强制规定。

【思考 4-8】公民甲与房地产开发商乙签订了一份商品房买卖合同，乙提出，为少交契税建议将部分购房款算作装修费用，甲未表示反对。试分析该装修费用条款的效力。

(二)无效合同的法律后果

无效合同自始没有法律约束力。合同部分无效，不影响其他部分效力的，其他部分仍然有效。合同被确认无效后，因该合同取得的财产，应当予以返还；不能返还的或没有必要返还的，应当折价补偿。有过错的一方应当赔偿对方因此所受到的损失，双方都有过错的，应当各自承担相应的责任。当事人恶意串通，损害国家、集体或第三人利益的，因此取得的财产归国家所有或返还集体、第三人。

三、可撤销合同

可撤销合同是指因合同当事人订立合同时意思表示不真实，经有撤销权的当事人行使撤销权，使已经生效的合同归于无效合同。

(一)可撤销合同的情形

1.重大误解合同

因重大误解而订立的合同是指当事人在作出意思表示时，对有关合同的重要事项存在认识上的显著缺陷。如误将租赁合同当成买卖合同，将甲产品误认为是乙产品等。

2.显失公平合同

显失公平的合同是指当事人一方在紧迫或缺乏经验的情况下而订立的明显对自己有重大不利而对对方有利的合同。

3.欺诈、胁迫、乘人之危签订的合同

一方以欺诈、胁迫的手段或者乘人之危，使对方在违背真实意思的情况下订立的合同，受损害方有权请求人民法院或者仲裁机构变更或者撤销合同。但一方以欺诈、胁迫的手段而订立的合同,如果损害国家利益,则不属于可变更或可撤销的合同,而是无效合同。

【思考 4-9】某手表厂为纪念千禧年特制纪念手表 2000 只,每只售价 2 万元。其广告主要内容为:(1)纪念表为金表。(2)纪念表镶有进口钻石,后经证实,该纪念表为镀金表;进口钻石为人造钻石,每粒价格为 1 元。手表成本约 1000 元。为此,购买者与该手表厂发生纠纷,诉至人民法院,请求撤销合同。试分析该纠纷应如何处理。

(二)撤销权的行使

对于上述前两种情形的可撤销合同,当事人任何一方均有权请求变更或撤销合同;对于第三种情形的合同,只有受损害方当事人才可以行使请求权。当事人请求变更合同的,人民法院或仲裁机构不得撤销。

有下列情形之一的,撤销权消灭:(1)具有撤销权的当事人自知道或者应当知道撤销事由之日起一年内没有行使撤销权;(2)具有撤销权的当事人知道撤销事由后明确表示或者以自己的行为放弃撤销权。

被撤销的合同与无效合同一样,自始没有法律约束力。对因该合同取得的财产,当事人应承担下列民事责任:一是返还财产,二是折价补偿,三是赔偿损失。

【思考 4-10】张某的母亲因疾病住院,急需 3000 元押金,张便向邻居赵某借钱,赵某乘机提出要买张家的奶牛,张某无奈只好将价值 8000 元的奶牛以 4000 元的价格卖给了赵某。事后,张某十分后悔。试分析此时张某应该如何保护自身的合法权益。

四、效力待定合同

效力待定合同是指合同虽然已经成立,但其效力能否发生尚未确定,并不属于上述无效合同、可撤销合同或法律允许根据情况予以补救的合同。

有下列情况之一的,属于效力待定合同:

(1)限制民事行为能力人订立的合同,经法定代理人追认后,该合同有效。但纯获利益的合同或者与其年龄、智力、精神健康状况相适应而订立的合同,不必经法定代理人追认。

(2)行为人没有代理权、超越代理权或者代理权终止后以被代理人名义订立合同,未经被代理人追认,对被代理人不发生效力,由行为人承担责任。

但行为人无权代理订立的合同,而相对人有理由相信行为人有代理权的,该代理行为有效。例如,已盖有单位合同专用章的空白合同书因管理不善,被他人滥用所签订的合同,合同有效。

法人或者其他组织的法定代表人、负责人超越权限订立的合同。除相对人知道或者应当知道其超越权限的以外,该代表行为有效。

(3)无处分权的人处分他人财产,经权利人追认或者无处分权的人订立合同后取得处分权的,该合同有效。

【思考 4-11】李某原是甲厂的采购员,因违纪被甲厂开除。某日,李某遇到乙厂厂长,便以甲厂名义与乙厂签订了一份购销合同。乙厂立即电话询问甲厂能否如期交货,甲厂厂长见有利可图,便答应如期交货。后来甲厂未能如期交货,乙厂要求甲厂承担违约责任,而甲厂则以李某代理行为无效为由,拒绝承担违约责任。试分析甲厂是否应当承担违约责任。

第四节　合同的履行

合同的履行是指合同生效后，当事人按照合同规定的各项条款，完成各自所承担的合同义务和实现各自权利的过程。合同履行应遵循诚实信用的原则，承担通知、协助，以及保密等义务，遵循全面履行、协作履行、经济合理及情势变更等原则。

一、合同履行的规则

（一）合同内容约定不明确时的履行规则

合同生效后，当事人就质量、价款或报酬、地点等内容没有约定或约定不明确时，可以协议补充；不能达成补充协议时，按照合同有关条款或交易习惯确定；仍不能确定的，适用下列规定。

（1）质量要求不明确的，按照国家标准、行业标准履行；没有国家标准、行业标准的，按照通常标准或符合合同目的的特定标准履行。

（2）价款或报酬不明确的，按照订立合同时履行地的市场价格履行，依法应当执行政府定价或者政府指导价的，按照规定履行。

（3）履行地点不明确的，给付货币的，在接受货币一方所在地履行；交付不动产的，在不动产所在地履行；其他标的，在履行义务一方所在地履行。

（4）履行期限不明确的，债务人可以随时履行，债权人也可以随时请求履行，但应当给对方必要的准备时间。

（5）履行方式不明确的，按照有利于实现合同目的的方式履行。

（6）履行费用的负担不明确的，由履行义务的一方负担。

（二）涉及第三人的合同履行规则

1.向第三人履行的合同

合同当事人可以约定由债务人向第三人履行债务，债务人未向第三人履行债务或履行债务不符合约定，应当向债权人承担违约责任。

2.由第三人履行的合同

合同当事人可以约定由第三人代替债务人履行债务，如果第三人不履行债务或履行债务不符合约定的，债权人有权追究债务人的违约责任，债务人应当向债权人承担违约责任。

二、抗辩权的行使

抗辩权是指在双务合同中，一方当事人在对方不履行或履行不符合约定时，依法对抗对方要求或否认对方权利主张的权利。《民法典》合同编规定了同时履行抗辩权、后履行抗辩权和不安（先履行）抗辩权。

（一）同时履行抗辩权

当事人互负债务，没有先后履行的顺序时，应当同时履行。一方在对方履行之前有权拒绝履行要求；另一方在对方履行债务不符合约定时，有权拒绝其相应的履行要求。

(二)后履行抗辩权

后履行抗辩权是指合同当事人互负债务,有先后履行顺序,先履行一方未履行的,或者履行债务不符合约定的,后履行一方有权拒绝对方的履行要求。

【思考 4-12】甲与乙订立买卖茶叶的合同,合同约定,甲于 2021 年 10 月 7 日发货,乙收到货物后 10 日内付款。乙收到货物后,经检验,发现货物质量有问题,于是拒付货款,试分析乙的做法是否违约。

(三)不安抗辩权

不安抗辩权又称先履行抗辩权,是指当事人互负债务,有先后履行顺序,先履行的一方有确切证据证明后履行一方丧失履行债务能力时,在对方没有履行或没有提供担保之前,有权中止合同履行的权利。

应当先履行的当事人,有确切证据证明对方有下列情形之一的,可以中止履行:(1)对方经营状况严重恶化;(2)对方有转移财产、抽逃资金,以逃避债务的情形;(3)对方丧失商业信誉;(4)对方有丧失或可能丧失履行债务能力的其他情形。

不安抗辩权行使不当,造成对方损失的,先履行一方应承担违约责任。当事人中止履行的,应当及时通知对方。对方提供适当担保时,应当恢复履行。中止履行后,对方在合理期限内未恢复履行能力并且未提供担保的,中止履行的一方可以解除合同。

【思考 4-13】甲乙签订了一份买卖合同,双方约定甲应在 3 月 10 日前先向乙支付 10 万元的预付货款,乙于 6 月 10 日交货,验收合格后 5 天付余款。3 月 9 日,甲从报纸上得知,乙因意外火灾,厂房设备均被烧毁。于是甲通知乙,在乙提供担保前中止履行支付预付货款。试分析:甲能否暂停支付预付货款?为什么?

三、合同的保全

合同保全是指法律为防止因债务人财产的不当减少而给债权人的债权带来损害,采取的一种保障制度。合同保全措施主要包括代位权和撤销权两种。

(一)代位权

代位权是指因债务人怠于行使其到期权,对债权人造成损害的,债权人可以向人民法院请求以自己的名义代位行使债务人的债权的权利,但该债权专属于债务人自身的除外。

债权人行使代位权应具备以下条件:

(1)债务人对第三人享有合法债权或者与该债权有关的从权力。

(2)债务人怠于行使其到期债权,对债权人造成损害,即债务人不履行其对债权人的到期债务,又不以诉讼方式或者仲裁方式向其债务人主张其享有的具体金钱给付内容的到期债权,致使债权人的到期债权未能实现。

(3)债务人的债权已到期,已陷入迟延履行。

(4)债务人的债权不是专属于债务人自身的债权。所谓专属于债务人自身的债权,是指基于抚养关系、扶养关系、赡养关系、继承关系产生的给付请求权和劳动报酬、退休金、抚恤金、安置费、人寿保险、人身伤害赔偿请求权等权利。

债权人代位权的行使必须通过法院进行,其行使范围以债权人的债权为限。债权人行使代位权的费用,由债务人负担。

【思考 4-14】乙公司欠甲公司 8 万元货款,丙公司欠乙公司 4 万元货款,两笔欠款均已到期，乙公司无力偿还甲公司，又不向丙公司主张债权。试分析甲公司应该怎样行使自己的权利。

（二）撤销权

撤销权，是指债务人实施了减少财产或增加财产负担的行为并危及债权人债权实现时，债权人为了保障自己的债权，请求人民法院撤销债务人行为的权利。撤销权的目的在于防止债务人责任财产的不当减少，保障债权人的债权得以实现，维护社会交易秩序。

引起撤销权发生的要件是债务人有损害债权人债权的行为发生，主要指债务人以赠与、免除等无偿行为处分债权，包括放弃到期债权、无偿转让财产或以明显不合理的低价转让财产。无偿行为不论第三人善意、恶意取得，均可撤销；有偿转让行为，只有在第三人恶意取得的情况下方可撤销。

撤销权自债权人知道或应知道撤销事由之日起一年内行使。自债务人的行为发生之日起5年内没有行使撤销权的，该撤销权消灭。

撤销权的行使范围以债权人的债权为限，债权人行使撤销权的必要费用，由债务人负担。

第五节　合同的变更、转让和终止

一、合同的变更

合同的变更仅指合同内容的变更，是指合同成立后，当事人双方根据客观情况的变化，依照法律规定的条件和程序，经协商一致，对原合同内容进行修改、补充或者完善。合同的变更是在合同的主体不改变的前提下对合同内容的变更，合同性质并不改变。

（一）合同变更的要件

1.当事人之间已存在合同关系。

2.合同内容发生了变化。

3.合同的变更必须遵守法律的规定或当事人的约定。

合同的变更可以依据法律的规定产生，当法律规定的情形出现时，合同内容可能发生变化，如遇有不可抗力导致债务不能履行时，合同可以延期履行。当事人约定变更合同有两种情形：一是由合同当事人达成变更合同的协议；二是当事人可以在订立合同时即约定，当某种特定情况出现时，当事人有权变更合同。

（二）合同变更的形式和程序

合同变更除法律规定的变更和人民法院依法变更外，主要是当事人协议变更。

合同约定变更适用《民法典》合同编关于要约、承诺的规定，双方经协商取得一致，并采用书面形式。如原合同是经过公证、鉴证的，变更后的合同应报原公证、鉴证机关备案，必要时应对变更的事实予以公证、鉴证；如原合同按照法律、行政法规的规定是经过有关部门批准、登记的，变更后仍应报原批准机关批准、登记。

合同变更后，变更后的内容取代了原合同的内容，当事人应当按照变更后的内容履行合同，合同各方当事人均应受变更后的合同约束。为了减少在合同变更时可能发生的纠纷，当事人对合同变更的内容约定不明确的，推定为未变更。合同变更的效力原则上仅对未履行的部分有效，对已履行的部分没有溯及力，但法律另有规定或当事人另有约定的除外。

二、合同的转让

合同的转让即合同主体的变更，是指当事人将依据合同享有的权利或者承担的义务，全部或部分转让给第三人的行为。合同转让包括合同权利转让、合同义务转移和合同权利义务一并转让三种类型。

(一)合同权利转让

合同权利转让是指不改变合同权利的内容，由债权人将合同权利全部或者部分转让给第三人的行为。一般情况下，当事人有权自主地将合同的权利全部或者部分转让给第三人，但有下列情形之一的除外。

(1)根据合同性质不得转让。如当事人基于信任关系订立的委托合同、雇佣合同、赠与合同等。

(2)按照当事人约定不得转让。但根据《民法典》第545条第2款的规定，当事人约定非金钱债权不得转让的，不得对抗善意第三人，如果一方当事人违反约定，将合同权利转让给善意第三人，则善意第三人可以取得该项权利。

(3)依照法律规定不得转让。如烟草专卖权、个人收藏的文物转让等。

此外，债权人转让权利的，应当通知债务人。未经通知，该转让对债务人不发生效力。债权人转让权利的通知不得撤销，但经受让人同意的除外。债权人转让权利的，受让人取得与债权有关的从权利，但该从权利专属于债权人自身的除外。

债务人接到债权转让通知后，债务人对让与人的抗辩，可以向受让人主张。债务人接到债权转让通知时，债务人对让与人享有债权，并且债务人的债权先于转让的债权到期或者同时到期的，债务人可以向受让人主张抵消。

(二)合同义务转移

合同义务转移是指在不改变合同义务的前提下，经债权人同意，债务人将合同的义务全部或者部分转移给第三人。债务人将合同的义务全部或者部分转移给第三人，应当经债权人同意。否则，债务人转移合同义务的行为对债权人不发生效力。

债务人转移义务的，新债务人可以主张原债务人对债权人的抗辩。新债务人应当承担与主债务有关的从债务，但该从债务专属于原债务人自身的除外。

(三)合同权利义务一并转让

合同权利义务一并转让是指经对方同意，当事人将自己依据合同所享有的权利和义务一并转让给第三人。合同的一方当事人将权利和义务一并转让时，除了应当征得另一方当事人的同意外，还应当遵守《民法典》合同编有关转让权利和义务转移的其他规定。

当事人订立合同后合并的，由合并后的法人或者其他组织行使合同权利、承担合同义务。当事人订立合同后分立的，除债权人和债务人另有约定的以外，由分立的法人或者其他组织对合同的权利和义务享有连带债权，承担连带债务。

三、合同的终止

合同的终止，是指因某种法律事实的发生，使合同当事人权利义务关系归于消灭，即合同关系消灭。根据规定，合同可在下列情形下得以终止。

（一）清偿

清偿是指债务人按照合同约定的标的、质量、数量、价款或报酬、履行期限、履行地点和方式全面履行债务，使得债权债务关系消灭的行为。

（二）合同解除

合同解除是指在合同尚未履行完毕之前，双方当事人经协商一致同意提前终止合同关系或者当事人一方基于法定事由行使解除权提前终止合同关系。合同解除有约定解除和法定解除两种情况。

1.约定解除

约定解除是指当事人通过行使约定解除权或者当事人协商一致而解除合同。在订立合同时，可以约定当事人一方或双方拥有合同解除权，当解除合同的条件成就时，解除权人可以解除合同。

合同生效后，未履行或未完全履行前，当事人也可以协议解除合同。

2.法定解除

法定解除是指合同成立生效后，当事人根据法律规定解除合同。

有下列情形之一的，当事人可以解除合同：(1)因不可抗力致使不能实现合同目的；(2)在履行期限届满之前，当事人一方明确表示或者以自己的行为表明不履行主要债务；(3)当事人一方迟延履行主要债务，经催告后在合理期限内仍未履行；(4)当事人一方迟延履行债务或者有其他违约行为致使不能实现合同目的；(5)法律规定的其他情形。

当事人一方主张解除合同的，应当通知对方。合同自通知到达对方时解除。对方有异议的，可以请求人民法院或者仲裁机构确认解除合同的效力。当事人解除合同，法律、行政法规规定应当办理批准、登记等手续的，应依照其规定办理。合同解除后，尚未履行的，终止履行；已经履行的，根据履行情况和合同性质，当事人可以要求恢复原状、采取其他补救措施，并有权要求赔偿损失。

（三）抵销

抵销是指当事人互负到期债务，又享受债权，以自己的债权充抵对方的债权，使自己的债务与对方的债务在等额内消灭。当事人互负到期债务，该债务的标的物种类、品质相同的，任何一方可以将自己的债务与对方的债务抵销，但依照法律规定或者按照合同性质不得抵销的除外。当事人主张抵销的，应当通知对方。通知自到达对方时生效。抵销不得附条件或附期限。当事人互负债务，标的物种类、品质不相同的，经双方协商一致，也可以抵销。

（四）提存

提存是指由于债权人的原因，债务人无法向其交付合同标的物而将该标的物交给提存机关，从而消灭合同制度。

当有下列情形之一难以履行债务的，债务人可以将标的物提存：(1)债权人无正当理由拒绝受领；(2)债权人下落不明；(3)债权人死亡未确定继承人或者丧失民事行为能力未确定监护人；(4)法律规定的其他情形。

标的物提存后，除债权人下落不明以外，债务人应当及时通知债权人或者债权人的继承人、监护人。标的物提存后，毁损、灭失的风险由债权人承担。提存期间标的物的孳息归债权人所有。提存费用由债权人负担。标的物不适于提存或者提存费用过高，债务人依法可以拍卖或者变卖标的物，提存所得的价款。

债权人领取提存物的权利,自提存之日起5年内不行使而消灭,提存物扣除提存费用后归国家所有。

【思考4-15】甲企业与乙商场签订了一份西装的购销合同,甲企业按期供货时,发现乙商场装修,相关人员不知去向,于是便将西装交给公证处提存,公证处依法进行了提存。半个月后,当地发生了洪灾,西装被浸泡变形。一个月后,乙商场恢复营业,拒绝领取西装。甲企业多次向乙商场催要货款,遭拒绝。试分析乙商场的做法是否合法。

(五)免除

免除是指债权人放弃部分或全部债权,免除债务人部分或者全部债务的一种单方法律行为。免除应由债权人向债务人作出明确的意思表示。免除债务后,债权的从权利如从属于债权的担保权利、利息权利、违约金请求权等也随之消灭。

(六)混同

混同,即债权债务同归于一人,致使合同关系消灭的事实。债的关系应有两个不同的主体,因混同致债权债务归于同一人,债的关系无法维系,故归于消灭。

第六节　违约责任

一、违约责任的主要形式

违约责任,即违反合同的民事责任,是指合同当事人一方不履行合同义务或者履行合同义务不符合约定时,依照法律规定或合同约定所承担的法律责任。

一般来说,违约责任的追究要在合同履行期限届满时才能行使,但在合同生效后履行期限届满前,当事人一方明确表示或以自己的行为表明不履行合同义务的,对方可以在履行期限届满之前要求其承担违约责任。根据《民法典》合同编的规定,违约的当事人承担违约责任的主要形式如下。

(一)继续履行

继续履行,又称实际履行,是指合同一方当事人不履行合同或者履行合同不符合约定的情况下,要求违约方仍按照合同的约定履行义务的一种承担违约责任的方式。但在下列情况下除外:一是法律上或事实上不能履行,如破产等;二是债务的标的不适于强制履行或者履行费用过高;三是债权人在合理期限内未要求履行。

(二)采取补救措施

质量不符合约定的,应当按照当事人的约定承担违约责任。对违约责任没有约定或者约定不明确的,依照本法第61条的规定仍不能确定的,受损害方根据标的的性质以及损失的大小,可以合理选择要求对方承担修理、更换、重作、退货、减少价款或者报酬等违约责任。

(三)赔偿损失

赔偿损失是指合同当事人一方不履行合同或者不适当履行合同给对方造成损失的,应依法或依照合同约定承担赔偿责任。损失赔偿额应当相当于因违约所造成的损失,包括合同履行后可以获得的利益,但不得超过违反合同一方订立合同时预见到或者应当预见到的因违反合同可能造成的损失。

当事人一方违约后，对方应当采取适当措施防止损失的扩大；没有采取适当措施致使损失扩大的，不得就扩大的损失要求赔偿。当事人因防止损失扩大而支出的合理费用，由违约方承担。

（四）支付违约金

违约金是指当事人在合同中约定，一方当事人不履行合同义务或履行合同义务不符合约定时应当根据情况向对方支付一定数额的货币。

当事人可以约定一方违约时应当根据违约情况向对方支付一定数额的违约金，也可以约定因违约产生的损失赔偿额的计算方法。约定的违约金低于造成的损失的，当事人可以请求人民法院或者仲裁机构予以增加；约定的违约金过分高于造成的损失的，当事人可以请求人民法院或者仲裁机构予以适当减少。

（五）定金责任

定金既是一种债的担保形式，又是一种违约责任形式。当事人既约定定金，又约定违约金的，一方违约时，对方可以选择适用违约金或者定金。

【思考 4-16】甲、乙两公司签订了价值 50 万元的买卖合同，甲支付给乙 8 万元定金，同时又约定任何一方违约须向对方支付 10 万元违约金。后甲方违约，给乙造成损失 9 万元，乙要求甲承担违约责任，除定金 8 万元不退还后，还要求甲支付违约金 10 万元和赔偿损失 9 万元。试分析：乙的要求是否合法？为什么？

二、违约责任的免除

违约责任的免除是指在合同的履行过程中，由于法律规定的或者当事人约定的免责事由致使当事人不能履行合同义务或者履行合同义务不符合约定的，当事人可以免于承担违约责任。

一般来说，在合同订立之后，如果一方当事人没有履行合同或者合同不符合约定，不论是自己的原因，还是第三人的原因，都应当向对方承担违约责任，即我国适用的是无过错责任原因。只有在法定的免责事由或约定的免责事由导致合同不能履行时，才能免责。

《民法典》合同编规定了三种免责事由：不可抗力、免责条款和法律的特别规定。

（一）不可抗力

不可抗力，是指不能预见、不能避免并且不能克服的客观情况。因不可抗力不能履行合同的，根据不可抗力的影响，部分或者全部免除责任。但是，当事人迟延履行后发生不可抗力的，不能免除责任。

不可抗力也包括某些自然现象和某些社会现象（如战争等）。当事人一方因不可抗力不能履行合同的，应当及时通知对方，以减轻可能给对方造成的损失，并应当在合理期限内提供证明。

（二）免责条款

当事人可以在合同中约定，当出现一定的事由或条件时，可以免除违约方的违约责任，但免责条款不得违反法律、行政法规的强制性规定。

（三）法律的特别规定

在法律有特别规定的情况下，可以免除当事人的违约责任。如承运人对运输过程中货物的毁损、灭失承担损害赔偿责任，但承运人证明货物的毁损、灭失因不可抗力、货物本身的自然性质或者不合理损耗以及托运人、收货人的过错造成的,不承担损害赔偿责任。

【思考 4-17】甲、乙两公司采用合同书形式订立了一份买卖合同,双方约定由甲公司向乙公司提供150台精密仪器,甲公司于7月31日以前交货,并负责将货物运至乙公司,乙公司在收到货物后10日内付清货款。合同订立后双方均未签字盖章。6月28日,甲公司与丙运输公司订立货物运输合同,双方约定由丙公司将150台精密仪器运至乙公司。7月1日,丙公司先运了100台精密仪器至乙公司,乙公司全部收到,并于7月8日将100台精密仪器的货款付清。7月20日,甲公司掌握了乙公司转移财产、逃避债务的确切证据,随即通知丙公司暂停运输其余50台精密仪器并通知乙公司中止交货,要求乙公司提供担保;乙公司及时提供了担保。7月26日,甲公司通知丙公司将其余50台精密仪器运往乙公司,丙公司在运输途中发生交通事故,50台精密仪器全部毁损,致使甲公司7月31日前不能按时全部交货。10月5日,乙公司要求甲公司承担违约责任。试分析:

(1)甲、乙两公司订立的买卖合同是否成立?

(2)甲公司7月20日中止履行合同的行为是否合法?

(3)乙公司10月5日要求甲公司承担违约责任的行为是否合法?

(4)丙公司对货物毁损应承担什么责任?

第七节　主要合同

一、买卖合同

(一)买卖合同的概念

买卖合同是出卖人转移标的物的所有权予买受人,买受人支付价款的合同。出卖的标的物,应当属于出卖人所有或者出卖人有权处分。法律、行政法规禁止或者限制转让的标的物,依照其规定。

(二)买卖合同当事人的义务

1.出卖人的义务主要有:交付标的物,交付提取标的物单证以外的有关单证和资料,按照约定的期限交付标的物,按照约定的地点交付标的物,按照约定的质量交付标的物,对标的物的权利瑕疵负担保义务,按照约定的包装方式交付标的物。

2.买受人的主要义务有:支付价款,接受标的物,对标的物检验。

买卖合同的标的物所有权自标的物交付时起转移,但法律另有规定或者当事人另有约定的除外。

(三)标的物的检验

出卖人交付标的物后,买受人应对收到的标的物在约定的检验期间内检验。没有约定检验期间的,应当及时检验。当事人约定检验期间的,买受人应当在检验期间内将标的物存在的问题及时通知出卖人。买受人怠于通知的,视为标的物符合约定。

(四)特种买卖合同

在我国合同法上,特种买卖合同包括分期付款买卖合同、样品买卖合同、试用买卖合同、招标投标买卖合同和拍卖合同等。

1.分期付款买卖是一种特殊的买卖形式，是买受人将其应付的总价款按照一定期限分批向出卖人支付的买卖。分期付款买卖在我国经常用于房屋及高档消费品的买卖。由于买受人的分期支付影响了出卖人的资金周转，故分期付款的总价款可略高于一次性付款的价款。在分期付款买卖中，为保护买受人的利益，只有当买受人未支付到期价款的金额达到全部价款 1/5 的，出卖人方可要求买受人支付全部价款或者解除合同。出卖人解除合同的，可以向买受人要求支付该标的物的使用费。

2.样品买卖，又称货样买卖，是指当事人双方约定一定的样品，出卖人交付的标的物应与样品具有相同品质的买卖。凭样品买卖的买受人不知道样品有隐蔽瑕疵的，即使交付的标的物与样品相同，出卖人交付的标的物的质量仍然应当符合同种物的通常标准。

3.试用买卖，是指当事人双方约定，于合同成立时，出卖人将标的物交付买受人试验或检验，并以买受人在约定期限内对标的物的认可为生效要件的买卖合同。这种买卖常见于某些新产品的销售。试用买卖的当事人可以约定标的物的试用期间。试用买卖的买受人在试用期内可以购买标的物，也可以拒绝购买。试用期间届满，买受人对是否购买标的物未作表示的，视为购买。

4.招标投标买卖合同，是指由招标人向熟人或公众发出招标通知或招标公告，在诸多投标中选择自己最满意的投标人并与之订立买卖合同的方式。

5.拍卖有广义、狭义之分。广义的拍卖是指竞争买卖，即众多欲订购的人通过竞争与出卖人订立合同，购买物品，它包括狭义的拍卖和投标拍卖两种情况。其中，狭义的拍卖，是指对物品的拍卖，即以公开竞价的方法，将标的物的所有权转移给最高应价者的买卖方式。从拍卖的方式上说，广义的拍卖泛指以竞争方式的缔约，包括拍卖和招标。

二、借款合同

借款合同是借款人向贷款人借款，到期返还借款并支付利息的合同。一份完整的借款合同通常包含以下事项：当事人、借款种类、借款用途、货币种类、借款数额、放款方式及时间、贷款利率及利息支付、还款方式及期限、展期约定、担保、违约责任等。

借款合同采用书面形式，但自然人之间借款另有约定的除外。

借款人应当按照约定的期限返还借款。贷款人未按照约定的日期、数额提供借款，造成借款人损失的，应当赔偿损失。借款人未按照约定的借款用途使用借款的，贷款人可以停止发放借款、提前收回借款或者解除合同。

借款的利息不得预先在本金中扣除。利息预先在本金中扣除的，应当按照实际借款数额返还借款并计算利息。借款人应当按照约定的期限支付利息。对支付利息的期限没有约定或者约定不明确的，当事人可以协议补充；不能达成补充协议时，借款期间不满一年的，应当在返还借款时一并支付；借款期间一年以上的，应当在每届满一年时支付，剩余期间不满一年的，应当在返还借款时一并支付。

自然人之间的借款合同对支付利息没有约定或约定不明确的，视为不支付利息；约定支付利息的，借款的利率不得违反国家有关限制借款利率的规定。

借款人未按照约定的期限返还借款的，应当按照约定或者国家有关规定支付逾期利息。借款人提前偿还借款的，除当事人另有约定的以外，应当按照实际借款的期间计算利息。

三、租赁合同

租赁合同是出租人将租赁物交付承租人使用、收益，承租人支付租金的合同。租赁合同的内容包括租赁物的名称、数量、用途、租赁期限、租金及其支付期限和方式、租赁物维修等条款。租赁期限不得超过 20 年，超过 20 年的，超过部分无效。租赁期间届满，当事人可以续订租赁合同，但约定的租赁期限自续订之日起不得超过 20 年。租赁期限 6 个月以上的，应当采用书面形式。当事人未采用书面形式的，视为不定期租赁，当事人可以随时解除合同，但出租人解除合同应当在合理期限之前通知承租人。

出租人应当按照约定将租赁物交付承租人，并在租赁期间保持租赁物符合约定的用途。承租人按照约定的方法或者租赁物的性质使用租赁物，并应当妥善保管租赁物，如因保管不善造成租赁物毁损、灭失的，应当承担损害赔偿责任。

承租人应当按照约定的期限支付租金。承租人无正当理由未支付或者迟延支付租金的，出租人可以要求承租人在合理期限内支付。承租人逾期不支付的，出租人可以解除合同。承租人经出租人同意，可以对租赁物进行改善或者增设他物。承租人未经出租人同意，对租赁物进行改善或者增设他物的，出租人可以要求承租人恢复原状或者赔偿损失。

承租人经出租人同意，可以将租赁物转租给第三人。承租人转租的，承租人与出租人之间的租赁合同继续有效，第三人对租赁物造成损失的，承租人应当赔偿损失。承租人未经出租人同意转租的，出租人可以解除合同。

租赁物在租赁期间发生所有权变动的，不影响租赁合同的效力，即“买卖不破租赁”。

租赁期间届满，承租人继续使用租赁物，出租人没有提出异议的，原租赁合同继续有效，但租赁期限为不定期。

四、保证合同

（一）保证合同的概念

保证合同是为保障债权的实现，保证人和债权人约定，当债务人不履行到期债务或者发生当事人约定的情形时，保证人履行债务或者承担责任的合同。

根据《民法典》第 682 条规定：“保证合同是主债权债务合同的从合同。主债权债务合同无效的，保证合同无效，但是法律另有规定的除外。保证合同被确认无效后，债务人、保证人、债权人有过错的，应当根据其过错各自承担相应的民事责任。”

（二）保证人

保证人可以是具有完全民事行为能力的自然人及法人、非法人组织。不具有完全代偿能力的法人、其他组织或者自然人，以保证人身份订立保证合同后，不得以自己没有代偿能力要求免除保证责任。

一般情况下，机关法人、居民委员会、村民委员会、以公益为目的的非营利法人、非法人组织不得为保证人。

（三）保证方式

保证的方式有一般保证和连带责任保证两种。

1.一般保证

当事人在保证合同中约定，在债务人不能履行债务时，由保证人承担保证责任的为一般保证。当事人在保证合同中约定了保证人在债务人不能履行债务或者无力偿还债务时才承担保证责任等类似内容，具有债务人应当先承担责任的意思表示的，应当将其认定为一般保证。

2.连带责任保证

当事人在保证合同中约定保证人与债务人对债务承担连带责任的，为连带责任保证。当事人在保证合同中约定了保证人在债务人不履行债务或者未偿还债务时即承担保证责任、无条件承担保证责任等类似内容，不具有债务人应当先承担责任的意思表示的，应当将其认定为连带责任保证。

课后练习

一、选择题

1.下列合同中，适用《民法典》合同编调整的有（　　）。

A.商品买卖合同　B.收养合同　C.借款合同　D.运输合同

2.下列哪些事项的决定，属于对要约内容的实质性变更？（　　）

A.合同标的、数量、质量　B.合同价格

C.合同履行期限、地点　D.违约责任和解决争议的方法

3.甲、乙签订了一份合同，约定由丙向甲履行债务，但丙履行债务的行为不符合合同的约定，下列关于甲请求承担违约责任的表述中，哪些是正确的？（　　）

A. 请求丙承担　B. 请求乙承担

C. 请求丙和乙共同承担　D. 请求丙或乙承担

4.下列哪些可以作为权利质押？（　　）

A. 王某的小汽车　B. 张某持有的国库券若干

C. 李某的存款单　D. 赵某的记名支票

5.下列哪种合同中，债权人无权行使留置权？（　　）

A. 保管合同　B. 运输合同　C. 加工承揽　D. 购销合同

6.债务人的下列哪些行为，债权人可以请求人民法院予以撤销？（　　）

A. 放弃到期债权　B. 低价转让财产，受让人不知真情的

C. 无偿转让财产　D. 低价转让财产，受让人知道真情的

7.甲与乙订立了 100 台电视机的买卖合同，总价款为 20 万元，双方在合同中约定买方甲须向乙交付定金 3 万元。后甲并未支付，乙的下列哪些请求会得到法院支持？（　　）

A.请求强制甲支付定金 3 万元

B.请求强制甲支付定金 3 万元并支付预期利息

C.请求甲继续履行合同

D.请求甲承担违约责任

二、问答题

1. 简述合同的主要条款。

2. 承担违约责任的方式有哪些?

3. 合同终止的原因有哪些?

三、案例分析

1. 2022 年 8 月 10 日,Z 市开发区百货公司派人去美迪服装厂订货,经看样品协商,开发区百货公司代理人与美迪服装厂业务员代表双方签订了购销滨湖牌西服套装的合同。合同规定:质量按样品规格,总货款为 8 万元,交货时间为 9 月 30 日,地点在开发区百货公司。货到后验收合格,交付货款的 80%。其余款项 11 月 30 日交清。双方如果违约,支付违约金为货款的 15%。双方还口头约定:美迪服装厂 8 月 11 日先寄出样品,开发区百货公司确认后在合同上盖章,并将合同寄回美迪服装厂。此后,美迪服装厂按时寄出样品,而开发区百货公司既没在合同上盖章,也没有将合同寄回美迪服装厂。9 月 30 日,美迪服装厂按照合同发出了约定的全部货物,开发区百货公司拒收,对其发货表示突然,认为双方合同未盖章,属无效合同。为此美迪服装厂诉至法院,请求裁定合同有效,要求开发区百货公司承担违约责任。

请问:该合同是否成立并有效?

2.吉安计算机公司因组装商用计算机急需内存条 200 条,于是派人到福海电脑器件批发市场购买,经协商,双方约定内存条每条价格为 300 元;批发市场在 4 天内将内存条运送到吉安计算机公司,货到即付款。双方订立合同后的第二天,因受到国内市场影响,内存条价格上涨,市场价格从每条 300 元涨到每条 400 元。福海电脑器件批发市场认为价格上涨后,继续履行合同会造成损失,于是向吉安计算机公司协商解除合同或将价格提升。吉安计算机公司坚决不同意。

请问:该合同能否解除或变更货物价格?

3. 2021 年 6 月,甲公司向乙、丙、丁肉类加工厂发出函电(函件一),称:“我公司每月需鲜牛肉 30 吨,如能满足供应,速来函,我方愿派人前往购买。”三家加工厂都向原告复电(函件二),告知价格。其中丁厂在发出函电的同时,派车送货 30 吨,但甲公司拒绝接受。甲公司最终接受了乙厂的报价,但在给乙厂回函(函件三)中表示,希望乙厂能送货上门。乙厂表示同意,双方订立了期限为一年的合同,约定在每月 15 日交货,货款每半年结算一次。在合同履行过程中,出现下列情况:9 月,制冷设备发生故障,导致乙厂库存的牛肉变质,乙厂不能按照约定的数量交货。12 月,下了一场暴雪,从乙厂通向甲公司的道路停止使用,乙方不能按照约定时间交货。2022 年起,甲公司的经营状况恶化,至 2022 年 3 月,甲公司已经累计亏损 500 万元。2022 年 4 月 1 日,乙厂向甲公司发出函件,除非甲公司能证明其有能力支付货款,乙厂将暂时停止向甲公司供货。

请问:丁厂在发出函电的同时,派车送货 30 吨,甲公司拒绝接受,是否应当赔偿丁厂的损失?函件(一)、(二)、(三)具有什么性质?乙厂两次不能按时交货所承担的责任相同吗?乙厂后来停止向甲公司供货的做法合法吗?如果甲公司没有理睬乙厂的要求,乙厂可以采取什么措施?

4. 2021 年 6 月,某百货商场向甲服装公司订购了 1000 件羽绒服,约定于 2201 年 9 月 25 日交货。2021 年 8 月 30 日,甲公司通知百货商场,因其发生不可抗力,不能按时交货,请求延长交货时间。百货商场经调查了解到,因国际市场羽绒服价格上涨,甲公司将其已生产的产品全部销往了国外。对此，百货商场提出解除与甲公司的合同。但甲公司表示，其已经准备好了所有的原材料，可以立即为百货商场生产。甲公司同时表示，已经与乙服装公司协商好，由乙服装公司代其为百货商场生产 500 件羽绒服，可以在 10 月 25 日交货。为了赔偿百货商场的损失，甲公司承诺将每件羽绒服降价 40 元。百货商场对此表示同意。至 10 月 27 日，甲、乙两公司应交付的 1000 件羽绒服仍然毫无踪影。11 月 1 日，百货商场通知甲公司，解除双方的合同，并要求其承担违约责任。

请问：百货商场先后两次提出解除合同的要求都合理吗？乙公司在本案中的法律地位是什么？甲公司辩称其只能承担一半违约责任，另一半违约责任由乙公司承担。这种说法对吗？

5.韩某、丁某于 2022 年 10 月 1 日举行婚礼。10 月 5 日，韩某将 4 卷拍有婚礼活动的富士版彩色胶卷送到光明彩卷洗印服务部（以下简称彩扩部）冲印。彩扩部工作人员开票 1 张交给韩某，韩某交冲印费 200 元。10 月 8 日，韩某去彩扩部取件，彩扩部工作人员当时没有找到胶卷和洗印放大好的照片，让韩某过几天再来。此后韩某多次找到彩扩部催要，彩扩部一直未能给。因此韩某要求彩扩部赔偿损失。彩扩部回答，按照该市摄影协会字〔2001〕120 号第 6 条“如遇有意外损坏或者遗失，只赔偿同类同号胶卷”的规定，赔偿胶卷和退回预收费。韩某不服，向法院起诉，要求彩扩部赔偿精神损失 8000 元，并赔礼道歉。

请问：韩某的要求是否合法？该市摄影协会字〔2001〕120 号第 6 条的规定在《民法典》合同编中是否合法？为什么？

第五章 破产法

学习目标

★ 了解破产的概念和特征

★ 理解破产界限

★ 掌握破产清算的主要规定

理论精要

【案例导入】

甲企业是1995年由县政府投资设立的国有企业，至2018年累计负债达5000余万元，自有资产只有2000多万元，无法偿还巨额债务。于是，经县政府同意，甲企业向人民法院申请破产。分析：

(1)甲企业作为债务人能否申请破产？

(2)什么是破产？企业破产的界限是什么？

(3)企业破产法的主要规定有哪些？如何进行破产财产的分配？

第一节 企业破产法概述

一、破产的概念

破产是在债务人丧失债务清偿能力时，由法院主持强制执行其全部财产公平清偿全体债权人的法律制度。破产是一种法律规定的清偿债务的特殊手段，其目的在于通过破产的程序使全体债权人获得公平受偿。破产具有以下特点：

1.破产是一种特殊的偿债手段。破产程序中的债务人不具备清偿能力，需要以破产方式强制执行其全部财产，以保证对债权人的公平清偿。破产程序终结后，债务人丧失主体资格，对未清偿的债务不再承担清偿责任。

2.破产是使债权人公平受偿的程序。一般民事诉讼是为个别债权人利益进行的，强调债务人的自动履行，并在必要时强制其履行。而破产程序则是为全体债权人利益进行的，禁止债务人对个别债权人的主动清偿。

3.破产是依照司法程序进行的偿债程序。由于破产涉及债务人财产的强制执行并导致其主体资格的消灭，因此，破产程序必须在人民法院的主持下进行，不允许当事人自行实施。

二、破产法的概念

破产法是规定在企业法人不能清偿到期债务，并且资产不足以清偿全部债务或者明显缺乏清偿能力时,人民法院强制对其全部财产清算分配、公平清偿债权人,或通过和解、重整延缓清偿债务,避免企业法人破产的法律规范的总称。企业破产法有广义与狭义之分。狭义的企业破产法仅指对企业法人破产清算的法律。广义的企业破产法还包括以避免企业法人破产为主要目的的各种和解与重整方面的法律规范。现代意义上的破产法通常是指广义的破产法。

2006年8月27日全国人大常委会通过了《中华人民共和国企业破产法》(以下简称《企业破产法》),该法自2007年6月1日起施行。

三、企业破产的界限

企业破产的界限,也称企业破产的原因,是指法院据以宣告债务人破产的法律标准。《企业破产法》规定:"企业法人不能清偿到期债务,并且资产不足以清偿全部债务或者明显缺乏清偿能力的,依照本法规定清偿债务。"

由此可见,企业破产的实质标准是不能清偿到期债务,通常简称为不能清偿,有三层含义:一是不能清偿的是"到期债务";二是债务人明显缺乏清偿债务的能力,即不能以财产、信用或能力等任何方式清偿债务;三是债务人对全部或者主要债务长期连续不能偿还。

为了解决债权人提出破产申请时的举证责任问题,最高人民法院在其司法解释中规定:"债务人停止清偿到期债务并呈连续状态,如无相反证据,可推定为不能清偿到期债务。"

宣告债务人破产必须符合法律规定的破产界限,但并非所有达到破产界限的企业均要被宣告破产。企业法人达到破产界限的,或者明显丧失清偿能力的,可以依法进行重整。

第二节　企业破产的程序

一、企业破产申请和受理

(一)破产申请

当债务人不能清偿到期债务时,债权人和债务人均有权提出破产申请。企业法人已解散但未清算或者未清算完毕,而且资产不足以清偿债务的,依法负有清算责任的人应当向人民法院申请破产清算。

破产申请应当采用书面形式向有管辖权的人民法院提出。企业破产案件由债务人住所地人民法院管辖。债务人住所地是指债务人的主要办事机构所在地。债务人主要办事机构不明确的,由其注册地人民法院管辖。

提出破产申请时,应当向人民法院提交破产申请书及有关证据。破产申请书应当载明下列事项:(1)申请人、被申请人的基本情况;(2)申请目的,即和解、重整或者破产清算;(3)申请的事实和理由,包括债权债务的由来、债权的性质和数额、债权到期债务人不能清偿的事实理由等;(4)人民法院认为应当载明的其他事项。债务人提出申请的,还应当向人民法院提交财产状况说明、债务清册、债权清册、有关财务会计报告、职工安置预案及职工工资的支付和社会保险费用的缴纳情况等。

(二)破产申请受理

1.破产申请受理的期限

债权人提出破产申请的,人民法院应当自收到申请之日起5日内通知债务人。债务人对申请有异议的,应当自收到人民法院通知之日起7日内向人民法院提出。人民法院应当自异议届满之日起10日内裁定是否受理。除上述规定的情形外,人民法院应当自收到破产申请之日起15日内裁定是否受理。

人民法院受理破产申请的,应当自裁定作出之日起5日内送达申请人。人民法院裁定不受理破产申请的,应当自裁定作出之日起5日内送达申请人并说明理由,申请人对不受理的裁定不服的,可自裁定送达之日起10日内向上一级人民法院提起上诉。人民法院受理企业破产申请后至破产宣告前,发现债务人不符合法律规定的受理条件的,应当裁定驳回破产申请。申请人对驳回破产申请的裁定不服的,可以在裁定送达之日起10日内向上一级人民法院提起上诉。人民法院应当自裁定受理破产申请之日起25日内通知已知债权人,并予以公告。

2.破产申请受理的效力

(1)自人民法院受理破产申请的裁定送达债务人之日起至破产程序终结之日,债务人的有关人员应当承担下列义务:妥善保管其占有和管理的财产、印章和账簿、书文等资料;根据人民法院、管理人要求进行工作,并如实回答询问;列席债权人会议并如实回答债权人询问;未经人民法院许可,不得离开住所地;不得新任其他企业的董事、监事、高级管理人员。

"债务人的有关人员",是指企业的法定代表人。经人民法院决定,可以包括企业的财务管理员和其他经营管理人员。

(2)人民法院受理破产申请后,债务人不得对个别债权人的债务进行清偿。

(3)人民法院受理破产申请后,债务人的债务人或财产持有人应当向管理人清偿债务或交付财产。债务人的债务人或财产持有人如果故意违反规定不向管理人而向债务人清偿债务或交付财产,导致债权人受到损失的,不免除清偿债务或交付财产的义务。

(4)人民法院受理破产申请后,管理人对破产申请受理前成立而债务人和对方当事人均未履行完毕的合同,有权决定解除或继续履行,并通知对方当事人。管理人自破产申请受理之日起2个月内未通知对方当事人,或者自收到对方当事人催告之日起30日内未答复的,视为解除合同。管理人决定继续履行合同的,对方当事人应当履行,但是,对方当事人有权要求管理人提供担保。管理人不提供担保的,视为解除合同。

(5)人民法院受理破产申请后,有关债务人财产的保全措施应当解除,强制执行程序应当中止。

保全措施包括对财产的查封、扣押、冻结等,强制执行措施包括划拨银行存款、拍卖财产等。保全措施解除后,财产计入破产财产;强制执行程序中止后,债权人凭生效的法律文书向受理破产案件的人民法院申报债权。

(6)人民法院受理破产申请后,已经开始而尚未终结的有关债务人的民事诉讼或者仲裁应当中止;在管理人接管债务人的财产后,该诉讼或者仲裁继续进行。

(7)人民法院受理破产申请后,有关债务人的民事诉讼,只能向受理破产申请的人民法院提起。

【思考5-1】乙市的A企业欠B企业100万元的货款,迟迟不还。B企业向合同履行地甲市人民法院提起诉讼，法院判决A向B支付100万元货款和5万元违约金。判决书生效后，甲市人民法院应B企业的请求，将A的存货查封。与此同时，乙市人民法院受理了A的破产申请。试分析此时甲市人民法院应当怎样做，B企业应当怎样做。

（三）管理人

人民法院裁定受理破产申请的，应当同时指定管理人。

管理人，也称破产管理人，是人民法院指定的全面接管破产企业、总管破产事务的人。

1.管理人的产生

管理人由人民法院指定。管理人没有正当理由不得辞去职务。管理人辞去职务应当经人民法院许可。管理人是独立于债权人会议、法院、债务人之外的组织，管理人的破产管理是有偿的服务，其报酬由人民法院确定。

2.管理人的组成

管理人可以由有关部门、机构的人员组成的清算组或者依法设立的律师事务所、会计师事务所、破产清算事务所等社会中介机构担任。

管理人除了可以由有关组织担任外，也可由自然人担任。企业破产法规定，人民法院根据债务人的实际情况，可在征询有关社会中介机构的意见后，指定该机构具备相关专业知识并取得执业资格的人员担任管理人。个人担任管理人的，应当参加执业责任保险。

有下列情形之一的，不得担任管理人：因故意犯罪受过刑事处罚，曾被吊销相关专业执业证书，与本案有利害关系，人民法院认为不宜担任管理人的其他情形。

3.管理人的职责

管理人向人民法院报告工作，并接受债权人会议和债权人委员会的监督。管理人负责破产财产的保管、清理、估价、处理和分配，履行下列职责：

（1）接管债务人的财产、印章和账簿、文书资料。

（2）调查债务人的财产状况，制作财产状况报告。

（3）决定债务人的内部管理事务。

（4）决定债务人的日常开支和其他必要开支。

（5）在第一次债权人会议召开之前，决定继续或者停止债务人的营业。

（6）管理和处分债务人的财产。

（7）代表债务人参加诉讼、仲裁或者其他法律程序。

（8）提议召开债权人会议。

（9）人民法院认为管理人应当履行的其他职责。

4.管理人职责的限制

在第一次债权人会议召开之前，管理人实施下列行为时，应当经人民法院许可：决定继续或者停止债务人的营业；涉及土地、房屋等不动产权益的转让；探矿权、采矿权、知识产权等财产权的转让；履行债务人和对方当事人均未履行完毕的合同；放弃权利；担保物的取回（以债务清偿为条件）；对债务人的利益有重大影响的其他财产处分行为。

二、债权申报

债权申报是指债务人的债权人在接到人民法院的破产申请受理裁定通知或者公告后，在法定期限内向人民法院申请登记债权，以取得破产债权人地位的行为。债权申报是有时间限制的。债权人应当在人民法院确定的债权申报期限内向管理人申报债权。人民法院应当确定债权人申报债权的期限。债权申报期限自人民法院发布受理破产申请公告之日起计算,最短不得少于三十日,最长不得超过三个月。

在人民法院确定的债权申报期限内,债权人未申报债权的,可以在破产财产最后分配前补充申报;但是,此前已进行的分配,不再对其补充分配。为审查和确认补充申报债权的费用,由补充申报人承担。债权人未依照规定申报债权的,不得依照企业破产法规定的程序行使权利。

(一)申报期限

债权申报期限自人民法院发布受理破产申请公告之日起计算,最短不得少于30日,最长不得超过3个月。

(二)延展申报期限

延展申报期限也称补充申报期限,是指在人民法院确定的债权申报期限内,债权人未申报债权的,可以在破产财产最后分配前补充申报。但是,此前已进行的分配,不再对其补充分配。为审查和确认补充申报债权的费用,由补充申报人承担。

【思考5-2】1月10日人民法院作出受理甲公司破产申请的裁定,并于当月20日依法通知债权人并发出公告,确定债权申报期限为60日。债权人A享有债权20万元,直到5月15日才在破产财产进行最后分配前提出了债权申报。试分析:A的申报是否有效?为什么?

(三)债权申报的要求

债权人申报债权时,应当按照下列要求进行:

(1)未到期的债权,在破产申请受理时视为到期。附利息的债权自破产申请受理时起停止计息。

(2)附条件、附期限的债权和诉讼、仲裁未决的债权,债权人可以申报。

(3)债务人所欠职工的工资和医疗、伤残补助、抚恤费用及社会保险基金、法定劳动补偿金等,不必申报,由管理人调查后列出清单并予以公示。职工对清单有异议的,可以要求管理人更正;管理人不予更正的,职工可以向人民法院提起诉讼。

(4)债权人申报债权时,应当书面说明债权的数额和有无财产担保,并提交有关证据。

(5)申报的债权是连带债权的,应当说明。连带债权人可以由其中一人代表全体连带债权人申报债权,也可以共同申报债权。

(6)债务人的保证人或者其他连带债务人已经代替债务人清偿债务的,以其对债务人的求偿权申报债权。尚未代替债务人清偿债务的,以其对债务人的将来求偿权申报债权。但是,债权人已经向管理人申报全部债权的除外。

(7)连带债务人有数人被裁定进入破产程序的,其债权人有权就全部债权分别在各破产案件中申报债权。

(8)管理人或者债务人依照企业破产法规定解除合同的,对方当事人以由此产生的损害赔偿请求权申报债权。

(9)债务人是委托合同的委托人,被裁定适用企业破产程序,受托人不知道该事实,继续处理委托事务的,受托人以由此产生的请求权申报债权。

(10)债务人是票据的出票人,被裁定适用企业破产法程序,该票据的付款人继续付款或者承兑的，付款人以由此产生的请求权申报债权。

三、债权人会议

（一）债权人会议的性质与组成

债权人会议是由申报债权的全体债权人组成的自治性组织，是表达债权人意志的机构。债权人会议是债权人行使破产参与权的场所，它本身不是执行机关，也不是民事权利主体，不能以其名义对外进行民事活动。但它可以协调、平衡债权人之间的利益关系，可以通过参与和监督破产程序，维护全体债权人的利益。

依法申报债权的债权人是债权人会议的成员，有权参加债权人会议，享有表决权。但是债权尚未确定的债权人，除人民法院能够为其行使表决权而临时确定债权额的外，不得行使表决权；对债务人特定财产享有担保权的债权人，为放弃优先受偿权利的，其对通过和解协议和破产财产的分配方案的事项不享有表决权。

债权人会议应当有债务人的职工和工会的代表参加，对有关事项发表意见。

债权人会议设会议主席一人，由人民法院从有表决权的债权人中指定。

（二）债权人会议的召集

第一次债权人会议由人民法院召集并主持，自债权申报期限届满之日起 15 日内召开。以后的债权人会议，在人民法院认为必要时，或者管理人、债权人委员会、占债权总额 1/4 以上的债权人向债权人会议主席提议召开。

召开债权人会议，管理人应当提前 15 日将会议的时间、地点、内容、目的等事项通知债权人。

（三）债权人会议的职权

债权人会议依法行使下列职权：(1)核查债权；(2)申请人民法院更换管理人，审查管理人的费用和报酬；(3)监督管理人；(4)选任和更换债权人委员会成员；(5)决定继续或者停止债务人的营业；(6)通过重整计划；(7)通过和解协议；(8)通过债务人财产的管理方案；(9)通过破产财产的变价方案；(10)通过破产财产的分配方案；(11)人民法院认为应当由债权人会议行使的其他职权。

（四）债权人会议的决议

根据债权人会议决议事项的不同，债务人会议的决议分为普通决议和特殊决议两类。

普通决议由出席会议的有表决权的债权人过半数通过，并且其所代表的债权额占无财产担保债权总额的半数以上。

特殊决议包括以下两种：(1)通过和解协议草案的决议，由出席会议的有表决权的债权人过半数通过，并且其所代表的债权额占无财产担保债权总额的 2/3 以上；(2)通过重整计划草案的决议，按债权类型分组进行表决，由出席会议同一表决组的债权人过半数同意，并且其所代表的债权额占该组债权总额的 2/3 以上，为该组通过。各表决组均通过时，重整计划即为通过。

债权人会议通过债务人财产的管理方案以及破产财产的变价方案等事项时，经债权人会议表决未通过的，由人民法院裁定。债权人对人民法院作出的裁定不服的，可以自裁定宣布之日或者收到通知之日起 15 日内向人民法院申请复议。复议期间不停止裁定的执行。

债权人会议通过破产财产分配方案事项时，经两次表决仍未通过的，由人民法院裁定。

债权额占无财产担保债权总额1/2以上的债权人对人民法院作出的裁定不服的，可以自裁定宣布之日或者收到通知之日起15日内向该人民法院申请复议。

【思考5-3】乙公司被人民法院裁定进入破产程序，按债权人的债权类型将债权人分为3个组，对重整计划进行表决。表决结果如下：第1组出席会议的债权人2/3同意，其代表的债权额占该组债权总额的1/2；第2组出席会议的债权人1/2同意，其代表的债权额占该组债权总额的2/3；第3组出席会议的债权人2/3同意，其代表的债权额占该组债权总额的3/4。试分析债权人会议是否应该通过该重整计划。

（五）债权人委员会

债权人会议可以决定设立债权人委员会，在债权人会议闭会期间行使日常监督权。债权人委员会由债权人会议选举的债权人代表和1名职工代表或者工会代表组成。债权人委员会成员不得超过9人。选任的债权人委员会成员应当经人民法院书面认可才有效。

债权人委员会主要行使以下职权：监督债务人财产的管理和处分，监督破产财产分配，提议召开债权人会议，债权人会议规定的其他职权。

四、重整与和解

重整与和解并非法院作出破产宣告的必经程序，是否重整与和解，完全取决于债务人、债权人双方当事人的意思。

（一）重整

重整是指当企业法人不能清偿到期债务时，应当事人的申请，在人民法院的主持下，由债务人与债权人达成协议，制订债务人重整计划，债务人继续营业，并在一定期限内清偿债务的制度。重整是防止企业破产的重要制度，是企业破产制度的重要组成部分。

1.重整申请与重整期间

（1）重整申请。债务人尚未进入破产程序时，债务人或者债权人可以直接向人民法院申请对债务人进行重整。债权人申请对债务人进行破产清算的，在人民法院受理破产申请后，宣告债务人破产前，债务人或者出资额占债务人注册资本1/10以上的出资人，可以向人民法院申请重整。

（2）重整期间。在重整期间，经债务人申请，人民法院批准，债务人可以在管理人的监督下自行管理财产和营业事务。在重整期间，对债务人的特定财产享有的担保权暂停行使；债务人的出资人不得请求投资收益分配；债务人的董事、监事、高级管理人员不得向第三人转让其持有的债务的股权，但经人民法院同意的除外。

在重整期间，有下列情形之一的，经管理人或者利害关系人请求，人民法院应当裁定终止重整程序，并宣告债务人破产：①债务人的经营状况或者财产状况继续恶化，缺乏挽救的可能性；②债务人有欺诈、恶意减少债务人财产或者其他显著不利于债权人的行为；③由于债务人的行为致使管理人无法执行职务。

2.重整计划的制订和批准

（1）重整计划的制订。债务人或管理人应当自人民法院裁定债务人重整之日起6个月内，同时向人民法院和债务人会议提交重整计划草案。上述规定的期限届满后，经债务人或管理人请求，由正当理由的，人民法院可以裁定延期3个月。未按期提出重整计划的，人民法院应当裁定终止重整程序，并宣告债务人破产。

重整计划草案应当包括以下内容：债务人的经营方案，债权分类，债权调整方案，债权受偿方案，重整计划的执行期限，重整计划执行的监督期限，有利于债务人重整的其他方案。

（2）重整计划的批准。人民法院应当自收到重整计划草案之日起 30 日内召开债权人会议，对重整计划草案进行表决。出席会议的同一表决组的债权人过半数同意重整计划草案，并且其所代表债权额占该组债权总额的 2/3 以上的，即为该组通过重整计划草案。债务人或者管理人应当向债权人会议就重整计划草案作出说明，并回答询问。

各表决组均通过重整计划草案时，重整计划即为通过。自重整计划通过之日起 10 日内，债务人或者管理人应当向人民法院提出批准重整计划的申请。人民法院经审查认为符合规定的，应当自收到申请之日起 30 日内裁定批准，终止重整程序，并予以公告。

债权人参加讨论重整计划草案时，依照下列债权性质，分组进行表决：①对债务人的特定财产享有担保权的债权；②债务人所欠职工的工资和医疗、伤残补助、抚恤费用，所欠应当划入职工个人账户的基本养老保险、基本医疗保险费用，以及法律、行政法规规定应当支付给职工的补偿金；③债务人所欠税款；④普通债权。重整计划不得规定减免债务人欠缴的上述第②项规定以外的社会保险费用，该项费用的债权人不参加重整计划草案的表决。

部分表决组未通过重整计划草案的，债务人或者管理人可以同其协商，该表决组可以在协商后再表决一次。若该组拒绝再次表决或者再次表决仍未通过的，但是重整计划草案符合法律规定条件的，债务人或者管理人可以申请人民法院批准重整计划草案。人民法院经审查认为符合规定的，应当自收到申请之日起 30 日内裁定批准，并予以公告。人民法院裁定批准的重整计划对债务人和全体债权人均有约束力。债权人对债务人的保证人和其他连带债务人所享有的权利，不受重整计划的影响。

重整计划草案未获得通过且未依照法律的规定获得批准，或者已通过的重整计划未获得批准的，人民法院应当裁定终止重整程序，并宣告债务人破产。

3.重整计划的执行

重整计划由债务人负责执行，由管理人监督。在监督期内，债务人应当向管理人报告重整计划执行情况和债务人财务状况。监督期届满时，管理人应当向人民法院提交监督报告。自监督报告提交之日起，管理人的监督职责终止。按照重整计划减免的债务，自重整计划执行完毕时起，债务人不再承担清偿责任。

债务人不能执行重整计划的，经管理人或者利害关系人申请，人民法院应当裁定终止重整计划的执行，并宣告债务人破产，债权人在重整计划中作出债权调整的承诺失去效力。但债权人因执行重整计划所受的清偿仍然有效，债权未受清偿的部分作破产债权。

（二）和解

和解是指达到破产界限的债务人，为了避免破产清算，而与债权人会议达成协商解决债务的协议。是否和解完全依照债权债务双方当事人的意思而定。

1.和解的提出

债务人可以依法直接向人民法院申请和解，也可以在人民法院受理破产申请后、宣告债务人破产前，向人民法院申请和解。债务人申请和解，应当提出和解协议草案。其主要内容是债务清偿方案，其中包括延长清偿的期限、分期清偿的数额、申请减免额度及比例等。

2.和解协议的通过及裁定

和解协议草案必须经债权人会议讨论通过，同时还必须经人民法院审查认可。

对债务人提出的和解申请，人民法院经审查认为符合规定的，应当裁定和解，予以公告，并召集债权人会议讨论和解协议草案。对债务人的特定财产享有担保的债权人，自人民法院裁定和解之日起可行使权利。

债权人会议通过和解协议的决议，由出席会议的有表决权的债权人过半数同意，并且其所代表的债权额占无财产担保债权总额的 2/3 以上。

债权人会议通过和解协议，由人民法院裁定认可，终止和解程序，并予以公告。经人民法院裁定认可和解协议，对债务人和全体和解债权人均有约束力。但和解债权人对债务人的保证人和其他连带债务人所享有的权利，不受和解协议的影响。和解协议无强制执行力，如果债务人不履行协议，债权人不能请求人民法院强制执行，只能请求人民法院终止和解协议执行，宣告其破产。

和解协议草案经债权人会议表决未获得通过，或者已经债权人会议通过的和解协议未获得人民法院认可，人民法院应当裁定终止和解程序，并宣告债务人破产。

【思考 5-4】A 企业被申请破产，有 10 位债权人，债权总额为 1200 万元。其中债权人甲、乙的债权额总计为 300 万元，以 A 企业的房产足额抵押。该企业申请和解，出席会议的债权人共 8 位(包括甲、乙)，试分析至少应有多少债权人、代表多少债权额通过，方可通过和解协议。

3.和解协议的终止

债务人有下列情形之一的，人民法院经和解债权人请求，应当裁定终止和解协议的执行，并宣告债务人破产：(1)拒不执行或者延迟执行和解协议；(2)财务状况继续恶化，足以影响执行和解协议；(3)给个别债权人除和解协议以外的特殊利益；(4)转移财产、隐匿或私分财产；(5)非正常压价出售财产、放弃自己的债权；(6)对原来没有财产担保的债务提供财产担保、对未到期的债务提前清偿等行为。

按和解协议减免的债务，自和解协议执行完毕时起，债务人不再承担清偿责任。

【思考 5-5】重整与和解有什么区别？

第三节　破产宣告

一、破产宣告

破产宣告是人民法院依据当事人的申请或法定职权裁定宣布债务人破产以清偿债务的活动。

有下列情形之一的，人民法院应当以书面裁定宣告债务人企业破产：

(1)企业不能清偿到期债务，又不具备法律规定不予宣告破产条件的。

(2)企业被人民法院依法裁定终止重整程序的。

(3)人民法院依法裁定终止和解协议执行。

人民法院依法宣告债务人破产的，应当自裁定作出之日起 5 日内送达债务人和管理人，自裁定作出之日起 10 日内通知已知债权人，并予以公告。债务人被宣告破产后，债务人称为破产人，债务人财产称为破产财产，人民法院受理破产申请时对债务人享有的债权称为破产债权。

破产宣告前，有下列情形之一的，人民法院应当裁定终结破产程序，并予以公告：(1)第三人为债务人提供足额担保或者为债务人清偿全部到期债务的；(2)债务人已清偿全部到期债务的。

二、破产财产与变价

(一)破产财产

破产财产是指破产申请受理时属于债务人的全部财产，以及破产申请受理后至破产程序终结前债务人取得的财产。

(二)撤销权、抵销权

1.撤销权

撤销权是指因债务人实施的减少债务财产的行为危及债权人的债权时，管理人可以请求人民法院撤销该行为的权利。

人民法院受理破产申请前一年内，涉及债务人财产的下列行为，管理人有权请求人民法院予以撤销：(1)无偿转让财产的；(2)以明显不合理的价格进行交易的；(3)对没有财产担保的债务提供财产担保的；(4)对未到期的债务提前清偿的；(5)放弃债权的。

撤销权必须由管理人行使。可撤销行为被人民法院撤销后，管理人有权追回据此取得的财产。已领受债务人财产的第三人，应负有返还财产的义务，原物不存在时，应折价赔偿。

人民法院受理破产申请前6个月内，债务人有不能清偿到期债务，并且资产不足以清偿全部债务或者明显缺乏清偿能力，仍对个别债权人进行清偿的，管理人有权请求人民法院予以撤销。但是，个别清偿使债务财产受益的除外。

债务人为逃避债务而隐匿、转移财产，或者虚构债务或者承认不真实的债务的，管理人有权追回。

2.抵销权

抵销权是指债权人在破产申请受理前对债务人负有债务的，有权向管理人主张抵销。抵销权的行使应当符合下列要求：(1)债权人对债务人所负债务产生于破产申请受理之前，无论是否已到清偿期限，无论债务标的、给付种类是否相同均可主张抵销；(2)抵销权只能由债权人行使，且债权人必须向管理人提出。

有下列情形之一的，不得抵销：(1)债务人的债务人在破产申请受理后取得他人对债务人的债权的。(2)债权人已知债务人有不能清偿到期债务或者破产申请的事实，对债务人负担债务的，但是，债权人因为法律规定或者有破产申请一年前所发生的原因而负担债务的除外。(3)债务人的债务人已知债务人有不能清偿到期债务或者破产申请的事实，对债务人取得债权的。但是，债务人的债务人因法律规定或者有破产申请一年前所发生的原因而取得债权的，可以主张抵销。

(三)破产财产的其他规定

1.人民法院受理破产申请后，债务人的出资人尚未完全履行出资义务的，管理人应当要求该出资人缴纳所认缴的出资，而不受出资期限的限制。

2.债务人的董事、监事和高级管理人员利用职权从企业获得的非正常收入和侵占的企业财产，管理人应当追回。

3.人民法院受理破产申请后,管理人可以通过清偿债务或者提供为债权人接受的担保,取回质物、留置物。

4.人民法院受理破产申请后,债务人占有的不属于债务人的财产,该财产的权利人可以通过管理人取回。但是,企业破产法另有规定的除外。

5.人民法院受理破产申请时,出卖人已将买卖标的物向作为买受人的债务人发运,债务人尚未收到且未付清全部价款的,出卖人可以取回在运途中的标的物。但是,管理人可以支付全部价款,请求出卖人交付标的物。

(四)破产财产变价

管理人拟定破产财产的变价方案,并提交债权人会议讨论通过。管理人应当按照债权人会议通过的或者人民法院依法裁定的破产变价方案,适时变价出售破产财产。变价出售破产财产应当通过拍卖方式进行。破产企业变价出售时应尽可能整体变价出售。破产企业中如果有依法不得自由流通或交易的财产,如黄金、白银等,按照国家规定,由有关部门收购或依有关法律规定处理。

三、破产费用和共益债务

(一)破产费用

破产费用是指人民法院受理破产申请后,在破产程序进行中为全体债权人共同利益而必须支付的各项费用。人民法院受理破产申请后发生的下列费用属于破产费用:

1.破产案件的诉讼费用。

2.管理、变价和分配债务人财产的费用。

3.管理人执行职务的费用、报酬和聘用工作人员的费用。

(二)共益债务

共益债务是指人民法院受理破产申请后,管理人为全体债权人的共同利益管理财产时所负担或产生的债务。

人民法院受理破产申请后发生的下列债务属于共益债务:

1.因管理人或者债务人请求对方当事人履行而双方均未履行完毕的合同所产生的债务。

2.债务人财产受无因管理所产生的债务。

3.因债务人不当得利所产生的债务。

4.为债务人继续营业而应支付的劳动报酬和社会保险费用以及由此产生的其他债务。

5.管理人或者相关人员执行职务致人损害所产生的债务。

6.债务人财产致人损害所产生的债务。

(三)破产费用和共益债务的清偿

破产费用和共益债务的清偿,应遵循下列原则:

1.随时清偿。随时发生,随时清偿,并非与破产债权同时清偿。

2.破产费用优先。当债务人财产不足以清偿所有破产费用和共益债务的,先行清偿破产费用。

3.足额清偿。破产费用和共益债务发生多少,就足额清偿多少,如果不能足额清偿的,管理人应当提请人民法院终结破产程序。人民法院应当自收到请求之日起15日内裁定终结破产程序,并予以公告。若债务人财产不足以清偿所有的破产费用和共益债务的,按照比例清偿。

四、破产财产的分配

(一)分配顺序

破产财产优先清偿破产费用和共益债务后,按照下列顺序清偿:(1)所欠职工的工资和医疗、伤残补助、抚恤费用,所欠的应当划入职工个人账户的基本养老保险、基本医疗保险费用,以及法律、行政法规规定的应当支付给职工的补偿金;(2)破产人欠除前项规定以外的社会保险费用、税款,如欠交的失业保险等;(3)普通破产债权。

(二)破产财产分配中的注意事项

1.在前一顺序的债权得到全额偿还之前,后一顺序的债权不予分配。破产财产不足以清偿同一顺序的清偿要求的,按照比例分配。

2.在清偿职工工资时,破产企业的董事、监事和高级管理人员的工资不能完全按破产人破产前其实际的工资清偿,而是按照企业职工的平均工资计算。

3.下列不属于破产债权的,不予清偿:(1)行政、司法机关对破产企业的罚款、罚金以及其他有关费用;(2)人民法院受理破产申请后债务人未支付款项的滞纳金、债务利息;(3)债权人个人参加破产程序所支出的费用;(4)超过诉讼时效和强制执行期的债权。

(三)破产财产分配方案的实施

管理人拟订破产财产分配方案,经债权人会议通过后,由管理人将该方案提交人民法院裁定认可。分配方案经人民法院认可后,由管理人执行。

债权人未受领的破产财产分配额,管理人应当提存。债权人自最后分配公告之日起满2个月仍不领取的,视为放弃受领分配的权利,管理人或者人民法院应当将提存的分配额分配给其他债权人。

破产财产分配时,对于诉讼或者仲裁未决的债权,管理人应当将其分配额提存。自破产程序终结之日起满2年仍不能受领分配的,人民法院应当将提存的分配额分别给其他债权人。

五、破产程序的终结

(一)破产程序终结的事由

《企业破产法》规定,有下列情形之一的应当终结破产程序:

1.债务人财产不足以清偿破产费用的,管理人应当提请人民法院终结破产程序。

2.人民法院受理破产申请后,债务人与全体债权人就债权债务的处理自行达成协议的,可请求人民法院裁定认可,并终结破产程序。

3.破产人无财产可供分配的,管理人应当请求人民法院裁定终结破产程序。

4.破产财产分配完毕。

人民法院自收到管理人终结破产程序的请求之日起15日内作出是否终结程序的裁定。管理人应当自破产程序终结之日起10日内,持人民法院终结破产程序的裁定,向登记机关办理注销登记。管理人于办理注销登记完毕的次日终止执行职务,但是存在诉讼或者仲裁未决情况的除外。

(二)破产财产追加分配

破产程序终结后,债权人通过破产分配未能得到清偿的债权不再予以清偿,破产企业未清偿余债的责任依法免除。但是,自破产程序依法终结之日起2年内,有下列情形之一的,债权人可请求人民法院按照破产分配方案进行追加分配。

1.发现有依照规定应当追加的财产的。包括:(1)人民法院受理破产申请前1年内,债务人的财产处理行为依法被撤销涉及的财产;(2)人民法院受理破产申请前6个月内,债务人处于破产状态时对个别债权人清偿的数额;(3)债务人为逃避债务而隐匿、转移的财产,虚构的债务或者承认不真实的债务;(4)债务人的董事、监事和高级管理人员利用职权从企业获取的非正常收入和侵占的企业财产。

2.发现破产人有可供分配的其他财产的。

有上述规定情形,但财产数量不足以支付分配费用的,不再进行追加分配,由人民法院将其上交国库。

破产人的保证人和其他连带债务人,破产程序终结后,对债权人依照破产清算程序未受清偿的债权,依法继续承担清偿责任。

【思考5-6】甲国有企业被人民法院宣告破产,有关清算情况如下:企业资产总额400万元,其中:已作为债务担保的厂房可变现价值80万元,该厂房所担保的债务金额50万元。企业负债总额800万元,其中,应交税金15万元,应付职工工资15万元、社会保险费5万元,应缴工商机关罚款5万元,破产费用共计20万元。试分析:

(1)该企业的破产财产是多少?

(2)破产债权是多少?

(3)应如何对破产财产进行分配?

课后练习

一、选择题

1. 企业破产界限的实质标准是债务人不能清偿到期债务。下列哪些情形,可以界定为债务人不能清偿到期债务?(　　)

A.债务人不能以财产、信用或者能力等任何方式清偿债务

B.债务人停止支付到期债务并呈连续状态

C.债务人货币资金不足以支付到期债务

D.债务人对全部或主要债务在可预见的相当长时间内持续不能偿还

2. 债权人提出破产申请时,应当向人民法院提供的证据材料有哪些?(　　)

A.债权性质及数额　　B.有关债权财产担保的证据

C.债务人不能清偿到期债务的证据　　D.债权清册和债务清册

3. 下列哪些是管理人的职责?(　　)

A.决定债务人的内部管理事务　　B.提议召开债权人会议

C.代表债务人参加诉讼、仲裁　　D.宣告企业破产

4. 对债务人的特定财产享有担保权的债权人,未放弃优先受偿权利的,对下列哪些事

项不享有表决权？（　　）

A.通过和解协议　　B.通过重整计划

C.通过破产财产的分配方案　　D.选举和更换债权人委员会成员

5. 下列各项中，应当召开债权人会议的情形有哪些？（　　）

A.人民法院认为必要时

B.债权人会议主席认为必要时

C.占债权总额1/4以上的债权人要求时

D.管理人提议时

6. 债权人申请对债务人破产清算的，在人民法院受理破产申请后，宣告债务人破产前，下列可以依法申请对债务人进行重整的人有哪些？（　　）

A.债务人

B.债权人

C.管理人

D.出资额占债务人注册资本1/10以上的出资人

7. 人民法院于2019年8月20日受理甲企业的破产申请，甲企业的下列行为中，管理人有权请求人民法院撤销的有哪些？（　　）

A.2018年5月10日，甲企业将价值20万元的车赠送给乙企业

B.2018年11月20日，甲企业放弃对丙企业的债权10万元

C.2019年3月2日，甲企业清偿了欠丁企业的债务50万元(应于当年12月1日到期)

D.因拖欠A公司货款一年未还，经A公司多次催要，双方于2019年6月10日达成协议，以甲企业的厂房做抵押，偿还期延迟到当年的12月10日

8. 人民法院于2019年7月10日受理甲企业的破产申请，下列甲企业的债权人哪些可以行使抵消权？（　　）

A.2018年4月2日，债权人丁在已知甲企业不能清偿到期债务的情况下，购入甲企业原材料，所欠货款50万元一直未付

B.2019年3月1日，债权人乙从甲企业购货20万元，货款一直未付

C.2019年8月15日，债务人A公司以半价收购了B公司对甲企业的债权20万元，而成为甲企业的债权人

D.2019年9月20日，管理人拍卖甲企业财产，债权人丙购得部分设备，欠甲30万元

9. 下列哪些属于共益债务？（　　）

A.破产案件的诉讼费

B.为债务人继续营业而支付的劳动报酬和社会保险费用

C.管理人的报酬

D.管理人或其他相关人员执行职务致人损害所产生的债务

二、问答题

1. 如何理解企业破产的界限？

2. 如何界定企业破产财产和破产债务？

3. 破产财产如何分配？

三、案例分析

1. 湖南省S市商务局下属全民所有制企业××百货公司，因管理不善、商品积压，债务达5000万元，因债务到期迟迟不能偿还，被债权人A、B、C三家公司于2017年8月联合诉至市中级人民法院，请求依法宣告××百货公司破产。市商务局考虑到，该公司属该市历史最为悠久的百货企业，影响较大，又根据其固定资产分析，认为该公司尚未资不抵债，应当与债权人和解并进行整顿。经与债权人会议协商，达成协议，经整顿后，百货公司于2019年8月偿还债务，并报中级人民法院公告中止破产程序。中级人民法院同意并进行了公告。此后该公司在其上级市商务局的主持下进行整顿，采用部分职工下岗、清仓甩卖、柜台出租等方式，但由于清仓过度亏损，租赁柜台效益不佳，自进货物销售不畅，结果至2019年8月，依然无力偿还债务，并且债务还增加了200万元，被债权人A、B、C、D四家公司诉至市中级人民法院。尽管市商务局请求再次和解整顿，但市中级人民法院裁定该百货公司破产。

问：市中级人民法院前后的做法是否合法？

2. 河北省B市全民所有制企业××机械厂，2018年6月1日因无法偿还到期债务，经报其主管部门市机械局同意，向市中级人民法院申请破产。破产工作一直依照法律程序进行，宣告破产后，清算组在清算时，核对该厂财产时发现：(1)2018年1月，将该厂设备(可作价500万元)调拨给该市机械局第一机床厂。(2)2018年4月，为该市红星精密仪器厂借贷担保80万元。(3)该厂现有财产作价900万元，而该厂的债务达1800万元。

问：应该怎样计算该厂的破产财产？

第六章　工业产权法

学习目标

★ 熟悉知识产权的概念和特征
★ 掌握商标法关于商标注册的主要规定
★ 熟悉商标侵权行为及防范
★ 掌握专利法关于专利权主体、客体和内容的规定
★ 熟悉专利权的取得条件和程序
★ 熟悉专利侵权行为及防范

第一节　工业产权法概述

【案例导入】

某机械制造厂于 2015 年 5 月与某研究所签订了一份委托开发的协议，由机械制造厂投资委托该研究所开发防滑装置。2016 年 6 月，研究所研制成功，并向专利局申请发明专利。机械制造厂闻讯后，于 2017 年 8 月就该专利申请提出异议。请问：

(1)研究所是否有权单独申请专利？

(2)专利局经过审查后，最迟应在何年何月将此项专利申请公布？申请人可否请求早日公开其申请？

(3)发明专利人无正当理由，在专利申请公布后，于 2019 年 10 月请求专利局对此项申请进行实质审查，专利局应如何处理？

(4)若该项发明创造为实用新型，专利局是否有必要对其进行实质审查？

一、知识产权的概念和特征

(一)概念

知识产权又称智慧财产权，是人们基于自己的智力活动创造的成果和经营管理活动中的经验、知识而依法享有的权利。

知识产权有广义和狭义之分。广义的知识产权包括著作权及其邻接权、商标权、商号权、商业秘密权、产地标记权、专利权、集成电路布图设计权等各种权利。狭义的知识产权，即传统意义上的知识产权，应包括著作权、专利权和商标权三个主要组成部分。传统的知识产权分为工业产权和著作权两类。在我国，工业产权主要指专利权和商标权。

(二)特征

1.无形性

知识产权的客体是智力成果或具有财产价值的标记,是一种没有形体的精神财富。这是知识产权的本质属性,是知识产权与其他有形财产所有权最根本的区别。

2.专有性

知识产权的专有性主要表现在两个方面:第一,权利人对其知识产权享有独占权,非经权利人许可或经法律的特别规定,任何人不得使用权利人的知识成果;第二,排他性,对同一项智力成果不能同时存在两个或两个以上的所有权人。

【思考 6-1】甲和乙先后发明了同一种保暖型外墙用建筑材料,并在同一天分别向专利管理机关申请专利,专利管理机关是否应分别授予他们专利权?

3.地域性

地域性是指知识产权的空间限制,依一国法律取得的知识产权,仅在该国领域内有效,对其他国家不发生效力。除签订有关知识产权的国际公约或双边互惠协定的国家外,知识产权在其他任何国家要获得法律保护,需要另行获得该国法律的确认。

【思考 6-2】美国甲公司在其本国申请获得 A 牌小轿车的注册商标专用权(产品未投放中国,也未在中国申请注册)。如果我国的乙厂生产的小轿车也使用 A 牌商标,并在我国市场上销售,是否合法?为什么?

4.时间性

知识产权仅在法律规定的期限内得到法律保护,规定的期限届满,被授予知识产权的客体就会成为社会公共财富,他人也可以自由使用。

第二节 商标法

【案例导入】

王某私自找到某印刷厂印制了大量的“孔府家酒”商标标识,然后以 1000 元的价格卖给了某乡镇酒厂。该酒厂将“孔府家酒”标识贴在本厂生产的酒上进行销售,获利 4 万元,并将未用完的商标标识转卖给另一家工商联合公司。工商部门发现此事后进行追查,该酒厂将未售完的酒及商标标识运往工商联合公司,由其帮助隐藏,逃避检查。试分析:

(1)上述哪些单位和个人违反了《商标法》?

(2)商标权人可以向哪些机构请求保护自己的权利?

一、商标概述

(一)商标的概念

商标是指商品生产经营者用以标明自己生产或经销的商品、提供的服务与他人生产或经销的商品或提供的服务相区别的一种专用标记,通常由具有显著特征的文字、图形、字母、数字、三维标志和颜色及其组合构成。商标具有以下特征:

第一,标记性。商标是商品和商业服务的标记,它与商品和商业服务有紧密的联系,是用在商品和服务领域的特定标记。

第二，商标是区别不同商品生产者、经营者和商业服务者的标记。这就使商标与商品的外观装潢设计区分开来。商品的外观装潢是使商品富于美感的设计，它并不能区别不同的商品生产者、经营者或商业服务者。

第三，商标可以在长期的商品交易中产生信誉，反映商品的质量和服务水平，为商品购买者和服务对象提供特殊的信息。

（二）商标的种类

1.文字商标、图形商标、立体商标和组合商标

根据构成要素的不同，商标划分为文字商标、图形商标、立体商标和组合商标。文字商标是以文字、字母、数字组成的商标，如“三星”、“福特”等。图形商标是指由图形构成的商标，如旺旺系列食品就是以一个活泼可爱的娃娃图形作为标志。立体商标是指以三维标志为构成要素的商标，如可口可乐流线型的瓶身等。组合商标是指由文字、图形、三维标志、颜色组合等组合而成的商标，如金帝巧克力等。

2.商品商标和服务商标

根据识别对象的不同，商标划分为商品商标和服务商标。商品商标是特定商品的识别标志，标示的是有形的看得见的商品。服务商标标明服务项目本身，表示为他人提供的劳务活动。如中央电视台 CCTV 标志等。

3.制造商标和销售商标

根据商标使用者的性质不同，可以将商标划分为制造商标和销售商标。制造商标就是商品制造者使用的商标，又叫生产商标。销售商标是指销售者（经销商）在自己经销的商品上使用的商标，又叫商业商标。

4.证明商标、集体商标、防御商标和联合商标

根据作用和功能的不同，商标划分为证明商标、集体商标、防御商标和联合商标。证明商标又称保证商标，是指由对某种商品或者服务具有监督能力的组织所控制，而由该组织以外的单位和个人使用其商品或者服务，用以证明该商品或者服务的原产地、原料、制造方法、质量或者其他特定品质的标志，如绿色食品标志。集体商标，是指以团体、协会或者其他组织名义注册，供该组织成员在商事活动中使用，以表明使用者在该组织中的成员资格的标志。如温州市鹿城区眼镜协会的“lucoa 雷凯”、“宁夏枸杞”、“镇江香醋”、“佛山陶瓷”等。防御商标是将同一商标注册于不同的商品或服务上，构成一个防御体系，以防止他人在不同商品或服务上使用该商标可能给消费者造成的混淆。如海尔集团除注册“海尔”商标外，还在70多个国家和地区注册了“尔海”、“河尔”等多个防御性商标。联合商标是指将与已注册商标相近似的商标在相同或类似商品或服务上加以注册。如杭州娃哈哈公司注册了主商标“娃哈哈”，同时又注册了“哈哈娃”、“娃娃哈”、“哈娃哈”等联合商标。

5.驰名商标、著名商标和知名商标

根据知名度的大小，商标可划分为驰名商标、著名商标和知名商标。驰名商标是指由商标局认定的在市场上享有较高声誉并为相关公众所熟知的商标，如奥康皮鞋等。著名商标是指由省级工商行政管理部门认可的，在该行政区划范围内具有较高声誉和市场知名度的商标，如读者杂志等。知名商标是指由市一级工商行政管理部门认可的，在该行政区划范围内具有较高声誉和市场知名度的商标，如昌吉市华西种业等。

(三)商标法

商标法是指调整商标的组成、注册、使用、管理和商标专用权的保护等的法律规范的总称。我国调整商标权的法律法规主要有:《中华人民共和国商标法》、《中华人民共和国商标法实施细则》,还包括国家商标管理机关为贯彻商标法所制定的一系列规范性文件、最高人民法院所作的司法解释以及其他有关法律、法规中关于保护商标专用权的条款。商标法在加强商标管理,保护商标专用权,促使生产、经营者保证商品和服务质量,维护商标信誉,保障消费者和生产、经营者的利益,促进社会主义市场经济的发展等方面有极其重要的作用。

商标法遵循以下基本原则:第一,保护商标专用权与维护消费者利益相结合的原则。这个原则要求商标所有人必须保证商品质量,维护商标信誉,保证消费者利益。第二,注册取得商标专用权原则。《商标法》规定,经商标局核准注册的商标为注册商标,商标注册人享有商标专用权,受法律保护。在我国要取得商标专用权,必须首先通过商标注册。未经注册的商标,不得取得商标专用权。第三,自愿注册的原则。是否取得商标专用权由商标使用人自己决定,自愿注册。

二、商标权

商标权是指商标所有人依法对其商标所享有的专有使用权。商标权的取得实行的是注册原则,即商标所有人只有依法将自己的商标注册后,才能取得商标权。

(一)商标权的主体

商标权的主体是指依法享有商标专用权的人。商标权的主体范围包括自然人、法人或者其他组织以及符合《商标法》规定的外国人或者外国企业。两个以上自然人、法人或者其他组织可以共同向商标局申请注册同一商标,共同享有和行使该商标专用权。工商业团体、协会或者其他集体组织才有资格申请集体商标。

(二)商标权的客体

商标权的客体是指经国家商标局核准注册的商标,即注册商标。商标设计必须具备显著性特征,便于识别。

(三)商标权的内容

商标权的内容是指商标权人对其注册商标依法享有的各种权利和应承担的义务。

1.商标权人的权利

(1)注册商标专用权。商标权人在核定使用的商品或服务项目上独占使用其注册商标的权利,其他任何人未经权利人许可均不得使用。这是商标权人享有的最基本的权利。

(2)禁止权。商标权人享有禁止他人使用自己的注册商标以及其他侵害其商标行为的权利。禁止权的范围大于注册商标专用权的范围。

(3)转让权。商标权人享有依法转让其注册商标的权利。

(4)许可使用权。商标权人享有通过签订合同的形式许可他人有偿使用其注册商标的权利。

(5)商标投资权。商标权人有权将其注册商标作价投资,投资作价由双方协商议定。

2.商标权人的义务

(1)应当标明注册标记。凡使用注册商标的,应当标明“注册商标”字样,或者标明®标记。

(2)应当正确使用注册商标。具体包括:必须符合核定的商品范围;不得自行改变注册商标的文字、图形或其组合;不得自行改变注册人名称、地址或其他注册事项,如确需改动,应当提交变更申请;不得连续3年停止使用注册商标;不得自行转让注册商标。

(3)必须保证使用注册商标的商品质量。不得粗制滥造,以次充好,欺骗消费者。

(4)应依法缴纳有关费用。如授权注册费、续展注册费等。

(四)商标权的终止

商标权因为注册商标被注销或撤销而终止。主要有以下四种情况:保护期限届满、商标权人声明放弃商标、无人继承而注销、被依法撤销。

三、商标注册

商标注册是指商标使用人为了取得商标权,依法提出申请,由国家商标局进行审查和核准的法律行为。它是原始取得商标权的必经程序,经过国家核准注册的商标为注册商标。商标注册人对其注册商标享有专有权,其他人不得侵犯。但不以使用为目的的恶意商标注册申请,注册机关应当予以驳回。

(一)商标注册的原则

1.“一类商品、一种商标、一份申请”原则

商标注册申请人应当按规定的商品分类表填报使用商标的商品类别和商品名称。同一申请人在不同类别的商品上使用同一商标的,应当按商品分类表分别提出注册申请。注册商标需要在同一类的其他商品上使用的,应当另行提出注册申请。注册商标需要改变其标志的,应重新提出注册申请。

【思考6-3】甲公司3年前获准在其生产的服装上使用“康康”注册商标。2019年2月2日,同市的乙公司向省商标局申请在其生产的箱包上使用“康康”商标。商标局发出公告后,甲认为该商标与自己的注册商标相同提出异议,试分析:异议是否成立?为什么?

2.自愿注册与强制注册相结合的原则

我国实行自愿原则为主、强制注册为辅的商标注册原则,即除人用药品和烟草制品两类商品上使用的商标必须注册外,其他绝大多数商品或服务项目上使用的商标是否注册由使用人自主决定。

3.申请在先与使用在先分别适用的原则

当两个或者两个以上申请人,先后在同一或类似商品或者服务上,以相同或类似的商标申请注册的,商标权授予申请在先的人。申请先后的确定以申请日为准。两个或者两个以上的申请人,在同一或类似商品或者服务上,以相同或类似的商标在同一天申请注册的,商标权授予使用在先的人。同日使用或均未使用的,申请人之间可以协商解决,协商不成的,由各申请人抽签决定。

【思考6-4】甲电机厂生产的电风扇,使用“信鸽”牌商标,商标没有注册。2018年4月该地另一电机厂(简称乙电机厂)成立,主要生产电风扇,也拟使用“信鸽”牌商标,并于2018年5月10日向商标局递交了商标注册申请书。甲电机厂得知这一消息后,便匆忙办理商标注册的申请手续,于同年5月25日向商标局递交商标注册申请书。问:谁能获准商标注册?若甲乙二人同日申请,如何处理?

4.优先权原则

商标注册申请人自其商标在外国第一次提出商标注册申请之日起6个月内，又在中国就相同商品以同一商标提出商标注册申请的，则以其在国外第一次申请商标注册的时间作为在中国的申请日，可享有优先权。商标注册申请人要求优先权，应当在提出商标注册申请的时候提出书面声明，并且在3个月内提交第一次提出的商标注册申请文件的副本。未提出书面声明或者逾期未提交商标注册申请文件副本的，视为未要求优先权。

商标在中国政府主办的或承办的国际展览会展出的商品上首次使用的，自该商品展出之日起6个月内该商标的注册申请人可享有优先权。

【思考6-5】A市甲眼镜厂使用"GME"牌商标，于2019年4月20日申请注册，B市乙眼镜厂也使用该商标，于2019年4月10日申请商标注册，日本丙工厂已于2018年12月12日在本国申请并获准商标注册，于2019年4月30日向中国申请商标注册，并提出书面优先权声明和相关文件。问：该"GME"商标权归谁？为什么？

（二）商标注册的条件

1.显著性

一般来讲，商标设计只要立意新颖，独具特色，文字、图形或其组合鲜明简洁，就具备了显著特征。申请注册的商标与其他已经注册的商标相同或相近似，不能被获准注册。未注册的商标不受商标法保护，但未注册的驰名商标受到特殊的保护。

2.具备法定的构成要素

文字、图形、字母、数字、三维标志和颜色，以及其组合，均可以作为商标申请注册，但气味标志、音响标志不能成为注册商标。此外，根据《商标法》的规定，下列标志不得作为商标使用：

(1)同中华人民共和国的国家名称、国旗、国徽、军旗、勋章相同或者近似的，以及同中央国家机关所在地特定地点的名称或者标志性建筑物的名称、图形相同的；

(2)同外国的国家名称、国旗、国徽、军旗相同或者近似的，但该国政府同意的除外；

(3)同政府间国际组织的名称、旗帜、徽记相同或者近似的，但经该组织同意或者不易误导公众的除外；

(4)与表明实施控制、予以保证的官方标志、检验印记相同或者近似的，但经授权的除外；

(5)同"红十字"、"红新月"的名称、标志相同或者近似的；

(6)仅有本商品的通用名称、图形、型号的；

(7)仅仅直接表示商品的质量、主要原料、功能、用途、重量、数量及其他特点的；

(8)带有民族歧视性的；

(9)夸大宣传并带有欺骗性的；

(10)有害于社会主义道德风尚或者有其他不良影响的。

县级以上行政区划的地名或者公众知晓的外国地名，不得作为商标。但是，地名具有其他含义或者作为集体商标、证明商标组成部分的除外；已经注册的使用地名的商标继续有效。

【思考6-6】河南郑州市富熙营养剂厂向商标局申请在果脯等商品上注册"同心"商标。商标局经审查，初步审定并公告。宁夏某单位认为商标"同心"是宁夏回族自治区同心县的行政区划名称，不得作为商标注册。试分析："同心"是否可以作为商标注册？

此外，《商标法》还规定，以三维标志申请注册商标的，仅由商品自身的性质产生的形状、为获得技术效果而需有的商品形状或者使商品具有实质性价值的形状，不得注册。就相同或者类似商品申请注册的商标是复制、摹仿或者翻译他人未在中国注册的驰名商标，容易导致混淆的，不予注册并禁止使用。就不相同或者不相类似商品申请注册的商标是复制、摹仿或者翻译他人已经在中国注册的驰名商标，误导公众，致使该驰名商标注册人的利益可能受到损害的，不予注册并禁止使用。

（三）商标注册的程序

1.申请注册

申请人在提交的商标注册申请中，应按商品分类表的规定，明确在哪一类商品的哪些具体商品上使用该商标。申请人不能随意划分商品类别和商品名称。我国采用的是国际上通行的商品分类表，将商品或服务分为 45 类。

2.审查

(1)形式审查。审查该商标注册的申请是否具备法定的条件和手续，从而确定对该申请是否受理。主要对申请手续、申请人资格、申请文件、是否缴纳申请注册费等进行审查。

(2)实质审查。审查申请注册商标的文字、图形的含义及其客观效果。主要是对商标申请是否具有显著性，是否违背商标法的禁止规定，以及是否与他人注册商标相混同等事项，进行审查并作出判断。

3.公告

商标局对申请注册的商标进行认真审查后，凡符合有关规定的，由商标局刊登在《商标公告》上，征询社会公众的意见。凡不符合《商标法》规定的，由商标局驳回申请，不予公告。申请人不服的，可以在收到驳回通知之日起 5 日内，向商标评审委员会申请复审。当事人对商标评审委员会的决定不服的，可以自收到通知之日起 30 日内向人民法院起诉。

4.异议

对初步审定的商标，自公告之日起 3 个月内，任何人均可提出异议。商标局对此作出异议裁定。申请人或异议人对裁定不服的，可以自收到裁定通知之日起 15 日内，向商标评审委员会申请复审。当事人对商标评审委员会的裁定不服的，可以自收到通知之日起 30 日内向人民法院起诉。

5.核准注册

公告期满无异议或异议不成立，当事人又不提出复审或复审理由不成立的，商标局予以核准注册，发给商标注册证，并予以公告。

（四）注册商标争议及其处理

注册商标争议，是指两个或两个以上的商标注册人之间对注册时间在后的商标与注册时间在先的商标是否混同而发生的争执。注册时间在先的商标注册人，可以在有争议的注册商标注册之日起 5 年内，向商标评审委员会申请裁定。但是，对核准注册前已经提出异议并经裁定的商标，不得再以相同的事实和理由申请裁定。商标评审委员会收到裁定申请后，应通知有关当事人，并限期提出答辩，商标评审委员会根据事实和法律，作出维持或者撤销有争议的注册商标的裁定，并书面通知相关当事人。当事人对评审委员会裁定不服的，可在 30 天内向人民法院起诉。

(五)商标注册不当及其处理

商标注册不当,是指已经注册的商标违反商标法第 8 条的规定,以欺骗手段或者其他不正当手段取得注册商标,主要表现为:

(1)虚构、隐瞒事实真相或者伪造申请书及有关文件进行注册的。

(2)违反诚实信用原则,以复制、摹仿、翻译等方式,将他人已为公众熟知的商标进行注册的。

(3)未经授权,代理人以其名义将被代理人的商标注册的。

(4)侵犯他人合法优先权利进行注册的。他人已有的在先权利包括在先著作权、在先外观设计专利权、公民肖像权、姓名权、商号权、在先商标权;他人合法权益包括驰名商标、有一定影响的未注册商标等。

(5)以其他不正当手段取得注册的。

已经注册的商标,违反上述条款规定的,自商标注册之日起 5 年内,商标所有人或者利害关系人可以请求商标评审委员会裁定撤销该注册商标。对恶意注册的,驰名商标所有人不受 5 年的时间限制。

四、注册商标的续展、转让和使用许可

(一)注册商标的续展

注册商标的有效期为 10 年,自核准注册之日起计算。

注册商标有效期满,需要继续使用的,应当在期满 6 个月内申请续展注册;在此期间未能提出申请的,可以给予 6 个月的宽展期。宽展期满仍未提出申请的,注销其注册商标。续展注册可以无限制地重复进行,每次续展注册的有效期为 10 年,自该商标上一次有效期满次日起计算。

(二)注册商标的转让

注册商标可以转让。商标权人转让注册商标的,应当与受让人签订转让协议,并共同向国家商标局提出申请。转让注册商标经商标局核准后,发给受让人相应证明,并予以公告,受让人自公告之日起享有商标专用权。同时,受让人应当保证使用注册商标的商品质量。

(三)注册商标的使用许可

商标注册人可以通过签订商标使用许可合同,许可他人使用其注册商标。许可人应当监督被许可人使用其注册商标的商品质量,被许可人必须在使用该注册商标的商品上标明被许可人的名称和商品产地。同时,商标使用许可证合同应当报商标局备案。

五、注册商标的保护

经过商标局注册登记的商标,是受法律保护的,国家将运用法律手段制止和制裁一切商标侵权行为,保护商标权人的合法权益。

(一)商标侵权行为

商标侵权行为是指违反商标法规定,侵犯他人注册商标专用权的行为,有下列行为之一的,均属侵犯注册商标专用权的行为:

1.未经注册所有人的许可,在同一种商品或者类似商品上使用与其注册商标相同或者近似的商标;

2.销售明知是侵犯注册商标专用权的商品的；

3.伪造、擅自制造他人商标标识或者销售伪造、擅自制造他人注册商标标识的；

4.未经商标注册人同意，更换其注册商标并将该更换商标的商品又投入市场的；

5.给他人的注册商标专用权造成其他损害的。

（二）驰名商标的特别保护

驰名商标是指在市场上享有较高声誉并为相关公众所熟知的商标。我国商标法第14条规定，认定驰名商标应当考虑下列因素：

1.相关公众对该商标的知晓程度；

2.该商标使用的持续时间；

3.该商标的任何宣传工作的持续时间、程度和地理范围；

4.该商标作为驰名商标受保护的记录；

5.该商标驰名的其他因素。

我国对驰名商标作出特别保护的规定，表现在四个方面：禁止将与其他驰名商标相同或者近似的商标在非类似商品上申请注册；禁止将与他人驰名商标相同或者近似的商标使用在非类似的商品上；禁止他人将与该驰名商标相同或者近似的文字作为企业名称的一部分使用；就不相同或者不相类似商品申请注册的商标复制、模仿或者翻译他人已经在中国注册的驰名商标，误导公众，致使该驰名商标注册人的利益可能受到损害的，不予注册并禁止使用。

（三）对商标侵权行为的处理

因注册商标专用权行为引起纠纷的，由当事人协商解决；不愿协商或者协商不成的，商标注册人或者利害关系人可以向人民法院起诉，也可以请求工商行政管理部门处理。工商行政管理部门处理时，认定侵权行为成立的，责令立即停止侵权行为，没收、销毁侵权商品和专门用于制造侵权商品、伪造注册商标标识的工具，并可以处以罚款。当事人对处理决定不服的，可以自收到处理通知之日起15日内依照《中华人民共和国行政诉讼法》向人民法院起诉；侵权人期满不起诉又不履行的，工商行政管理部门可以申请人民法院强制执行。进行处理的工商行政管理部门根据当事人的请求，可以就侵犯商标专用权的赔偿数额进行调解；调解不成的，当事人可以依照《中华人民共和国行政诉讼法》向人民法院起诉。

对商标侵权行为，我国商标法规定了三种责任形式。

1.民事责任。注册商标所有人因商标侵权行为而遭受损失的，有权向人民法院起诉。人民法院将根据不同情况追究侵权人的民事责任。如停止侵害、消除影响、赔偿损失等。

2.行政责任。商标权人或利害关系人发现商标侵权行为，可向当地工商行政管理机关举报，工商行政管理机关在认定商标侵权行为成立后，有权责令行为人立即停止侵权行为，没收、销毁侵权商品及专门用于制造侵权商品、伪造注册商标标识的工具，并处以罚款；还可应当事人的请求，就赔偿数额进行调解。调解不成的，当事人可以向人民法院起诉。

3.刑事责任。对于情节严重、构成犯罪的商标侵权行为应当依法追究其刑事责任。我国刑法规定了四种商标侵权的犯罪行为：假冒注册商标罪，销售假冒注册商标商品罪，非法制造和销售注册商标标识罪。如果罪名成立，犯罪人将被处以三年以下有期徒刑、拘役或者管制，并处或者单处罚金；情节特别严重的，处三年以上七年以下有期徒刑，并处罚金。

第三节 专利法

【案例导入】

广东省南海区富士宝家用电器有限公司向广东省佛山市中级人民法院起诉广东省南海区家乐仕电器有限公司侵犯其专利权。据查，原告富士宝公司向国家专利局提出外观设计专利申请，2015年5月14日被公告，5月21日被授予外观设计专利权。被告家乐仕公司的法定代表人潘应明曾任富士宝公司销售部经理，2015年6月辞职离开富士宝公司。潘应明辞职前，已向工商行政部门申请注册了家乐仕公司。同年7月，家乐仕公司向国家专利局提出电热开水瓶外观设计专利申请，8月开始生产CD601、CD602电热开水瓶，10月投放市场。

被告家乐仕公司生产的电热开水瓶与原告富士宝公司的外观设计专利相比较：被告产品与专利产品为同一类；储水瓶均是头盔形的透明体，瓶体形状均属凸檐设计，具有相近似之处；中间指示灯的设计位置相近似。经中华全国专利代理人协会专家委员会技术鉴定：家乐仕公司生产的CD601、CD602电热开水瓶与富士宝公司96308427.5ALXE设计专利相近似。

请问：原告与被告的外观设计专利权是否都合法？本案原告要求维护的是自己的何种权利？如原告于2018年向法院起诉，法院是否受理？

一、专利法概述

专利权是指法律赋予专利权人对其获得专利的发明创造在一定范围内依法享有的专有权利。

专利法是调整因发明创造的申请、取得、利用和保护过程中发生的各种社会关系的法律规范的总称。我国现行专利法是1984年3月12日全国人民代表大会常务委员会通过的《中华人民共和国专利法》(以下简称《专利法》)，并经历了1992年9月、2000年8月、2008年12月和2020年10月四次修正，专利制度的核心在于授予发明创造人对其发明创造依法享有垄断权。专利法的制定和实施，有利于保护和鼓励发明创造，推动科技进步和技术创新。

申请专利和行使专利权应当遵循诚实信用原则。不得滥用专利权损害公共利益或者他人合法权益。滥用专利权，排除或者限制竞争，构成垄断行为的，依照《中华人民共和国反垄断法》处理。

二、专利权的主体

专利权的主体是指有资格申请并获得专利权的单位或个人。根据《专利法》的规定，专利权的主体主要包括以下几种。

(一)发明人或设计人

发明人、设计人，是指作出有关发明或设计的人。对于完成发明创造的人，称为发明人；完成实用新型或外观设计专利的人，称为设计人。

非职务发明创造，申请专利的权利属于发明人或设计人。申请被批准后，专利权归发明人或设计人所有。任何单位或个人不得压制非职务发明创造。非职务发明创造，通常是指不在任何单位工作的独立的发明人或设计人完成的发明创造，或者单位工作人员离、退休或退职一年后完成的发明创造，或者虽然是单位的工作人员，但不是执行本单位任务，也不是主要利用本单位物质条件所完成的发明创造。

委托完成的发明创造，除另有协议的以外，申请专利的权利属于完成或者共同完成的单位或者个人；申请被批准后，申请的单位或者个人为专利权人。

（二）发明人、设计人所属单位

职务发明创造，申请专利的权利属于发明人、设计人所在的单位。所谓职务发明创造，是指发明人、设计人执行本单位的任务或者主要是利用本单位的物质技术条件所完成的发明创造，执行本单位任务完成的发明创造，必须符合下列三个条件之一：

1.是在本职工作中所作出的发明创造；

2.是履行本单位交付的本职工作以外的任务所作出的发明创造；

3.是退职、退休或调动工作一年以内作出的，与其在原单位的本职工作或分配的任务有关的发明创造。

所谓主要是利用本单位的物质技术条件，是指利用本单位的资金、设备、零部件、原材料或者不对外公开的技术资料等。利用本单位的物质技术条件所完成的发明创造，单位与发明人、设计人订有合同，对申请专利的权利和专利权的归属作出约定的，从其约定，没有约定的，申请专利的权利属于发明人或设计人所在的单位或雇主。

此外，我国专利法还规定，两个以上单位协作或一个单位接受其他单位委托的研究、设计任务所完成的发明创造，除另有协议的以外，申请专利的权利属于完成或者共同完成的单位。申请批准后，专利权归申请的单位所有。该单位可以依法处置其职务发明创造申请专利的权利和专利权，促进相关发明创造的实施和运用。

【思考 6-7】张某原是省农药厂的药剂师，一直从事棉铃虫杀虫剂的研发工作。2011 年 8 月张某退休。半年后，张某终于研制出该农药，并以个人名义向专利局提出发明专利申请。省农药厂认为该项发明创造应属于本厂所有。试分析农药厂的说法有无法律依据。

（三）合法受让人

专利申请权和专利权可以依法转让，因而不是发明人、设计人及所属单位的其他单位或个人，也可以通过继承或合同转让方式依法成为专利权的主体。

（四）外国人

外国公民、企业或其他组织在我国境内有经常居所或营业所的，享受国民待遇，即与我国单位或个人享受同等待遇，可以申请和获得专利权；在我国境内没有经常居所或营业所的，按其所属国同我国签订的协议或共同参加的国际条约，或者依照互惠原则，办理专利申请和其他专利事务。申请被批准后，专利权归外国人所有。

三、专利权的客体

专利权的客体，即专利法保护的对象，是指专利法保护的发明创造，包括发明、实用新型和外观设计。

(一)发明

发明是指对产品、方法或者改进所提出的新的技术方案。发明包括以下三种。

1.产品发明。是指人们通过智力劳动创造出来的各种有形物品的发明。例如,某种机器、设备的发明。

2.方法发明。是把一种物质变成另一种物质所使用的特有方法或手段。包括所有利用自然规律的方法。如化学方法、生物方法等。

3.改进发明。是指对已有的产品发明或方法发明提出实质性改革的新的技术方案,这种发明只是对现有产品或方法的改进,给已有的产品或方法带来新的特性、新的部分质变,但并未突破原有的产品发明或方法发明的基础。

(二)实用新型

实用新型是指对产品的形状、构造或者其他结合所提出的适于实用的新的技术方案。实用新型专利和发明专利的区别有:(1)两者的专利性要求不同。较之于发明专利而言,实用新型的创造性水平较低。(2)两者的保护范围不同。获得发明专利保护的可以是产品发明、方法发明,也可以是改进发明。而实用新型专利保护的范围仅限于产品的形状、构造或者其结合所提出的适于实用的新的技术方案。(3)两者的申请审批程序不同。实用新型专利申请手续比较简单。只需初步审查,不进行实质审查。而对发明专利申请既要经初步审查,还要经过公开和实质审查方可作出授予专利权的决定。(4)两者的保护期限不同。实用新型专利保护期限为10年,发明专利的保护期限为20年。

【思考6-8】找一找身边的实用新型专利和发明专利,比较二者之间的区别。

(三)外观设计

外观设计是指对产品的形状、图案、色彩或者其结构所作出的富有美感并适合于工业上应用的新设计。外观设计专利与实用新型专利的区别有:(1)外观设计专利保护的是产品外表的设计,不涉及产品本身的技术性能;而实用新型专利保护的范围既涉及产品的外形和外部结构,也涉及产品本身的技术性能。(2)外观设计的目的是利用美学原理达到美感效果,而不重视技术效果,但实用新型作为一种技术方案,旨在实现一定的技术效果。(3)外观设计把产品作为载体仅对其外表进行独特设计;而实用新型的创造性方案与产品本身融为一体,体现于产品本身。(4)实用新型产品必须以固定的立体形态存在;而外观设计产品既可以是立体的,也可以是平面的。

四、专利权的内容

专利权是指专利权人依法享有的各种权利和应承担的义务。我国专利法规定:发明和实用新型专利权被授予后,除本法另有规定的以外,任何单位或者个人未经专利权人许可,都不得实施其专利,即不得为生产经营目的制造、使用、许诺销售、销售、进口其专利产品,或者使用其专利方法以及使用、许诺销售、销售、进口依照该专利方法直接获得的产品。外观设计专利权被授予后,任何单位或者个人未经专利权人许可,都不得实施其专利,即不得为生产经营目的制造、销售、进口其外观设计专利产品;任何单位或者个人实施他人专利的,应当与专利权人订立书面实施许可合同,向专利权人支付专利使用费。被许可人无权允许合同规定以外的任何单位或者个人实施该专利。具体而言,专利权有如下内容。

(一)专利权人的权利

1.独占权

专利权人有自己制造、使用、进口、许诺销售和销售专利产品，或使用专利方法的权利，即实施专利的权利，但这种权利是有时间限制的。《专利法》规定，发明专利权的期限为20年，实用新型专利权的期限为10年，外观设计专利权的期限为15年，均自申请日起计算。许诺销售是为了促使销售的成立而在实际销售行为成立之前所为旨在实现销售目的的行为。许诺销售权是专利权人有明确表示愿意出售具有权利要求书所述技术特征的专利产品以及禁止他人未经专利权人许可许诺销售专利产品的权利。许诺销售行为可以表现为面向特定和不特定的对象，以口头或书面等形式，以及以产品展示、展览、陈列及各种广告明确表示愿意销售专利产品的愿望的行为。进口权是除法律另有规定外，专利权人享有自己进口或禁止他人未经许可为制造、许诺销售、销售、使用等生产经营目的进口其专利产品或进口依照其专利方法直接获得的产品的权利。

2.许可权

专利权人有许可他人实施其专利并收取使用费的权利。专利实施许可合同的主要条款包括前言、定义、实施许可范围、使用费及其支付、担保条款、技术的改进与发展、专利的维持、违约及其补救措施、不可抗力、合同的生效与终止等。

3.转让权

专利权人依法享有将自己的专利权转让给他人的权利。专利法规定了专利权的转让的审批手续和转让方法。专利权转让合同的主要条款有：项目名称；发明创造的名称和内容；专利申请日、申请号、专利号和专利权的有效期限；专利实施和实施许可的情况；专利情报和资料的清单；价款及其支付方式；违约金或者赔偿损失的计算方法；争议的解决办法。

4.标记权

专利权人依法享有在其专利产品或者该产品的包装上标明专利标记和专利号的权利。发明人或设计人不论是否为专利权人，都有在专利文件上署名的权利。实践中经常使用“中国专利”、“专利”或“专利产品”等作为专利产品的专利标记。

5.请求保护权

专利权人在其专利权受到侵犯时，有权请求专利管理机关进行处理，或直接向人民法院起诉，以维护自己的合法权益。

6.放弃权

专利权人可以在专利权保护期限届满前，以书面形式声明或以不缴纳年费的方式自动放弃其专利权。

(二)专利权人的义务

1.缴纳专利年费的义务；

2.接受专利实施强制许可的义务；

3.属于职务发明创造的专利权人，应当对该发明创造的发明人或设计人给予奖励；

4.有关国防和对国民经济发展有重大影响的发明创造，专利权人应当保守国家机密。

五、授予专利权的条件

(一)授予发明和实用新型专利权的条件

1.新颖性

新颖性是指在申请日以前没有同样的发明或者实用新型在国内外出版物上公开发表过,在国内公开使用过或者以其他方式为公众所知,也没有同样的发明或者实用新型由他人向专利局提出过申请并记载在申请日以后公布的专利申请文件中。为鼓励早日公开技术发明内容,保护发明人利益,《专利法》第24条规定,申请专利的发明创造在申请日前6个月内,在中国政府主办或者承认的国际展览会上首次展出的,在规定的学术会议或者技术会议上首次发表的,他人未经申请人同意而泄露其内容的,不丧失新颖性。

2.创造性

创造性是指同申请日以前已有的技术相比,该发明有突出的实质性特点和显著的进步,该实用新型有实质性特点和进步。新颖性注重的是发明创造在一定时间和地域内是否是已知的技术问题,而创造性则是衡量其技术水平高低的客观标准。发明要求的创造性程度高于实用新型。一项发明创造是否具有创造性以及创造性的程度高低,是以所属于技术领域的普通技术人员的评价来确定的。

3.实用性

实用性是指一项发明或者实用新型能够制造或使用,并且能够产生积极效果。实用性作为授予专利权的必备条件之一,是专利制度旨在推动技术进步和经济发展的必然要求。

(二)授予外观设计专利权的条件

授予外观设计专利权的实质条件有二:一是外观设计必须具有新颖性,二是不得与他人在先取得的合法权利相冲突。此外,授予专利权的外观设计,还应当具有美感并适于工业上应用。

授予专利权的外观设计,应当同申请日以前在国内外出版物上公开发表过或者国内公开使用过的外观设计不相同或者不相近似,并不得与他人在先取得的合法权利相冲突。可见,对外观设计新颖性的要求,出版物方式的书面公开以世界地域为标准,使用公开则以本国地域为标准。《专利法》第24条不丧失新颖性的几种情形的规定,同样适用于外观设计新颖性的判断。

(三)不能授予专利权的项目

根据专利法的规定,不能授予专利权的项目包括:违反国家法律、社会公德或者妨害公共利益的发明创造;科学发现;智力活动的规则和方法;疾病的诊断和治疗方法;动物和植物品种(但其生产方法可依法授予专利权);用原子核变换方法获得的物质。

六、专利权的申请

(一)专利申请的原则

1.申请在先原则。是指两个或两个以上的申请人分别就同样的发明创造申请专利时,专利权授予最先申请的人。

2.一项发明一件专利原则。其核心内容是一件专利申请应该只限于一项发明创造。

3.优先权原则。是指在外国或中国提出专利申请的人,从其申请日起,在一定的时期内又在中国或国外提出相同主题的专利申请的，以其第一次提出申请的日期作为后来申请的日期。

【思考 6-9】甲厂技术人员发明了 A 产品制造工艺，并在该产品上使用"金球"商标；乙厂也发明了与甲厂相同的生产工艺，也使用"金球"商标，两厂于同一天分别向商标局、专利局申请商标注册和发明专利。经查：甲先于乙研制出该生产工艺，乙先于甲投产使用该工艺。甲先于乙使用"金球"商标。试分析：

(1)谁能获得专利权？为什么？

(2)谁能获准注册商标？为什么？

(二)专利的申请与审查程序

1.递交申请文件

专利申请文件是指专利机关据以审查及授予专利权的依据，也是申请人取得专利权后受专利保护的范围依据。

2.初步审查

专利局收到发明专利申请后，对其是否符合专利法规定的形式要求以及是否有明显的实质性缺陷进行审查。实用新型和外观设计专利申请经初步审查没有发现驳回理由的，由国务院专利行政部门作出授予实用新型专利权或者外观设计专利权的决定，发给相应的专利证书，同时予以登记和公告，实用新型专利权和外观设计专利权自公告之日起生效。

3.早期公开

经过初步审查后，专利局认为发明专利申请符合要求的，自申请日起 18 个月内予以公布，也可根据申请人的请求早日公布其申请。

4.实质审查

发明专利申请自申请日起 3 年内专利局可以根据申请人随时提出的请求，对其申请进行实质审查，申请人无正当理由逾期不请求实质审查的，该申请视为撤回。专利局也可自行决定对发明专利申请进行实质审查。

5.驳回或核准

专利局进行实质审查后，认为不符合专利法规定条件的，应通知申请人限期陈述意见或对申请进行修改。经申请人陈述意见或修改后，仍不符合授予专利条件的，专利局应驳回申请。发明专利申请经实质审查没有发现驳回理由的，由国务院专利行政部门作出授予发明专利权的决定，发给发明专利证书，同时予以登记和公告。发明专利权自公告之日起生效。

6.撤销或维持

任何单位和个人认为发明专利权的授予不符合专利法规定的，可以自专利局公告授予专利权之日起 6 个月内，请求专利局撤销该专利权。专利局对该请求进行审查后，认为该请求理由充分的，作出撤销专利权的决定，并予以登记和公告；认为理由不充分的，作出维持专利权的决定。

七、专利权的限制

(一)法律规定不视为侵犯专利权的使用行为

1.专利权用尽后的使用、许诺销售或者销售行为。专利权人制造、进口或者经专利权人许可而制造、进口的专利产品或者依照专利方法直接获得的产品售出后，使用、许诺销售或者销售该产品的。

2.先用权人的制造和使用行为。在专利申请日前已经制造相同产品、使用相同方法或者已经做好制造、使用的必要准备,并且仅在原有范围内继续制造、使用的。

3.外国临时过境交通工具上的使用行为。临时通过中国领陆、领水、领空的外国运输工具,依照其所属国同中国签订的协议或者共同参加的国际条约,或者依照互惠原则,为运输工具自身需要而在其装置和设备中使用有关专利的。

4.非生产经营目的的利用行为。专为科学研究和实验而使用有关专利的。

另外,为生产经营目的使用或者销售不知道是未经专利权人许可而制造并售出的专利产品或者依照专利方法直接获得的产品,能证明其产品合法来源的,不承担赔偿责任。

(二)强制许可对专利权的限制

为了维护社会公共利益,使授予专利的发明创造尽早得到实施,造福于人类,许多国家都作了强制许可的规定。强制许可,是指国务院专利行政部门依照法律规定的条件,不需要经专利权人同意,准许其他单位和个人实施专利权人的专利的一种强制性法律手段。

1.具备实施条件的单位以合理的条件请求发明或者实用新型专利权人许可实施其专利,而未能在合理的时间内获得这种许可时,国务院专利行政部门根据该单位的申请,可以给予实施该发明专利或者实用新型专利的强制许可。

2.在国家出现紧急状况或者非常情况时,或者为了公共利益的目的,国务院专利行政部门可以给予实施发明专利或者实用新型专利的强制许可。

3.一项取得专利权的发明或者实用新型比之前已经取得专利权的发明或者实用新型具有显著经济意义的重大技术进步,其实施又有赖于前一发明或者实用新型的实施的,国务院专利行政部门根据后一专利权人的申请,可以给予实施前一发明或者实用新型的强制许可;在依照规定给予后一专利权人实施强制许可的情形下,国务院专利行政部门根据前一专利权人的申请,也可以给予实施后一发明或者实用新型的强制许可。

八、专利权的保护

专利权的保护是指国家通过行政或司法程序制裁专利侵权行为,维护专利权人的合法权益。

(一)专利权的保护范围

专利法规定,发明或实用新型专利权的保护范围以其权利要求书的内容为准,说明书及附图可以用于解释权利要求;外观设计专利的保护范围以在图片或照片中的外观设计专利产品为准。

(二)专利侵权行为

专利侵权行为是指除法律规定以外,任何单位或个人未经专利权人同意,以生产经营为目的实施他人专利的行为。专利侵权行为有四个构成要件:侵害的对象应是有效的专利,必须有侵害行为,以生产经营为目的,侵权人主观上通常有过错。主要包括以下行为:

1.制造、使用、销售或进口他人的发明或实用新型专利产品;

2.使用他人的专利方法;

3.使用、销售或进口依照他人专利方法直接获得的产品;

4.制造、销售或进口他人的外观设计专利产品。

(三)对专利侵权行为的处理

1.民事责任

对于专利侵权行为,专利权人和利害关系人有权向人民法院起诉,并在起诉前向人民法院申请采取责令停止侵害和财产保全的措施。专利侵权诉讼时效为2年,自专利权人或者利害关系人知道或者应当知道侵权行为之日起计算。发明专利申请公布后至专利权授予前使用该发明未支付适当使用费的,专利权人要求支付使用费的诉讼时效为两年,自专利权人得知或者应当得知他人使用其发明之日起计算,但是,专利权人于专利权授予之日前即已得知或者应当得知的,自专利权授予之日起计算。对一般专利侵权诉讼实行由当事人对自己提出的诉讼请求所依据的事实或者反驳对方诉讼请求所依据的事实有责任提供证据加以证明的原则。专利侵权纠纷涉及新产品制造方法的发明专利的,制造同样产品的单位或者个人应当提供其产品制造方法不同于专利方法的证明。

2.行政责任

专利权人或利害关系人发现专利侵权行为,可要求当地专利管理机关处理,如果专利侵权行为成立,专利管理机关有权责令行为人改正,并予以公告;没收非法所得,并处违法所得3倍以下的罚款;没有违法所得的,可以处5万元以下的罚款;构成犯罪的,移送追究刑事责任。对非专利产品冒充专利产品的或者以非专利方法冒充专利方法的,责令改正并予公告,可以处5万元以下的罚款。

3.刑事责任

对于情节严重、构成犯罪的专利侵权行为应当依法追究其刑事责任,我国刑法第216条规定,假冒他人专利,情节严重的处三年以下有期徒刑或者拘役,并处或者单处罚金。单位犯罪的,对单位判处罚金。从事专利管理工作的国家机关工作人员以及其他有关国家机关工作人员玩忽职守、滥用职权、徇私舞弊,构成犯罪的,依法追究刑事责任;尚不构成犯罪的,依法给予行政处分。发明人未经批准,擅自向国外申请专利泄露国家重要机密,情节严重的,依法追究刑事责任。

课后练习

一、选择题

1.专利局对发明专利申请进行初步审查认为符合专利法要求的,自申请日起满( )个月即行公布。

A.6　　B.2　　C.18　　D.24

2.发明专利申请人从申请日起( )内应要求对其申请进行实质审查。

A.1年　　B.2年　　C.3年　　D.4年

3.根据《专利法》,宣告专利权无效的机构是( )。

A.中国专利局　　B.专利复审委员会

C.科学技术委员会　　D.工商行政管理局

4.我国《专利法》规定,侵犯专利权的诉讼时效为( )。

A.1年　　B.2年　　C.3年　　D.4年

5.专利权在我国的期限,实用新型和外观设计为(　　)。

A.10 年　B.15 年　C.20 年　D.5 年

6.发明专利的优先权期间为(　　)。

A.15 个月　B.12 个月　C.6 个月　D.3 个月

7.在以下发明创造中可以授予实用新型专利的是(　　)。

A.通讯方法的发明　B.设备、装置的发明

C.种子的消毒方法的发明　D.液态产品的发明

8.张某自被授予专利权后,既无书面声明放弃专利权,又不按规定交纳年费已 2 年多,具备实施条件又不实施,可由专利局公告(　　)。

A.给予强制许可　B.责令补交年费　C.给予处罚　D.终止专利权

9.根据我国《商标法》,下列商品中必须使用注册商标的有(　　)。

A.核磁共振治疗仪　B.墙壁涂料

C.无糖饮料　D.烟丝制品

10.根据《专利法》的规定,申请专利权的发明、实用新型应具备的实质条件有(　　)。

A.新颖性　B.创造性　C.实用性　D.科学性

E.效益性

11.下列各项中不能授予专利权的是(　　)。

A.科学发现　B.智力活动的规则和方法

C.疾病的诊断和治疗方法　D.动物和植物品种

E.用原子核变换方法获得的物质

12.申请专利的发明创造在申请日以前的六个月内不丧失新颖性的法定情形有(　　)。

A.在中国政府主办或者承认的国际展览会上首次展出的

B.在规定的学术会议或者技术会议上首次发表的

C.他人未经申请人同意而泄漏其内容的

D.在国内首次公开使用

13.工业产权主要包括(　　)。

A.人身权　B.专利权　C.商标专用权　D.版权

E.经营权

14.工业产权与有形财产相比较,具有的特征是(　　)。

A.专用性　B.专有性　C.地域性　D.时间性

E.科学性

15.专利权人的权利是(　　)。

A.独占权　B.投资权　C.标记权　D.转让权

E.许可权

16.属于专利代理机构的有(　　)。

A.办理涉外专利事务的代理机构　B.办理国内专利事务的代理机构

C.办理国内专利事务的律师事务所　D.专利复审委员会

17.专利权终止的情况有(　　)。

A.专利权期限届满　B.被强制实施许可

C.没有按规定交纳专利年费
D.专利权人以书面声明放弃其专利权
E.专利权无效

18.下列表述不正确的是(　　)。

A.根据我国《专利法》的规定，专利局依法对申请专利的发明和实用新型进行实质审查

B.《商标国际注册马德里协定》和《商标注册条约》是两个并行的国际条约，一个国家可以同时参加这两个条约，也可以只参加其中一个，但非《保护工业产权巴黎公约》的成员国不得参加

C.我国单位或个人将其在国内完成的发明创造向外国申请专利的，可以委托专利代理机构办理，也可以自行办理

D.只有专利的发明人或设计人才能提出专利申请

E.专利复审委员会对宣告发明、实用新型专利权无效的请求所作出的决定是终局决定

19.确定专利申请日有下列几种标准(　　)。

A.以专利局收到专利申请文件之日

B.以寄出的申请文件的邮戳日

C.以专利局收到修改补齐的文件之日

D.以专利局正式通知之日

20.下列可随意转让其专利权的是(　　)。

A.全民所有制单位
B.集体所有制单位
C.外资企业
D.中外合资或合作企业
E.私营企业

21.某酒厂生产的一种优质酒驰名中外，该厂于2005年9月30日申请商标注册，同年12月30日经国家商标局核准取得注册商标，请判断下列各项中符合《商标法》规定的有(　　)。

A.该注册商标的有效期到2015年12月30日

B.该注册商标的有效期到2015年9月30日

C.注册商标有效期满，如果需要继续使用，该厂应该在2015年6月30日以后至1995年12月30日以前申请续展注册

D.注册商标有效期满，如果需要继续使用，该厂应该在2015年1月1日以后至1995年9月30日以前申请续展注册

22.转让注册商标，应当符合下列条件(　　)。

A.转让人向商标局提出申请
B.受让人向商标局提出申请
C.双方共同向商标局提出申请
D.受让人应当保证使用该注册商标的质量

二、问答题

1.商标注册申请的原则和条件有哪些？

2.简述专利权的主体和客体。

3.商标侵权行为有哪些？

4.专利侵权的行为有哪些?

三、案例分析

1.《保护工业产权巴黎公约》某缔约国的A工业公司于2018年4月10日就一发明创造在其本国提出发明专利申请;2018年10月10日和11月28日,又分别在美国和日本就该发明创造提出了发明专利申请;2019年4月15日,A公司就同一发明创造向中国专利局提出发明专利申请,并提交了美国专利受理机关的证明文件,要求优先权。中国B技术开发公司2019年1月7日将与A公司完全相同的发明创造向中国专利局提出了专利申请,专利局初步审查后于2019年4月1日予以公告。

请问:A公司的发明专利申请能否在中国获得批准?为什么?

2.中国和意大利均为《保护工业产权巴黎公约》的成员国。2018年6月18日,意大利甲公司科技人员攻关完成了某"节能设备"实用新型,2018年6月30日,甲公司向意大利政府提出了实用新型专利申请并获得专利。2019年8月16日又向我国专利局递交了专利申请。专利局经查,我国北京广达公司于2018年9月10日完成了相同的"节能设备"实用新型,而且广达公司于2019年5月5日向我国专利局递交了专利申请。上海贸发公司于2017年独自完成同样的"节能设备"实用新型,并于2018年2月初开始组织生产,2018年12月底准备就绪,投入生产。2019年5月18日上海贸发公司向中国专利局提出"节能设备"实用新型专利申请。

请问:中国专利局应将专利权授予哪个公司?为什么?专利权授予后,其他两公司若继续生产"节能设备"是否构成侵权,为什么?

3.某纸箱厂于2018年11月20日向中国专利局申请一种"防潮纸箱实用新型专利"。2019年7月30日被授予专利权。某厂在上述专利申请日前也独立研制出相同产品,并于2018年6月1日领取营业执照,做好了制造该产品的必要准备,该厂经过试产,从2019年开始扩大原生产规模。纸箱厂于2019年12月向法院起诉,指控某厂侵犯了其专利权。要求停止侵权并赔偿损失。

请问:此案如何处理?

第七章　反不正当竞争法

学习目标

★ 掌握不正当竞争的概念和特征
★ 熟悉并识别不正当竞争
★ 了解不正当竞争的法律责任

理论精要

【案例导入】

某省于2019年元旦开通有线电视公告频道，该有线电视台为了提高收视率，以吸引更多的广告客户，推出了集娱乐、休闲、广告抽奖为一体的“欢乐时刻”栏目，开展“日日送奖，月月送礼”活动，每天向观众出一道简单的问题，猜对的观众通过抽奖即可获得每日送出的一台VCD或者一部摩托罗拉手机，每月还送出一个超过20万元的大奖，即一套公寓。此举引起了强烈的社会反响。另外，该省还拥有多家电视台，电视台之间的竞争非常激烈，而该有线电视台开展的有奖竞猜活动的目的主要是招揽广告客户。该行为是否正确？为什么？

第一节　反不正当竞争法概述

一、不正当竞争的概念和特征

不正当竞争是指经营者在生产经营活动中违反法律法规的规定，扰乱市场竞争秩序，损害其他经营者或消费者的核发权益的行为。它具有以下特征：

1.主体的特定性。不正当竞争行为的主体是指经营者，即从事商品生产经营或者提供营利性服务的法人、其他经济组织和个人，非经营者不能作为竞争的主体。但是，如果政府及其所属职能部门滥用行政权力妨碍经营者的正当竞争行为，根据《反不正当竞争法》的规定，也应视为不正当竞争行为。

2.行为的违法性。只要违反了自愿、平等、公平、诚实信用的原则或者违背了公认的商业道德，损害了其他经营者的合法权益，扰乱了社会经济秩序，就应认定为不正当竞争行为。

3.行为的损害性。不正当竞争行为所侵害的客体是其他经营者和消费者的合法权益，扰乱了社会正常的经济秩序。

二、我国反不正当竞争立法概况

1993年9月颁布的《反不正当竞争法》是我国第一部关于规范市场竞争秩序的法律，它是在总结改革开放以来的实践经验和借鉴发达国家的立法经验的基础上制定的。该法于

1993 年 12 月 1 日生效，并经历了 2017 年的修订和 2019 年的修正，形成了总则、不正当竞争行为、对涉嫌不正当竞争行为的调查、法律责任和附则 5 个章节，共计 33 个条款。由于《反不正当竞争法》的部分规定过于原则，有些方面还不够完善，为了便于在实践中操作和运用，相关部门和地方政府分别作出解释补充性的规定或适用于当地的反不正当竞争条例。如 1993 年 12 月发布的《关于禁止有效销售活动中不正当竞争行为的若干规定》、《关于禁止公用企业限制竞争行为的若干规定》，1995 年 7 月《关于禁止仿冒知名商标特有的名称、包装、装潢的不正当竞争行为的若干规定》，11 月《关于禁止侵犯商业秘密行为的若干规定》，1996 年 11 月《关于禁止商业贿赂行为的暂行规定》等。此外，我国的《广告法》、《商标法》、《专利法》、《著作权法》、《产品质量法》等法律也有涉及不正当竞争行为的规定，是反不正当竞争法的重要补充。

三、不正当竞争与正当竞争、不平等竞争、垄断的区别

（一）不正当竞争与正当竞争的区别

1.合法性不同。正当竞争是依法竞争，是在遵守法律、法规前提下的合法竞争；不正当竞争属于违法行为或违背法律所确认的道德准则的竞争。

2.目的不同。正当竞争的经营者通过改进经营管理，促进自身发展，目的是增加利润的同时为社会创造财富；而不正当竞争的目的是击败竞争对手或牟取暴利。

3.手段不同。正当竞争的经营者通过改进管理、提高技术与服务水平等积极手段，公平参与竞争以求发展；不正当竞争则是采取非法的、不道德的手段，违背或规避法律，诋毁、损害对方，损害消费者。

4.后果不同。正当竞争促进经营者发展，满足社会需求；不正当竞争不但危害其他经营者，侵犯消费者权益，而且给社会造成负面效应。

（二）不正当竞争与不平等竞争的区别

不平等竞争不是行为人违反法律、法规或商业道德等的主观因素造成的，而是由于外因所形成的。如地方性政策的限制性规定等。随着我国市场经济的进一步完善，不平等竞争会逐步减少。二者的区别主要如下：

1.原因不同。不平等竞争是经营者的外部条件不平等、不公平所造成的；不正当竞争是由于经营者主观违法、违背商业道德造成的。

2.违法性不同。不平等竞争一般不是违法行为，而不正当竞争是违法行为。

3.危害性不同。不平等竞争可能影响其他经营者的积极性，但不一定直接损害消费者利益和严重破坏社会秩序；不正当竞争则直接损害其他经营者利益和消费者的权益，危害社会。

（三）不正当竞争与垄断的区别

垄断是指少数大企业或经济组织之间为攫取高额利润，利用正当或不正当竞争手段，彼此达成协议独占某种产品的生产、销售。二者主要区别如下：

1.对待竞争态度不同。不正当竞争是一种竞争行为，垄断是一种排除（或限制）竞争的行为。

2.违法性不同。不正当竞争行为是违法行为，为法律所禁止；有些垄断行为则可以由法律认可和维护，如关系到国计民生的重大企业在一定范围内实行国家垄断经营等。

第二节　不正当竞争行为

经营者在生产经营活动中，应当遵循自愿、平等、公平、诚实信用，遵守法律和商业道德及合法经营的原则。根据《反不正当竞争法》的规定，不正当竞争行为主要有以下几种。

一、混淆行为

混淆行为是指经营者在市场经营活动中，以不实手法对自己的商品或服务作虚假表示、说明或承诺，或不当利用他人的智力劳动成果使消费者误认为是他人商品或者与他人存在特定联系，扰乱市场秩序、损害同业竞争者或消费者利益的行为。可以归纳为以下几种：(1)擅自使用与他人有一定影响的商品名称、包装、装潢等相同或者近似的标识；(2)擅自使用他人有一定影响的企业名称(包括简称、字号等)、社会组织名称(包括简称等)、姓名(包括笔名、艺名、译名等)；(3)擅自使用他人有一定影响的域名主体部分、网站名称、网页等；(4)其他足以引人误以为是他人商品或者与他人存在特定联系的混淆行为。

二、商业贿赂行为

商业贿赂行为是指经营者在市场交易中采用财物或者其他手段贿赂交易相对方的工作人员、受交易相对方委托办理相关事务的单位或者个人以及利用职权或者影响力影响交易的单位或者个人，以谋取交易机会或者竞争优势的行为。其主要表现为账外暗中给付和收受回扣。这里的“回扣”是指经营者在销售商品时，在账外暗中以现金、实物或者其他方式退给对方单位或者个人的一定比例的商品价款，包括以下几种形式：(1)现金回扣，如辛苦费、劳务费、手续费、交通费、茶水费等；(2)实物回扣，如赠送名贵物品；(3)服务性回扣，如供其子女出国留学、出国旅游。

在账外暗中给予对方单位或者个人回扣的，以行贿论处；对方单位或者个人在账外暗中收受回扣的，以受贿论处。但是，应将回扣同折扣、佣金区分开来。经营者在交易活动中，可以以明示方式向交易相对方支付折扣，或者向中间人支付佣金。经营者向交易相对方支付折扣、向中间人支付佣金的，应当如实入账。接受折扣、佣金的经营者也应当如实入账。

三、虚假宣传行为

虚假宣传行为是指经营者对其商品的性能、功能、质量、销售状况、用户评价、曾获荣誉等作虚假或者引人误解的商业宣传，欺骗、误导消费者。使人误解的虚假宣传，既包括虚宣传，也包括引人误解的宣传。

【思考 7-1】张某从甲商场购买了一套标明“意大利聚酯漆家具”的沙发，后来发现该家具并非意大利生产，于是找甲商场退货，商场经理声称：“这套沙发是用意大利生产的聚酯漆刷的，我方并没有欺诈、隐瞒等行为，不能退货。”试分析甲商场的说法是否合法。

四、侵犯商业秘密行为

商业秘密是指不为公众所知悉、具有商业价值并经权利人采取相应保密措施的技术信息和经营信息。它具有秘密性、保密性和实用性三方面的特征。侵犯商业秘密行为就是指经营者不正当获取、披露或使用权利人商业秘密的行为。该行为主要包括的内容如下：

(1)以盗窃、贿赂、欺诈、胁迫或者其他不正当手段获取权利人的商业秘密；

(2)披露、使用或者允许他人使用以盗窃、利诱、胁迫或者其他不正当手段获取的权利人的商业秘密。

(3)违反约定或者违反权利人有关保守商业秘密的要求，披露、使用或者允许他人使用其所掌握的商业秘密。

(4)第三人明知或者应知商业秘密权利人的员工、前员工或者其他单位、个人实施前款所列违法行为，仍获取、披露、使用或者允许他人使用该商业秘密的，视为侵犯商业秘密。

五、不正当的有奖销售行为

不正当有奖销售行为是指经营者违反诚实公平竞争原则，利用物质、金钱或其他经济利益诱惑购买者与之交易，排挤竞争对手的不正当竞争行为。这类行为包括：(1)所设奖的种类、兑奖条件、奖金金额或者奖品等有奖销售信息不明确、影响兑奖；(2)采用谎称有奖或者故意让内定人员中奖的欺骗方式进行有奖销售；(3)抽奖式的有奖销售，最高奖的金额超过五万元的。

六、诋毁商誉行为

诋毁商誉行为是指经营者为了占领市场，针对同类竞争对手，故意捏造和传播有损于其商业信誉和商品声誉的虚假信息，贬低其法律上的人格，削弱其市场竞争能力，使其无法正常参与市场交易活动，从而使自己在市场竞争中取得优势地位的行为。

【思考 7-2】某市一家保温瓶生产厂，研制出一种新型保温瓶胆，并为此召开新闻发布会，该厂长在新闻发布会上称：现在市场上销售的保温瓶胆均含有有毒砷化物，只有该厂研制的这种新型瓶胆，具有无毒、保健的特点，试分析：该厂长的说法有无不妥？为什么？

七、利用技术手段实施不正当竞争行为

利用技术手段实施不正当竞争行为是指经营者通过影响用户选择或者其他方式，实施妨碍、破坏其他经营者合法提供的网络产品或者服务正常运行的行为，主要包括：(1)未经其他经营者同意，在其合法提供的网络产品或者服务中，插入链接、强制进行目标跳转；(2)误导、欺骗、强迫用户修改、关闭、卸载其他经营者合法提供的网络产品或者服务；(3)恶意对其他经营者合法提供的网络产品或者服务实施不兼容；(4)其他妨碍、破坏其他经营者合法提供的网络产品或者服务正常运行的行为。

第三节　监督检查和法律责任

一、对不正当竞争行为的监督检查

对不正当竞争行为进行的监督检查，既包括专门机构的监督检查，也包括其他组织和公

民个人进行的社会监督。

在我国有权对不正当竞争行为进行监督检查的部门主要有县级以上人民政府工商行政管理部门和法律、行政法规规定的其他部门，如技术监督部门、物价部门、卫生部门、证券监督部门等也有权在自己职权范围内依法对不正当竞争行为进行监督检查。同时，国家鼓励、支持和保护一切组织和个人对不正当竞争行为进行社会监督。

二、不正当竞争行为应承担的法律责任

根据法律规定，经营者发生不正当竞争行为应承担的法律责任包括：民事责任、行政责任和刑事责任三种。

（一）民事责任

民事责任主要是民事损害赔偿责任。经营者违反《反不正当竞争法》规定，给被侵害的经营者造成损害的，应当承担损害赔偿责任，被侵害的经营者的损失难以计算的，按照侵权人因侵权所获得的利益确定；并应当承担被侵害的经营者因调查该经营者侵害其合法权益的不正当竞争行为所支付的合理开支。

（二）行政责任

行政责任分为行政处分和行政处罚。行政处分是国家机关根据法律、法规和规章制度，给予犯有轻微违法失职行为或者内部违纪人员的一种制裁。对实施不正当竞争行为的经营者，由工商行政管理部门或法律、行政法规规定的其他监督检查部门进行行政处罚。

1.经营者实施混淆行为的，由监督检查部门责令停止违法行为，没收违法商品。违法经营额五万元以上的，可以并处违法经营额五倍以下的罚款；没有违法经营额或者违法经营额不足五万元的，可以并处二十五万元以下的罚款。情节严重的，吊销营业执照。此外，经营者登记的企业名称还应及时办理名称变更登记。名称变更前，由原企业登记机关以统一社会信用代码代替其名称。

2.经营者在市场交易中采用财物或者其他手段贿赂他人的，由监督检查部门没收违法所得，处十万元以上三百万元以下的罚款。情节严重的，吊销营业执照。

3. 经营者对其商品作虚假或者引人误解的商业宣传，或者通过组织虚假交易等方式帮助其他经营者进行虚假或者引人误解的商业宣传的，由监督检查部门责令停止违法行为，处二十万元以上一百万元以下的罚款；情节严重的，处一百万元以上二百万元以下的罚款，可以吊销营业执照。属于发布虚假广告的，依照《中华人民共和国广告法》的规定处罚。

4.侵犯商业秘密的，由监督检查部门责令停止违法行为，没收违法所得，处十万元以上一百万元以下的罚款；情节严重的，处五十万元以上五百万元以下的罚款。

5. 经营者违法进行有奖销售的，由监督检查部门责令停止违法行为，处五万元以上五十万元以下的罚款。

6. 经营者违法损害竞争对手商业信誉、商品声誉的，由监督检查部门责令停止违法行为、消除影响，处十万元以上五十万元以下的罚款；情节严重的，处五十万元以上三百万元以下的罚款。

7. 经营者违法妨碍、破坏其他经营者合法提供的网络产品或者服务正常运行的，由监督检查部门责令停止违法行为，处十万元以上五十万元以下的罚款；情节严重的，处五十万元以上三百万元以下的罚款。

8. 经营者违法从事不正当竞争，有主动消除或者减轻违法行为危害后果等法定情形的，依法从轻或者减轻行政处罚；违法行为轻微并及时纠正，没有造成危害后果的，不予行政处罚。妨害监督检查部门依照本法履行职责，拒绝、阻碍调查的，由监督检查部门责令改正，对个人可以处五千元以下的罚款，对单位可以处五万元以下的罚款，并可以由公安机关依法给予治安管理处罚。

当事人对监督检查部门作出的决定不服的，可以依法申请行政复议或者提起行政诉讼。

（三）刑事责任

经营者的不正当竞争行为，如果触犯刑法构成犯罪，应当追究刑事责任。在我国，能够构成犯罪的不正当竞争行为主要是假冒行为、商业贿赂行为等不正当竞争行为。监督检查不正当竞争行为的国家机关工作人员滥用职权、玩忽职守，构成犯罪的，依法追究刑事责任；不构成犯罪的，给予行政处分。监督检查不正当竞争行为的国家机关工作人员徇私舞弊，对明知有违反《反不正当竞争法》规定构成犯罪的经营者故意包庇不使他受追诉的，依法追究刑事责任。

第四节　反垄断法

【案例导入】

2012 年末，茅台和五粮液为了稳定终端售价、维护品牌形象推出了“限价令”，严令经销商窜货降价，并对违规经销商开具了罚单。据称，这一行为违反了《反垄断法》第 14 条的规定：“禁止经营者与交易相对人达成下列垄断协议：（一）固定向第三人转售商品的价格；（二）限定向第三人转售商品的最低价格。”茅台和五粮液的行为真的涉嫌垄断吗？谈谈你的看法。

一、反垄断法概述

（一）垄断概述

反垄断法所指的垄断是指：

1.垄断的主体是经营者或其利益代表；

2.垄断的主观方面是牟取超额利益；

3.垄断的客观方面是垄断行为而非垄断结构；

4.垄断的后果是排除或限制竞争；

5.垄断具有违法性。

（二）反垄断法概述

广义上的反垄断法是国家通过预防和制止垄断行为，保护市场竞争，维护和促进社会公共利益，保护消费者权益的法律规范的总称。而狭义上的反垄断法则专指《中华人民共和国反垄断法》（以下简称《反垄断法》），该法于 2007 年 8 月 30 日由第十届全国人民代表大会常务委员会第二十九次会议通过，自 2008 年 8 月 1 日起施行。

《反垄断法》的调整对象包括市场垄断行为和行政垄断行为。经营者依照有关知识产权的法律、行政法规规定行使知识产权的行为，不适用该法；农业生产者及农村经济组织在农产品生产、加工、销售、运输、储存等经营活动中实施的联合或者协同行为，不适用该法。

二、垄断行为

（一）经营者达成垄断协议

我国《反垄断法》所称垄断协议是指排除、限制竞争的协议、决定或者其他协同行为。该法禁止具有竞争关系的经营者达成下列垄断协议：

1.固定或者变更商品价格；

2.限制商品的生产数量或者销售数量；

3.分割销售市场或者原材料采购市场；

4.限制购买新技术、新设备或者限制开发新技术、新产品；

5.联合抵制交易；

6.国务院反垄断执法机构认定的其他垄断协议。

除规定具有竞争关系的经营者的垄断协议行为外，《反垄断法》也禁止经营者与交易相对人达成下列垄断协议：

1.固定向第三人转售商品的价格；

2.限定向第三人转售商品的最低价格；

3.国务院反垄断执法机构认定的其他垄断协议。

但是，经营者能够证明所达成的协议属于下列情形之一的，不属于《反垄断法》所规定的垄断协议行为，同时经营者还应当证明所达成的协议不会严重限制相关市场的竞争，并且能够使消费者分享由此产生的利益：

1.为改进技术、研究开发新产品的；

2.为提高产品质量、降低成本、增进效率，统一产品规格、标准或者实行专业化分工的；

3.为提高中小经营者经营效率，增强中小经营者竞争力的；

4.为实现节约能源、保护环境、救灾救助等社会公共利益的；

5.因经济不景气，为缓解销售量严重下降或者生产明显过剩的；

6.为保障对外贸易和对外经济合作中的正当利益的；

7.法律和国务院规定的其他情形。

为防止行业垄断，《反垄断法》还规定行业协会不得组织本行业的经营者从事上述垄断行为。

【思考 7-3】分析下列约定是否属于垄断协议：(1)家乐福和沃尔玛约定：前者占领北京市场，后者占领天津市场；(2)甲药厂和乙医药连锁超市约定：后者出售前者的某种专利药品只能按某价格出售；(3)甲药厂和乙医药连锁超市约定：后者出售前者的某种专利药品最高按某价格出售；(4)乙医药连锁超市和甲药厂约定：前者只按照某低价价格从后者进货。

（二）滥用市场支配地位

《反垄断法》所称市场支配地位，是指经营者在相关市场内具有能够控制商品价格、数量或者其他交易条件，或者能够阻碍、影响其他经营者进入相关市场能力的市场地位。

法律规定禁止具有市场支配地位的经营者从事下列滥用市场支配地位的行为：

1.以不公平的高价销售商品或者以不公平的低价购买商品；

2.没有正当理由，以低于成本的价格销售商品；

3.没有正当理由,拒绝与交易相对人进行交易;

4.没有正当理由,限定交易相对人只能与其进行交易或者只能与其指定的经营者进行交易;

5.没有正当理由搭售商品,或者在交易时附加其他不合理的交易条件;

6.没有正当理由,对条件相同的交易相对人在交易价格等交易条件上实行差别待遇;

7.国务院反垄断执法机构认定的其他滥用市场支配地位的行为。

认定经营者具有市场支配地位,应当综合参考以下因素:该经营者在相关市场的市场份额,以及相关市场的竞争状况;该经营者控制销售市场或者原材料采购市场的能力;该经营者的财力和技术条件;其他经营者对该经营者在交易上的依赖程度;其他经营者进入相关市场的难易程度;与认定该经营者市场支配地位有关的其他因素。

具有下列情形之一的,可以推定经营者具有市场支配地位:

1.一个经营者在相关市场的市场份额达到1/2的;

2.两个经营者在相关市场的市场份额合计达到2/3的;

3.三个经营者在相关市场的市场份额合计达到3/4的。

有上述第2项、第3项规定的情形,其中有的经营者市场份额不足1/10的,不应当推定该经营者具有市场支配地位。被推定具有市场支配地位的经营者,有证据证明不具有市场支配地位的,不应当认定其具有市场支配地位。

(三)经营者集中

经营者集中是指下列情形:

1.经营者合并;

2.经营者通过取得股权或者资产的方式取得对其他经营者的控制权;

3.经营者通过合同等方式取得对其他经营者的控制权或者能够对其他经营者施加决定性影响。

《反垄断法》规定经营者集中达到国务院规定的申报标准的,经营者应当事先向国务院反垄断执法机构申报,未申报的不得实施集中。但是,经营者集中有下列情形之一的,可以不向国务院反垄断执法机构申报:

1.参与集中的一个经营者拥有其他每个经营者50%以上有表决权的股份或者资产的;

2.参与集中的每个经营者50%以上有表决权的股份或者资产被同一个未参与集中的经营者拥有的。

经营者集中具有或者可能具有排除、限制竞争效果的,国务院反垄断执法机构应当作出禁止经营者集中的决定。但是,经营者能够证明该集中对竞争产生的有利影响明显大于不利影响,或者符合社会公共利益的,国务院反垄断执法机构可以作出对经营者集中不予禁止的决定。对不予禁止的经营者集中,国务院反垄断执法机构可以决定附加减少集中对竞争产生不利影响的限制性条件。

【思考7-4】依《反垄断法》规定,下列情形是否属于经营者集中:(1)经营者通过取得资产的方式,取得对其他经营者的表决权;(2)经营者通过合同等方式,能够对其他经营者施加影响;(3)经营者合并;(4)经营者联合抵制交易。

(四)滥用行政权力排除、限制竞争

行政机关和法律、法规授权的具有管理公共事务职能的组织不得滥用行政权力,限定或者变相限定单位或者个人经营、购买、使用其指定的经营者提供的商品。

行政机关和法律、法规授权的具有管理公共事务职能的组织不得滥用行政权力，妨碍商品在地区之间的自由流通：

1.对外地商品设定歧视性收费项目、实行歧视性收费标准，或者规定歧视性价格；

2.对外地商品规定与本地同类商品不同的技术要求、检验标准，或者对外地商品采取重复检验、重复认证等歧视性技术措施，限制外地商品进入本地市场；

3.采取专门针对外地商品的行政许可，限制外地商品进入本地市场；

4.设置关卡或者采取其他手段，阻碍外地商品进入或者本地商品运出；

5.妨碍商品在地区之间自由流通的其他行为。

行政机关和法律、法规授权的具有管理公共事务职能的组织不得滥用行政权力，以设定歧视性资质要求、评审标准或者不依法发布信息等方式，排斥或者限制外地经营者参加本地的招标投标活动。

行政机关和法律、法规授权的具有管理公共事务职能的组织不得滥用行政权力，采取与本地经营者不平等待遇等方式，排斥或者限制外地经营者在本地投资或者设立分支机构。

行政机关和法律、法规授权的具有管理公共事务职能的组织不得滥用行政权力，强制经营者从事《反垄断法》规定的垄断行为。

行政机关不得滥用行政权力，制定含有排除、限制竞争内容的规定。

三、对涉嫌垄断行为的调查

反垄断执法机构依法对涉嫌垄断行为进行调查。对涉嫌垄断行为，任何单位和个人有权向反垄断执法机构举报，反垄断执法机构应当为举报人保密。举报采用书面形式并提供相关事实和证据的，反垄断执法机构应当进行必要的调查。被调查的经营者、利害关系人有权陈述意见。反垄断执法机构应当对被调查的经营者、利害关系人提出的事实、理由和证据进行核实。

反垄断执法机构调查涉嫌垄断行为，可以采取下列措施：

1.进入被调查的经营者的营业场所或者其他有关场所进行检查；

2.询问被调查的经营者、利害关系人或者其他有关单位或者个人，要求其说明有关情况；

3.查阅、复制被调查的经营者、利害关系人或者其他有关单位或者个人的有关单证、协议、会计账簿、业务函电、电子数据等文件、资料；

4.查封、扣押相关证据；

5.查询经营者的银行账户。

对反垄断执法机构调查的涉嫌垄断行为，被调查的经营者承诺在反垄断执法机构认可的期限内采取具体措施消除该行为后果的，反垄断执法机构可以决定中止调查。中止调查的决定应当载明被调查的经营者承诺的具体内容。反垄断执法机构决定中止调查的，应当对经营者履行承诺的情况进行监督。经营者履行承诺的，反垄断执法机构可以决定终止调查。

有下列情形之一的，反垄断执法机构应当恢复调查：

1.经营者未履行承诺的；

2.作出中止调查决定所依据的事实发生重大变化的；

3.中止调查的决定是基于经营者提供的不完整或者不真实的信息作出的。

四、法律责任

《反垄断法》中对违反该法规定的经营者、行业协会、行政机关和法律、法规授权的具有管理公共事务职能的组织的法律责任均作了明确规定。

1.经营者违反《反垄断法》规定，达成并实施垄断协议的，由反垄断执法机构责令停止违法行为，没收违法所得，并处上一年度销售额1%以上10%以下的罚款；尚未实施所达成的垄断协议的，可以处50万元以下的罚款。

2.经营者主动向反垄断执法机构报告达成垄断协议的有关情况并提供重要证据的，反垄断执法机构可以酌情减轻或者免除对该经营者的处罚。

3.行业协会违反本法规定，组织本行业的经营者达成垄断协议的，反垄断执法机构可以处50万元以下的罚款；情节严重的，社会团体登记管理机关可以依法撤销登记。

4.经营者违反本法规定，滥用市场支配地位的，由反垄断执法机构责令停止违法行为，没收违法所得，并处上一年度销售额1%以上10%以下的罚款。

5.经营者违反本法规定实施集中的，由国务院反垄断执法机构责令停止实施集中、限期处分股份或者资产、限期转让营业以及采取其他必要措施恢复到集中前的状态，可以处50万元以下的罚款。

6.经营者实施垄断行为，给他人造成损失的，依法承担民事责任。

7.行政机关和法律、法规授权的具有管理公共事务职能的组织滥用行政权力，实施排除、限制竞争行为的，由上级机关责令改正；对直接负责的主管人员和其他直接责任人员依法给予处分。反垄断执法机构可以向有关上级机关提出依法处理的建议。法律、行政法规对行政机关和法律、法规授权的具有管理公共事务职能的组织滥用行政权力实施排除、限制竞争行为的处理另有规定的，依照其规定。

8.对反垄断执法机构依法实施的审查和调查，拒绝提供有关材料、信息，或者提供虚假材料、信息，或者隐匿、销毁、转移证据，或者有其他拒绝、阻碍调查行为的，由反垄断执法机构责令改正，对个人可以处2万元以下的罚款，对单位可以处20万元以下的罚款；情节严重的，对个人处2万元以上10万元以下的罚款，对单位处20万元以上100万元以下的罚款；构成犯罪的，依法追究刑事责任。

9.反垄断执法机构工作人员滥用职权、玩忽职守、徇私舞弊或者泄露执法过程中知悉的商业秘密，构成犯罪的，依法追究刑事责任；尚不构成犯罪的，依法给予处分。

课后练习

一、选择题

1. 不正当竞争的行为主体是(　　)。

A.生产者　　B.经营者　　C.消费者　　D.国家机关

2. 对不正当竞争进行监督检查的主管机关是(　　)。

A. 技术监督部门　B. 物价部门　C. 专利管理部门　D. 工商行政管理部门

3.抽奖式的有奖销售，其最高奖的金额不得超过(　　)。

A. 3000 元　B. 4000 元　C. 5000 元　D.8000 元

4.在不会严重限制相关市场竞争，并能使消费者分享由此产生的利益前提下，经营者与具有竞争关系的经营者(　　)不为反垄断法所禁止。

A.为排除竞争，达成的联合抵制交易协议

B.为实现其支配地位，达成的限制商品的生产数量协议

C.为限制竞争，达成的固定商品价格协议

D.为改进技术，达成的限制购买新技术协议

5. 依反垄断法规定，具有市场支配地位的经营者从事的(　　)的行为是滥用市场支配地位的行为。

A.以不公平的高价销售商品

B.以低于成本的价格销售商品

C.限定交易相对人只能与其进行交易

D.拒绝与交易相对人进行交易

6.根据《反垄断法》的规定，下列关于市场支配地位推定的表述中，不正确的是(　　)。

A.经营者在相关市场的市场份额达到 1/2 的，推定为具有市场支配地位

B.两个经营者在相关市场的市场份额合计达到 2/3，其中有的经营者市场份额不足 1/10 的，不应当推定该经营者具有市场支配地位

C.三个经营者在相关市场的市场份额合计达到 3/4，其中有两个经营者市场份额合计不足 1/5 的，不应当推定该两个经营者具有市场支配地位

D.被推定具有市场支配地位的经营者，有证据证明不具有市场支配地位的，不应当认定其具有市场支配地位

7.根据反垄断法的规定，负责经营者集中行为反垄断审查工作的机构是(　　)。

A.国家市场监督管理总局　B.国家发改委

C.商务部　D.反垄断审查委员会

二、问答题

1.结合实例说明各种不正当竞争行为。

2. 我国反垄断法禁止了哪些垄断行为?

3.推定经营者具有市场支配地位的情形有哪几种?

三、案例分析

1.“娃哈哈儿童营养液”是杭州娃哈哈集团公司研制生产的产品，其广告词“喝了娃哈哈，吃饭就是香”已经家喻户晓。该产品先后获全国最受欢迎的保健产品、国家星火二等奖、中国优质保健品金奖等十余项大奖，销售额近年来一直保持在全国同类产品的领先地位。1993 年初，被告巨人集团生产了一种与“娃哈哈儿童营养液”类似的产品“巨人吃饭香”并投放全国市场，还专门印制了《巨人集团健康产品销售书、巨人大行动》的宣传册子，在全国各地的食品、医药等销售单位以及消费者中广为散发。该宣传册子中称：“据说娃哈哈有激素，

造成小孩早熟，产生许多现代儿童病。”为此，全国各地娃哈哈产品的销售商和消费者纷纷要求杭州娃哈哈集团公司对此作出解释。巨人集团这一行为，致使娃哈哈儿童营养液在全国各地的销售量下跌，出现了1987年投产以来的第一次负增长，就连原告大本营杭州市的销售量也难逃厄运。截止到1995年12月31日，原告由此减少销售收入4402.92万元，直接经济损失达673.938万元。更为严重的是，原告良好的商业信誉、商品声誉和企业形象亦因此而受到了极大损害。

请问：若娃哈哈集团的产品“娃哈哈儿童营养液”经鉴定，证明不存在含“有激素，造成小孩早熟，产生许多现代儿童病”的问题，那么被告的行为属于不正当竞争行为中的哪种行为？被告应承担何种法律责任？

2.2018年5月至9月间，在江西某外地市县通往某县的公路上满载货物的车辆一一被截获，这种情况不仅发生在白天，而且经常性地在夜晚出现。截车者由该县的工商、税务、公安等人员组成。后经有关媒体的记者了解，当地的白酒销量很大，该县自己有一个白酒厂，由于各方面的原因，白酒质量较差，消费者不愿饮用当地的白酒，大量的白酒从外市县进入该县，当地的白酒却卖不出去，影响了该县的财政收入。为了限制外地的白酒进入本地，县委五大班子经研究决定并发文，严禁各类经营者从外地购买白酒销售，但没有收到预想的效果。于是，又决定采取强行办法，组织公安、工商、税务等部门在通往该县的公路上设卡，一经发现有人从外地进货(白酒)，立即没收，并给予罚款。于是，就出现了截车这一幕。后有经营者上告，此做法才得以被制止。

请问：县委的决定是否正确？应如何处理？

3.2019年6月13日，某县工商部门接到个体户李某与张某的共同申请，要求工商部门就某百货公司某经营部的不正当竞争行为对其进行处理。工商部门查明：个体户张某与李某都经营服装生意，开业已经4年有余。某百货公司见此处服装生意红火，就在张某和李某的对面租下较大的门市房，也从事包括服装在内的日用百货的经营。由于李某和张某经营时间较长，老顾客很多，百货公司的经营部很少有人光顾。该经营部就从商品的价格方面与他们竞争。为了争取顾客，双方都在价格方面进行让利销售。但最近一段时间以来，李某和张某从顾客口中得知，百货公司销售的服装，有的是以低于成本的价格进行销售的。而这些服装并非是积压的商品，也非过季服装。百货公司的行为致使李某和张某同样的服装积压，造成较大的损失。工商部门查明上述情况后认为，百货公司的行为是以排挤对手为目的的，属于不正当的竞争行为。对此，工商部门对其作出停止销售、罚款2万元的处罚。

请问：某县工商部门的处理是否正确？

4.四川省某县第一百货公司经营不善，连年亏损，公司决定采取有奖销售的办法推销商品。经研究决定，按以下规定开奖：凡购买百货公司的商品额达到100元即有兑奖机会。奖品如下：(1)特等奖1名，夏利车一部；(2)1等奖1名，二室一厅住房一套；(3)2等奖1名，一室一厅住房一套；(4)3等奖1名，松下摄像机和电视机各一台；(5)4等奖2名，金长城电脑一台；(6)5等奖2名，组合音响一套；(7)6等奖2名，冰箱一台；(8)7等奖3名，VCD一台；(9)8等奖5名，山地车一辆；(10)9等奖5名，抽油烟机一台。另外规定，兑奖的解释权属于百货公司。开奖后的第二天即有人中了3等奖，一下子轰动了整个县城，吸引了许多消费者，百货公司的销售额日增，有一天创纪录地销售了100万元。但自开始到结束也没有出现特等奖和一、二等奖。后有人告到工商局，经工商局查明，该百货公司根本未设特等奖和一、二等奖，是一场骗局。工商局根据《反不正当竞争法》的规定，对该百货公司处以10万元罚款。

请问：该百货公司的行为属于哪种不正当竞争行为？某县工商部门的处理是否正确？

第八章　产品质量法

学习目标

★ 了解产品质量及产品质量法

★ 理解产品质量的意义

★ 掌握生产者、销售者的产品质量责任和义务

理论精要

【案例导入】

邓某从某批发部购买了10箱啤酒，并用车将啤酒运回家。在卸货时，其中一瓶啤酒突然爆炸，致使邓某左眼受伤，经医治无效，致失明。邓某遂起诉批发部，要求赔偿，该批发部辩称是由于厂家质量不合格而致，自己并没有过错，邓某应向厂家索赔。经查，邓某在运输和搬动啤酒的过程中没有任何过错。

问：邓某的诉讼请求成立吗？法院应如何处理？其依据是什么？

第一节　产品质量法概述

一、产品质量和产品质量法的概念

（一）产品质量

产品质量是衡量产品性能和外观的综合指标，它标志着一个国家、行业或个体对其所需产品的一种要求和限制。具体而言，它包括产品自身应固有的安全性、适用性的一般性能，以及可替换性、可维修性等个别性能。

在现实生活中，人们常说的合格产品和不合格产品，这事实上是根据不同的标准对产品的质量进行的认定。这些标准，既有纯个体需求的标准，也有地方标准、行业标准、部委标准和国家标准。产品质量法的存在与实施，目的就是根据这些标准来对产品准入市场进行规范，通过打击和处罚不合格产品的经营者，最大限度地限制不合格产品对市场经济产生消极影响。

一般而言，导致产品不合格的因素主要有两个：一是产品不适用，二是产品不安全。产品不适用，也叫产品瑕疵，是指产品在性能上存在有不符合消费者要求的地方，但它不会造成危险，也不使该产品丧失既有的价值。产品不安全，又叫产品有缺陷，是指一个产品在客观上存在威胁使用者人身、财产安全的危险因素。当然，若以广义论，假冒和伪劣亦属产品不合格的原因。

（二）产品质量法

产品质量法是指调整产品的生产和销售以及产品质量的监督管理等活动中所发生的社

会关系的法律规范的总称。为加强对产品质量的监督管理，提高产品质量水平，明确产品质量责任，保护消费者的合法权益，维护社会经济秩序，1993 年 2 月 22 日，全国人民代表大会通过了《中华人民共和国产品质量法》(以下简称《产品质量法》)，于同年 9 月 1 日起实行，并于 2000 年、2009 年和 2018 年经历了三次修正。

二、产品质量法的基本原则

(一)保护消费者合法权益的原则

消费者是产品的消费者，其消费行为是繁荣产品市场的前提，消费者的权益能否得到有效的保障，关系着整个市场经济的运行和发展。产品质量法立法的目的之一就是保护消费者合法权益，促进消费者权利的发展。根据《产品质量法》的规定，消费者有权对市场中任何产品的质量进行监督，一经发现质量问题，可向有关部门举报；对于因产品质量缺陷造成损害的，消费者有权要求赔偿；当陷入产品质量纠纷时，消费者可通过各种途径来维护自己的合法权益。

(二)维护社会经济秩序原则

社会主义市场经济是法制经济，经济秩序在市场发展中起着关键性的作用。《产品质量法》的核心内容，其实就是规范行政机关的市场管理和监督行为，规范生产者的生产行为和销售者的经营行为，规范消费者维权的行为。换言之，就是规范市场主体的行为。通过对市场主体的行为作出规范，达到维护经济正常有序运行的目的。

(三)奖优罚劣的原则

国家以奖优罚劣来引导全社会产品质量的提高。《产品质量法》第 6 条规定："国家鼓励推行科学的质量管理方法，采用先进的科学技术，鼓励企业产品质量达到并且超过行业标准、国家标准和国际标准。对产品质量管理先进和产品质量达到国际先进水平、成绩显著的单位和个人，给予奖励。"同时，在生产者、销售者的产品质量责任和义务中，《产品质量法》明确禁止了伪造或者冒用质量标志，伪造产地，伪造或者冒用他人的厂名、厂址和在生产、销售的产品中掺杂、掺假，以假充真、以次充好的行为，并在"损害赔偿"和"罚则"两章中对这些行为规定了具体的处罚制裁措施。

(四)管理与监督相结合的原则

行政执法部门不仅要对产品质量进行引导，制定措施促进整个社会产品质量提高，管理好市场竞争行为，还要督促落实生产者和销售者的产品质量责任，做好事前、事中和事后监督，以及个案监督，融管理于监督，在监督中管理，二者相结合，共同促进社会主义市场经济的健康快速发展。

三、产品质量法的适用范围

(一)产品

《产品质量法》所指的产品是经过加工、制作，用于销售的产品。《产品质量法》所确认的产品应当具备以下条件：

1.产品必须是经过加工、制作的。未经加工、制作的产品不是《产品质量法》意义上的产品，即天然产品不由产品质量法调整，包括未加工的农副产品、林产品、水产品、畜牧产品、原矿、原油等。

2.产品必须是用于销售的。非为销售而加工的物品就不是本法意义上的产品，如某企业自制的自用设备。

3.建设工程不属于产品质量法上的产品。建设工程有其特殊的质量要求，与一般加工制作的产品有很大不同，所以建设工程的质量一般由专门的建筑法调整，不适用产品质量法的规定。但是，建设工程使用的建筑材料、建筑构配件和设备等符合产品质量法产品定义的，适用产品质量法。如用于建设工程的水泥、钢材等。

另外，军工产品质量监督管理办法，由中央军事委员会另行制定，不适用产品质量法。

(二)主体

适用于中华人民共和国境内从事产品生产、销售活动的法人、其他经济组织和个人，包括国有企业、集体企业、私营企业、外商投资企业、个体工商户和农村承包经营户，它们都必须严格遵守产品质量法的规定。

第二节　产品质量监督管理制度

一、产品质量管理监督体制

《产品质量法》确立了统一管理与分工管理、层次管理与地域管理相结合的原则，对我国产品质量的管理监督作了详细规定：

1.国务院产品质量监督管理部门即国家质量监督检验检疫总局，负责全国产品质量监督管理工作。

2.县级以上地方人民政府管理产品质量监督工作的部门，负责本行政区域内的产品质量监督管理工作。

3.国务院和县级以上地方人民政府设置的有关行业主管部门。

这里的产品质量监督管理部门是指国家质量技术监督局和地方各级质量技术监督局；有关部门是指各级卫生行政部门、劳动部门、商品检验部门等，它们依各自的职权，对某些特定产品的质量进行监督管理。

二、产品质量管理监督制度

(一)产品质量检验制度

我国产品质量检验实行标准化制度，现行产品质量的标准形式分为国家标准(GB)、行业标准(HB)、地方标准(DB)、企业标准(QB)。产品质量应当检验合格，不得以不合格产品冒充合格产品。可能危及人体健康和人身、财产安全的工业产品，必须符合国家标准、行业标准；未制定国家标准、行业标准的，必须符合保障人体健康和人身、财产安全的要求。禁止生产、销售不符合保障人体健康和人身、财产安全的标准和要求的工业产品。

(二)企业质量体系认证制度

企业质量体系认证是指依据国家质量管理和质量保证体系标准，经过认证机构对企业质量体系的检查和确认并通过颁发认证证书，证明企业质量保证能够符合相应要求的活动。国际通用的质量标准为ISO，即国际标准化组织推行的ISO 9000(质量标准)系列标准和

ISO 14000(环境标准)系列标准。企业根据自愿原则申请企业质量体系认证,经过质量体系认证的企业在申请生产许可证、产品质量认证及申请其他质量认证时可免于质量体系审查。

(三)产品质量认证制度

产品质量认证是由认证机构按照产品标准和技术要求,确认某一产品符合相应标准并颁发认证标志的活动。国家参照国际先进产品标准的技术要求,由企业自愿申请产品质量认证;认证合格的,由认证机构颁发证书,企业可以在自己产品或其包装上使用认证标志,如真皮标志、纯毛标志等。产品质量认证一般分为安全认证(多为强制性认证)和合格认证。

凡是属于法律规定的强制性产品认证范围内的产品必须经国家指定的认证机构认证,符合相关标准和技术法规,取得认证证书并加施认证标志后,才能出厂、销售、进口或在经营服务场所使用。我国的强制性产品认证使用统一的标志,即“CCC”,简称 3C 认证。

(四)监督检查制度

国家对产品质量实行以抽查为主要方式的监督检查制度,对可能危及人体健康和人身、财产安全的产品,影响国计民生的重要工业产品以及消费者、有关组织反映有质量问题的产品进行抽查。监督抽查工作由国务院产品质量监督部门规划和组织。县级以上地方产品质量监督部门在本行政区域内也可以组织监督抽查。法律对产品质量的监督检查另有规定的,依照有关法律的规定执行。

监督检查的产品质量不合格的,由实施监督抽查的产品质量监督部门责令其生产者、销售者限期改正。逾期不改正的,由省级以上人民政府产品质量监督部门予以公告;公告后经复查仍不合格的,责令停业,限期整顿;整顿期满后经复查产品质量仍不合格的,吊销营业执照。

第三节　产品质量责任、义务

一、生产者的产品质量义务

产品质量义务,是指产品生产者、销售者在产品质量方面应为一定行为或不为一定行为的责任。

1.作为义务

(1)生产者产品质量应当符合下列三方面的要求:产品不存在危及人身、财产安全的危险,有保障人体健康、人身财产安全的国家标准、行业标准的,应当符合该标准。具备产品质量应当具备的使用性能,但是,对产品存在使用性能的瑕疵作出说明的除外。产品质量与说明、样品相符,即符合在生产或者其包装上注明采用的产品标准,符合以产品说明、实物样品等方式表明的质量状况。

(2)生产者的产品或其包装上的标识应当符合下列要求:有产品质量的检验合格证明;有中文标明的产品名称、生产厂的厂名和厂址;根据产品的特点和使用要求,需要标明产品规格、等级、所含主要成分的名称和含量的,相应予以标明;限期使用的产品,标明生产日期和安全使用期或者失效日期;因使用不当容易造成产品本身损坏,或者可能危及人身、财产安全的产品，必须有警示标志或者中文警示说明。此外，裸装的食品和其他根据产品的特点难以附加标识的裸装产品，可以不附加产品标识。至于剧毒、危险、易碎、储运中不能倒置以及有其他特殊要求的产品，其包装必须符合相应要求，具有警示标志或者中文警示说明储运注意事项。

2.不作为义务

生产者的产品还必须符合下列规定：生产者不得生产国家明令淘汰的产品；生产者不得伪造产地，不得伪造或者冒用他人的厂名、厂址；生产者不得伪造或者冒用认证标志、名优标志等质量标志；生产者生产的产品，不得掺假、掺杂，不得以假充真、以次充好，不得以不合格产品冒充合格产品。

二、销售者的产品质量义务

1.执行进货检验制度。《产品质量法》规定，销售者应当建立并执行进货检查验收制度，验明产品合格证明和其他标识。

2.采取措施，保持销售产品的质量。

3.不得销售国家明令淘汰并停止销售的产品和失效、变质的产品。

4.销售者销售的产品标识，应当符合《产品质量法》关于产品或者其包装上的标识的各项规定。

5.销售者不得伪造产地，不得伪造或者冒用他人的厂名、厂址。

6.销售者不得伪造或冒用认证标志、名优标志等质量标志。

7.销售者销售产品，不得掺假，不得以假充真、以次充好，不得以不合格产品冒充合格产品。

销售者的产品质量概括起来有三个方面：一是担保责任。当产品出现质量问题时，销售者应消费者的要求，应承担赔偿责任，然后再向生产者追偿。二是连带责任。发生产品质量问题时，消费者可以向生产者或者向销售者主张权利。三是销售者找不到生产者时。由其自己承担赔偿责任。

三、产品质量的法律责任

产品质量责任是指生产者或销售者违反法律关于其产品质量义务的规定所应承担的法律后果。生产者与销售者的产品质量责任包括民事责任、行政责任和刑事责任，而且主要指民事责任。

（一）产品质量民事责任

产品质量民事责任主要是因为有缺陷产品造成损害的侵权的民事责任。产品质量民事责任包括两种，即产品的瑕疵担保责任和缺陷产品的侵权损害赔偿责任。

1.产品的瑕疵担保责任

产品瑕疵担保责任是指合同当事人违反对产品质量所作的承诺或保证，所应当承担的法律后果。瑕疵担保责任的主体是销售者。销售者出售的产品有以下情形的，应承担产品的瑕疵担保责任：(1)不具备产品应当具备的使用性能而事先未作说明的；(2)不符合在产品或者其包装上注明采用的产品标准的；(3)不符合以产品说明、实物样品等方式表明的质量状况的。

销售者应根据不同情况分别负责承担修理、更换、退换、赔偿损失等不同责任，销售者拖延或拒绝承担上述民事责任的，由产品质量监督部门或者工商行政管理部门责令改正。销售者依照规定负责修理、更换、退货、赔偿损失后，如确能证明是属于生产者的责任或供货者的责任造成产品质量不合格的，有权向生产者、供货者进行追偿。

2.产品侵权损害赔偿责任

产品侵权损害赔偿责任，简称产品责任，是指由于产品缺陷造成消费者、使用者或者其他受害人人身、财产损害，依法应承担的损害赔偿的法律后果。产品责任成立的前提是产品存在缺陷，产品没有缺陷，则不构成产品责任。产品侵权损害赔偿责任的主体，是缺陷产品的生产者或者销售者。

(1)产品责任的归责原则。我国采取严格责任与过错责任相结合的归责原则，即对生产者适用严格责任原则，对销售者适用过错责任原则。

生产者承担严格责任，指的是只要存在产品缺陷，有产品造成损失的事实，该产品的生产者就要承担产品责任。但是生产者若能证明有下列情形之一的，不承担赔偿责任：①未将产品投入流通的；②产品投入流通时，引起损害的缺陷尚不存在的；③将产品投入流通时的科学技术水平尚不能发现缺陷的存在的。如很多淘汰的药品，当初投入市场时，科技水平未发现其危害，因此，造成损害时生产者可以免责。

销售者则适用过错责任原则。由于销售者的过错使产品存在缺陷，造成人身、他人财产损害的，销售者应当承担赔偿责任。如果销售者不能指明缺陷产品的生产者，也不能指明缺陷产品的供货者的，销售者对损害都负有先行赔偿的义务，在赔偿后，如属生产者的责任，销售者有追偿权。

(2)损害赔偿的范围。因产品存在缺陷造成受害人人身伤害的，侵害人应当赔偿医疗费、治疗期间的护理费、因误工减少的收入等费用；造成残疾的，还应当支付残疾者生活自助具费、生活补助费、残疾赔偿金以及由其扶养的人所必需的生活费等费用；造成受害人死亡的，并应当支付丧葬费、死亡赔偿金以及由死者生前扶养的人所必需的生活费等费用。因产品存在缺陷造成受害人财产损失的，侵害人应当恢复原状或者折价赔偿。受害人因此遭受其他重大损失的，侵害人应当赔偿损失。

(3)产品责任的诉讼时效。因产品存在缺陷造成损害要求赔偿的诉讼时效期间为 2 年，自当事人知道或者应当知道其权益受到损害时起计算。因产品存在缺陷造成损害要求赔偿的请求权，在造成损害的缺陷产品交付最初消费者满十年丧失，但是，尚未超过明示的安全使用期的除外。

【思考 8-1】李某从电风扇厂盗取两台刚研制出的新型电风扇，然后将其中一台卖给了赵某，赵某在使用中，风扇叶片飞出，伤了右手，赵某找厂家索赔，但厂家以这种产品尚未投入市场为由，拒绝承担赔偿责任。试分析电风扇厂的说法是否有法律依据。

(二)产品质量行政责任

产品质量行政责任，是指产品的生产者、销售者以及产品质量检验机构因其违反产品质量法律、法规和规章所规定的义务，实施了扰乱国家对产品质量管理的正常秩序，但是尚未构成刑事犯罪的行为，所应当承担的后果。违反产品质量法的行政责任的种类主要有：责令停止生产、销售，没收违法生产、销售的产品，没收违法所得，罚款，吊销营业执照等。行使产品质量行政处罚权的行政机关主要是产品质量监督部门和工商行政管理部门。

1.生产、销售不符合保障人体健康和人身、财产安全的国家标准、行业标准的产品的，责令停止生产、销售，没收违法生产、销售的产品，并处违法生产、销售产品（包括已售出和未售出的产品，下同）货值金额等值以上3倍以下的罚款；情节严重的，吊销营业执照。

2.在产品中掺杂、掺假，以假充真，以次充好，或者以不合格产品冒充合格产品的，责令停止生产、销售，没收违法生产、销售的产品，并处违法生产、销售产品货值金额50%以上3倍以下的罚款；有违法所得的，并处没收违法所得；情节严重的，吊销营业执照。

3.生产国家明令淘汰的产品的，销售国家明令淘汰并停止销售的产品的，责令停止生产、销售，没收违法生产、销售的产品，并处违法生产、销售产品货值金额等值以下的罚款；有违法所得的，并处没收违法所得；情节严重的，吊销营业执照。

4.销售失效、变质的产品的，责令停止销售，没收违法销售的产品，并处违法销售产品货值金额2倍以下的罚款；有违法所得的，并处没收违法所得；情节严重的，吊销营业执照。

5.伪造产品产地的，伪造或者冒用他人厂名、厂址的，伪造或者冒用认证标志等质量标志的，责令改正，没收违法生产、销售的产品，并处违法生产、销售产品货值金额等值以下的罚款；有违法所得的，并处没收违法所得；情节严重的，吊销营业执照。

6.产品标识不符合要求，责令改正；有包装的产品标识不符合要求，情节严重的，责令停止生产、销售，并处违法生产、销售产品货值金额30%以下的罚款；有违法所得的，并处没收违法所得。

上述处罚中，吊销营业执照的行政处罚由工商行政管理部门决定，其他行政处罚由产品质量监督部门或者工商行政管理部门按照国务院规定的职权范围决定。法律、行政法规对行使行政处罚权的机关另有规定的，依照有关法律、行政法规的规定执行。

（三）产品质量刑事责任

违反产品质量法规定，生产、销售不符合保障人体健康和人身、财产安全的国家标准和行业标准的产品，或者在产品中掺杂、掺假，以假充真、以次充好，或者以不合格产品冒充合格产品，销售失效、变质产品等行为，构成犯罪的，依法追究刑事责任。

1.生产、销售不符合国家标准、行业标准的产品的处罚。

（1）生产、销售不符合卫生标准的食品，造成严重食物中毒事故或者其他严重食源性疾病的，对人体健康造成严重危害的，处7年以下有期徒刑，并处罚金；后果特别严重的，处7年以上有期徒刑或者无期徒刑，并处罚金或者没收财产。在生产或销售的食品中掺入有毒、有害的非食品原料的，处5年以下有期徒刑，或者拘役，可以并处或者单处罚金；造成严重食物中毒事故或者其他严重食源性疾病的，对人体健康造成严重危害的，处5年以上10年以下有期徒刑，并处罚金；致人死亡或者对人体健康造成其他特别严重危害的，处10年以上有期徒刑、无期徒刑或者死刑，并处罚金或者没收财产。

（2）生产不符合保障人体健康的国家标准、行业标准的医疗器械、医用卫生材料，或者销售明知是不符合保障人身健康的国家标准、行业标准的医疗器械、医用卫生材料，对人身健康造成严重危害的，处5年以下有期徒刑，并处罚金；后果特别严重的，处5年以上10年以下有期徒刑，并处罚金，其中情节特别恶劣的，处10年以上有期徒刑或者无期徒刑，并处罚金或者没收财产。

（3）生产不符合保障人身、财产安全的国家标准、行业标准的电器、电力容器、易燃易爆产品或者其他不符合保障人身、财产安全的国家标准、行业标准的产品，或者销售明知以上不符合保障人身、财产安全的国家标准、行业标准的产品，造成严重后果的，处5年以下有期徒刑或者拘役，并处罚金，后果特别严重的，处5年以上有期徒刑，并处罚金。

(4)生产不符合卫生标准的化妆品，或者销售明知是不符合卫生标准的化妆品，造成严重后果的，处3年以下有期徒刑或者拘役，并处或者单处罚金。

2.生产、销售伪劣产品的处罚。

(1)生产、销售假药，足以严重危害人体健康的，处3年以下有期徒刑或者拘役，并处或单处罚金；对人体健康造成严重危害的，处3年以上10年以下有期徒刑，并处罚金；致人死亡或者对人体健康造成其他特别严重危害的，处10年以上有期徒刑、无期徒刑或者死刑，并处罚金或者没收财产。

生产、销售劣药，对人体健康造成严重危害的，处3年以上10年以下有期徒刑，并处罚金；后果特别严重的，处10年以上有期徒刑或者无期徒刑，并处罚金或者没收财产。

(2)生产假农药、假兽药、假化肥，销售明知是假的或者是失去使用效能的农药、兽药、化肥、种子，或者生产者、销售者以不合格的农药、兽药、化肥、种子冒充合格的农药、兽药、化肥、种子，使生产遭受较大损失的，处3年以下有期徒刑或者拘役，并处或者单处罚金；使生产遭受重大损失的，处3年以上7年以下有期徒刑，并处罚金；使生产遭受特别重大损失的，处7年以上有期徒刑或者无期徒刑，并处罚金或者没收财产。

企业事业单位在上述两类情况以及各项规定中犯罪的，对单位判处罚金，并对直接负责的主管人员和其他直接责任人员依照各项规定追究刑事责任。

3.销售失效、变质产品，构成犯罪的，依法追究刑事责任。

4.对国家工作人员违法行为的处罚。

各级人民政府工作人员和其他国家机关工作人员有下列情形之一的，依法给予行政处分；构成犯罪的，依法追究刑事责任：

(1)包庇、放纵产品生产、销售中违反本法规定行为的；

(2)向从事违反本法规定的生产、销售活动的当事人通风报信，帮助其逃避查处的；

(3)阻挠、干预产品质量监督部门或者工商行政管理部门依法对产品生产、销售中违反本法规定的行为进行查处，造成严重后果的。

产品质量监督部门或者工商行政管理部门的工作人员滥用职权、玩忽职守、徇私舞弊，构成犯罪的，依法追究刑事责任；尚不构成犯罪的，依法给予行政处分。

5.以暴力、威胁方法阻碍从事产品质量监督管理的国家工作人员依法执行公务的，构成犯罪的，依法追究刑事责任，拒绝、阻碍从事产品质量监督管理的国家工作人员依法执行职务未使用暴力、威胁方法的，由公安机关依照治安管理处罚条例的规定处罚。

课后练习

一、选择题

1.按照我国《产品质量法》的规定，生产者承担产品责任的归责原则是(　　)。

A. 过错责任原则　B. 过失责任原则　C. 公平责任原则　D.严格责任原则

2.对于国家规定或者经营者与消费者约定保修、包换、包退的商品，经营者应当负责修理、更换或者退货。如果在保修期内(　　)仍不能正常使用的，经营者应当负责更换或者退货。

A. 得到修理　　　　　　　　　　　B. 3 次修理

C. 虽未修理,但有好转　　　　　　D. 2 次修理

3.王某在某商场购得一台多功能电烤箱,回家试用后发现该产品只有一种功能,遂向商场提出退货,商场答复:"该产品说明书未就其使用性能作明确说明,且产品本身无质量问题,所以顾客应向厂家索赔,商场概不负责。"对此,顾客应当(　　)。

A. 要求销售者给予退换

B. 只能向生产者要求退换

C. 可选择向销售者或生产者要求退换并给予赔偿

D. 因未当场认真检验商品所以不能要求退换

二、问答题

1.简述我国产品质量法的基本原则和适用范围。

2.简述生产者负有哪些产品质量义务。

3.经营者的产品质量义务有哪些?

三、案例分析题

1.杨某为养猪专业户,养猪 20 头,猪重 115～120 公斤。2008 年 12 月 25 日,杨某在某县周屯乡戴某个体饲料商店购买了某县饲料加工厂生产的"888 猪料精"三袋(计 60 公斤)。回家后,杨某将料精拌成饲料喂猪。2009 年 1 月 2 日,20 头猪全部发病,9 日死了 3 头,经某市畜牧兽医总站鉴定:"料精'F'量高,中毒死亡。"1 月 27 日,另 17 头猪全部死亡。此料精经某市饲料产品质量监督站鉴定为不合格产品,系含"F"量高。杨某为猪治病,共花药费 5709 元;卖死猪肉获款 600 元(当时市场生猪价格为 8.40 元/kg)。饲料加工厂生产的"888 猪料精"无生产合格证。猪死后,杨某向戴某、饲料加工厂索赔,被拒绝。2009 年 4 月 5 日,杨某向某县人民法院提起诉讼,要求戴某、饲料加工厂赔偿猪款 10857.20 元;药费 5709.20 元;交通费 1148.50 元;误工工资 450 元,合计为 18164.90 元。

某县人民法院经审理认为,杨某饲养的 20 头猪因食用了饲料加工厂生产的含"F"量过高的猪料精中毒死亡,所造成的经济损失,饲料加工厂应负担赔偿责任。戴某为饲料加工厂代销猪料精,与其形成委托代理关系,其民事责任应由被代理人饲料加工厂承担。杨某提供为猪治病的药品单据矛盾重重,无法认定。根据《中华人民共和国民法通则》第 122 条、第 63 条之规定,某县人民法院于 2016 年 7 月 10 日判决如下:被告饲料加工厂负责赔偿原告猪款 10857 元[8.40(元)×117.5(kg)×11(头)];交通费 252.50 元。上述款项共计 11109.50 元,在判决生效后 10 日内给付。

请问:本案的一审判决是否正确?

2.2018 年 8 月,某县工商局接到群众举报,反映某乡副食品商店出售的白酒可能是用工业酒精勾兑而成,要求工商行政管理部门迅速查处。工商局接到举报后,立即派人前往调查,后查明,这批散装白酒共 1000 公斤,系从一个个体酒商那里以每公斤 2 元的价格批发而来。购销人员去购买时怀疑有假,个体酒商开始不予承认,但在购销人员的一再追问下,承认这批白酒是用工业酒精勾兑而成,但保证不会出问题,并当场喝了几两。购销人员认为有利可图,且风险较小,便一下购买了 1000 公斤,然后商店以每公斤 5

元的价格出售，至工商局调查时，这批白酒已售出425公斤。经有关部门鉴定，这批白酒甲醇浓度严重超标，对人体有一定危害，虽正常饮用对人体尚构不成严重损害，但过量饮用，将造成较大危害。

请问：某县工商局应对谁作出处罚？可做哪些处罚？

第九章 消费者权益保护法

学习目标

★ 熟悉消费者的权利和义务

★ 了解消费者权益保护机构及权益保护的原则

★ 掌握消费者权益争议的解决途径及方法

理论精要

【案例导入】

2018年12月,消费者陈某在做饭时压力锅发生爆炸,致使面部和手部受伤。经治疗,陈某伤势痊愈,但花去医疗费1.2万元。据查:爆炸的压力锅是陈某在广州某超市购买的,单价180元;而该超市又是从一名自称是海南某压力锅厂的推销员郑某手中进购的,进购价为145元,现郑某下落不明。问:

(1)本案可通过哪些途径解决?

(2)陈某应找谁赔偿?可获得哪些赔偿?

第一节 消费者权益保护法概述

一、消费者与消费者权益

(一)消费者

消费者是指为满足生活消费需要而购买、使用商品或接受服务的自然人。消费者具有以下特征。

1.消费者是自然人。为满足生产经营消费的需要而在市场上购买、使用商品和接受服务的生产者及经营者,不构成消费者权益保护法上的消费者,其权益遭侵犯时,不受消费者权益保护法的保护,而受其他市场管理法的调整。

2.消费者消费的目的是为满足个人生活消费的需要。消费有生活消费与生产消费之分。只有满足个人生活需要目的的消费才构成消费者的"消费",若个人不是为满足生活消费的需要而购买、使用商品或接受服务,则其行为亦不受消费者权益保护法调整。但这存在例外,按照法律规定,农民购买、使用直接用于农业生产的生产资料,同样受消费者权益保护法的调整。

3.消费者满足个人生活消费需要的途径是购买、使用经营者提供的商品或接受其服务。换言之,是通过商品交换的形式来实现个人消费目的。非通过商品交换形式获得商品或服务的人,不构成消费者。

(二)消费者权益

消费者权益是消费者依法享有的消费利益受保护的权利,其核心是消费者权利。消费者权益源于消费者的生存权,是消费者的基本人权。它不同于民法上传统的一般的民事权利,体现在消费者与生产者或经营者的特定关系中。而这一关系,是一种不对等的关系,是弱势对强势的关系。在法律上确认消费者权益的合法性,有利于在发展市场经济的过程中排除弱势,限制强势,巩固交易双方地位的平等。

二、消费者权益保护法的概念

消费者权益保护法是调整国家机关、经营者、消费者相互之间因保护消费者利益而产生各种社会关系的法律规范的总称。《消费者权益保护法》是我国消费者权益的基本法。该法于 1993 年 10 月 31 日第八届全国人民代表大会常务委员会第四次会议通过,分别于 2009 年和 2013 年进行修订,最新版本于 2014 年 3 月 15 日施行。广义上的消费者权益保护法则包括所有有关保护消费者权益的法律和法规,如《产品质量法》《反不正当竞争法》等。

三、消费者权益保护法的调整对象

《消费者权益保护法》的调整对象是消费过程中所产生的社会关系,包括以下内容:

1.经营者与消费者之间的关系,主要是经营者因违法经营给消费者造成损害,消费者有权请求赔偿,以及消费者对经营者进行监督而发生的关系。

2.国家机关与经营者之间的关系,主要是国家机关对经营者的经营活动进行监督管理的关系。

3.国家机关与消费者之间的关系,主要是国家有关管理部门,在为消费者提供指导、服务与保护过程中所发生的关系。

四、消费者权益保护法的原则

消费者权益保护法的基本原则具有抽象性、概括性和普遍适用性,是指导消费者权益保护立法、司法、审判和法律监督的根本标准。我国《消费者权益保护法》第 4 条至第 6 条规定了其基本原则。

1.自愿、平等、公平、诚实信用的交易原则

消费者必须参与市场交换与竞争,才能获得其需要的生活资料。在这一过程中,要保护消费者交换所得的利益,当然必须以自愿、平等、公平、诚实信用等市场经济的基本原则为规范,一定程度上限制生产者、经营者的行为。自愿、平等、公平、诚实信用的交易原则是人类社会最古老、最基本的法律原则,也是民事活动应遵守的基本规则。《消费者权益保护法》作为调整消费者在消费过程中所发生的民事关系的法律规范,其确立和遵循自愿、平等、公平、诚实信用的交易原则,是有效保护消费者权益的前提和根本。

2.特别保护原则

消费者是弱者,不管是在经济实力还是保护自己的手段上,他们都无法与生产者、经营者相抗衡。这种地位的不平等和实力的不均衡单靠自愿、平等、公平、诚实信用等外部的交易原则是不足以解决的,还必须依赖特别的强制。《消费者权益保护法》适应了这一要求,对消费者实行特别的保护。如有侧重地规定了消费者的权利,明确了生产者与经营者的义务;

在归责原则上，采用严格责任原则来追究经营者的法律责任；还确立了举证责任倒置的规则，加重了生产者、经营者的责任。

3.社会监督原则

国家的特别保护和监督是消费者权益保护的重要环节。但是，保护消费者的合法权益并不仅仅是国家的责任，每一个社会成员都是消费者，每一个公民都有权利也有义务对生产者、经营者的市场行为进行监督。此外，企事业单位、社会团体、自治组织、大众传媒也是对生产者、经营者进行监督的主体。只有全社会各方面和各种力量都组织和发动起来，对消费者权益的保护才能形成网络体系。

4.国家支持原则

国家把保护消费者合法权益作为管理经济发展、维持市场秩序的重要内容，鼓励和支持消费者积极维权，为权利而斗争，鼓励、支持一切组织和个人对损害消费者合法权益的行为进行社会监督，从而促使生产者、经营者内化市场的要求，逐步形成尊重消费者权利的自觉和习惯。

第二节　消费者的权利和经营者的义务

一、消费者的权利

(一)保障安全权

保障安全是消费者最基本的权利，它是消费者在购买、使用商品和接受服务时所享有的保障其人身、财产安全不受损害的权利。由于消费者取得商品和服务是用于生活消费，因此，商品和服务必须绝对可靠，必须绝对保证商品和服务的质量不会损害消费者的生命与健康。消费者依法有权要求经营者提供的商品和服务必须符合保障人身、财产安全的条件。

(二)知情权

知情权是指消费者在购买、使用商品或者接受服务时，对商品和服务的有关情况进行了解的权利。消费者可根据商品或者服务的不同情况，要求经营者提供具体信息，如关于商品或服务的基本情况，如商品的名称、商标、产地、生产者名称、生产日期、服务的内容、规格等；提供关于商品的技术状况，如商品用途、性能、等级、所含成分、有效期限、使用说明书、检验合格证等；提供关于商品或服务的价格及商品的售后服务情况。

【思考 9-1】张女士在 A 商场购买某高档粉底霜，营业员不允许试用，张女士一再强调自己要买的是自然肤色，不是雪白色。营业员介绍了一种自然色粉底霜。张女士购得后，当即打开试用，发现是雪白色的，要求营业员退货，可营业员说："这么贵的化妆品，上面留下明显用过的痕迹，没办法退货。"试分析：该粉底霜能否退换？为什么？

(三)自主选择权

消费者享有自主选择商品或者服务的权利。消费者有权自主选择提供商品或者服务的经营者，自主选择商品品种或者服务方式，自主决定购买或者不购买任何一种商品、接受或者不接受任何一项服务。消费者在自主选择商品或者服务时，有权进行比较、鉴别和挑选。

自主选择权的内容有三方面，即消费者选择商品和服务的行为是自愿的；消费者自主选择商品和服务的行为必须是合法的；自主选择权限定在购买商品或者接受服务的范围内，不能扩大到使用商品上。

（四）公平交易权

消费者享有公平交易的权利。消费者在购买商品或者接受服务时，有权获得质量保障、价格合理、计算正确等公平交易条件，有权拒绝经营者的强制交易行为。

【思考 9-2】小王和小李一起赶火车，因时间还早，于是两人进了一家茶社，要了一壶普通的绿茶，边等车边聊天。临走结账时，发现账单居然是 888 元。双方发生争执。试分析：茶社侵犯了消费者的什么权利？

（五）依法求偿权

依法求偿权是指消费者在因购买、使用商品或接受服务受到人身、财产损害时，依法享有的主张并获得赔偿的权利。依法求偿权是对消费者利益的一种事后补救。

（六）依法结社权

依法结社权是指消费者享有的依法组织成立维护自身合法权益的社会团体的权利。《消费者权益保护法》第 12 条规定，消费者享有依法成立维护自身合法权益的社会团体的权利。这实质上是公民政治性结社权在消费者权益保护领域的具体体现，它有利于消费者增强自己的实力，改变弱势的处境，从而形成地位优势，与生产者、经营者相抗衡。

（七）受消费教育权

消费者享有获得有关消费和消费者权益保护方面的知识的权利，其应当努力掌握所需商品或者服务的知识和使用技能，正确使用商品，提高自我保护意识。消费者的受教育权包括两方面内容，即有权获得消费方面的知识，以及有关消费者权益保护方面的知识。

（八）维护尊严权

维护尊严权是指消费者在购买、使用商品和接受服务时所享有的，其人格尊严和民族风俗习惯受尊重的权利。这一权利包括两项内容：(1)人格尊严受尊重权。有姓名权、名誉权、荣誉权、肖像权等。(2)民族风俗习惯受到尊重的权利。民族风俗习惯大量表现在饮食、服饰、居住、婚丧、节庆、娱乐、礼节、禁忌等方面，与消费者密切相关。

（九）监督批评权

消费者享有对商品和服务以及保护消费者权益工作进行监督的权利。消费者有权检举、控告侵害消费者权益的行为和国家机关及其工作人员在保护消费者权益工作中的违法失职行为，有权对保护消费者权益工作提出批评、建议。

二、经营者的义务

经营者的义务是消费者权利实现的保障。《消费者权益保护法》为使消费者享有的各方面的权利得以实现，对经营者的行为进行了规范，规定经营者在生产或销售活动中必须遵循以下义务：

1. 履行法定和约定的义务

经营者向消费者提供商品或者服务，应当依照本法和其他有关法律、法规的规定履行义务。经营者和消费者有约定的，应当按照约定履行义务，但双方的约定不得违背法律、法规的规定。

2.接受监督的义务

经营者应当听取消费者对其提供的商品或者服务的意见,接受消费者的监督。

3.保障安全的义务

保障安全的义务是指经营者在经营场所对消费者、潜在的消费者或者其他进入服务场所的人的人身、财产安全依法承担的安全保障义务。其义务主体为服务场所的经营者,包括服务场所的所有者、管理者、承包经营者等对该场所负有法定安全保障义务或者具有事实上控制力的公民、法人或者其他社会组织。与此相对应的权利主体是:消费者、潜在的消费者、实际进入该服务场所的任何人。

因第三人侵权导致损害结果发生的,由实施侵权行为的第三人承担赔偿责任。安全保障义务人有过错的,应当在其能够防止或者制止损害的范围内承担相应的补充责任。安全保障义务人承担责任后,可以向第三人追偿。

宾馆、商场、餐馆、银行、机场、车站、港口、影剧院等经营场所的经营者,应当对消费者尽到安全保障义务。

4. 及时召回义务

经营者发现其提供的商品或者服务存在缺陷,有危及人身、财产安全危险的,应当立即向有关行政部门报告和告知消费者,并采取停止销售、警示、召回、无害化处理、销毁、停止生产或者服务等措施。采取召回措施的,经营者应当承担消费者因商品被召回支出的必要费用。

5. 提供真实信息的义务

经营者向消费者提供有关商品或者服务的质量、性能、用途、有效期限等信息,应当真实、全面,不得作虚假或者引人误解的宣传。经营者对消费者就其提供的商品或者服务的质量和使用方法等问题提出的询问,应当作出真实、明确的答复。经营者提供商品或者服务应当明码标价。

经营者应当标明其真实名称和标记。租赁他人柜台或者场地的经营者,应当标明其真实名称和标记。

经营者提供商品或者服务,应当按照国家有关规定或者商业惯例向消费者出具发票等购货凭证或者服务单据;消费者索要发票等购货凭证或者服务单据的,经营者必须出具。

6. 保障商品质量的义务

经营者应当保证在正常使用商品或者接受服务的情况下其提供的商品或者服务应当具有的质量、性能、用途和有效期限;但消费者在购买该商品或者接受该服务前已经知道其存在瑕疵,且存在该瑕疵不违反法律强制性规定的除外。经营者以广告、产品说明、实物样品或者其他方式表明商品或者服务的质量状况的,应当保证其提供的商品或者服务的实际质量与表明的质量状况相符。

经营者提供的机动车、计算机、电视机、电冰箱、空调器、洗衣机等耐用商品或者装饰装修等服务,消费者自接受商品或者服务之日起六个月内发现瑕疵,发生争议的,由经营者承担有关瑕疵的举证责任。

经营者提供的商品或者服务不符合质量要求的,消费者可以依照国家规定、当事人约定退货,或者要求经营者履行更换、修理等义务。没有国家规定和当事人约定的,消费者可以自收到商品之日起七日内退货;七日后符合法定解除合同条件的,消费者可以及时退货,不符合法定解除合同条件的，可以要求经营者履行更换、修理等义务。按照规定进行退货、更换、修理的，经营者应当承担运输等必要费用。

经营者采用网络、电视、电话、邮购等方式销售商品，消费者有权自收到商品之日起七日内退货，且无须说明理由，但下列商品除外：(1)消费者定作的；(2)鲜活易腐的；(3)在线下载或者消费者拆封的音像制品、计算机软件等数字化商品；(4)交付的报纸、期刊。其他根据商品性质并经消费者在购买时确认不宜退货的商品，不适用无理由退货。消费者退货的商品应当完好。经营者应当自收到退回商品之日起七日内返还消费者支付的商品价款。退回商品的运费由消费者承担；经营者和消费者另有约定的，按照约定。

7. 诚实守信，公平交易

经营者向消费者提供商品或者服务，应当恪守社会公德，诚信经营，保障消费者的合法权益；不得设定不公平、不合理的交易条件，不得强制交易。经营者在经营活动中使用格式条款的，应当以显著方式提请消费者注意商品或者服务的数量和质量、价款或者费用、履行期限和方式、安全注意事项和风险警示、售后服务、民事责任等与消费者有重大利害关系的内容，并按照消费者的要求予以说明。

经营者不得以格式条款、通知、声明、店堂告示等方式，作出排除或者限制消费者权利、减轻或者免除经营者责任、加重消费者责任等对消费者不公平、不合理的规定，不得利用格式条款并借助技术手段强制交易。格式条款、通知、声明、店堂告示等含有前款所列内容的，其内容无效。经营者不得对消费者进行侮辱、诽谤，不得搜查消费者的身体及其携带的物品，不得侵犯消费者的人身自由。

第三节　消费者权益保护机构

一、行政管理部门

国家和地方各级工商行政管理机关，分别是国务院和地方人民政府实施消费者利益保护的基本职能机构，其主要职责是，拟订和组织实施有关法律、法规、规章和政策，协调各部门共同做好保护消费者利益工作，在对企业、市场、个体户和商标、广告管理中监督商品和服务，在工商行政管理机关职权范围内查处侵犯消费者利益的行为。

各级物价、技术监督、卫生、食品检验、商检等行政管理机关和行业主管部门、企业主管部门，均应在各自的职责范围内，依法加强对经营者的监督管理，保护消费者利益。

二、公安、司法机关

公安机关对涉及暴力侵权、殴斗的消费纠纷，应及时查处，防止矛盾激化。公安、检察机关对侵犯消费者利益构成犯罪的案件，应按各自权限，积极立案侦查、起诉。人民法院对消费纠纷案件和侵犯消费者利益构成犯罪的案件，应积极受理，依法在 7 日内立案，及时作出裁判。应采取措施，方便消费者诉讼。

三、消费者组织

我国消费者协会履行下列公益性职责：

1. 向消费者提供消费信息和咨询服务，提高消费者维护自身合法权益的能力，引导文明、健康、节约资源和保护环境的消费方式；

2. 参与制定有关消费者权益的法律、法规、规章和强制性标准；

3. 参与有关行政部门对商品和服务的监督、检查；

4. 就有关消费者合法权益的问题，向有关部门反映、查询，提出建议；

5. 受理消费者的投诉，并对投诉事项进行调查、调解；

6. 投诉事项涉及商品和服务质量问题的，可以委托具备资格的鉴定人鉴定，鉴定人应当告知鉴定意见；

7. 就损害消费者合法权益的行为，支持受损害的消费者提起诉讼或者依照本法提起诉讼；

8. 对损害消费者合法权益的行为，通过大众传播媒介予以揭露、批评。

各级人民政府对消费者协会履行职责应当予以必要的经费等支持。消费者协会应当认真履行保护消费者合法权益的职责，听取消费者的意见和建议，接受社会监督。依法成立的其他消费者组织依照法律、法规及其章程的规定，开展保护消费者合法权益的活动。

四、新闻舆论机构

广播、电视、报刊等大众传播媒介，在积极宣传消费者利益保护法律和消费知识的同时，对侵害消费者合法权益的行为也有责任予以批评、揭露。

五、经营者自体组织和内部机构

行业协会或地区性经营者组织，要加强对经营者的教育，组织经营者开展维护消费者利益的各项活动，同时也积极参与社会监督和处理纠纷，找出问题原因并帮助解决，维护消费者和经营者双方的合法权益。

经营者内部应建立健全文明服务、售后服务及处理消费纠纷的制度与机构，切实保护消费者权益。

第四节　争议解决与法律责任

一、消费争议的解决途径

消费者和经营者发生消费者权益争议的，可以通过下列途径解决：

1.与经营者协商和解

协商和解是消费者与经营者在平等自愿基础上，就有关争议进行协商，最终达成解决争议的方案。这是发生争议的初期常用的方式。具有方便、简捷、经济、及时等特点。

2.消费者协会调解

消费者协会是依法成立的对商品和服务进行社会监督的保护消费者合法权益的社会团体,它能向消费者提供消费信息和咨询服务,有权受理消费者的投诉,并对投诉事项进行调查、调解。请求消费者协会调解,是解决消费者权益争议较常用的一种方式。

3.行政申诉

相关部门包括工商、物价、技术监督、卫生等部门,具体为何部门,应根据商品或服务的性质来确定。有关行政部门对消费者的申诉,应予接受,及时答复和处理。有关行政部门对消费者的申诉及其他经营者的争议,也可依法进行调解;可依法律规定和自己的职权,作出处理决定;对有违法行为的经营者,可依法作出行政处罚。

4.仲裁

仲裁的前提是消费者与经营者在争议发生前或发生后达成了仲裁协议,双方没有仲裁协议的,不能提请仲裁机构仲裁。

5.提起诉讼

消费者或经营者可以向人民法院起诉,以维护自己的合法权益。

二、赔偿责任主体的确定

1.消费者在购买、使用商品时,其合法权益受到损害的,可以向销售者要求赔偿。销售者赔偿后,属于生产者的责任或者属于向销售者提供商品的其他销售者的责任的,销售者有权向生产者或者其他销售者追偿。

2.消费者或者其他受害人因商品缺陷造成人身、财产损害的,可以向销售者要求赔偿,也可以向生产者要求赔偿。属于生产者责任的,销售者赔偿后,有权向生产者追偿。属于销售者责任的,生产者赔偿后,有权向销售者追偿。

3.消费者在接受服务时,其合法权益受到损害的,可以向服务者要求赔偿。

4.消费者在购买、使用商品或者接受服务时,其合法权益受到损害,因原企业分立、合并的,可以向变更后承受其权利义务的企业要求赔偿。

5.使用他人营业执照的违法经营者提供商品或者服务,损害消费者合法权益的,消费者可以向其要求赔偿,也可以向营业执照的持有人要求赔偿。

6.消费者在展销会、租赁柜台购买商品或者接受服务,其合法权益受到损害的,可以向销售者或者服务者要求赔偿。展销会结束或者柜台租赁期满后,也可以向展销会的举办者、柜台的出租者要求赔偿。展销会的举办者、柜台的出租者赔偿后,有权向销售者或者服务者追偿。

7. 消费者通过网络交易平台购买商品或者接受服务,其合法权益受到损害的,可以向销售者或者服务者要求赔偿。网络交易平台提供者不能提供销售者或者服务者的真实名称、地址和有效联系方式的,消费者也可以向网络交易平台提供者要求赔偿;网络交易平台提供者作出更有利于消费者的承诺的,应当履行承诺。网络交易平台提供者赔偿后,有权向销售者或者服务者追偿。网络交易平台提供者明知或者应知销售者或者服务者利用其平台侵害消费者合法权益,未采取必要措施的,依法与该销售者或者服务者承担连带责任。

8. 消费者因经营者利用虚假广告或者其他虚假宣传方式提供商品或者服务,其合法权益受到损害的,可以向经营者要求赔偿。广告经营者、发布者发布虚假广告的,消费者可以请求行政主管部门予以惩处。广告经营者、发布者不能提供经营者的真实名称、地址和有效联系方式的，应当承担赔偿责任。

广告经营者、发布者设计、制作、发布关系消费者生命健康商品或者服务的虚假广告，造成消费者损害的，应当与提供该商品或者服务的经营者承担连带责任。社会团体或者其他组织、个人在关系消费者生命健康商品或者服务的虚假广告或者其他虚假宣传中向消费者推荐商品或者服务，造成消费者损害的，应当与提供该商品或者服务的经营者承担连带责任。

三、法律责任

违反《消费者权益保护法》的法律责任形式以民事责任为核心，同时还包括行政责任和刑事责任。

（一）民事责任

1. 侵害消费者人身权利的民事责任

经营者对消费者未尽到安全保障义务，造成消费者损害的，应当承担侵权责任。经营者提供商品或者服务，造成消费者或者其他受害人人身伤害的，应当赔偿医疗费、护理费、交通费等为治疗和康复支出的合理费用，以及因误工减少的收入。造成残疾的，还应当赔偿残疾生活辅助具费和残疾赔偿金。造成死亡的，还应当赔偿丧葬费和死亡赔偿金。

经营者侵害消费者的人格尊严、侵犯消费者人身自由或者侵害消费者个人信息依法得到保护的权利的，应当停止侵害、恢复名誉、消除影响、赔礼道歉，并赔偿损失。

经营者有侮辱诽谤、搜查身体、侵犯人身自由等侵害消费者或者其他受害人人身权益的行为，造成严重精神损害的，受害人可以要求精神损害赔偿。

2. 侵害消费者财产权利的民事责任

经营者提供商品或者服务，造成消费者财产损害的，应当依照法律规定或者当事人约定承担修理、重作、更换、退货、补足商品数量、退还货款和服务费用或者赔偿损失等民事责任。

经营者以预收款方式提供商品或者服务的，应当按照约定提供。未按照约定提供的，应当按照消费者的要求履行约定或者退回预付款；并应当承担预付款的利息、消费者必须支付的合理费用。依法经有关行政部门认定为不合格的商品，消费者要求退货的，经营者应当负责退货。

经营者提供商品或者服务有欺诈行为的，应当按照消费者的要求增加赔偿其受到的损失，增加赔偿的金额为消费者购买商品的价款或者接受服务的费用的三倍；增加赔偿的金额不足500元的，为500元。法律另有规定的，依照其规定。经营者明知商品或者服务存在缺陷，仍然向消费者提供，造成消费者或者其他受害人死亡或者健康严重损害的，受害人有权要求经营者赔偿损失，并有权要求所受损失二倍以下的惩罚性赔偿。

（二）行政责任

经营者有下列情形之一，除承担相应的民事责任外，其他有关法律、法规对处罚机关和处罚方式有规定的，依照法律、法规的规定执行；法律、法规未作规定的，由工商行政管理部门或者其他有关行政部门责令改正，可以根据情节单处或者并处警告、没收违法所得、处以违法所得一倍以上十倍以下的罚款，没有违法所得的，处以五十万元以下的罚款；情节严重的，责令停业整顿、吊销营业执照：

1. 提供的商品或者服务不符合保障人身、财产安全要求的；

2. 在商品中掺杂、掺假，以假充真，以次充好，或者以不合格商品冒充合格商品的；

3. 生产国家明令淘汰的商品或者销售失效、变质的商品的；

4. 伪造商品的产地，伪造或者冒用他人的厂名、厂址，篡改生产日期，伪造或者冒用认证标志等质量标志的；

5. 销售的商品应当检验、检疫而未检验、检疫或者伪造检验、检疫结果的；

6. 对商品或者服务作虚假或者引人误解的宣传的；

7. 拒绝或者拖延有关行政部门责令对缺陷商品或者服务采取停止销售、警示、召回、无害化处理、销毁、停止生产或者服务等措施的；

8. 对消费者提出的修理、重作、更换、退货、补足商品数量、退还货款和服务费用或者赔偿损失的要求，故意拖延或者无理拒绝的；

9. 侵害消费者人格尊严、侵犯消费者人身自由或者侵害消费者个人信息依法得到保护的权利的；

10. 法律、法规规定的对损害消费者权益应当予以处罚的其他情形。经营者以上情形的，除依照法律、法规规定予以处罚外，处罚机关应当记入信用档案，向社会公布。

（三）刑事责任

经营者提供商品或者服务，造成消费者或者其他受害人人身伤害或者死亡的，构成犯罪的，依法追究刑事责任。以暴力、威胁等方法阻碍有关行政部门工作人员依法执行职务的，依法追究刑事责任；国家机关工作人员玩忽职守或者包庇经营者侵害消费者合法权益的行为的，由其所在单位或者上级机关给予行政处分；情节严重构成犯罪的，依法追究刑事责任。

【思考 9-3】赵某将自己才穿了一个月、价值 2000 元的羊绒大衣送到 A 干洗店干洗，A 干洗店给他开的取衣凭条上写明“干洗费 5 元，如有损坏赔偿洗衣费的 10 倍”。一星期后，赵取衣时发现，羊绒大片脱落，遂要求 A 店赔偿，A 店负责人只同意按洗衣费的 10 倍即 50 元赔偿，双方发生争执，试分析：

（1）A 店负责人的说法有无法律依据？为什么？

（2）赵某可以采取什么途径保护自己的合法权益？

课后练习

一、选择题

1.消费者或者其他受害人因商品缺陷造成人身、财产损害的，其损害赔偿责任人包括（　　）。

A. 生产者　　B. 销售者　　C. 提供服务者　　D.消费者组织

2.按照《消费者权益保护法》的规定，消费争议的解决途径有（　　）。

A. 协商和解　　B. 消费者协会调解

C. 行政申诉　　D. 仲裁机构仲裁或诉讼

3.消费者权益保护机构包括（　　）。

A. 各级人民政府　B. 公安机关　　C. 人民法院　　D. 消费者组织

二、问答题

1.简述我国消费者权益保护法的基本原则。

2.消费者的权利有哪些?

3.经营者在生产经营过程中负有哪些义务?

三、案例分析

1.2017 年 1 月 15 日,何某在被告某家具有限公司购得发票上称为是橡木的沙发、床各一件,价值计 3308 元。2018 年 12 月 11 日,原告通过当日《××日报》登载的文章得知自己所购橡木沙发、床实为橡胶木后,发觉自己的利益受到侵害,于 2019 年 2 月、5 月先后两次去函与被告交涉,提出赔偿要求。因双方协商未成,原告于 2019 年 7 月向法院提起诉讼。原告何某诉称:2018 年底,从《××日报》上得知自己在 2017 年 1 月 15 日从被告处购得的橡木沙发、床各一件实为橡胶木,故要求确认买卖行为无效,并由被告赔偿 3308 元。

被告某家具有限公司辩称:原告所购的沙发、床确为橡胶木,这是因为当时市场上对于橡木和橡胶木的标名比较混乱,所以在标名和发票上也写成橡木,但向原告收款是按橡胶木价格收取的,再则原告起诉时已超过法定诉讼时效,故不同意原告诉讼请求。

请问:何某与某家具有限公司的买卖行为是否有效?何某向法院起诉时是否已超过法定诉讼时效?某家具有限公司是否应承担法律责任?如是,应如何承担?

2.2018 年 2 月 22 日上午,吉林省某市消费者郑某在将三节电池装入电子游戏机时,其中一节在其右手中爆炸,伤及其右手及面部,郑某当即被护送至某市人民医院住院治疗。经治疗后,郑某右手小指近端指面关节以下缺失,无名指远端指间关节畸形愈合,不能伸直,中指指面关节略畸形,食指近端和远端指间关节屈曲障碍。经某市中级人民法院法医鉴定,郑某右手炸伤被定为伤残九级。经查:爆炸的 5 号充电电池是吉林省某市百货公司从一名自称是福建某无线电厂推销员的孙某手中购买的,单价为 12 元,电池上无中文标识,此事发生后孙某下落不明。

请问:郑某应找谁赔偿损失?如何赔偿?本案问题可通过哪些途径解决?

第十章　票据法

学习目标

★ 了解票据的概念和特征

★ 掌握票据权利的取得

★ 掌握汇票的主要规定

★ 熟悉票据权利与抗辩

理论精要

【案例导入】

甲公司与乙公司签订了一份购销合同，约定乙公司向甲公司出售价值50万元的商品，甲公司收货后3天内付款。乙公司因资金不够，向甲公司开出一张期限3个月、面额为50万元的商业汇票。分析：

(1)什么是商业汇票？其支付方式有什么优点？

(2)票据有哪几种，各有什么作用？

第一节　票据法概述

一、票据的概念和特征

票据的概念有广义、狭义之分。广义的票据包括各种有价证券和凭证，如股票、企业债券、发票、提单、仓单等。狭义的票据则是指我国票据法规定的票据，即出票人依法签发的，约定由自己或委托他人在见票时或者指定的日期向收款人或者持票人无条件支付一定金额的有价证券，包括汇票、本票和支票。我国票据法上的票据具有以下特征：

(一)无因性

此为整个票据法律制度之基石。票据是支付命令或承诺，出票人之所以作出这样的命令或承诺，一般是因为他与收款人之间另有法律关系存在，在该法律关系中他负有向收款人支付一定金额的义务，这一基础法律关系即是票据的因，比如买卖合同关系。票据权利的行使以持有票据为必要条件，持票人无须证明其取得票据的原因。只要票据形式要件合法，票据权利人取得票据的基础关系是否有效，不影响票据权利人行使票据权利。

(二)流通性

在票据到期之前，票据权利可以依法转让，其流通方式简捷便利，能够迅速完成，转让的次数越多，票据的使用度越高，可靠性越强。

(三)文义性

票据所体现的权利义务内容严格按照票据所载文义加以确定，不得依照票据记载以外的事实，对行为人的意思作出与票据所载文义不同的解释，或对票据所载文义予以补充或变更。如，实际出票日期与票据所载的出票日期不一致，必须以票据所载出票日期为准。

（四）要式性

票据格式、记载事项和一切票据行为必须严格遵照票据法律法规所作的规定，否则票据效力将受影响，甚至无效。

二、票据的作用

（一）支付作用

支付是票据的原始职能，也是票据的基本职能。票据作为支付手段，具有代替现金的作用。现实活动中如果全部用现金支付，既不方便，也不安全。使用票据支付，既可以解决手续上的烦琐，又利于准确、简便、安全的目的。票据也可以作为异地支付的工具，因此具有汇兑作用。票据的这种汇兑作用，以汇票最为显著。

（二）信用作用

在市场经济中，利用信用发展经济是各企业通用的手段，而票据就是“信用的证券化”。在现代经济交往中，买卖双方之间的延期付款，个人之间的借贷，都可以利用票据这一信用关系。票据的信用作用，还表现在票据贴现和以票据担保债务上。以票据贴现时，票据持有人如在票据到期前需要现款，可以把未到期的票据提交银行贴现以取得现款，使未来的可用资金变为现实的可用资金。以票据承担债务时，债务人向债权人借款，为使债权人得到保障，债务人签发汇票请求具有信用的人在汇票上承兑，这样一来使票据的付款得到保障，也就是增加了债务人的信用。

（三）结算作用

票据的结算功能是指当事人之间互相持有对方的票据，双方加以互相抵消清算，其实质是支付功能的延伸。票据的结算功能在贸易中使用非常广泛，于是各种票据交换所、票据交换中心纷纷出现，这就起到了简化手续、提高效率、节约流通货币、保障交易安全的作用。如北京A公司购买了上海B公司的10万元商品，上海B公司又购买了天津C公司的10万元商品，在实际结算中，利用票据制度，A公司开出一张向B公司付款的汇票，B公司背书后将该汇票寄给C公司即可，一张票据就清偿和抵消了两笔债务，提高了资金的使用效率。

（四）融资功能

票据的融资功能，主要是通过票据贴现来实现的。在现代金融中，票据贴现业务已成为一项重要业务，这一业务出现后，票据的融资功能日益突出。银行经营票据贴现业务，实际上是向需要资金的企业提供资金，当需要资金的人为了调度资金而持未到期票据要求银行贴现时，这时的票据实际上已成为单纯的融资手段。

三、票据行为

（一）票据行为的概念

广义的票据行为是指票据关系的当事人之间以发生、变更或终止票据关系为目的，以在票据上签名或盖章为权利义务成立要件的法律行为。狭义的票据行为是指票据关系的当事人之间发生的以票据债务为目的法律行为，主要包括出票、背书、承兑和保证。票据行为具有独立性，即在同一票据上所为的若干票据行为分别依各行为人在票据上所作记载独立地发生效力，先票据行为无效不影响后续票据行为的效力，某一票据行为无效不影响其他票据行为的效力。

（二）票据行为成立的要件

1.实质要件

（1）行为人必须具有从事票据行为的能力。《票据法》规定，无民事行为能力人或者限制民事行为能力人在票据上签章的，其签章无效，但不影响其他签章的效力。

（2）行为人的意思表示必须真实或无缺陷。票据的取得和转让，应当遵循诚实信用的原则，以欺诈、偷盗或者胁迫等手段取得票据的，或者明知有前述情形，出于恶意取得票据的，不得享有票据权利。

2.形式要件

（1）书面：票据行为必须以书面形式和法定格式作成方得发生效力。票据凭证的格式和印刷管理办法由中国人民银行规定。

（2）签章：票据上的签章，为签名、盖章或者签名加盖章。法人和其他使用票据的单位在票据上的签章，为该法人或者该单位的盖章加其法定代表人或者其授权的代理人的签章。个人在票据上的签章，应为该个人本名的签名或者盖章。在票据上签章的人须依照票据所载事项承担票据责任。

出票人在票据上的签章不符合规定的，票据无效；其他人在票据上的签章不符合规定的，或者无民事行为能力人、限制民事行为能力人在票据上签章的，其签章无效，但不影响其前手符合规定签章的效力，即其他有效签章人仍应承担票据责任。

（3）票据记载事项：票据名称字样、无条件支付的委托和承诺、确定的金额（中文大写与数码不一致时，票据无效）、出票日期、出票人签章是汇票、本票、支票共同的绝对记载事项。此外，汇票还必须记载付款人和收款人名称，本票须记载收款人名称，支票须记载付款人名称。

四、票据权利与抗辩

（一）票据权利

1.票据权利的概念

票据权利是指持票人向票据债务人请求支付票据金额的权利。票据权利包括付款请求权和追索权。

付款请求权是指持票人向票据债务人请求按票面金额付款的权利，是第一次请求权，也是票据上的主权利；票据追索权是指票据当事人行使付款请求权遭到拒绝或其他法定原因存在时，向其前手请求偿还票据就金额及其他法定费用的权利，是第二次请求权，它是第一次请求权不能实现时才得以行使的权利，也称从票据权利。

2.票据权利的取得

票据权利是以持有票据为依据的，行为人合法取得票据，即取得了票据权利。当事人取得票据主要有以下几种情况：（1）从出票人处取得；（2）从持有票据的人处受让票据；（3）依税收、继承、赠与、企业合并等方式获得票据。

票据的取得必须给付对价，无对价或无相当对价取得票据的，如属于善意取得，仍然享有票据权利，但该票据权利不能优于其前手。以欺诈、偷盗、胁迫、恶意或重大过失取得票据的人，不享有票据权利。

3.票据权利的消灭

票据权利的消灭是指因发生一定的法律事实而使票据权利不复存在。票据权利可因履行、免除、抵消等事由的发生而消灭,也可因票据时效期间届满而消灭。《票据法》规定,票据权利在下列期限内不行使而消灭:(1)持票人对票据的出票人和承兑人的权利,自票据到期日起 2 年;见票即付的汇票、本票,自出票起 2 年。(2)持票人对支票出票人的权利,自出票日起 6 个月。(3)持票人对前手的追索权,在被拒绝承兑或者被拒绝付款之日起 6 个月。(4)持票人对前手的再追索权,自清偿日或者被提起诉讼之日起 3 个月。

4.票据权利的补救

票据权利与票据是紧密相连的。票据一旦丧失,票据权利的实现就会受到影响。票据丧失后可采取挂失止付、公示催告、普通诉讼三种方式进行补救。

(1)挂失止付

挂失止付是指失票人将票据丧失的事实通知付款人,并要求付款人暂停支付票据款项的一种方法。只有确定付款人或代理付款人的票据丧失时才可进行挂失止付,具体包括已承兑的商业汇票、支票、填明"现金"字样和代理付款人的银行汇票以及填明"现金"字样的银行本票四种。挂失止付并非票据丧失后采取的必经措施,而只是一种暂时的预防措施,最终要通过申请公示催告或提起普通诉讼的方式进行补救。

(2)公示催告

公示催告是指人民法院根据失票人的申请,以公告方法告知并催促不确定利害关系人在限期内向人民法院申报权利,逾期未申报权利,人民法院通过除权判决宣告所丧失票据无效的一种制度。失票人应当在通知挂失止付后 3 日内,也可以在票据丧失后,依法向人民法院申请公示催告。

(3)普通诉讼

普通诉讼是指票据的失票人向人民法院提起民事诉讼,要求法院判定付款人向其支付票据金额的活动。如果与票据上的权利有利害关系的人是明确的,无须公示催告,可按一般的票据纠纷向法院提起诉讼。

【思考 10-1】甲公司财务室被盗,丢失现金支票 1 张、转账支票 1 张、未填明"现金"字样的银行本票 1 张,甲公司可以采取什么方式补救票据权利?

(二)票据抗辩

票据抗辩是指票据的债务人依照《票据法》的规定,对票据债权人拒绝履行义务的行为。根据抗辩原因及抗辩效力的不同,票据抗辩可分为对物抗辩和对人抗辩。

1.对物抗辩

对物抗辩是指基于票据本身的内容而发生的事由所进行的抗辩。这一抗辩可以对任何持票人提出。其主要包括以下情形:(1)票据行为不成立而为的抗辩,如票据应记载的内容有欠缺,因欺诈、偷盗、胁迫、恶意、重大过失取得票据等;(2)依票据记载不能提出请求而为的抗辩,如票据未到期等;(3)票据载明的权利已消灭或失效而为的抗辩,如票据债权因付款、抵消、除权判决、时效届满而消灭等;(4)票据权利的保全手续欠缺而为的抗辩,如行使追索权时未出具付款请求被拒绝的证明等;(5)票据上有伪造、变造情形而为的抗辩。

2.对人抗辩

对人抗辩是指基于人的事由发生的抗辩，这一抗辩多与票据的基础关系有关。票据债务人只能对基础关系中的直接相对人不履行约定义务的行为进行抗辩，如果该票据已经被依法转让给了第三人，票据债权人则不能对第三人抗辩。如甲因购买商品而给乙签发了一张票据，若乙的货物有质量问题，则甲可以向乙主张抗辩，拒绝付款。若乙将该票据依法转让给了丙，则甲不能拒绝向丙付款。

票据债务人与出票人或持票人前手之间存在的抗辩事由，不得用于对抗持票人。

五、票据的伪造和变造

1.票据的伪造

票据的伪造是指假冒他人名义或以虚构人的名义而进行的票据行为。如在空白票据上伪造出票人的签章或者盗盖出票人的印章而进行出票等。票据上有伪造签章的，不影响票据上其他真实签章的效力，即在票据上真实签章的人，仍应对被伪造的票据的债权人承担票据责任，当票据债权人依法行使票据权利时，在票据上真实签章的人不能以伪造为由进行抗辩。

2.票据的变造

票据的变造是指无权更改票据内容的人，对票据上签章以外的记载事项加以变更的行为，如变更票据上的到期日、付款日、付款地、金额等。

六、票据法

票据法是指规定票据的种类、形式、内容以及当事人之间权利义务关系的法律规范的总称。票据法有广义、狭义之分。广义的票据法，是指各种法律中有关票据规定的总称，包括狭义的《票据法》、《民法》、《银行法》等法律、法规中有关票据的规定。狭义的票据法则仅指1995年5月10日全国人大常务委员会通过的《中华人民共和国票据法》(以下简称《票据法》)，该法于1996年1月1日正式实施，于2004年进行了修订。我国《票据法》具有强行性、技术性、国际统一性等特点。

第二节　汇票

一、汇票概述

(一)汇票的概念

汇票是出票人签发的，委托付款人在见票时或者在指定日期无条件支付确定的金额给收款人或者持票人的票据。

汇票关系中有三个基本当事人，即出票人、付款人和收款人。出票人是指依法签发汇票委托他人付款的人，付款人是指按照出票人的付款委托无条件支付汇票金额的人，收款人是指汇票上记载的收取票款的人。

(二)汇票的分类

按出票人不同，可分成银行汇票和商业汇票。银行汇票是指银行签发的汇票，商业汇票是由银行以外的企事业单位、机关、团体等签发的汇票。商业汇票按承兑人的不同，分为商业承兑汇票和银行承兑汇票。商业承兑汇票由银行以外的付款人承兑，银行承兑汇票由银行承兑。

按付款日期不同，汇票可分为即期汇票和远期汇票。即期汇票即见票即付的汇票，例如银行汇票；远期汇票通常指商业汇票，按照付款期限的不同可分为定期付款、见票后定期付款、出票后定期付款三种类型。

二、汇票的出票

出票是指出票人签发票据并将其交付给收款人的票据行为。出票实际包括两个行为：一是出票人依照《票据法》的规定做成票据，即在原始票据上记载法定事项并签章；二是交付票据，即将做成的票据交付给他人。汇票的出票人必须与付款人具有真实的委托付款关系，并且具有交付汇票金额的可靠资金来源；汇票的出票人不得签发无对价的汇票以骗取银行或者其他票据当事人的资金。

（一）汇票的记载事项

1.绝对应记载事项

汇票的绝对应记载事项是指《票据法》规定必须在票据上记载的事项，如不记载，汇票无效。

纸质汇票的绝对记载事项包括：(1)标明“×××汇票”的字样；(2)无条件支付的委托/承诺；(3)确定的金额；(4)付款人名称；(5)收款人名称；(6)出票日期；(7)出票人签章。

票据金额以中文大写和阿拉伯数字同时记载，两者必须一致，不一致时，票据无效。

2.相对应记载事项

相对应记载事项是指《票据法》规定应该记载而未记载，但并不影响汇票本身的效力，适用法律有关规定的事项。如汇票上未记载付款日期的，视为见票即付；未记载付款地或出票地的，以付款人或出票人的营业场所、住所或者经常居住地为付款地或出票地。相对记载事项主要有付款日期、付款地、出票地等。

3.任意记载事项

任意记载事项，是指出票人可以选择是否记载的事项，该事项一经记载即发生《票据法》上的效力。如出票人在汇票上记载“不得转让”字样的，汇票即不得转让。

4.非法定记载事项

汇票的非法定记载事项是指《票据法》规定记载后不产生票据上的效力的事项。主要是指与汇票的基础关系有关的事项，如签发票据的原因或用途、该票据项下交易的合同号码等。

（二）出票的效力

汇票出票人依法完成出票行为后即产生票据上的效力，即收款人取得票据权利；付款人基于出票人的付款委托使其具有承兑人的地位，在其对汇票进行承兑后，即成为汇票上的主债务人；出票人承担保证该汇票承兑和付款的责任。

【思考 10-2】汇票出票人依法完成出票行为后，付款人即成为汇票上的主债务人。这一说法正确吗？

三、汇票的背书

背书是指持票人在票据的背面或粘单上记载有关事项并签章，将汇票权利让与他人的一种票据行为。票据转让必须做成记名背书。票据凭证不能满足背书人记载事项的需要，可以加附粘单，黏附于票据凭证上。粘单上的第一记载人，应当在汇票和粘单的粘接处签章。

(一)背书记载事项

背书应记载的事项包括背书人签章、被背书人名称和背书日期。其中前两项属于绝对记载事项；背书日期如未记载，则视为在汇票到期日前背书。

背书不得附有条件，附有条件的，所附条件不具有汇票上的效力，但背书转让仍然有效。此外，将汇票金额的一部分转让或将汇票金额分别转让给两人以上的背书无效。

(二)禁止背书的记载

禁止背书的任意记载事项，如果背书人不愿意对其后手以后的当事人承担票据责任，即可在背书时记载禁止背书。《票据法》规定，背书人在汇票上记载“不得转让”字样，其后手再背书转让的，该转让不产生《票据法》上的效力，而只具有普通债权让与的效力，原背书人对后手的背书人不承担保证责任。

(三)背书连续

背书连续是指在票据转让中，转让汇票的背书人与受让汇票的被背书人在汇票上的签章依次前后衔接。例如，第一次背书的被背书人是第二次背书的背书人，第二次背书的被背书人是第三次背书的背书人，依此类推。若背书形式上不连续，票据并非无效，仅背书间断后的持票人不得主张票据上的权利，如果持票人非经背书转让而以其他合法方式取得汇票的(如质押、委托收款取得等)，必须依法举证，证明其汇票权利。

汇票被拒绝承兑、被拒绝付款或者超过付款提示期限的，不得背书转让；背书转让的，背书人应当承担汇票责任。

【思考 10-3】甲公司从乙公司购入一批设备，给乙公司开出期限为两个月的商业承兑汇票一张，面额为 50 万元。后乙公司依法将该汇票背书转让给丙，丙将汇票遗失，被 A 捡到，A 便将该汇票背书转让给丁，该汇票到期，付款人是否应该给丁付款?

四、汇票的承兑

承兑是指付款人承诺在汇票到期日支付汇票金额的票据行为，是远期商业汇票特有的制度。商业汇票是一种出票人委托他人付款的委托证券，只有在付款人表示愿意向收款人或持票人支付汇票金额后，持票人才可于汇票到期日向付款人行使付款请求权。

(一)承兑的程序

1.提示承兑

提示承兑是指持票人向付款人出示汇票，并要求付款人承诺付款的行为。提示期限因汇票种类不同而有所区别。

见票即付的汇票，因请求承兑的同时就意味着请求付款，因此，无须提示承兑；定日付款或者出票后定期付款的汇票，持票人应当在汇票到期日前向付款人提示承兑；见票后定期付款的汇票，持票人应当自出票日起 1 个月内向付款人提示承兑。持票人未在提示期限内请求承兑的，丧失对其前手的追索权。

【思考 10-4】下列汇票中，哪些属于无须提示承兑的汇票？（　　）

A.见票后定期付款的汇票　　B.见票即付的汇票

C.定日付款的汇票　　D.出票后定期付款的汇票

2.承兑的记载事项

承兑的记载事项包括三项，即承兑文句、承兑日期、承兑人签章。其中承兑文句和承兑人签章是绝对应记载事项，承兑日期属于相对应记载事项，但见票后定期付款的汇票，则必须记载日期。付款人承兑汇票，不得附有条件；承兑附有条件的，视为拒绝承兑。

付款人应当自收到提示承兑的汇票之日起 3 日内承兑或者拒绝承兑。如果付款人在 3 日内不作承兑与否的表示，则视为拒绝承兑，持票人可以请求其作出拒绝承兑证明，向其前手行使追索权。

（二）承兑的效力

承兑的效力在于确定汇票付款人的付款责任。一经承兑，承兑人于票据到期日必须向持票人无条件地支付汇票上的金额。承兑人的票据责任不因持票人未在法定期限提示付款而解除，承兑人仍要对持票人承担票据责任。

【思考 10-5】甲公司在与乙公司的交易中获得面额为 100 万元的商业汇票一张，付款人为丙公司。甲公司请求丙公司承兑时，丙公司在汇票上签注："承兑，待账上有资金时支付。"丙公司的行为是否属于承兑？

五、汇票的保证

汇票的保证是指汇票债务人以外的第三人，以担保特定汇票债务人履行票据债务为目的，而在票据上所为的一种附属票据行为。

（一）保证的记载事项

保证人必须在汇票或粘单上记载下列事项：标明"保证"字样，保证人名称和住所，被保证人的名称，保证日期，保证人签章。

绝对应记载事项包括保证文句和保证人签章；相对应记载事项包括被保证人的名称、保证日期和保证人住所。未记载被保证人名称的，已承兑的汇票，承兑人为被保证人；未承兑的汇票，出票人为被保证人。未记载保证日期的，出票日期为保证日期。

（二）保证的记载方法

汇票的保证应当记载在汇票或者其粘单上，在票据之外签订的保证合同，不属于票据的保证。如果保证人是为出票人、承兑人保证的，则应记载于汇票的正面；如果保证人是为背书保证的，则应记载于汇票的背面或者粘单上。

（三）保证的效力

1.保证人的责任

保证人与被保证人对持票人承担连带责任。被保证的汇票到期后得不到付款的，持票人有权向保证人请求付款，保证人应当足额付款。保证人的票据责任从属于被保证人的债务，与被保证人负有同一责任，同时又不随被保证人的债务因实质原因无效而无效，只有当被保证人的债务因欠缺票据形式要件而无效时，如绝对记载事项欠缺等，保证才无效。

保证人为两个以上的，保证人之间承担连带责任。

2.保证人的权利

保证人向持票人清偿债务后，取得票据而成为持票人，享有票据上的权利，有权对被保证人及其前手行使追索权。

六、汇票的付款

付款是指付款人依据票据文义支付票据金额，以消灭票据关系的行为。付款不属于票据行为。

（一）付款提示

付款提示是指持票人向付款人或承兑人出示票据，请求付款的行为。

付款提示是付款的必经程序，如果持票人未在上述法定期限内为付款提示的，则丧失对其前手的追索权。但在作出说明后，承兑人或付款人仍应对持票人承担付款责任。

持票人应按下列期限提示付款：见票即付的汇票，自出票日起1个月内向付款人提示付款；定日付款、出票后定期付款或者见票后定期付款的汇票，自到期日起10日内向承兑人提示付款。

通过委托收款银行或者通过票据交换系统向付款人提示付款的，视同持票人提示付款。

（二）支付票款

持票人依法向付款人进行付款提示后，付款人应当在当日无条件地按票据金额足额付款。

付款人或者代理付款人在付款时应当尽审查义务。对持票人是否为合法权利人负有形式审查义务，即应当审查汇票背书的连续和应记载事项，并审查提示付款人的合法身份证明或者有效证件。

付款人及代理人以恶意或有重大过失付款的，应当自行承担责任。此外，如果付款人对定日付款、出票后定期付款或者见票后定期付款的汇票在到期日前付款，应由付款人自行承担所产生的责任，即当持票人不是票据权利人时，对于真正的票据权利人并不能免除其票据责任，而对由此造成损失的，付款人只能向非正当持票人请求赔偿。

（三）付款的效力

付款人依法足额付款后，全体汇票债务人的责任解除。但是，如果付款人付款存在瑕疵，即未尽审查义务而对不符合法定形式的票据付款，或其存在恶意或重大过失而付款的，则不发生上述法律效力，付款人的义务不能免除，其他债务人也不能免除责任。

七、汇票的追索权

追索权是指持票人在票据到期不获付款或期前不获承兑或有其他法定原因，并在实施行使或保全票据上权利的行为后，可以向其前手请求偿还票据金额、利息及其他法定款项的一种票据权利。追索权是在票据权利人的付款请求权得不到满足之后，法律赋予持票人对票据债务人进行追偿的权利。

（一）追索权的当事人

追索权的当事人包括追索权人和偿还义务人。追索权人包括最后的持票人和因清偿而取得票据的人，即向自己的后手已做清偿的持票人。偿还义务人包括出票人、背书人、承兑人、保证人。

追索权与付款请求权在权利行使对象上有一定的区别,付款请求权的行使对象是票据上的付款人;追索权的行使对象可以是票据上的主债务人,但主要还是票据上的次债务人,如票据上的出票人、背书人、保证人等。

(二)追索权的行使

1.追索权行使的原因

发生下列情形之一的,持票人可以行使追索权:(1)汇票到期被拒绝付款;(2)汇票在到期日前被拒绝承兑;(3)在汇票到期日前,承兑人或付款人死亡、逃匿的;(4)在汇票到期日前,承兑人或付款人被依法宣告破产或因违法被责令终止业务活动。

2.追索权的保全

持票人行使追索权必须履行一定的保全手续而不致使追索权丧失。保全手续包括:(1)在法定提示期限提示承兑或提示付款。(2)取得拒绝证明。持票人在行使追索权之前,应对被拒绝的事实负举证责任。持票人不能出示拒绝证明的,将丧失对其前手的追索权。拒绝证明主要有拒绝证书、退票理由书、汇票上记载拒绝事由等形式。

3.追索权行使的程序

(1)发出追索通知。持票人应当自收到被拒绝承兑或者被拒绝付款的有关证明之日起3日内,将被拒绝事由通知其前手,其前手应当自收到通知之日起3日内书面通知其再前手。持票人也可以同时向各汇票债务人发出书面通知。未按照上述规定期限通知的,持票人仍可以行使追索权。因延期通知给其前手或者出票人造成损失的,由没有按照规定期限通知的汇票当事人承担对该损失的赔偿责任,但是所赔偿的金额以汇票金额为限。

(2)确定追索对象。持票人可以不按照汇票债务人的先后顺序,对其中任何一人、数人或者全体行使追索权。持票人对票据债务人中的一人或者数人已经进行追索的,对其他票据债务人仍可以行使追索权。但是,持票人为出票人的,对其前手无追索权,持票人为背书人的,对其后手无追索权。

汇票的出票人、背书人、承兑人和保证人对持票人承担连带责任。被追索人清偿债务后,与持票人享有同一权利。

(3)追偿金额。持票人行使追索权,可以请求被追索人支付以下金额与费用:被拒绝付款的汇票金额;汇票金额自到期日或者提示付款日起至清偿日止,按照中国人民银行规定的同档次流动资金贷款利率计算的利息;取得有关拒绝证明和发出通知书的费用。

【思考10-6】A公司与B公司签订了一份价款为20万元的买卖合同,A公司收到B公司签发的商业承兑汇票一张,期限为3个月。1个月后,A将该汇票转让给C,甲公司在票据上记载了保证事项,后C转让给了D,D又转让给了E,E公司于到期日向B公司提示付款,因银行存款不足遭退票,E公司向甲公司行使追索权,甲公司以E公司应该先向D追索为由拒绝。试分析:

(1)甲公司的主张是否合法?为什么?

(2)若E公司未在取得拒绝证明书的3日内发出追索通知,还能否追索?

(3)若E公司未在法定提示付款期内向B公司提示付款,能否向前手行使追索权?

第三节　本票和支票

一、本票

(一)本票的概念和特征

本票是出票人签发的,承诺自己在见票时无条件支付确定的金额给收款人或者持票人的票据。我国《票据法》所指的本票仅指银行本票,并限于见票即付。其特征如下:

1.本票是自付证券,它是由出票人自己对收款人支付并承担绝对付款责任的票据。这是本票和汇票、支票最重要的区别。在本票法律关系中,基本当事人只有出票人和收款人,债权债务关系相对简单。

2.无须承兑。本票的背书、保证、付款行为和追索权的行使,除特别规定外,适用汇票法律制度。但是由于本票是由出票人本人承担付款责任,无须委托他人付款,所以,本票无须承兑就能保证付款。

(二)本票的记载事项

本票的出票人必须具有支付本票金额的可靠资金来源,并保证支付。银行本票的出票人,为经中国人民银行当地分支行批准办理银行本票业务的银行机构。

1.本票的绝对记载事项包括:(1)标明"本票"的字样;(2)无条件支付的承诺;(3)确定的金额;(4)收款人的名称;(5)出票日期;(6)出票人签章。

2.本票的相对记载事项包括:(1)付款地。本票上未记载付款地的,出票人的营业场所为付款地。(2)出票地。本票上未记载出票地的,出票人的营业场所为出票地。

(三)本票的付款

银行本票是见票付款的票据,收款人或持票人在取得银行本票后,随时可以向出票人请求付款。本票自出票日起,付款期限最长不得超过 2 个月。持票人未按规定期限提示见票的,丧失对出票人以外的前手的追索权。

二、支票

(一)支票的概念

支票是出票人签发的,委托办理支票存款业务的银行或其他金融机构在见票时,无条件支付确定的金额给收款人或持票人的票据。

支票的基本当事人有三个:出票人、付款人和收款人。支票是一种委付证券,与汇票相同,与本票不同。支票有两个显著的特点:一是以银行或者其他金融机构作为付款人,二是见票即付。

(二)支票的种类

支票按照支付票款的方式可以分为普通支票、现金支票和转账支票三种。

现金支票专门用于支取现金。转账支票专门用于转账,不得用于支取现金。普通支票既可以转账,也可以支取现金。用于转账的,可在普通支票左上角加划两条平行线,也称划线支票;未划线的普通支票,可用于支取现金。

在实践中，我国一直采用的是现金支票和转账支票，没有普通支票，但为了方便当事人，并借鉴国外的方法经验，《票据法》便规定了普通支票的形式。

支票的背书、保证、付款行为和追索权的行使，除特别规定外，适用有关汇票的规定。

（三）支票的记载事项

支票的出票人为在经中国人民银行当地分支行批准办理支票业务的银行机构开立的可以使用支票的存款账户的单位和个人。

1.支票的绝对应记载事项，包括：(1)标明“支票”的字样；(2)无条件支付的委托；(3)确定的金额；(4)付款人名称；(5)出票日期；(6)出票人签章。支票上未记载上述规定事项之一的，则支票无效。

2.支票相对应记载事项，包括：(1)付款地。未记载付款地的，以付款人营业场所为付款地。(2)出票地。未记载出票地的，以出票人的营业场所、住宅或者经常居住地为出票地。

支票的金额、收款人名称可以由出票人授权补记。未补记前，不得背书转让和提示付款。

（四）支票的付款

出票人必须按照签发的支票金额承担保证向该支票的持票人付款的责任，出票人在付款人处的存款足以支付支票金额时，付款人应当在当日足额付款。

支票限于见票即付，不得另行记载付款日期。另行记载付款日期的，该记载无效。持票人应当自出票日起 10 日内提示付款，超过提示付款期限的，付款人可以不予付款；付款人不予付款的，出票人仍应当对持票人承担票据责任。

禁止签发空头支票、签发印章与预留印鉴不符的支票。否则，可由中国人民银行按票面金额对其处以 5%，但不低于 1000 元的罚款；同时因签发空头支票对持票人造成损害的，持票人也有权要求出票人按票面金额的 2%支付赔偿金。

表 10-1　票据提示承兑、提示付款期限一览表

票据种类		提示承兑期限	提示付款期限
商业汇票	见票即付	无须提示承兑	出票日起 1 个月
	定日付款	到期日前提示承兑	到期日起 10 天
	出票后定期付款		
	见票后定期付款	出票日起 1 个月	
银行汇票		见票即付 无须提示承兑	出票日起 1 个月内
银行本票			出票日起 2 个月内
支　票			出票日起 10 日

【思考 10-7】A 公司向 B 公司购买一批货物，于 8 月 20 日签发一张转账支票给 B 公司用于支付货款，但 A 公司在支票上未记载收款人名称，约定由 B 公司自行填写，B 公司取得支票后，在支票收款人处填写上 B 公司名称，并于 8 月 20 日将该支票背书转让给 C 公司。C 公司于 9 月 3 日向付款银行提示付款，A 公司在付款银行的存款足以支付支票金额。试分析：

(1)A 公司签发的未记载收款人名称的支票是否有效?
(2)A 公司签发的支票能否向银行支取现金?
(3)付款银行能否拒绝向 C 公司付款?为什么?

课后练习

一、选择题

1.下列选项中,属于变造票据的有哪些?( )
A.变更票据金额 B.变更票据上的到期日
C.变更票据上的签章 D.变更票据上的付款日

2.下列有关汇票的表述中,正确的有哪些?( )
A.汇票未记载收款人名称的,可由出票人授权补记
B.汇票未记载收款日期的,汇票无效
C.汇票未记载出票日期的,汇票无效
D.汇票未记载付款地的,以出票人的营业场所、住所或经常居住地为付款地

3.下列关于票据背书的表述中,正确的有哪些?( )
A.背书人在背书时记载"不得转让"字样的,其后手再行背书转让的行为无效
B.背书附条件的,背书无效
C.部分转让票据权利的背书无效
D.将汇票金额分别转让给两人以上的,该背书转让无效

4.发生下列哪些情形时,持票人可以行使票据追索权?( )
A.汇票被拒绝承兑 B.付款人因违法被责令停业
C.付款人逃匿 D.背书人破产

5.下列关于本票的表述中,正确的有哪些?( )
A.付款日期是本票的绝对应记载事项
B.本票的基本当事人只有出票人和收款人
C.本票无须承兑
D.本票是由出票人本人对持票人付款的票据

6.支票记载事项中,哪些可以授权补记?( )
A. 付款人 B. 支票的金额 C. 收款人 D.出票日期

二、问答题

1.简述汇票的绝对记载事项和相对记载事项。
2.票据丧失后如何补救?
3.如何理解票据的无因性?

三、案例分析

1.A 公司与 B 公司订立了买卖空调的合同,后 A 公司于 2022 年 7 月 8 日给 B 公司开出

一张10万元的银行承兑汇票。B公司因向C公司购买原材料将此汇票背书转让给C公司，但事后发现C公司欺骗了B公司，根本无货可供，于是，B公司便马上通知付款人停止向C公司付款。但C公司并未向付款人请求支付票款，而是将该汇票又背书转让给了D公司，D公司不知此汇票系诈骗所得，于2022年9月3日向付款人请求付款，遭到拒绝。理由是：B公司已通知付款人停止付款，且该汇票未记载付款日期，为无效票据。

请问：付款人的退票行为是否符合法律的规定，为什么？

2.A公司签发一张金额为6万元的汇票给B，B依法承兑后将该汇票背书转让给C。C获得此汇票后，将该汇票赠予D。D又将汇票背书转让给E，并提供了受赠该汇票的证明。E获得该汇票后，将汇票金额改为16万元后背书转让给F。F向付款人请求付款，遭到拒绝。理由是：该汇票背书不连续，且汇票金额已被涂改过，属于变造的汇票，因此予以退票。

请问：付款人退票的理由能否成立，为什么？

3.甲公司于2月10日向乙公司发出100万元的货物，乙公司将一张出票日期为2月15日、金额为200万元、期限为3个月的商业承兑汇票交给甲公司。3月10日，甲公司在与丙公司的买卖合同中，将该汇票背书转让给丙公司，A企业在汇票上记载了保证事项。4月10日，丙公司又将该汇票背书转让给了丁公司，但丙公司在汇票上记载“只有丁公司货物质量没问题时，该汇票才发生背书转让效力”。同年5月18日，持票人丁公司向乙公司开户银行提示付款时，银行以乙公司未能足额交存票款为由，拒绝付款，并于当日签发拒绝证明。试分析：

(1)持票人丁公司应在什么时间之前向银行提示付款？

(2)丙公司背书所附条件是否具有票据上的效力？

(3)丁公司提示付款遭拒绝后，可向谁追索？为什么？

(4)如果A企业代为履行票据付款义务，则A企业可向谁行使追索权？为什么？

第十一章　中央银行法

理论精要

【案例导入】

2009年4月16日，郭女士的母亲傅某因病意外去世，没有留下任何遗言。为了解母亲的遗产情况，郭女士选择了她认为最便捷的方法：请求对银行业有监管职责的人民银行佛山支行查询母亲的账户情况，然后向自己公开。在郭女士看来，佛山支行在管理征信系统时，必然可以接触到母亲在佛山的所有账户信息。

2012年3月6日，郭女士填写了一份申请表，要求佛山支行公开现任领导情况、三定方案、傅某在佛山开设的银行账户情况以及自己继承母亲银行存款的程序和所需表格。在提交申请表的同时，郭女士还一并提交了户口簿和派出所出具的户籍证明材料，证明自己作为傅某的合法继承人，有权查询母亲的账户信息。

2012年3月26日，佛山支行作出答复，介绍了自己领导班子成员及分工情况。该行还答复郭女士可自行上互联网搜索由国务院制定的人民银行三定方案，而傅某的账户信息属不予公开的范围，自己不掌握办理继承所需程序和材料等信息，郭女士需要咨询相关单位。郭女士不满意该答复，诉至法院。

法院经两次开庭认为，被告支行在原告提出申请后的15个工作日进行答复，并有效送达给原告，行政程序合法。被告告知原告三定方案由国务院制定，并已主动公开，原告可在互联网查询的做法，符合法律规定。傅某的银行账户信息不属于政府信息的范畴。继承程序涉及多个部门和法律关系，被告履行职责的过程中，无法掌握继承财产所需要的表格和相关程序，而且原告提供的身份证明材料无法证明自己是傅某的唯一合法继承人，其对母亲遗产主张权利存在主体方面的瑕疵，原告的申请应不予支持，遂作出上述判决。法院的判决是否正确？中国人民银行在支付结算领域具有哪些职权？傅某的银行账户信息是否属于政府信息？

第一节　中央银行法概述

一、中央银行

中央银行是指一国负责制定和执行货币政策，调解货币流通，提供金融服务，维护金融稳定，实施金融监管的特殊金融机构。中央银行是一国最高的货币金融管理机构，在各国金融体系中居于核心地位。

中央银行与商业银行不同，从大多数国家的情况来看，其不属于普通商事主体，具有公法人的性质。而商业银行则均属于私法人和以营利为目的一般商事主体。这从两者设立的法律依据角度也同样可见一斑：中央银行一般依据各国的《中央银行法》而设立；商业银行则依据《商业银行法》和《公司法》等法律而设立。从设立目的来看，中央银行主要是为国家的金融宏观调控目的而设，商业银行则主要是以营利目的而设。当然，商业银行也不能完全"唯利是图"，必须服从中央银行的金融宏观调控行为，从而更好地服务于国家实体经济的发展。

二、中央银行法

中央银行法是确立中央银行的法律性质和地位，明确中央银行的各项权力和职责的各种法律规范的总称。

1.明确中央银行的法律性质

关于中央银行的法律性质，各国存在较大的差别，学术界也存在激烈的争论。比如，有的学者认为，中央银行应当是国家机关，代表国家履行金融调控职能。有的学者认为，中央银行虽然具有金融调控职能，但也具有金融机构的属性。但总体上来说，我们对绝大多数国家中央银行进行考察发现，就法律性质而言，中央银行应当属于国家调控宏观经济、干预和监督金融市场的特殊国家金融管理机关。

2.明确中央银行的法律地位

中央银行的法律地位即法律规定中央银行在国家机构体系中的地位，突出表现为中央银行在制定和执行货币政策的过程中所享有的独立性问题。鉴于各国的经济金融体制、政治制度的差异以及各国的文化背景等方面的差异，各国中央银行法对中央银行的独立性的规定呈现出不同的模式，通过归纳，我们认为主要有如下三种类型：

(1)独立性较强的中央银行。这种类型的中央银行往往直接对国会负责，可以完全独立地制定和执行货币政策。国家政府不得对中央银行实施干预。代表国家有美国、瑞典、瑞士、德国等。

(2)相对独立的中央银行。这种类型的中央银行大多是在名义上隶属于国家财政部，但其实在实际运作的过程中又具有相对的独立性。代表国家有英国、马来西亚、泰国、日本、挪威、加拿大等。

(3)几乎不具有独立性的中央银行。这种类型的中央银行一般隶属于政府，无论组织机构、人员编制还是货币政策的制定和执行均从属于政府的意志，收到国家政府的严重干预和管制。通常，货币政策的制定和执行需要中央政府的批准，并且中央政府可以通过行政命令等随时暂停、中止甚至终止中央银行的货币政策。代表国家有澳大利亚、意大利、比利时。

3.明确中央银行的职能

中央银行的职能是指中央银行作为特殊的国家金融宏观调控机关所应当具备的作用，是中央银行法律性质的直接反映，同时又与中央银行的独立性具有十分密切的联系。传统中央银行法多将中央银行的职能表述为发行的银行、银行的银行、政府的银行三种。而现代各国一般将中央银行的职能表述为金融宏观调控职能、金融监管职能和金融服务职能三种：

(1)金融宏观调控职能

金融宏观调控是指中央银行通过金融手段，制定和执行货币政策，从而对国家的货币、信用活动进行有目的、有目标的调节和控制。中央银行金融宏观调控的主要目标是货币供应量，主要的货币政策工具包括存款准备金管理制度、再贷款制度、再贴现制度以及公开市场操作等。

(2)金融监管职能

金融监管职能是指中央银行作为国家金融监督管理机关，依据法定的职权对金融机构和金融市场进行微观监管。该职能大致包括两个方面的内容：一是对商业银行和其他金融机构(比如信托公司等)进行业务监督和管理。二是对金融市场的设置、市场准入、市场运营等问题实施监管。从而维护金融系统的稳定。

(3)金融服务职能

中央银行的金融服务职能是指中央银行作为国家金融体系中的银行，对政府、商业银行和非银行金融机构以及社会公众所提供的金融服务。从中央银行的金融服务种类来看，对政府主要包括：代理国库、代理发行和承兑政府债券、代表国家经营外汇储备以及代表政府参与国际金融活动等。对商业银行等金融机构主要包括：吸收存款准备金、通过大小额支付系统进行跨行结算以及提供最后贷款等。对社会公众主要包括：货币发行与币值管理、保护存款安全、对国家经济金融形势进行研究，为相关部门决策提供参考和借鉴等。

对于上述三大职能，学界和各国的中央银行运作实践中争议最大的当属金融监管职能的去留问题。一些国家单独设立了专门的金融监管机关对金融机构进行金融监管，而中央银行主要承担金融宏观调控职能和金融服务职能。但也有一些国家在2008年全球金融危机之后进行金融监管改革，加强了中央银行的金融监管职能。

【思考11-1】中央银行行使金融宏观调控职能，是否需要与国家其他的宏观调控部门进行协调？比如财税部门、国资委、发改部门等。应该如何协调？其价值和意义何在？

第二节　中国人民银行法律制度

一、中国人民银行概述

根据《中华人民共和国中国人民银行法》(以下简称《中国人民银行法》)，中国人民银行(The People's Bank Of China，英文简称PBC)是我国的中央银行。1948年12月1日，原华北银行、北海银行、西北农民银行的基础上合并组成了中国人民银行。1983年9月，国务院决定由中国人民银行专门行使我国国家中央银行的职能。1993年，国务院出台《关于金融体制改革的决定》，进一步加强了中国人民银行的金融宏观调控、金融监管和金融服务的职责，对其商业银行业务和政策性业务进行剥离。1995年3月18日，第八届全国人民代表大会第三次会议通过了《中华人民共和国中国人民银行法》，至此，中国人民银行作为中央银行以法律形式被确定下来。2003年，根据党的十六届二中全会通过《关于深化行政管理体制和机构改革的意见》和十届人大一次会议批准的国务院机构改革方案，中国人民银行对商业银行、金融资产管理公司、信托公司以及其他存款类金融机构的金融监管职能被划分给中国银行业监督管理委员会。2003年12月27日，第十届全国人民代表大会常务委员会第六次会议审议通过《中华人民共和国中国人民银行法(修正案)》。金融监管职能剥离之后，中国人民银行的现有职能是“制定和执行货币政策”“维护金融稳定”“提供金融服务”。

1.中国人民银行的法律地位

《中国人民银行法》第2条规定:"中国人民银行是中华人民共和国的中央银行。中国人民银行在国务院领导下,制定和执行货币政策,防范和化解金融风险,维护金融稳定。"这表明中国人民银行在我国是代表国家进行金融宏观调控、维护金融稳定的特殊金融机构,是保证国家货币政策制定和执行的国家机关,处于国家整个金融体系的核心。但是该法也明确规定了中国人民银行是在"国务院领导下"履行前述职能,因此,我国的中央银行只能具有相对的独立性,不可能像美国的联邦储备委员会那样享有很强的独立性。

2.中国人民银行的职责范围

根据《中国人民银行法》第4条的规定,中国人民银行履行下列职责:

(1)发布与履行其职责有关的命令和规章;

(2)依法制定和执行货币政策;

(3)发行人民币,管理人民币流通;

(4)监督管理银行间同业拆借市场和银行间债券市场;

(5)实施外汇管理,监督管理银行间外汇市场;

(6)监督管理黄金市场;

(7)持有、管理、经营国家外汇储备、黄金储备;

(8)经理国库;

(9)维护支付、清算系统的正常运行;

(10)指导、部署金融业反洗钱工作,负责反洗钱的资金监测;

(11)负责金融业的统计、调查、分析和预测;

(12)作为国家的中央银行,从事有关的国际金融活动;

(13)国务院规定的其他职责。

值得注意的是,相比1995年的《中国人民银行法》,2003年的版本重点修订或增加了5项职责:发布与履行其职责有关的命令和规章;监督管理银行间同业拆借市场和银行间债券市场;监督管理黄金市场;指导、部署金融业反洗钱工作,负责反洗钱的资金监测。

二、人民币的发行与管理

(一)人民币的法律地位

《中国人民银行法》第16条规定:"中华人民共和国的法定货币是人民币。以人民币支付中华人民共和国境内的一切公共的和私人的债务,任何单位和个人不得拒收。"这表明,人民币是我国的法定货币。我国实行独立、统一、稳定的货币政策,国家禁止金银、外币在国内市场自由流通。

【思考11-2】王某在村小学附近开了一家便利店,主要经营小学生使用的小文件和食品等,其经营所得主要是一些元、角的零钱。经营刚半年,王某带着近5000元零钱前去乡里的农村信用社办理储蓄。营业柜员见到这么多的小面额人民币认为清点十分耗费时间,便告知王某改天趁客户较少再来办理。

请问:营业柜员的上述理由是否成立?为什么?

(二)人民币的发行

《中国人民银行法》第18条规定:"人民币由中国人民银行统一印制、发行。中国人民银行发行新版人民币，应当将发行时间、面额、图案、式样、规格予以公告。”这表明发行人民币是法律赋予中国人民银行的职权。长期以来，我国实行统一集中发行、计划发行与经济发行的原则，以确保国家正常的货币金融秩序。

(三)人民币的管理

《中国人民银行法》规定，禁止伪造、变造人民币。禁止出售、购买伪造、变造的人民币。禁止运输、持有、使用伪造、变造的人民币。禁止故意毁损人民币。禁止在宣传品、出版物或者其他商品上非法使用人民币图样。任何单位和个人不得印制、发售代币票券，以代替人民币在市场上流通。残缺、污损的人民币，按照中国人民银行的规定兑换，并由中国人民银行负责收回、销毁。此外，国务院还专门制定了《中华人民共和国人民币管理条例》。

三、中国人民银行的货币政策目标

货币政策目标是中央银行实施货币政策所要达到的目的。根据中央银行对货币政策的影响力和影响速度，货币政策可以划分为三个层次：货币政策的最终目标、货币政策的中介目标、货币政策的操作目标。而货币政策的最终目标则包含物价稳定、充分就业、促进经济增长和保持国际收支平衡，我国有学者将此概括为宏观调控的“四大魔方”。

《中国人民银行法》第 3 条规定，中国人民银行的货币政策目标是保持货币币值的稳定，并以此促进经济增长。这说明，维护人民币的币值稳定是促进我国经济增长的重要前提，而反之，经济增长又有助于实现币值稳定。因此，在该货币政策目标的表述中，币值稳定和经济增长实际上是一种相辅相成、互相促进的关系。

根据《国务院关于金融体制改革的决定》，我国目前的货币政策中介目标是货币供应量(从金融宏观调控的视角来说，从 2010 年开始，中国人民银行对金融机构的年度信贷规模采用的指标是“合意信贷增量”)和信用总量。而货币政策的操作目标是短期利率和基础货币中的准备金。

四、中国人民银行的货币政策工具

(一)存款准备金政策

存款准备金政策是指中央银行根据法定的权力要求商业银行和其他金融机构按照规定的比率在其吸收存款的总额中提取一定的金融缴存于中央银行。存款准备金包括法定存款准备金和超额存款准备金两种。我国的存款准备金政策最早是依据 1983 年 9 月制定的《国务院关于中国人民银行专门行使中央银行职能的决定》于次年 5 月正式开始实行的。存款准备金政策由最初的保证商业银行存款支付和资金清偿能力的目的，逐渐演化为调节和控制金融市场信贷规模，影响货币供应量的重要手段，显著增强了中央银行对信贷资金的宏观调控能力。从中国人民银行的实务角度，存款准备金政策的实施对象不仅包括商业银行，还包括农村信用社、农村商业银行、信托公司、财务公司以及外资金融机构等。中国人民银行对这些机构的存款准备金缴存情况实行的是按旬考核的办法，即按上旬末应缴存款余额和规定的比率计算缴存额度，并监督金融机构按期缴纳。

(二)基准利率政策

基准利率政策是我国货币政策工具的重要组成部分，也是货币政策实施的主要手段之一。基准利率是指中国人民银行对商业银行的存款和贷款利率，也被称为法定利率。基准利率政策的调控原理是，当中央银行提高基准利率时，商业银行等金融机构筹集资金的成本增加，对中央银行的贷款需求降低，商业银行转而向资金市场寻求贷款。而由于商业银行等金融机构筹集资金的成本增加，其对实体经济发放的贷款利率必然提高，相应的，其对客户的贷款总量会呈现一定程度的下滑。结果，社会货币供应量就会减少。反之，当中央银行下调基准利率，商业银行对实体经济的贷款利率也会下降，贷款数额会相应增加，社会货币供应量也会增加。不难发现，基准利率政策是以中国人民银行根据货币政策目标制定的基准利率为发起点、以商业银行的利率决策行为为枢纽的宏观调控工具，完全符合“国家调控市场、市场影响企业”的宏观调控法原理。

（三）再贴现政策

贴现是指票据持有人将未到期的票据向银行兑取现款的行为。再贴现即商业银行将其持有的企业转让给他的未到期的票据再转让给中央银行，从而达到筹集资金目的的金融行为。而中央银行的再贴现政策就是中央银行通过调整其对金融机构的票据再贴现率，来增加或者减少金融机构的信贷发放的金融宏观调控行为。关于再贴现政策有如下两个法律问题尤其值得注意：

第一，根据《中华人民共和国票据法》第10条的规定，票据的签发、取得和转让，应当遵循诚实信用的原则，具有真实的交易关系和债权债务关系。票据的取得，必须给付对价，即应当给付票据双方当事人认可的相对应的代价。同时，根据《商业汇票承兑、贴现与再贴现管理暂行办法》第3条之规定，承兑、贴现、转贴现、再贴现的商业汇票，应以真实、合法的商品交易为基础。这就是说，到中国人民银行进行再贴现的票据，必须是具有真实的交易关系和债权债务关系的票据。这在中国人民银行办理再贴现的过程中，要严加审查。

第二，关于办理再贴现的对象，有的国家规定，办理再贴现的对象可以是任何商业银行和金融机构。但也有国家规定只有部分的商业银行可以向中央银行申请办理再贴现业务，比如英国就是确定了10余家“贴现银行”，并不是所有金融机构都可以申请再贴现。《中国人民银行法》规定是可申请再贴现的对象是“在中国人民银行开立账户的银行业金融机构”，而《商业汇票承兑、贴现与再贴现管理暂行办法》第25条规定：“再贴现的对象是在中国人民银行及其分支机构开立存款账户的商业银行、政策性银行及其分支机构。对非银行金融机构再贴现，须经中国人民银行总行批准。”也就是说，《商业汇票承兑、贴现与再贴现管理暂行办法》已经扩大了《中国人民银行法》所规定的可申请办理再贴现的对象的范围。

（四）再贷款政策

简而言之，再贷款就是中央银行对商业银行等金融机构所发放的贷款。再贷款政策和再贴现政策都是中央银行的重要的货币政策工具，又都是中央银行扮演最后贷款人角色的具体体现。但是，中央银行对商业银行发放的再贷款实际是一种信用贷款，没有任何形式的担保存在。而再贴现政策前面已经介绍，是以商业银行受让的票据为基础的，所以相当于是一种有担保的中央银行信贷发放行为。

再贷款的资金来源主要有发行货币、财政性存款、存款准备金等。再贷款这种货币政策工具的调控原理是：其一，当中央银行调整再贷款利率，其直接影响商业银行在中央银行获取信贷资金的成本以及规模，这就导致货币供应总量和市场资金价格，即利率的变化。比如，当中央银行要实行紧缩的货币政策，就可以提高再贷款利率，从而增加商业银行向中央银行的贷款成本。同时，商业银行基于理性经济人原则，相应提高对实体经济发放商业贷款的贷款利率，那么社会贷款总量就会减少。而相反，如果中央银行降低再贷款利率，就会放松银根、信用规模扩张、货币供应量膨胀。其二，再贷款政策是中央银行向全社会释放货币政策信号的重要工具，他会对全社会的货币政策预期产生最直接的影响。如果中央银行提高再贷款利率，那么其直接释放的信号是宏观经济很可能出现了通货膨胀，那么实体经济的商业主体就会谨慎考虑是否还要进一步进行投资扩张。而相反，中央银行降低再贷款利率，则表明其认为通货膨胀相对缓和，这也是刺激投资的一种信号。

（五）公开市场操作

我国的公开市场操作是指中国人民银行在金融市场公开买卖国债、其他政府债券和外汇，从而达到吞吐基础货币，调整市场资金供求关系的金融宏观调控行为。公开市场操作的对象不包括股票、企业债、公司债等证券。公开市场操作的最大优点是其具有高度的灵活性，同时公开市场操作又能体现公开性、公平性、主动性，因此，世界各国普遍重视这种灵活、直接、高效的货币政策工具的运用。

从中国人民银行的公开市场操作实务来看，决定中国人民银行公开市场操作主要依据是货币供应量、商业银行备付金头寸和市场利率变化情况等。一般来说，公开市场操作决策由总行行长办公会制定，外汇买卖操作一般由中国人民银行上海总部公开市场操作室具体实施。日常买卖行为由总行下达指令，操作室具体办理。公开市场操作的交易对象是金融机构。中国人民银行买卖外汇主要是在外汇市场进行，对手方是银行，中国人民银行并不对个人或者企事业单位买卖外汇。国债买卖主要是在国债市场进行，对手方是国债一级交易商，即经中国人民银行批准的具有直接与中国人民银行进行国债交易资格的商业银行、证券公司和信托公司等。同样，中国人民银行也不对个人或者企事业单位买卖国债。

五、中国人民银行的信贷政策管理权

在金融学上，货币政策与信贷政策是泾渭分明并且互相联系的一对概念，但在我国现有的经济法和金融法教科书和专著中，几乎找不到信贷政策管理权的概念。在日常的法学教学和理论研究中，普遍使用的只有货币政策这一概念，并且将信贷政策融入货币政策的范畴，通过“广义货币政策说”予以阐释。这种不合理的概念混同，模糊了货币政策与信贷政策存在的三大显著的区别：其一，货币政策主要是总量政策，关注的是宏观货币总量的平衡。而信贷政策则是一种结构性政策，更多地肩负着指导产业结构优化的重任。其二，货币政策使用的通常是利率、汇率、公开市场操作等工具，而信贷政策工具则更加丰富，不仅包括经济手段、法律手段，甚至还包括行政手段。其三，调控的时间效果方面，货币政策必须根据通胀变化做逆周期调控，因此具有相对短期的特点。但信贷政策受制于产业结构调整的周期性和期限性特征，呈现出相对长期的特点。

从货币政策与信贷政策的这些区别出发，我们可以对信贷政策管理权做这样的定义：信贷政策管理权是指信贷政策管理主体运用法定的方式对金融机构的信贷增量、信贷投向以及信贷质量进行引导、调节和监督，实现信贷政策管理目标的权力。

从我国现行立法来看，根据《中国人民银行法》和2008年《国务院办公厅关于印发中国人民银行主要职责内设机构和人员编制规定的通知》（国办发[2008]83号）的规定，作为我国金融宏观调控权力的信贷政策管理权理应由中国人民银行进行宏观统领，但我国目前的相关立法很不完善，信贷政策管理权的权力主体、运行原则及其治理架构均有待更加深入的研究。

六、中国人民银行的金融监督管理

中国人民银行依法监测金融市场的运行情况，对金融市场实施宏观调控，促进其协调发展。中国人民银行拥有对监管对象的直接检查权，即有权对金融机构以及其他单位和个人的下列行为进行检查监督：

(1)执行有关存款准备金管理规定的行为；

(2)与中国人民银行特种贷款有关的行为；

(3)执行有关人民币管理规定的行为；

(4)执行有关银行间同业拆借市场、银行间债券市场管理规定的行为；

(5)执行有关外汇管理规定的行为；

(6)执行有关黄金管理规定的行为；

(7)代理中国人民银行经理国库的行为；

(8)执行有关清算管理规定的行为；

(9)执行有关反洗钱规定的行为。

前款所称中国人民银行特种贷款，是指国务院决定的由中国人民银行向金融机构发放的用于特定目的的贷款。

中国人民银行还拥有对监管对象的建议检查权，即中国人民银行根据执行货币政策和维护金融稳定的需要，可以建议国务院银行业监督管理机构对银行业金融机构进行检查监督。国务院银行业监督管理机构应当自收到建议之日起 30 日内予以回复。

当银行业金融机构出现支付困难，可能引发金融风险时，为了维护金融稳定，中国人民银行经国务院批准，有权对银行业金融机构进行检查监督。中国人民银行根据履行职责的需要，有权要求银行业金融机构报送必要的资产负债表、利润表以及其他财务会计、统计报表和资料。中国人民银行应当和国务院银行业监督管理机构、国务院其他金融监督管理机构建立监督管理信息共享机制。中国人民银行负责统一编制全国金融统计数据、报表，并按照国家有关规定予以公布。中国人民银行应当建立、健全本系统的稽核、检查制度，加强内部的监督管理。

【思考 11-3】中国人民银行某地市中心支行在对某新设金融机构开展统计执法检查的过程中发现，该金融机构不仅金融统计内控制度混乱，而且在其向当地银监分局申请金融许可证的资料存在欺诈，包括高管人员的资料造假、部分高管人员实际并未全职在该行工作等问题。认为该金融机构存在较大的经营风险，可能严重危及区域金融稳定。

请问：如果你是该地市中国人民银行的行领导，依照《中国人民银行法》的规定，应当作何决策？

七、中国人民银行的财务会计制度

(一)财务预算管理

《中国人民银行法》第 38 条规定，中国人民银行实行独立的财务预算管理制度。中国人民银行的预算经国务院财政部门审核后，纳入中央预算，接受国务院财政部门的预算执行监督。第 39 条规定，中国人民银行每一会计年度的收入减除该年度支出，并按照国务院财政部门核定的比例提取总准备金后的净利润，全部上缴中央财政。中国人民银行的亏损由中央财政拨款弥补。

（二）财务收支与会计事务

《中国人民银行法》第 40 条规定，中国人民银行的财务收支和会计事务，应当执行法律、行政法规和国家统一的财务、会计制度，接受国务院审计机关和财政部门依法分别进行的审计和监督。因此，中国人民银行也必须遵守《会计法》《审计法》《预算法》等相关法律的规定。

（三）年度报表与年度报告

《中国人民银行法》第 41 条规定，中国人民银行应当于每一会计年度结束后的三个月内，编制资产负债表、损益表和相关的财务会计报表，并编制年度报告，按照国家有关规定予以公布。中国人民银行的会计年度自公历 1 月 1 日起至 12 月 31 日止。

八、法律责任

（一）违反人民币发行、管理行为的法律责任

《中国人民银行法》第 42 条规定，伪造、变造人民币，出售伪造、变造的人民币，或者明知是伪造、变造的人民币而运输，构成犯罪的，依法追究刑事责任；尚不构成犯罪的，由公安机关处十五日以下拘留、一万元以下罚款。购买伪造、变造的人民币或者明知是伪造、变造的人民币而持有、使用，构成犯罪的，依法追究刑事责任；尚不构成犯罪的，由公安机关处十五日以下拘留、一万元以下罚款。

在宣传品、出版物或者其他商品上非法使用人民币图样的，中国人民银行应当责令改正，并销毁非法使用的人民币图样，没收违法所得，并处五万元以下罚款。印制、发售代币票券，以代替人民币在市场上流通的，中国人民银行应当责令停止违法行为，并处二十万元以下罚款。

（二）违反金融监管规定行为人的法律责任

违反法律、法规有关金融监督管理规定的，中国人民银行应当依照其规定给予处罚；有关法律、行政法规未作处罚规定的，由中国人民银行区别不同情形给予警告，没收违法所得，违法所得五十万元以上的，并处违法所得一倍以上五倍以下罚款；没有违法所得或者违法所得不足五十万元的，处五十万元以上二百万元以下罚款；对负有直接责任的董事、高级管理人员和其他直接责任人员给予警告，处五万元以上五十万元以下罚款；构成犯罪的，依法追究刑事责任。当事人对行政处罚不服的，可以依照《中华人民共和国行政诉讼法》的规定提起行政诉讼。

（三）中国人民银行及其工作人员违法行为的法律责任

中国人民银行有下列行为之一的，对负有直接责任的主管人员和其他直接责任人员，依法给予行政处分；构成犯罪的，依法追究刑事责任：①违反中国人民银行法规定提供贷款的；②对单位和个人提供担保的；③擅自动用发行基金的。有前述行为之一，造成损失的，负有直接责任的主管人员和其他直接责任人员应当承担部分或者全部赔偿责任。

中国人民银行的工作人员泄露国家秘密或者所知悉的商业秘密，构成犯罪的，依法追究刑事责任；尚不构成犯罪的，依法给予行政处分。中国人民银行的工作人员贪污受贿、徇私舞弊、滥用职权、玩忽职守，构成犯罪的，依法追究刑事责任；尚不构成犯罪的，依法给予行政处分。

(四)其他组织和个人违法行为的法律责任

地方政府、各级政府部门、社会团体和个人强令中国人民银行及其工作人员违反《中国人民银行法》第30条的规定提供贷款或者担保的,对负有直接责任的主管人员和其他直接责任人员,依法给予行政处分;构成犯罪的,依法追究刑事责任;造成损失的,应当承担部分或者全部赔偿责任。

【思考11-4】曾某在某地市开了一家装修公司,由于经营良好,开业不到两年业务遍及全省,收益颇丰,于是曾某计划在省内其他城市开设分公司。但当曾某前去市建设银行申请贷款时,对方信贷人员认为房地产市场风险较大,近期可能出现拐点,曾某的经营面临不确定的风险,况且曾某能够提供的担保物有限。曾某找到曾经小学的同窗,现为该市人民银行信贷科科长吴某,请求其出具一份担保书。吴某于是出具"愿担保曾某装修公司归还贷款"。随后,由于装修市场竞争失利,曾某的公司面临倒闭,市建设银行向法院起诉,要求市人民银行承担担保责任。

请问:吴某出具的担保书有效吗?他是否面临以及面临何种法律责任?

课后练习

一、填空题

1.中国人民银行在______领导下,______和______货币政策,防范和化解金融风险,维护金融稳定。

2.中国人民银行就年度______、______、______和国务院规定的其他重要事项作出的决定,报国务院批准后执行。

3.中国人民银行应当向______提出有关货币政策情况和金融业运行情况的工作报告。

4.中国人民银行在国务院领导下依法独立执行货币政策,履行职责,开展业务,不受______、______、______和______的干涉。

5.中国人民银行根据履行职责的需要设立分支机构,作为中国人民银行的______机构。中国人民银行对分支机构实行统一领导和管理。

6.中国人民银行的行长、副行长及其他工作人员应当恪尽职守,不得滥用职权、徇私舞弊,不得在任何______、______、______兼职,应当依法保守国家秘密,并有责任为与履行其职责有关的______及______保守秘密。

7.人民币由中国人民银行统一印制、发行,中国人民银行发行新版人民币,应当将______、______、______、______、______予以公告。

8.禁止出售、购买______、______的人民币,禁止______、______、______、______的人民币,禁止故意毁损人民币,禁止在宣传品、出版物或者其他商品上______人民币图样。

9.任何单位和个人不得______、______代币票券,以代替人民币在市场上流通。

10.在宣传品、出版物或者其他商品上非法使用人民币图样的,中国人民银行应当责令改正,并______图样,没收违法所得,并处______万元以下罚款。

11.______、______,以代替人民币在市场上流通的,中国人民银行应当责令停止违法行为,并处二十万元以下罚款。

12. ______、______、______和______强令中国人民银行及其工作人员违反《中国人民银行法》第30条的规定提供贷款或者担保的，对负有直接责任的主管人员和其他直接责任人员，依法给予行政处分；构成犯罪的，依法追究刑事责任；造成损失的，应当承担部分或者全部赔偿责任。

13.中国人民银行的工作人员______或者______，构成犯罪的，依法追究刑事责任；尚不构成犯罪的，依法给予行政处分。

14.中国人民银行的工作人员______、______、______、______，______的，依法追究刑事责任；尚不构成犯罪的，依法给予行政处分。

二、选择题

1.中国人民银行为执行货币政策，可以运用下列货币政策工具（　　）。

A.要求银行业金融机构按照规定的比例交存存款准备金

B.确定中央银行基准利率

C.为在中国人民银行开立账户的银行业金融机构办理再贴现

D.向商业银行提供贷款

E.人民银行确定的其他货币政策工具

2.中国人民银行有权对金融机构以及其他单位和个人的下列行为进行检查监督（　　）。

A.执行有关存款准备金管理规定的行为

B.与中国人民银行特种贷款有关的行为

C.执行有关人民币管理规定的行为

D.执行有关银行间同业拆借市场、银行间债券市场管理规定的行为

E.执行有关外汇管理规定的行为

3.中国人民银行有下列行为之一的，对负有直接责任的主管人员和其他直接责任人员，依法给予行政处分；构成犯罪的，依法追究刑事责任（　　）。

A.违反《中国人民银行法》第30条第1款的规定提供贷款的；

B.对单位和个人提供担保的；

C.擅自动用发行基金的。

D.执行有关人民币管理规定的行为

4.根据修订后的《中国人民银行法》，下列选项中不属于中国人民银行的职责的是（　　）。

A.监督管理银行间债券市场、外汇市场

B.发行人民币、管理人民币流通

C.开展与银行业监督管理有关的国际交流、合作活动

D.维护支付、清算系统的正常运行

5.中国人民银行有权对金融机构以及其他单位和个人的下列行为进行检查监督（　　）。

A.与中国人民银行特种贷款有关的行为

B.执行有关黄金管理规定的行为

C.执行有关银行间同业拆借市场、银行间债券市场管理规定的行为

D.执行有关外汇管理规定的行为

E.执行有关人民币管理规定的行为

三、判断题

1.中国人民银行根据执行货币政策的需要，可以决定对商业银行贷款的数额、期限、利率和方式，但贷款的期限不得超过一年。(　　)

2.中国人民银行不得对政府财政透支，不得直接认购、包销国债和其他政府债券。(　　)

3.中国人民银行不得向地方政府、各级政府部门提供贷款，不得向非银行金融机构以及其他单位和个人提供贷款，但国务院决定中国人民银行可以向特定的非银行金融机构提供贷款的除外。(　　)

4.中国人民银行不得向任何单位和个人提供担保。(　　)

5.中国人民银行根据执行货币政策和维护金融稳定的需要，可以建议国务院银行业监督管理机构对银行业金融机构进行检查监督。国务院银行业监督管理机构应当自收到建议之日起二十日内予以回复。(　　)

6.中国人民银行根据履行职责的需要，有权要求银行业金融机构报送必要的资产负债表、利润表以及其他财务会计、统计报表和资料。(　　)

7.中国人民银行和银监会负责统一编制全国金融统计数据、报表，并按照国家有关规定予以公布。(　　)

8.中国人民银行的亏损由中央财政拨款弥补。(　　)

9.中国人民银行的会计年度自公历 1 月 1 日起至 12 月 31 日止。(　　)

10.伪造、变造人民币，出售伪造、变造的人民币，或者明知是伪造、变造的人民币而运输，构成犯罪的，依法追究刑事责任；尚不构成犯罪的，由公安机关处十五日以下拘留、二万元以下罚款。(　　)

四、简答题

1.什么是中央银行？中央银行具有哪些职能？

2.简述中国人民银行的职能与职责。

3.试论述中国人民银行的货币政策工具。

4.试述中国人民银行的金融监管职能。

第十二章　银行业监督管理法

理论精要

【案例导入】

2015年2月2日，江西省萍乡市市场监督管理局在执法监管中，发现当事人某银行萍乡分行在开展房地产抵押消费贷款时，要求消费者在提交贷款申请时，必须委托其指定的某房地产评估公司等3家评估机构中任选一家办理评估手续并交纳评估费用，费用标准由消费者和评估机构按照抵押物价值自行商定。当事人在办理贷款业务时，与消费者签订了《X银行个人贷款合同》，合同第18条"公证"中约定"凡与本合同有关的公证、登记、鉴定、评估、保管、过户、提存等事项由相关事项申请方负责办理或依法办理"。

自2013年1月1日至案发，当事人共办理个人消费抵押贷款134件，评估机构向消费者收取评估费用62500元。另查明，《中国银监会关于整治银行业金融机构不规范经营的通知》(银监发[2012]3号)第1条第7项规定："银行业金融机构要认真遵守信贷管理各项规定和业务流程，按照国家利率管理相关规定进行贷款定价，并严格遵守下列规定。……(七)不得转嫁成本。银行业金融机构应依法承担贷款业务及其他服务中产生的尽职调查、押品评估等相关成本，不得将经营成本以费用形式转嫁给客户。"分析：

(1)关于某银行萍乡分行的上述经营行为是否构成金融机构的不正当竞争行为？为什么？

(2)上述经营行为应当由哪个部门行使监管权？法律依据何在？

一、银行业监督管理的立法目的、监管对象和监管目标

《银行业监督管理法》制定的主要目的是：加强对银行业的监督管理，规范监督管理行为，防范和化解银行业风险，保护存款人和其他客户的合法权益，促进银行业健康发展。

《银行业监督管理法》的监管对象包括：在中华人民共和国境内设立的商业银行、城市信用合作社、农村信用合作社等吸收公众存款的金融机构以及政策性银行。

对在中华人民共和国境内设立的金融资产管理公司、信托投资公司、财务公司、金融租赁公司以及经国务院银行业监督管理机构批准设立的其他金融机构的监督管理，也适用《银行业监督管理法》对银行业金融机构监督管理的规定。

国务院银行业监督管理机构依照《银行业监督管理法》的有关规定，对经其批准在境外设立的金融机构以及前述金融机构在境外的业务活动实施监督管理。

根据《银行业监督管理法》第3条的规定，银行业监督管理的目标是促进银行业的合法、稳健运行，维护公众对银行业的信心。银行业监督管理应当保护银行业公平竞争，提高银行业竞争能力。

【思考12-1】某革命老区所在的乡镇多年来一直是典型的贫困乡镇。当地仅有两家金

融机构：邮政储蓄银行和农村信用社。近两年，为了争夺存款资源，两家金融机构展开了激烈的竞争。当地邮政储蓄银行在其营业网点公然张贴告示："有钱存银行，莫被'非银行'机构骗。"并声称，多地农村信用社陷入非法集资骗局，建议农户将资金存入邮储银行。

请问根据我国金融法律的相关规定，当地邮政储蓄银行的行为是否合法？银保监局是否有权对此予以监管？法律依据何在？

二、银行业监督管理的机构设置

1.内设机构

2003年4月25日，中国银行业监督管理委员会成立，并于4月28日正式履行职责。成立之初，其内设机构包括：办公厅（党委办公室）、政策法规部（研究局）、业务创新监管协作部、银行监管一部（负责监管国有商业银行和资产管理公司）、银行监管二部（负责监管股份制商业银行、城市商业银行和城市合作信用社）、银行监管三部（负责监管外资银行）、银行监管四部（负责监管资产管理公司、政策性银行和邮政储蓄银行）、非银行金融机构监管部（负责监管信托投资公司、财务公司和金融租赁公司等非银行金融机构）、合作金融监管部（负责监管农村信用社和农村商业银行）、处置非法集资办公室、案件督导组、统计部、财务部、国际部（港澳台事务办公室）、监察局（纪委）、人事部、宣传工作部、监事会工作部、机关党委、党校、银监会系统工会、系统团委、信息中心、培训中心、机关服务中心、金融工会、博士后工作站等。

2.派出机构

中国银监会在中国大陆所有省（自治区）、直辖市、计划单列市共设有36个派出机构。银监会对派出机构实行垂直领导。派出机构统一冠名为"中国银行保险监督管理委员会某地监管局"，简称"某地银保监局"。例如，中国银行保险监督管理委员会江苏监管局，简称"江苏银保监局"。

3. 机构改革

2018年3月，根据第十三届全国人民代表大会第一次会议批准的国务院机构改革方案，将中国银行业监督管理委员会和中国保险监督管理委员会的职责整合，组建中国银行保险监督管理委员会。同时，将中国银行业监督管理委员会拟订银行业、保险业重要法律法规草案的职责划入中国人民银行，不再保留中国银行业监督管理委员会。

三、银监会的监督管理职责

《银行业监督管理法》规定，国务院银行业监督管理机构享有如下监管职责：

1.依照法律、行政法规制定并发布对银行业金融机构及其业务活动监督管理的规章、规则。

2.依照法律、行政法规规定的条件和程序，审查批准银行业金融机构的设立、变更、终止以及业务范围。

3.申请设立银行业金融机构，或者银行业金融机构变更持有资本总额或者股份总额达到规定比例以上的股东的，国务院银行业监督管理机构应当对股东的资金来源、财务状况、资本补充能力和诚信状况进行审查。

4.银行业金融机构业务范围内的业务品种，应当按照规定经国务院银行业监督管理机构审查批准或者备案。需要审查批准或者备案的业务品种，由国务院银行业监督管理机构依照法律、行政法规作出规定并公布。

5.未经国务院银行业监督管理机构批准，任何单位或者个人不得设立银行业金融机构或者从事银行业金融机构的业务活动。

6.国务院银行业监督管理机构对银行业金融机构的董事和高级管理人员实行任职资格管理。具体办法由国务院银行业监督管理机构制定。

7.银行业金融机构的审慎经营规则，由法律、行政法规规定，也可以由国务院银行业监督管理机构依照法律、行政法规制定。审慎经营规则，包括风险管理、内部控制、资本充足率、资产质量、损失准备金、风险集中、关联交易、资产流动性等内容。银行业金融机构应当严格遵守审慎经营规则。

8.国务院银行业监督管理机构应当在规定的期限，对下列申请事项作出批准或者不批准的书面决定；决定不批准的，应当说明理由：

(1)银行业金融机构的设立，自收到申请文件之日起六个月内；

(2)银行业金融机构的变更、终止，以及业务范围和增加业务范围内的业务品种，自收到申请文件之日起三个月内；

(3)审查董事和高级管理人员的任职资格，自收到申请文件之日起三十日内。

9.银行业监督管理机构应当对银行业金融机构的业务活动及其风险状况进行非现场监管，建立银行业金融机构监督管理信息系统，分析、评价银行业金融机构的风险状况。

10.银行业监督管理机构应当对银行业金融机构的业务活动及其风险状况进行现场检查。国务院银行业监督管理机构应当制定现场检查程序，规范现场检查行为。

11.国务院银行业监督管理机构应当对银行业金融机构实行并表监督管理。

12.国务院银行业监督管理机构对中国人民银行提出的检查银行业金融机构的建议，应当自收到建议之日起三十日内予以回复。

13.国务院银行业监督管理机构应当建立银行业金融机构监督管理评级体系和风险预警机制，根据银行业金融机构的评级情况和风险状况，确定对其现场检查的频率、范围和需要采取的其他措施。

14.国务院银行业监督管理机构应当建立银行业突发事件的发现、报告岗位责任制度。

15.银行业监督管理机构发现可能引发系统性银行业风险、严重影响社会稳定的突发事件的，应当立即向国务院银行业监督管理机构负责人报告；国务院银行业监督管理机构负责人认为需要向国务院报告的，应当立即向国务院报告，并告知中国人民银行、国务院财政部门等有关部门。

16.国务院银行业监督管理机构应当会同中国人民银行、国务院财政部门等有关部门建立银行业突发事件处置制度，制定银行业突发事件处置预案，明确处置机构和人员及其职责、处置措施和处置程序，及时、有效地处置银行业突发事件。

17.国务院银行业监督管理机构负责统一编制全国银行业金融机构的统计数据、报表，并按照国家有关规定予以公布。

18.国务院银行业监督管理机构对银行业自律组织的活动进行指导和监督。银行业自律组织的章程应当报国务院银行业监督管理机构备案。

19.国务院银行业监督管理机构可以开展与银行业监督管理有关的国际交流、合作活动。

【思考 12-2】招商银行需要到某地级市开设分支机构，请问根据我国金融法律的相关规定，其应当向当地人民银行还是银保监局申请《金融许可证》？法律依据何在？

四、银行业监督管理的具体措施

根据《银行业监督管理法》银行业监督管理机构可以采取以下监管措施：

1.银行业监督管理机构根据履行职责的需要，有权要求银行业金融机构按照规定报送资产负债表、利润表和其他财务会计、统计报表、经营管理资料以及注册会计师出具的审计报告。

2.银行业监督管理机构根据审慎监管的要求，可以采取下列措施进行现场检查：

(1)进入银行业金融机构进行检查；

(2)询问银行业金融机构的工作人员，要求其对有关检查事项作出说明；

(3)查阅、复制银行业金融机构与检查事项有关的文件、资料，对可能被转移、隐匿或者毁损的文件、资料予以封存；

(4)检查银行业金融机构运用电子计算机管理业务数据的系统。

进行现场检查，应当经银行业监督管理机构负责人批准。现场检查时，检查人员不得少于二人，并应当出示合法证件和检查通知书；检查人员少于二人或者未出示合法证件和检查通知书的，银行业金融机构有权拒绝检查。

【思考 12-3】某地市农村商业银行未按规定向当地银保监局报送统计报表，并且在银保监局对其开展的信贷业务合规性检查的过程中，未按要求报送信贷业务合规性内控制度。在经通知和催告以后，该农村商业银行仍然拒不报送。

假如你是该地银保监局的工作人员，请问根据我国相关的金融法律的规定，可以采取哪些监管措施？可依法追究何种法律责任？

3.银行业监督管理机构根据履行职责的需要，可以与银行业金融机构董事、高级管理人员进行监督管理谈话，要求银行业金融机构董事、高级管理人员就银行业金融机构的业务活动和风险管理的重大事项作出说明。

4.银行业监督管理机构应当责令银行业金融机构按照规定，如实向社会公众披露财务会计报告、风险管理状况、董事和高级管理人员变更以及其他重大事项等信息。

5.银行业金融机构违反审慎经营规则的，国务院银行业监督管理机构或者其省一级派出机构应当责令限期改正；逾期未改正的，或者其行为严重危及该银行业金融机构的稳健运行、损害存款人和其他客户合法权益的，经国务院银行业监督管理机构或者其省一级派出机构负责人批准，可以区别情形，采取下列措施：

(1)责令暂停部分业务、停止批准开办新业务；

(2)限制分配红利和其他收入；

(3)限制资产转让；

(4)责令控股股东转让股权或者限制有关股东的权利；

(5)责令调整董事、高级管理人员或者限制其权利；

(6)停止批准增设分支机构。

银行业金融机构整改后，应当向国务院银行业监督管理机构或者其省一级派出机构提交报告。国务院银行业监督管理机构或者其省一级派出机构经验收，符合有关审慎经营规则的，应当自验收完毕之日起三日内解除对其采取的前款规定的有关措施。

6.银行业金融机构已经或者可能发生信用危机，严重影响存款人和其他客户合法权益的，国务院银行业监督管理机构可以依法对该银行业金融机构实行接管或者促成机构重组，接管和机构重组依照有关法律和国务院的规定执行。

7.银行业金融机构有违法经营、经营管理不善等情形，不予撤销将严重危害金融秩序、损害公众利益的，国务院银行业监督管理机构有权予以撤销。

8.银行业金融机构被接管、重组或者被撤销的，国务院银行业监督管理机构有权要求该银行业金融机构的董事、高级管理人员和其他工作人员，按照国务院银行业监督管理机构的要求履行职责。

在接管、机构重组或者撤销清算期间，经国务院银行业监督管理机构负责人批准，对直接负责的董事、高级管理人员和其他直接责任人员，可以采取下列措施：

(1)直接负责的董事、高级管理人员和其他直接责任人员出境将对国家利益造成重大损失的，通知出境管理机关依法阻止其出境；

(2)申请司法机关禁止其转移、转让财产或者对其财产设定其他权利。

9.经国务院银行业监督管理机构或者其省一级派出机构负责人批准，银行业监督管理机构有权查询涉嫌金融违法的银行业金融机构及其工作人员以及关联行为人的账户；对涉嫌转移或者隐匿违法资金的，经银行业监督管理机构负责人批准，可以申请司法机关予以冻结。

10.银行业监督管理机构依法对银行业金融机构进行检查时，经设区的市一级以上银行业监督管理机构负责人批准，可以对与涉嫌违法事项有关的单位和个人采取下列措施：

(1)询问有关单位或者个人，要求其对有关情况作出说明；

(2)查阅、复制有关财务会计、财产权登记等文件、资料；

(3)对可能被转移、隐匿、毁损或者伪造的文件、资料，予以先行登记保存。

银行业监督管理机构采取前款规定措施，调查人员不得少于二人，并应当出示合法证件和调查通知书；调查人员少于二人或者未出示合法证件和调查通知书的，有关单位或者个人有权拒绝。对依法采取的措施，有关单位和个人应当配合，如实说明有关情况并提供有关文件、资料，不得拒绝、阻碍和隐瞒。

五、法律责任

1.银监会工作人员的法律责任

银行业监督管理机构从事监督管理工作的人员有下列情形之一的，依法给予行政处分；构成犯罪的，依法追究刑事责任：

(1)违反规定审查批准银行业金融机构的设立、变更、终止，以及业务范围和业务范围内的业务品种的；

(2)违反规定对银行业金融机构进行现场检查的；

(3)未依照银行业监督管理法第 28 条规定报告突发事件的；

(4)违反规定查询账户或者申请冻结资金的；

(5)违反规定对银行业金融机构采取措施或者处罚的;

(6)违反银行业监督管理法第42条规定对有关单位或者个人进行调查的;

(7)滥用职权、玩忽职守的其他行为。

银行业监督管理机构从事监督管理工作的人员贪污受贿,泄露国家秘密、商业秘密和个人隐私,构成犯罪的,依法追究刑事责任;尚不构成犯罪的,依法给予行政处分。

2.银行业金融机构的法律责任

擅自设立银行业金融机构或者非法从事银行业金融机构的业务活动的,由国务院银行业监督管理机构予以取缔;构成犯罪的,依法追究刑事责任;尚不构成犯罪的,由国务院银行业监督管理机构没收违法所得,违法所得五十万元以上的,并处违法所得一倍以上五倍以下罚款;没有违法所得或者违法所得不足五十万元的,处五十万元以上二百万元以下罚款。

银行业金融机构有下列情形之一,由国务院银行业监督管理机构责令改正,有违法所得的,没收违法所得,违法所得五十万元以上的,并处违法所得一倍以上五倍以下罚款;没有违法所得或者违法所得不足五十万元的,处五十万元以上二百万元以下罚款;情节特别严重或者逾期不改正的,可以责令停业整顿或者吊销其经营许可证;构成犯罪的,依法追究刑事责任:

(1)未经批准设立分支机构的;

(2)未经批准变更、终止的;

(3)违反规定从事未经批准或者未备案的业务活动的;

(4)违反规定提高或者降低存款利率、贷款利率的。

银行业金融机构有下列情形之一,由国务院银行业监督管理机构责令改正,并处二十万元以上五十万元以下罚款;情节特别严重或者逾期不改正的,可以责令停业整顿或者吊销其经营许可证;构成犯罪的,依法追究刑事责任:

(1)未经任职资格审查任命董事、高级管理人员的;

(2)拒绝或者阻碍非现场监管或者现场检查的;

(3)提供虚假的或者隐瞒重要事实的报表、报告等文件、资料的;

(4)未按照规定进行信息披露的;

(5)严重违反审慎经营规则的;

(6)拒绝执行银行业监督管理法第37条规定的措施的。

银行业金融机构不按照规定提供报表、报告等文件、资料的,由银行业监督管理机构责令改正,逾期不改正的,处十万元以上三十万元以下罚款。

3.银行业金融机构的高管和其他工作人员的法律责任

银行业金融机构违反法律、行政法规以及国家有关银行业监督管理规定的,银行业监督管理机构除依照银行业监督管理法第44条至第47条规定处罚外,还可以区别不同情形,采取下列措施:

(1)责令银行业金融机构对直接负责的董事、高级管理人员和其他直接责任人员给予纪律处分;

(2)银行业金融机构的行为尚不构成犯罪的,对直接负责的董事、高级管理人员和其他直接责任人员给予警告,处五万元以上五十万元以下罚款;

(3)取消直接负责的董事、高级管理人员一定期限直至终身的任职资格,禁止直接负责的董事、高级管理人员和其他直接责任人员一定期限直至终身从事银行业工作。

阻碍银行业监督管理机构工作人员依法执行检查、调查职务的，由公安机关依法给予治安管理处罚；构成犯罪的，依法追究刑事责任。

【思考 12-4】平安银行有意到某地级市开设分支机构，平安银行某省分行在与当地银保监局进行接触的过程中，双方对新设机构的高管人选问题产生争议，并陷入僵局。拒不愿透露姓名的平安银行某省分行副行长透露，当地银保监局执意要派出一位银保监局的老领导担任改新设机构的副行长，但该人选明显不符合平安银行内部关于高管的任职条件的相关规定，其不但不懂现代商业银行经营管理的相关知识，而且缺乏相应的社会资源和业务拓展能力。

请问当地银保监局的要求是否合理？我国现有法律是否能够有效规制该种行为？立法完善的理论基础和具体思路为何？

课后练习

一、判断题

1.国务院银行业监督管理机构可以和其他国家或者地区的银行业监督管理机构建立监督管理合作机制，实施跨境监督管理。（　　）

2.银行业监管的对象包括商业银行、城市信用合作社、农村信用合作社等吸收公众存款的金融机构，不包括政策性银行。（　　）

3.我国国务院银行业监督管理机构负责对全国银行业金融机构及其业务活动监督管理的工作。（　　）

4.银行业金融机构的设立，国务院银行业监督管理机构自收到申请文件之日起 2 个月内，对申请事项做出批准或者不批准的决定。（　　）

5.银行业金融机构应当严格遵守审慎经营规则。（　　）

二、选择题

1.国务院银行业监督管理机构对中国人民银行提出的检查银行业金融机构的建议，应当自收到建议之日起（　　）内予以回复。

A.10 日　　B.20 日　　C.30 日　　D.45 日

2.依据我国《银行业监督管理法》的规定，银行业监督管理的目标是（　　）。

A.促进银行业的合法、稳健运行，维护公众对银行业的信心

B.保护银行业公平竞争，提高银行业经济效益

C.提高银行业竞争能力

D.维护国家金融秩序稳定，增加国家外汇储备

3.银行业金融机构违反审慎经营规则的，国务院银行业监督管理机构或者其省一级派出机构应当（　　）。

A.责令暂停业务　　B.对其提出警告

C.责令限期改正　　D.限制资产转让

4.银行业金融机构已经或者可能发生信用危机，严重影响存款人和其他客户合法权益

的，国务院银行业监督管理机构可以依法对该银行业金融机构实行(　　)。

A.对其资金进行冻结

B.处以50万元以上，100万元以下的罚款

C.予以撤销或解散

D.接管或者促成机构重组

5.银行业金融机构未经批准设立分支机构，违法所得50万元以上的，银行业监管机构应做如何处理？(　　)

A.没收违法所得，并处违法所得1倍以上5倍以下罚款

B.没收违法所得，并处违法所得2倍以上10倍以下罚款

C.没收非法所得，并处50万元以上200万元以下罚款

D.没收非法所得，并处10万元以上50万元以下罚款

6.《银行业监督管理法》的立法目的不包括(　　)。

A.加强对银行业的监督管理，规范监督管理行为

B.为了加入世贸组织的需要

C.防范和化解银行业风险

D.保护存款人和其他客户的合法权益

7.银行业金融机构的变更终止，以及业务范围和增加业务范围内的业务品种，国务院银行业监督管理机构自收到申请文件之日起(　　)内，对申请事项作出批准或者不批准的决定。

A.1个月　　B.2个月　　C.3个月　　D.6个月

8.国务院银行业监督管理机构应当建立银行业金融机构监督管理(　　)和风险预警机制。

A.评估体系　　B.审查体系　　C.评价体系　　D.评级体系

9.审查董事和高级管理人员的任职资格，国务院银行业监督管理机构自收到申请文件之日起(　　)内，对申请事项作出批准或者不批准的决定。

A.30日　　B.45日　　C.60日　　D.90日

10.银行业监督管理机构进行现场检查，应当经(　　)批准。

A.当地人民政府　　B.银行业监督管理机构负责人

C.银行业金融机构的负责人　　D.人民银行负责人

11.下列哪一选项不属于国务院银行业监督管理机构职责范围？

A.审查批准银行业金融机构的设立、变更、终止以及业务范围

B.受理银行业金融机构设立申请或者资本变更申请时，审查其股东的资金来源、财务状况诚信状况等

C.审查批准或者备案银行业金融机构业务范围内的业务品种

D.接收商业银行交存的存款准备金和存款保险金

12.我国银行保险监督管理委员会某省监管局依法对某城市商业银行进行现场检查时，发现该行有巨额非法票据承兑，可能引发系统性银行业风险。根据《银行业监督管理法》的规定，应当立即向下列何人报告？(　　)

A.该省人民政府主管金融工作的负责人

B.国务院主管金融工作的负责人

C.中国人民银行负责人

D.国务院银行业监督管理机构负责人

13.银行业监督管理机构根据审慎监管的要求，可以采取下列哪些措施进行现场检查？（　　）

A.询问银行业金融机构的工作人员，要求其对有关检查事项作出说明

B.进入银行业金融机构进行检查

C.检查银行业金融机构运用电子计算机管理业务数据的系统

D.对可能被转移、隐匿或者毁损的文件、资料予以封存

14.银行业金融机构违反审慎经营规则逾期未改正的，或者其行为严重危及该银行业金融机构的稳健运行、损害存款人和其他客户合法权益的，经国务院银行业监督管理机构或者其省一级派出机构负责人批准，可以区别情形，采取下列哪些措施？（　　）

A.责令暂停部分业务、停止批准开办新业务

B.限制分配红利和其他收入

C.责令控股股东转让股权或者限制有关股东的权利

D.责令调整董事、高级管理人员或者限制其权利

15.在接管、机构重组或者撤销清算期间，经国务院银行业监督管理机构负责人批准，对直接负责的董事、高级管理人员和其他直接责任人员，可以采取下列哪些措施？（　　）

A.申请司法机关对其人身自由进行限制

B.直接负责的董事、高级管理人员和其他直接责任人员出境将对国家利益造成重大损失的，通知出境管理机关依法阻止其出境

C.申请司法机关禁止其转移、转让财产或者对其财产设定其他权利

D.申请司法机关对其财产予以冻结、查封

16.中国银行业监督管理委员会监管的对象有（　　）。

A.信托投资公司　　B.金融租赁公司

C.金融资产管理公司　　D.银行业金融机构

17.审慎经营规则包括（　　）。

A.风险管理、内部控制　　B.资本充足率

C.资产质量　　D.关联交易

18.某商业银行决定推出一批新型理财产品，但该业务品种在已获批准的业务范围之外。该银行在报批的同时要求下属各分行开展试销。对此，下列哪些选项是正确的？（　　）

A.该业务品种应由中国银保监会审批

B.该业务品种应由中国人民银行审批

C.因该业务品种在批准前即进行试销，有关部门有权对该银行进行处罚

D.该业务品种在批准前进行的试销交易为效力待定的民事行为

19.《固定资产贷款管理暂行办法》应归于何种立法层次？（　　）

A.法律　　B.行政法规　　C.规章　　D.监管规范性文件

20.单笔金额超过项目总投资（　　）或超过（　　）万元人民币的固定资产贷款资金支付，应采用贷款人受托支付方式。

A.5%,300　　B.5%,500　　C.3%,300　　D.10%,500

21.以保证方式担保的个人贷款,贷款人应由不少于(　　)名信贷人员完成。

A.1　　B.2　　C.3　　D.4

22.贷款人应将流动资金贷款纳入对借款人及其所在集团客户的统一授信管理,并按区域、行业、贷款品种等维度建立(　　)。

A.风险垂直管理制度　　B.风险限额管理制度

C.授信风险责任制　　D.风险识别与评估机制

23.固定资产贷款人应在合同中与借款人约定对借款人相关账户实施监控,必要时可约定专门的贷款发放账户和(　　)。

A.借款人账户　　B.还款准备金账户

C.支付账户　　D.资金回笼账户

24.对借款人确因暂时经营困难不能按期归还固定资产贷款本息的,贷款人可与借款人协商进行(　　)。

A.贷款展期　　B.市场化处置

C.贷款重组　　D.核销

25.流动资金贷款不得用于(　　)等投资,不得用于国家禁止生产、经营的领域和用途。

A.固定资产、股权　　B.固定资产、扩大再生产

C.股权、扩大再生产　　D.固定资产

26.贷款人应建立完善的(　　),落实具体的责任部门和岗位,全面审查流动资金贷款的风险因素。

A.激励约束机制　　B.风险评价机制

C.报告和纠正机制　　D.贷款操作规范

27.贷款人超越、变相超越权限或不按规定流程审批固定资产贷款的,银行业监督管理机构可进行如下处罚(　　)。

A.责令改正,没收违法所得,并处违法所得一倍以上五倍以下罚款

B.责令改正,并处五十万元以上二百万元以下罚款

C.给予银行业金融机构直接负责的董事、高级管理人员和其他直接责任人员纪律处分

D.取消直接负责的董事、高级管理人员一定期限直至终身的任职资格,禁止直接负责的董事、高级管理人员和其他直接责任人员一定期限直至终身从事银行业工作。

28.银行业监督管理机构对贷款人与借款人串通,违法违规发放固定资产贷款的行为进行处理和处罚,有关说法错误的是(　　)。

A.应责令限期改正

B.可根据《银行业监督管理法》第37条的规定采取监管措施

C.还可根据《银行业监督管理法》第46条、第48条规定对其进行处罚

D.银行业金融机构对直接负责的董事、高级管理人员和其他直接责任人员已经给予纪律处分的,不应再给予行政处罚

29.贷款人超越或变相超越权限审批流动资金贷款的,银行业监督管理机构可以采取的

措施包括(　　)。

A.责令贷款人限期改正

B.责令贷款人限期改正,并处五十万元以上二百万元以下罚款

C.对直接负责的董事、高级管理人员和其他直接责任人员给予警告,处五十万元以上二百万元以下罚款

D.对直接负责的董事、高级管理人员和其他直接责任人员,由公安机关依法给予治安管理处罚

30.以下(　　)情况,不适用《个人贷款管理暂行办法》。

A.以存单、国债作质押发放的个人贷款

B.消费金融公司、汽车金融公司发放的个人贷款

C.中国银行保险监督管理委员会认可的其他金融产品作质押发放的个人贷款

D.信用卡透支

三、简答题

1.银行业监督管理的立法目的和目标是什么?

2.银行业监督管理的原则包括哪些?

3.中国银保监会对银行业金融机构可以采取哪些法定的监管措施?

第十三章　商业银行法

【案例导入】

姚某是某国有商业银行某地级市分行的一名信贷员。姚某的亲哥哥在本地财政局上班。一日，姚哥找到姚某商量办理商业贷款一事：姚哥嫌公务员系统工资低，自己准备在外与同事合开一家酒店，但需要好几百万的启动资金。姚哥提起，当初姚某之所以得到这家国有商业银行的工作机会，他本人没少“打点照顾”各路关系。姚某最终不好拒绝，为姚哥办理了 300 万元的信用贷款。

请问：姚某的业务行为是否合法？该笔贷款是否属于关系人贷款？姚某可能面临哪些责任？法律依据有哪些？

第一节　商业银行法概述

一、商业银行的概念和性质

《商业银行法》规定，我国的商业银行是指依照《商业银行法》和《公司法》设立的吸收公众存款、发放贷款、办理结算等业务的企业法人。因此，商业银行指依法成立，以盈利为目的的金融法人，其经营的对象是货币这种特殊的金融商品。根据《商业银行法》第 4 条之规定，商业银行以安全性、流动性、效益性为经营原则，实行自主经营，自担风险，自负盈亏，自我约束。商业银行依法开展业务，不受任何单位和个人的干涉。商业银行以其全部法人财产独立承担民事责任。

关于商业银行的性质，我们可以从以下两个方面进行理解：

第一，从商法的角度来说，商业银行是以盈利为目的的企业，是独立的商事主体。所谓企业，就是指以盈利为目的，运用各种生产要素，向市场提供商品或服务，实行自主经营、自负盈亏、独立核算的法人或其他社会经济组织。商业银行是银行，属于金融机构，尽管其经营的对象具有特殊性，但与其他企业的本质并无不同——以盈利为目的，自主经营，自负盈亏。

第二，从经济法和金融法的角度来说，商业银行是中央银行金融宏观调控的主要受体。在中央银行的宏观调控体系中，商业银行始终处于政府和实体经济中的企业之间，占据宏观调控中一个重要的中枢或者称之为枢纽的地位，是中央银行宏观调控的受体或者相对主体。它在涉及实现国民经济运行中的货币供应量、信用量、汇率、利率以及金融市场等宏观经济指标方面，通过吸收存款、发放贷款、办理票据贴现等业务，配合中央银行对金融市场和国民经济的宏观调控行为,进而影响社会总需求和总供给的平衡,从而达到助力国民经济发展和实现金融系统风险治理的双重目标。

【思考 13-1】从经济法和商法的法律本位视角来看,商业银行的法律性质存在何种差异?

二、商业银行的经营原则

根据我国《商业银行法》,商业银行的经营应当遵守以下原则:

1.业务经营的"三性"原则和"四自"原则。《商业银行法》第 4 条规定,商业银行以安全性、流动性、效益性为经营原则,实行自主经营,自担风险,自负盈亏,自我约束。商业银行依法开展业务,不受任何单位和个人的干涉。商业银行以其全部法人财产独立承担民事责任。

2.平等、自愿、公平和诚信原则。《商业银行法》第 5 条规定,商业银行与客户的业务往来,应当遵循平等、自愿、公平和诚实信用的原则。

3.保障存款人合法权益原则。《商业银行法》第 6 条规定,商业银行应当保障存款人的合法权益不受任何单位和个人的侵犯。

4.严格贷款的资信担保,依法按期收回本息的原则。《商业银行法》第 7 条规定,商业银行开展信贷业务,应当严格审查借款人的资信,实行担保,保障按期收回贷款。商业银行依法向借款人收回到期贷款的本金和利息,受法律保护。

5.不得损害国家利益、社会公共利益的原则。《商业银行法》第 8 条规定,商业银行开展业务,应当遵守法律、行政法规的有关规定,不得损害国家利益、社会公共利益。

6.公平竞争原则。《商业银行法》第 9 条规定,商业银行开展业务,应当遵守公平竞争的原则,不得从事不正当竞争。

7.依法接受监督管理的原则。《商业银行法》第 10 条规定,商业银行依法接受国务院银行业监督管理机构的监督管理,但法律规定其有关业务接受其他监督管理部门或者机构监督管理的,依照其规定。

三、商业银行的主要职能

如前所述,商业银行是一种特殊的金融企业,它在金融体系中扮演着重要的角色。商业银行是金融组织体系的重要成员,它至少具有如下四种重要的职能。

1.信用中介的职能

无疑,信用中介是商业银行最基本和最本质的职能。我们可以将其理解为信用集中和信用扩散两个阶段:信用集中主要针对商业银行资产负债表上的负债业务,也就是吸收存款,通过该业务,商业银行把社会上的闲散资金归集于此;信用扩散主要针对商业银行资产负债表上的资产业务,也就是发放贷款,通过该业务,商业银行把从社会上吸收的闲散资金发放出去,投入实体经济,为实体经济"输血"。在此过程中,商业银行作为资金的吸收者和发放者,完成资金融通的同时,赚取利息差,获得盈利,形成利润。

【思考 13-2】委托贷款是一种特殊的贷款形式,是指由委托人提供合法来源的资金,委托业务银行根据委托人确定的贷款对象、用途、金额、期限、利率等代为发放、监督使用并协助收回的贷款业务。委托人包括政府部门、企事业单位及个人等。

请问:商业银行在委托贷款情形下,是否起到了信用中介的职能?这与商业银行在普通贷款中的角色有何区别?

2.支付中介的职能

支付中介职能是指商业银行通过客户在其开立的存款账户,代理客户办理各种货币兑换与结算收支等具体业务。支付中介职能让商业银行成为经济生活中不计其数的支付链条和债权债务关系的中转站和支付枢纽。该项职能的发挥可以大量减少金融体系中的现金支付量,不仅能够节约社会流通的成本,而且大大提升了资金结算和货币资本周转的速率。

3.信用创造的职能

信用创造是以信用中介和支付中介为基础的。商业银行大量吸收存款,并利用所吸收的存款发放贷款。在支票流通和转账结算的基础上,其发放的贷款又转化为存款。当这部分存款在不被体现和不被完全体现的前提下,它又能够增加商业银行的资产业务,这就在整个银行体系形成了数倍于原始存款的派生存款,此即信用创造。

4.金融服务的职能

商业银行利用其先进的金融服务设施、广泛的客户群体、及时而充裕的信息资源以及专业的金融知识等,可以为客户提供各种各样的综合性、个性化的金融服务。尤其是随着现代金融业综合经营的逐步推进以及互联网金融的迅速发展,商业银行越来越注重各种复合式和个性化的金融服务的发展。从传统的代充公交卡、代交水电费、代发工资、代理融资、保管箱等已经深刻演绎到银证通、银信通等各种现代投资理财服务。因此,经济发达、金融发展,商业银行金融服务的创新空间就越大。

【思考 13-3】结合你身边所关注的商业银行新型金融服务,思考现代商业银行的金融服务职能有何发展趋势?

第二节　商业银行的组织机构和业务

一、商业银行的设立

1.商业银行的设立条件

关于商业银行的设立条件,《商业银行法》规定,设立商业银行,应当经国务院银行业监督管理机构审查批准。未经国务院银行业监督管理机构批准,任何单位和个人不得从事吸收公众存款等商业银行业务,任何单位不得在名称中使用“银行”字样。设立商业银行,应当具备下列条件:

(1)有符合《商业银行法》和《中华人民共和国公司法》规定的章程;

(2)有符合《商业银行法》规定的注册资本最低限额;

(3)有具备任职专业知识和业务工作经验的董事、高级管理人员;

(4)有健全的组织机构和管理制度;

(5)有符合要求的营业场所、安全防范措施和与业务有关的其他设施。

设立商业银行,还应当符合其他审慎性条件。

2.商业银行的注册资本

《商业银行法》规定,设立全国性商业银行的注册资本最低限额为十亿元人民币。设立城市商业银行的注册资本最低限额为一亿元人民币，设立农村商业银行的注册资本最低限额为五千万元人民币。注册资本应当是实缴资本。国务院银行业监督管理机构根据审慎监管的要求可以调整注册资本最低限额，但不得少于前款规定的限额。

3.商业银行的设立程序

设立商业银行，申请人应当向国务院银行业监督管理机构提交下列文件、资料：

(1)申请书，申请书应当载明拟设立的商业银行的名称、所在地、注册资本、业务范围等；

(2)可行性研究报告；

(3)国务院银行业监督管理机构规定提交的其他文件、资料。

设立商业银行的申请经审查符合《商业银行法》第 14 条规定的，申请人应当填写正式申请表，并提交下列文件、资料：

(1)章程草案；

(2)拟任职的董事、高级管理人员的资格证明；

(3)法定验资机构出具的验资证明；

(4)股东名册及其出资额、股份；

(5)持有注册资本百分之五以上的股东的资信证明和有关资料；

(6)经营方针和计划；

(7)营业场所、安全防范措施和与业务有关的其他设施的资料；

(8)国务院银行业监督管理机构规定的其他文件、资料。

经批准设立的商业银行，由国务院银行业监督管理机构颁发经营许可证，并凭该许可证向工商行政管理部门办理登记，领取营业执照。

4.商业银行的分支机构

商业银行根据业务需要可以在中华人民共和国境内外设立分支机构。设立分支机构必须经国务院银行业监督管理机构审查批准。在中华人民共和国境内的分支机构，不按行政区划设立。商业银行在中华人民共和国境内设立分支机构，应当按照规定拨付与其经营规模相适应的营运资金额。拨付各分支机构营运资金额的总和，不得超过总行资本金总额的百分之六十。

设立商业银行分支机构，申请人应当向国务院银行业监督管理机构提交下列文件、资料：

(1)申请书，申请书应当载明拟设立的分支机构的名称、营运资金额、业务范围、总行及分支机构所在地等；

(2)申请人最近二年的财务会计报告；

(3)拟任职的高级管理人员的资格证明；

(4)经营方针和计划；

(5)营业场所、安全防范措施和与业务有关的其他设施的资料；

(6)国务院银行业监督管理机构规定的其他文件、资料。

经批准设立的商业银行分支机构，由国务院银行业监督管理机构颁发经营许可证，并凭该许可证向工商行政管理部门办理登记，领取营业执照。商业银行对其分支机构实行全行统一核算，统一调度资金，分级管理的财务制度。

商业银行分支机构不具有法人资格，在总行授权范围内依法开展业务，其民事责任由总行承担。经批准设立的商业银行及其分支机构，由国务院银行业监督管理机构予以公告。商业银行及其分支机构自取得营业执照之日起无正当理由超过六个月未开业的，或者开业后自行停业连续六个月以上的，由国务院银行业监督管理机构吊销其经营许可证，并予以公告。

【思考 13-4】目前，监管当局对城市商业银行（简称“城商行”）在异地设立分支机构持保守态度。除原来已在异地设立分行的以外，一般不允许在异地新设分支行。

请问：你如何看待这种监管动向？其具有合理性和合法性吗？为什么？

二、商业银行的组织形式

商业银行的组织形式、组织机构适用《公司法》的规定。即商业银行主要采用有限责任公司和股份有限公司两种组织形式。

《商业银行法》施行前设立的商业银行，其组织形式、组织机构不完全符合《中华人民共和国公司法》规定的，可以继续沿用原有的规定。而对于适用《中华人民共和国公司法》关于组织形式的规定的日期由国务院规定。

三、商业银行的组织机构和高管任职资格问题

根据《商业银行法》和《公司法》的规定，商业银行设立股东（大）会、董事会、监事会。董事会聘请总经理。国有独资商业银行不设立股东会，设立监事会。监事会的产生办法由国务院规定。监事会对国有独资商业银行的信贷资产质量、资产负债比例、国有资产保值增值等情况以及高级管理人员违反法律、行政法规或者章程的行为和损害银行利益的行为进行监督。

关于高管任职资格问题，《商业银行法》规定，有下列情形之一的，不得担任商业银行的董事、高级管理人员：(1)因犯有贪污、贿赂、侵占财产、挪用财产罪或者破坏社会经济秩序罪，被判处刑罚，或者因犯罪被剥夺政治权利的；(2)担任因经营不善破产清算的公司、企业的董事或者厂长、经理，并对该公司、企业的破产负有个人责任的；(3)担任因违法被吊销营业执照的公司、企业的法定代表人，并负有个人责任的；(4)个人所负数额较大的债务到期未清偿的。

四、商业银行的业务

1.商业银行的负债业务：吸收存款

商业银行开展的最基本业务是吸收存款。通过让渡一定的利息给存款人，商业银行获得了其各种营业之本——社会闲散资金。吸收存款不仅包括个人和企业的存款，各种事业单位和政府机关的财政性存款才是商业银行负债业务的最主要、最根本和最稳定的来源。因此，在金融市场竞争日益激烈的当下，各大金融机构对存款尤其是对财政性存款的争夺已经进入白热化的阶段。

《商业银行法》基于存款人保护的目的，特别规定，商业银行办理个人储蓄存款业务，应当遵循存款自愿、取款自由、存款有息、为存款人保密的原则。对个人储蓄存款，商业银行有权拒绝任何单位或者个人查询、冻结、扣划，但法律另有规定的除外。对单位存款，商业银行有权拒绝任何单位或者个人查询，但法律、行政法规另有规定的除外；有权拒绝任何单位或

者个人冻结、扣划，但法律另有规定的除外。商业银行应当按照中国人民银行规定的存款利率的上下限，确定存款利率，并予以公告。商业银行应当按照中国人民银行的规定，向中国人民银行交存存款准备金，留足备付金。商业银行应当保证存款本金和利息的支付，不得拖延、拒绝支付存款本金和利息。

2.商业银行的资产业务：发放贷款

存款是商业银行的营业之源，而贷款则是商业银行的盈利之本。商业银行吸收进来的存款只有发放给实体经济主体，才能赚取利息差实现盈利。贷款作为一种资产，它是指商业银行将货币资金在一定期限内借出，借款人必须按照约定的期限和利息率还本付息的业务。

(1)《商业银行法》规定了商业银行开展贷款业务的基本原则：商业银行根据国民经济和社会发展的需要，在国家产业政策指导下开展贷款业务。商业银行贷款，应当对借款人的借款用途、偿还能力、还款方式等情况进行严格审查。商业银行贷款，应当实行审贷分离、分级审批的制度。商业银行贷款，借款人应当提供担保。商业银行应当对保证人的偿还能力，抵押物、质物的权属和价值以及实现抵押权、质权的可行性进行严格审查。经商业银行审查、评估，确认借款人资信良好，确能偿还贷款的，可以不提供担保。

商业银行发放贷款，应当遵守下列资产负债比例管理的规定：

①资本充足率不得低于百分之八；

②流动性资产余额与流动性负债余额的比例不得低于百分之二十五；

③对同一借款人的贷款余额与商业银行资本余额的比例不得超过百分之十；

④国务院银行业监督管理机构对资产负债比例管理的其他规定。

《商业银行法》施行前设立的商业银行，在《商业银行法》施行后，其资产负债比例不符合上述规定的，应当在一定的期限内符合上述规定。具体办法由国务院规定。

(2)《商业银行法》规定的商业银行贷款业务的法律形式：商业银行贷款，应当与借款人订立书面合同。合同应当约定贷款种类、借款用途、金额、利率、还款期限、还款方式、违约责任和双方认为需要约定的其他事项。商业银行应当按照中国人民银行规定的贷款利率的上下限，确定贷款利率。

(3)商业银行贷款业务的其他规定：商业银行不得向关系人发放信用贷款；向关系人发放担保贷款的条件不得优于其他借款人同类贷款的条件。关系人是指：①商业银行的董事、监事、管理人员、信贷业务人员及其近亲属；②前项所列人员投资或者担任高级管理职务的公司、企业和其他经济组织。

任何单位和个人不得强令商业银行发放贷款或者提供担保。商业银行有权拒绝任何单位和个人强令要求其发放贷款或者提供担保。

借款人应当按期归还贷款的本金和利息。借款人到期不归还担保贷款的，商业银行依法享有要求保证人归还贷款本金和利息或者就该担保物优先受偿的权利。商业银行因行使抵押权、质权而取得的不动产或者股权，应当自取得之日起二年内予以处分。借款人到期不归还信用贷款的，应当按照合同约定承担责任。

3.商业银行的中间业务

商业银行的中间业务是一种典型的表外业务，所谓表外业务是指该业务并不在资产负债表中予以反映，不增加商业银行的记账资产和吸收存款的银行业务，主要表现为收费性质的业务。中间业务具体是指不需要运用商业银行的自有资金，只需要代客户办理承办交付与收取，以及其他委托事项而收取手续费的业务。

《商业银行法》规定的中间业务包括：办理国内外结算；发行金融债券；代理发行、代理兑付、承销政府债券；买卖、代理买卖外汇；提供信用证服务以及担保等；代理保险以及收付款；提供保险箱服务等。

《商业银行法》规定商业银行办理票据承兑、汇兑、委托收款等结算业务，应当按照规定的期限兑现，收付入账，不得压单、压票或者违反规定退票。有关兑现、收付入账期限的规定应当公布。商业银行发行金融债券或者到境外借款，应当依照法律、行政法规的规定报经批准。商业银行办理业务，提供服务，应该按照规定收取手续费。

【思考 13-5】自从 2010 年，中国人民银行开始执行稳健的货币政策以来，我国商业银行的信贷扩张速度明显放缓。曾经在一段时期内，商业银行信贷总量呈现略显紧张的态势。在此背景下，一些商业银行通过"表内转表外"大力发展表外业务、中间业务。

请问："表内转表外"现象可能存在哪些方面的违规问题？对金融宏观调控和金融稳定以及金融消费者权益保护可能带来哪些方面的影响？应如何监管？

第三节　商业银行的接管、终止以及法律责任

一、商业银行的接管和终止

1.商业银行的接管

商业银行已经或者可能发生信用危机，严重影响存款人的利益时，国务院银行业监督管理机构可以对该银行实行接管。接管的目的是对被接管的商业银行采取必要措施，以保护存款人的利益，恢复商业银行的正常经营能力。被接管的商业银行的债权债务关系不因接管而变化。接管由国务院银行业监督管理机构决定，并组织实施。国务院银行业监督管理机构的接管决定应当载明下列内容：

(1)被接管的商业银行名称；

(2)接管理由；

(3)接管组织；

(4)接管期限。

接管决定由国务院银行业监督管理机构予以公告。接管自接管决定实施之日起开始。自接管开始之日起，由接管组织行使商业银行的经营管理权力。

接管期限届满，国务院银行业监督管理机构可以决定延期，但接管期限最长不得超过二年。

有下列情形之一的，接管终止：

(1)接管决定规定的期限届满或者国务院银行业监督管理机构决定的接管延期届满；

(2)接管期限届满前，该商业银行已恢复正常经营能力；

(3)接管期限届满前，该商业银行被合并或者被依法宣告破产。

2.商业银行的终止

商业银行的终止也就是商业银行法人资格的彻底丧失，其作为民商事主体的权利能

力和行为能力完全归于消灭，业务活动全部停止。从本质上讲，商业银行的终止就是商业银行的市场退出。解散、被撤销和宣告破产是商业银行终止的主要原因，其相应程序规定为：

①商业银行因分立、合并或者出现公司章程规定的解散事由需要解散的，应当向国务院银行业监督管理机构提出申请，并附解散的理由和支付存款的本金和利息等债务清偿计划。经国务院银行业监督管理机构批准后解散。

②商业银行因吊销经营许可证被撤销的，国务院银行业监督管理机构应当依法及时组织成立清算组，进行清算，按照清偿计划及时偿还存款本金和利息等债务。

③商业银行不能支付到期债务，经国务院银行业监督管理机构同意，由人民法院依法宣告其破产。商业银行被宣告破产的，由人民法院组织国务院银行业监督管理机构等有关部门和有关人员成立清算组，进行清算。

二、法律责任

《商业银行法》主要规定了商业银行的法律责任、商业银行工作人员的法律责任以及其他单位和个人的法律责任等内容。

1.商业银行的法律责任

《商业银行法》第 73 条规定，商业银行有下列情形之一，对存款人或者其他客户造成财产损害的，应当承担支付迟延履行的利息以及其他民事责任：

(1)无故拖延、拒绝支付存款本金和利息的；

(2)违反票据承兑等结算业务规定，不予兑现，不予收付入账，压单、压票或者违反规定退票的；

(3)非法查询、冻结、扣划个人储蓄存款或者单位存款的；

(4)违反本法规定对存款人或者其他客户造成损害的其他行为。

有前款规定情形的，由国务院银行业监督管理机构责令改正，有违法所得的，没收违法所得，违法所得五万元以上的，并处违法所得一倍以上五倍以下罚款；没有违法所得或者违法所得不足五万元的，处五万元以上五十万元以下罚款。

《商业银行法》第 74 条规定，商业银行有下列情形之一，由国务院银行业监督管理机构责令改正，有违法所得的，没收违法所得，违法所得五十万元以上的，并处违法所得一倍以上五倍以下罚款；没有违法所得或者违法所得不足五十万元的，处五十万元以上二百万元以下罚款；情节特别严重或者逾期不改正的，可以责令停业整顿或者吊销其经营许可证；构成犯罪的，依法追究刑事责任：

(1)未经批准设立分支机构的；

(2)未经批准分立、合并或者违反规定对变更事项不报批的；

(3)违反规定提高或者降低利率以及采用其他不正当手段，吸收存款，发放贷款的；

(4)出租、出借经营许可证的；

(5)未经批准买卖、代理买卖外汇的；

(6)未经批准买卖政府债券或者发行、买卖金融债券的；

(7)违反国家规定从事信托投资和证券经营业务、向非自用不动产投资或者向非银行金融机构和企业投资的；

(8)向关系人发放信用贷款或者发放担保贷款的条件优于其他借款人同类贷款的条件的。

【思考 13-6】2018 年，南充市商业银行(以下简称“南充商行”)开展存款送手机的活动引起全国同行和社会的广泛关注。南充商行从 2018 年 3 月即正式开展此项活动，以当时市场上火热的苹果 4S(8G)手机为例，储户在南充商行开户存入一万元，如果合约在网时限为 24 个月，每月保底消费 286 元；或者合约在网时限为 36 个月，每月保底消费 186 元，即可获得苹果 4S(8G)手机一部。南充商行的这项活动开展半年多的时间里，对不少南充市民产生了极大的吸引力。一位办理了此项业务的南充市民认为，南充商行这种存款送手机的活动非常“划得着”。

请问：南充商行的上述营销模式是否合法？对该行为应当由谁监管？可能涉嫌哪些法律责任？

《商业银行法》第 75 条规定，商业银行有下列情形之一，由国务院银行业监督管理机构责令改正，并处二十万元以上五十万元以下罚款；情节特别严重或者逾期不改正的，可以责令停业整顿或者吊销其经营许可证；构成犯罪的，依法追究刑事责任：

(1)拒绝或者阻碍国务院银行业监督管理机构检查监督的；

(2)提供虚假的或者隐瞒重要事实的财务会计报告、报表和统计报表的；

(3)未遵守资本充足率、资产流动性比例、同一借款人贷款比例和国务院银行业监督管理机构有关资产负债比例管理的其他规定的。

《商业银行法》第 76 条规定，商业银行有下列情形之一，由中国人民银行责令改正，有违法所得的，没收违法所得，违法所得五十万元以上的，并处违法所得一倍以上五倍以下罚款；没有违法所得或者违法所得不足五十万元的，处五十万元以上二百万元以下罚款；情节特别严重或者逾期不改正的，中国人民银行可以建议国务院银行业监督管理机构责令停业整顿或者吊销其经营许可证；构成犯罪的，依法追究刑事责任：

(1)未经批准办理结汇、售汇的；

(2)未经批准在银行间债券市场发行、买卖金融债券或者到境外借款的；

(3)违反规定同业拆借的。

《商业银行法》第 77 条规定，商业银行有下列情形之一，由中国人民银行责令改正，并处二十万元以上五十万元以下罚款；情节特别严重或者逾期不改正的，中国人民银行可以建议国务院银行业监督管理机构责令停业整顿或者吊销其经营许可证；构成犯罪的，依法追究刑事责任：

(1)拒绝或者阻碍中国人民银行检查监督的；

(2)提供虚假的或者隐瞒重要事实的财务会计报告、报表和统计报表的；

(3)未按照中国人民银行规定的比例交存存款准备金的。

2.商业银行工作人员的法律责任

①《商业银行法》规定，商业银行有该法第 73 条至第 77 条规定情形的，对直接负责的董事、高级管理人员和其他直接责任人员，应当给予纪律处分；构成犯罪的，依法追究刑事责任。

②商业银行工作人员利用职务上的便利，索取、收受贿赂或者违反国家规定收受各种名义的回扣、手续费，构成犯罪的，依法追究刑事责任；尚不构成犯罪的，应当给予纪律处分。

有前述行为，发放贷款或者提供担保造成损失的，应当承担全部或者部分赔偿责任。

③商业银行工作人员利用职务上的便利，贪污、挪用、侵占本行或者客户资金，构成犯罪的，依法追究刑事责任；尚不构成犯罪的，应当给予纪律处分。

④商业银行工作人员违反本法规定玩忽职守造成损失的，应当给予纪律处分；构成犯罪的，依法追究刑事责任。违反规定徇私向亲属、朋友发放贷款或者提供担保造成损失的，应当承担全部或者部分赔偿责任。

⑤商业银行工作人员泄露在任职期间知悉的国家秘密、商业秘密的，应当给予纪律处分；构成犯罪的，依法追究刑事责任。

⑥商业银行的工作人员对单位或者个人强令其发放贷款或者提供担保未予拒绝的，应当给予纪律处分；造成损失的，应当承担相应的赔偿责任。

3.其他单位和个人的法律责任

①单位或者个人强令商业银行发放贷款或者提供担保的，应当对直接负责的主管人员和其他直接责任人员或者个人给予纪律处分；造成损失的，应当承担全部或者部分赔偿责任。

②借款人采取欺诈手段骗取贷款，构成犯罪的，依法追究刑事责任。

③有下列情形之一，由国务院银行业监督管理机构责令改正，有违法所得的，没收违法所得，违法所得五万元以上的，并处违法所得一倍以上五倍以下罚款；没有违法所得或者违法所得不足五万元的，处五万元以上五十万元以下罚款：未经批准在名称中使用“银行”字样的；未经批准购买商业银行股份总额百分之五以上的；将单位的资金以个人名义开立账户存储的。

④未经国务院银行业监督管理机构批准，擅自设立商业银行，或者非法吸收公众存款、变相吸收公众存款，构成犯罪的，依法追究刑事责任；并由国务院银行业监督管理机构予以取缔。伪造、变造、转让商业银行经营许可证，构成犯罪的，依法追究刑事责任。

课后练习

一、判断题

1.在分业经营制下只有银行能够进行贷款业务。

2.资本主义商业银行的产生主要途径是高利贷性质的银行演变为资本主义银行。

3.最早的股份制商业银行出现在意大利。

4.商业银行也是一种企业。

5.在分业经营的情况下，商业银行能够吸收存款，投资银行、信托公司都不能吸收存款。

6.银行的贷款越集中，其经营的风险必然越大。

7.联邦储备保险公司主要目的是确保金融机构的资本达到一定的充足率。

8.美国新金融监管改革中对场外衍生品市场进行了规范，纳入监管的范围。

9.我国政府对银行业的监管采用分业经营制。

10.我国不允许存在金融控股公司。

二、选择题

1.我国银行的主要从事的经营范围包括(　　)。

A.股票承销　　B.吸收公众存款

C.发放贷款　　D.提供票据结算业务

2.银行控股公司制的两种类型包括(　　)。

A.非银行控股公司　　B.银行控股公司

C.集团控股公司　　D.资产管理公司制

3.代表股东执行股东大会建议和决定的银行内部组织结构或人员是(　　)。

A.银行行长　　B.董事会

C.股东大会　　D.各业务部门

4.银行的监事会的主要职责是(　　)。

A.对银行业务经营提出质疑,选举董事会

B.代表股东大会对全部经营管理活动进行监督和检查

C.核对银行的日常账务项目,核查银行会计,信贷及其他业务是否符合当局的有关规定,是否按照董事会的方针、纪律和程序办事

D.经办各项银行业务,直接面对客户提供服务

5.美国于2010年7月通过的《多德-弗兰克华尔街改革和消费者保护法》的主要内容有(　　)。

A.商业银行与投资银行分业经营

B.设立存款保险机构

C.设立新的消费者金融保护局

D.设立新的破产清算机制,防止“大而不倒”的问题

6.世界各国对银行的监管主要包括(　　)。

A.银行业的准入　　B.银行业资本的充足性

C.银行的清偿能力　　D.银行业务的范围

7.下列公司属于金融控股公司的是(　　)。

A.招商局集团　　B.中国人民银行

C.工商银行　　D.首创集团

8.以下业务中属于商业银行表外业务的是(　　)。

A. 担保类业务　　B. 存款业务

C. 贷款业务　　D. 投资业务

9.根据商业银行法的规定,下列有关商业银行的表述中哪一项是正确的?(　　)

A.商业银行既可以是国有独资银行,也可以是非国有的股份制银行

B.商业银行是依照《商业银行法》而非《公司法》设立的

C.经中央银行批准成立的商业银行的分支机构依法独立承担民事责任

D.商业银行只能被接管而不能破产

10.和兴公司从银行贷款1000万美元,由中实公司向银行提供了连带保证担保。然后,应中实公司的要求,兴发公司又向中实公司提供了再保证,约定在中实公司因承担保证责任

代和兴公司清偿债务后，有权要求兴发公司偿还其代为清偿的债务。合同签订后，由于和兴公司不能还款，银行遂向法院提起诉讼，法院强制执行从中实公司账户上划走600万美元，下列表述中哪些是正确的？（ ）

A.银行可以向中实公司请求偿还全部贷款

B.银行可以向兴发公司请求偿还全部贷款

C.中实公司可以请求和兴公司偿还300万美元

D.中实公司可以请求兴发公司偿还300万美元

三、简答题

1.简述商业银行的概念和性质。

2.结合《商业银行法》阐述我国商业银行的经营原则。

3.试述商业银行的主要职能。

4.结合《商业银行法》，试述我国商业银行高管任职资格的消极条件。

第十四章 证券法

学习目标

★ 了解证券发行与上市的主要规定

★ 掌握证券交易的一般规定以及禁止交易的行为

★ 了解证券管理原则、上市公司的信息披露以及上市公司的收购

理论精要

【案例导入】

小王在某证券公司营业部开立了资金与股票账户。某天他给该营业部场内交易员小李发出以每股10元的价格卖出其账户中甲公司股票1000股的指令,但小李操作不慎将卖出指令敲成买入指令,当日该股票的收盘价为10.20元,由于小王账面资金不足,小李书面请示营业部经理批准后,挪用营业部其他客户资金4000元为小王购入了1000股甲公司的股票。当天收盘时,小李发现了自己的失误。于是,第二天一开盘便在10.20元的价位将1000股甲公司的股票卖出,并归还了挪用资金4000元。当天,该股票价格下跌,最高价为10.32元,收盘价为9.87元,小王查账后发现自己之前一天的委托未被办理,于是提出索赔。试分析:

(1)本案中违反证券法的行为有哪些?

(2)小王应向谁索赔?为什么?

(3)什么是证券?证券的发行与交易有哪些主要规定?

第一节 证券法概述

一、证券与证券法

(一)证券的概念

证券是指发行人依法发行的,表示持券人享有某种特定权利的凭证。证券有广义和狭义之分。广义的证券有以下三类:

1.货物证券,即特定的物,如提单和仓单等。

2.货币证券,即对货币请求权的凭证。它的标的是一定的或可以确定的金额的货币,如汇票、支票、本票和存单等。

3.资本证券,是一种具有获利功能的证券,其标的是一种权益,它表明持有人对特定的投资所享有的权利,如股票、债券和基金券等。

狭义的证券仅是指资本证券。我国证券法规定的证券为股票、公司债券和国务院依法

认定的其他证券。其他证券主要指投资基金份额、非公司企业债券、国家政府债券等。

(二)证券法

证券法有广义和狭义之分。广义的证券法是指调整证券的发行、上市交易、服务、证券市场监管以及其他相关活动而产生的经济关系的法律规范的总称。狭义的证券法是指证券法典。《中华人民共和国证券法》(以下简称《证券法》)自1998年12月29日首次颁布以来，共历经了三次修正和二次修订。我国《证券法》所调整的证券属于资本证券，具体包括以下几种：

1.股票。股票是股份有限公司签发的证明股东持有公司股份的凭证，是股东借以取得股息的一种有价证券。从投资主体及资金来源看，我国股票可分为国家股、法人股、内部职工股和普通股。按照股票发行的对象和认购的货币可分为：A种股票(专供国内投资者购买)；B种股票，专供外国人员及港澳台投资者认购，目前已对国内投资者开放。按照股东承担的风险和享受的权益可分为普通股和优先股。

2.债券。在我国按发行主体，债券可分为政府债券、金融债券、公司债券。证券法所调整的债券为公司债券、金融债券和政府债券。

3.基金券。主要为证券投资基金券。它是指依法批准设立证券投资基金时，由基金发起人向投资者发行的证明持有该证券投资基金份额的凭证。

二、我国《证券法》的基本原则

《证券法》的立法宗旨是为了规范证券发行和交易行为，保护投资者的合法权益，维护社会经济秩序和社会公共利益，促进社会主义市场经济的发展，根据《证券法》的规定，在证券活动和证券管理中应坚持如下原则。

(一)公开、公平、公正原则

《证券法》第3条规定，证券的发行、交易活动，必须实行公开、公平、公正的原则。

公开原则是指市场信息公开。在内容上，凡是可能影响投资者决策的信息都应当公开，如公司章程、招股说明书、有关财务会计资料等。公开的形式包括向社会公告，将有关信息刊登在报纸或刊物上，将有关资料置备于有关场所，供公众随时查阅等。公开的信息必须及时、完整、真实、准确。

公平原则是指所有市场参与者都具有平等的地位，其合法权益都应受到公平的保护。他们在证券发行和交易中应当机会均等、待遇相同。

公正原则是指在证券发行和交易的有关事务处理上，要在坚持客观事实的基础上，做到一视同仁，对所有证券市场参与者都要给予公正的待遇，尤其是证券监管机关要坚持公正原则。

(二)自愿、有偿、诚实信用原则

《证券法》第4条规定，证券发行、交易活动的当事人具有平等的法律地位，应当遵守自愿、有偿、诚实信用原则。

自愿是指当事人有权按照自己的意愿参与证券发行与证券交易活动，其他人不得干涉，也不得采取欺骗、威吓或胁迫等手段影响当事人决策。在市场交易活动中，任何一方都不得把自己的意志强加给对方。

有偿是指在证券发行和交易活动中，一方当事人不得无偿占有他方当事人的财产和劳动。诚实是指客观真实,不欺人、不骗人。信用是指遵守承诺,并及时、全面地履行承诺。

(三)守法原则

遵守法律、法规是我们在一切社会活动中都必须遵守的原则。《证券法》第 5 条规定:“证券发行、交易活动必须遵守法律、行政法规;禁止欺诈、内幕交易和操纵证券市场的行为。”

(四)分业经营、分业管理原则

《证券法》第 6 条规定:“证券业和银行业、信托业、保险业分业经营、分业管理。证券公司与银行、信托、保险业务机构分别设立。国家另有规定的除外。”原《证券法》实行分业经营、分业管理的原则。新《证券法》在规定分业经营、分业管理原则的同时,规定“国家另有规定的除外”,为混业经营留下一定的法律空间,也为银行资金间接进入证券市场准备了条件。

(五)政府统一监管与行业自律原则

制约和化解市场风险,维护市场正常秩序,必须对证券市场进行监管。各国对证券市场的监管包括由政府设立证券监管部门进行监管和由证券经营机构等成立自律性组织进行监管两种模式。我国实行政府统一监管与行业自律相结合的模式。《证券法》规定:“国务院证券监督管理机构依法对全国证券市场实行集中统一监督管理。国务院证券监督管理机构根据需要可以设立派出机构,按照授权履行监督管理职责。”“在国家对证券发行、交易活动实行集中统一监督管理的前提下,依法设立证券业协会,实行自律性管理。”

(六)国家审计监督原则

国家审计监督是由国家审计机关对证券交易所、证券公司、证券登记结算机构、证券监督管理机构依法进行的审计监督。国家审计监督有利于促使证券机构依法经营和开展活动,有利于国家对证券市场的监督,有利于保护投资者的利益。

第二节　证券发行

一、证券发行的一般规定

注册制,又称申报制或形式审查制,即政府对发行者发行证券,率先不作实质条件的限制。发行者发行证券时,不但要完全、正确、真实地公开可供认购者判断的资料,而且要通过政府对要件的审查:发行者在申报后一定期间内,若未被政府否定,即可发行证券。

注册制的理论基础是自由主义经济学说,制度基础是高度发达的自治自律的市场经济。它是商品经济长期发展的历史产物。注册制的优点是:简化政府实质审查手续,节省募集资金时间,方便发行者及时募集到其所需资金。但它的弊端是:由于发行手续简便,发行者往往会基于募集自己所求资金之考虑,而作出不利于投资者的行为。

核准制,又称实质审查制,即发行者发行证券,不仅要真实公开全部的可供认购者判断的资料,并且要符合若干实质条件,方可获准发行证券。换言之,证券主管机关有权依公司法和证券法规定的限制条件,对发行者作出的发行申请及呈报资料作实质性价值审查,发行人获得证券主管机关的批准后,才能发行证券。

核准制的目的是保护投资者利益,便于政府利用公务对证券发行作适当监督。发行证券是公司的团体性行为，发行者发行证券虽公开其发行资料但并不是每一个投资者都能读懂招股说明书或其他财务资料，即使能够读懂也未必能通盘了解透彻，所以为保护个别投资者的利益不受团体不当行为的损害，政府履行其职责对证券发行作适当监督是必要的。

我国采取的是注册制。未经依法注册，任何单位和个人不得公开发行证券。证券发行注册制的具体范围、实施步骤，由国务院规定。

二、证券发行的条件和程序

（一）股票发行

股票发行是指符合条件的股份有限公司，以筹集资金为目的，依法定程序，以同一条件向特定或不特定的公众招募或出售股票的行为。公司设立时公开发行股票的行为是设立发行，又称首次发行，是指发行人通过发行公司股票来募集经营资本，成立股份有限公司的行为。股份有限公司成立后，基于增资目的而再次申请公开发行股票，即二次发行，也称新股发行。发行新股包括增发和配股。增发是指再次向社会公众公开发行，配股是指向原有股东配售新发行的股票。

1.设立发行的条件

设立股份有限公司公开发行股票，应当符合《公司法》规定的条件和经国务院批准的国务院证券监督管理机构规定的其他条件。

《公司法》规定，设立股份有限公司公开发行股票应当具备的条件包括：

(1)发起人符合法定人数；

(2)有符合公司章程规定的全体发起人认购的股本总额或者募集的实收股本总额；

(3)股份发行、筹办事项符合法律规定；

(4)发起人制定公司章程，采用募集方式设立的经创立大会通过；

(5)有公司名称，建立符合股份有限公司要求的组织机构；

(6)有公司住所。

2.新股发行的条件

《证券法》规定，公司公开发行新股，应当符合下列条件：

(1)具备健全且运行良好的组织机构；

(2)具有持续盈利能力，财务状况良好；

(3)最近三年财务会计文件无虚假记载，无其他重大违法行为；

(4)经国务院批准的国务院证券监督管理机构规定的其他条件。

上市公司非公开发行新股，应当符合经国务院批准的国务院证券监督管理机构规定的条件，并报国务院证券监督管理机构核准。

【思考 14-1】甲股份有限公司采取发起设立方式。发起人共有 3 人，公司股本总额为 1000 万元。公司成立 3 年来，生产规模不断扩大，职工总数已超过 200 人；组织机构健全，且运行良好；经营业绩持续上升；公司的财务会计报告无虚假记载，公司也无其他重大违法行为。为此，甲向中国证监会申请面向现有职工与股东公开发行股票。试分析：

(1)甲公司是否具备发行新股的条件？

(2)本次发行新股属于公开发行吗？

3.募集资金的使用

公司对公开发行股票所募集的资金,必须按照招股说明书所列资金用途使用。改变招股说明书所列资金用途,必须经股东大会作出决议。擅自改变用途而未作纠正的,或者未经股东大会认可的,不得公开发行新股。

4.股票发行的程序

设立股份有限公司公开发行股票的程序主要包括:

(1)申请。发起人向社会公开募集股份时,必须首先向国务院证券管理部门递交募股申请并报送《公司法》规定的有关文件。

(2)披露。发行人申请首次公开发行股票的,在提交申请文件后,应当按照国务院证券监督管理机构的规定预先披露有关申请文件。

(3)公告。股票发行申请经国务院证券管理部门批准后,发行人应当依照法律、行政法规的规定,在证券公开发行前,必须公告公开招股说明书,制作认股书,并将该文件置备于指定场所供公众查阅。

(二)公司债券发行

1.公司债券发行的条件

根据《证券法》的规定,公开发行公司债券,应当符合下列条件:(1)具备健全且运行良好的组织机构;(2)最近三年平均可分配利润足以支付公司债券一年的利息;(3)国务院规定的其他条件。

公司有下列情形之一的,不得再次公开发行公司债券:(1)对已公开发行的公司债券或者其他债务有违约或者延迟支付本息的事实,仍处于继续状态;(2)违反本法规定,改变公开发行公司债券所募资金的用途。

公开发行公司债券筹集的资金,必须用于核准的用途,不得用于弥补亏损和非生产性支出。

2.公司债券发行的程序

公开发行公司债券,应当向国务院授权的部门或者国务院证券监督管理机构提出申请并报送《证券法》规定的有关文件。国务院证券监督管理机构或者国务院授权的部门依照法定条件负责证券发行申请的注册。按照国务院的规定,证券交易所等可以审核公开发行证券申请,判断发行人是否符合发行条件、信息披露要求,督促发行人完善信息披露内容。证券发行申请经注册后,发行人应当依照法律、行政法规的规定,在证券公开发行前公告公开发行募集文件,并将该文件置备于指定场所供公众查阅。

(三)证券投资基金发行的条件

1.证券投资基金的概念和特征

证券投资基金是一种利益共享、风险共担的集合证券投资方式,即通过发行基金单位集中基金投资者的基金,由基金托管人托管,由基金管理人管理和运用资金,从事股票、债券等金融工具投资的方式。

基金投资者是基金的出资人。基金托管人是指投资人权益的代表,是基金资产的名义持有人或管理机构,一般由商业银行、信托公司等专业性金融机构担任。基金管理人是指具有专业的投资知识与经验,依法经营管理基金资产,谋求基金资产的不断增值,使基金持有人获取收益最大化的机构。在我国是指专门设立的基金管理公司。

证券投资基金主要有如下特征：

(1)投资基金的单位面值、管理费用和购买费用一般较低；有利于吸引社会闲散资金。在我国，每份基金单位面值为人民币1元。

(2)投资基金由投资基金管理公司管理，聘请专家经营，有利于降低风险，得到较高的投资回报。

(3)实行组合投资。《证券投资基金法》规定，基金管理人运用基金财产进行证券投资，应当采用资产组合的方式。这有利于分散风险，保障投资者资产的安全。

2.证券投资基金的种类

证券投资基金主要分为开放式基金和封闭式基金两种。开放式基金是指基金份额总额不固定，基金份额可以在基金合同约定的时间和场所申购或者赎回的一种基金。封闭式基金是指经核准的基金份额总额在基金合同期限内固定不变，持有人不得申请赎回，但可以在依法设立的证券交易场所交易的一种基金。

3.基金的募集

基金管理人发售基金份额，募集基金，应当依法向国务院证券监督管理机构提交相关文件，申请核准。国务院证券监督管理机构应当自受理基金募集申请之日起6个月内依法作出核准或者不予核准的决定，并通知申请人。基金管理人应当自收到核准文件之日起6个月内进行基金募集。

基金募集不得超过国务院证券监督管理机构核准的基金募集期限。基金募集期限届满，封闭式基金募集的基金份额总额达到核准规模的80%以上，开放式基金募集的基金份额总额超过核准的最低募集份额总额，并且基金份额持有人人数符合国务院证券监督管理机构的规定的，基金管理人应当自募集期限届满之日起10日内聘请法定验资机构验资，自收到验资报告之日起10日内，向国务院证券监督管理机构提交验资报告，办理基金备案手续，并予以公告。

三、证券承销

(一)证券承销的概念

证券承销是指证券公司根据与发行人达成的协议，依法为证券发行人代销或者包销证券的行为。

(二)证券承销方式

1.根据责任与风险的不同，证券承销可以分为代销和包销两种方式。代销是指证券公司代发行人发售证券，在承销期结束时，将未售出的证券全部退还给发行人的承销方式。在证券代销中，证券承销人与发行人是代理关系，承销人所负的风险较小。

包销是指证券公司将发行人的证券按照协议全部购入或者在承销期结束时将售后剩余证券全部自行购入的承销方式。在证券包销中，证券承销人与发行人是买卖关系，承销人所负的风险较大。

2.根据承销人数的不同，证券承销可以分为单独承销和承销团承销两种。单独承销是指由一名证券承销商承销发行人发行的证券的承销。此种方式主要适用于向社会公开发行的证券票面总额不超过5000万元的情形。

承销团承销是指由两个或两个以上的承销人组成的承销团承销发行人发行的证券。我国《证券法》第32条规定，向不特定对象发行的证券票面总值超过人民币5000万元的，应当由承销团承销。承销团应当由主承销和参与承销的证券公司组成。

3.证券承销协议。证券法规定，发行人向不特定对象发行证券，应当由证券公司承销的，发行人应当同证券公司签订承销协议。证券承销协议是指证券公司与证券发行人在平等自愿基础上就代销或者包销有关事项签订的合同。

证券承销协议应当载明下列事项：

(1)当事人的名称、住所及法定代表人姓名；

(2)代销、包销证券的种类、数量、金额及发行价格；

(3)代销、包销的期限及起止日期；

(4)代销、包销的付款方式及日期；

(5)代销、包销的费用和结算办法；

(6)违约责任；

(7)国务院证券监督管理机构规定的其他事项。

4.证券公司承销证券过程中的义务

(1)证券公司承销证券，应当对公开发行募集文件的真实性、准确性、完整性进行核查；

(2)发现有虚假记载、误导性陈述或者重大遗漏的，不得进行销售活动；

(3)已经销售的，必须立即停止销售活动，并采取纠正措施。

5.证券承销期限与法律后果。《证券法》规定，证券的代销和包销期最长不得超过90天。证券公司在代销和包销期内，对所代销和包销的证券应当保证先行出售给认购人，证券公司不得为本公司预留所代销的证券和预先购入并留存所包销的证券。股票发行采用代销方式的，代销期限届满，向投资者出售的股票数量未达到拟公开发行股票数量70%的，为发行失败。发行人应当按照发行价并加算银行同期存款利息返还股票认购人。公开发行股票，代销、包销期限届满，发行人应当在规定的期限内将股票发行情况报国务院证券监督管理机构备案。

【思考14-2】2018年，甲公司获准公开发行股票，与乙证券公司签订了承销协议，承销期为100天。乙预留了10%的股票，将剩余股票全部对外销售。试分析该承销过程中有无违法之处。

第三节 证券交易

一、证券交易概述

证券交易当事人依法买卖的证券，必须是依法发行并交付的证券。非依法发行的证券，不得买卖。

(一)证券交易的场所

依法公开发行的证券，应当在依法设立的证券交易所上市交易或者在经国务院批准的其他证券交易所转让。目前，我国大陆依法设立的证券交易场所有两个，即上海证券交易所和深圳证券交易所。

(二)证券交易的方式

证券在证券交易所上市交易,应当采用公开的集中交易方式或者国务院证券监督管理机构批准的其他方式。我国证券交易种类既可以是现货交易,又可以是国务院规定的其他方式。

(三)证券转让的限制

1.股份有限公司的发起人持有的本公司股份,自公司成立之日起1年内不得转让。

2.公司公开发行股份前已经发行的股份,自公司股票在证券交易所上市交易之日起1年内不得转让。

3.董事、监事、高级管理人员在任职期间每年转让的股份不得超过其所持有本公司股份总数的25%;所持有本公司股份,自公司股票上市交易之日起1年内不得转让。

4. 为证券发行出具审计报告或者法律意见书等文件的证券服务机构和人员,在该证券承销期内和期满后6个月内,不得买卖该证券。为发行人及其控股股东、实际控制人,或者收购人、重大资产交易方出具审计报告或者法律意见书等文件的证券服务机构和人员,自接受委托之日起至上述文件公开后5日内,不得买卖该证券。实际开展上述有关工作之日早于接受委托之日的,自实际开展上述有关工作之日起至上述文件公开后5日内,不得买卖该证券。

5. 上市公司、股票在国务院批准的其他全国性证券交易场所交易的公司持有百分之五以上股份的股东、董事、监事、高级管理人员,将其持有的该公司的股票或者其他具有股权性质的证券在买入后6个月内卖出,或者在卖出后6个月内又买入,由此所得收益归该公司所有,公司董事会应当收回其所得收益。但是,证券公司因购入包销售后剩余股票而持有5%以上股份,以及有国务院证券监督管理机构规定的其他情形的除外。

6.证券交易所、证券公司和证券登记结算机构的从业人员,证券监督管理的工作人员以及法律、行政法规禁止与股票交易的其他人员,在任期或者法定期限内,不得直接或者以化名、借他人名义持有、买卖股票,也不得收受他人赠送的股票。任何人在成为上述所列人员时,其原已持有的股票,必须依法转让。

二、证券上市

(一)股票上市

1.股票上市交易的条件

股份有限公司申请股票上市交易,应当符合下列条件:

(1)股票经国务院证券监督管理机构核准已公开发行。

(2)公司股本总额不少于人民币3000万元。

(3)公开发行的股票达到公司股票总数的25%以上;公司股本总额超过人民币4亿元的,公开发行股份的比例为10%以上。

(4)公司最近3年无重大违法行为,财务会计报告无虚假记载。

证券交易所可以规定高于上述规定的上市条件,并报国务院证券监督管理机构批准。

股票上市交易申请经证券交易所审核同意后,签订上市协议的公司应当在规定期限内公告股票上市的有关文件,并将该文件置备于指定场所供公众查阅。

2.股票上市的暂停、终止

上市公司有下列情形之一的，由证券交易所决定终止其股票上市交易：(1)公司股本总额、股权分布等发生变化，不再具备上市条件，在证券交易所规定的期限内仍不能达到上市条件；(2)公司不按照规定公开其财务状况，或者对财务会计报告作虚假记载，且拒绝纠正；(3)公司最近3年连续亏损，在其后一个年度内未能恢复盈利；(4)公司解散或者被宣告破产；(5)证券交易场所上市规则规定的其他情形。

(二)公司债券上市

1.公司债券上市交易的条件

公司申请债券上市交易，应当符合下列条件：

(1)公司债券的期限为1年以上；

(2)公司债券实际发行额不少于人民币5000万元；

(3)公司申请债券上市时仍符合法定的公司债券发行条件。

公司债券上市交易申请经证券交易所审核同意后，签订上市协议的公司应当在规定的期限内公告公司债券上市文件及有关文件，并将其申请文件置备于指定场所供公众查阅。

2.公司债券上市的暂停、终止

公司债券上市交易后，有下列情形之一的，由证券交易所决定暂停其公司债券上市交易：(1)公司有重大违法行为；(2)公司情况发生重大变化，不符合公司债券上市条件；(3)发行公司债券所募集的资金不按照核准的用途使用；(4)未按照公司债券募集办法履行义务；(5)公司最近2年连续亏损。

公司有上述第(1)、(4)项所列情形之一，经查实后果严重的，或者有第(2)、(3)、(5)项所列情形之一，在限期内未能消除的，由证券交易所决定终止其公司债券上市交易。公司解散或者被宣告破产的，由证券交易所终止其公司债券上市交易。

(三)证券投资基金上市

1.证券投资基金上市交易的条件

申请上市的基金，必须符合下列条件：

(1)基金的募集符合《证券投资基金法》的规定；

(2)基金合同期限为5年以上；

(3)基金募集额不低于2亿元人民币；

(4)基金持有人不少于1000人；

(5)基金份额上市交易规则规定的其他条件。

获准上市的基金，须于上市首日前3个工作日内在国务院证券监督管理机构指定的报刊上刊登。

2.证券投资基金上市的暂停、终止

证券投资基金上市期间，出现下列情形之一的，将暂停上市：(1)发生重大变更而不符合上市条件；(2)违反国家法律、法规，国务院证券监督管理机构决定暂停上市；(3)严重违反投资基金上市规则；(4)国务院证券监督管理机构和证券交易所认为须暂停上市的其他情形。

证券投资基金上市期间，有下列情形之一的，将终止上市：(1)不再具备《证券投资基金法》规定的上市交易条件；(2)基金合同期限届满；(3)基金份额持有人大会决定提前终止上市交易；(4)基金合同约定的或者基金份额上市交易规则规定的终止上市交易的其他情形。

三、持续信息公开

持续信息公开也称信息披露，是贯彻《证券法》公开性原则的具体体现。上市公司必须严格按照《证券法》的规定进行持续信息披露。持续信息公开主要包括上市公司定期报告、临时报告及其他信息公告。

(一)定期报告

定期报告分为中期报告和年度报告。

1.中期报告

上市公司和公司债券上市交易的公司，应当在每一会计年度的上半年结束之日起 2 个月内，向国务院证券监督管理机构和证券交易所报送中期报告，并予以公告。

上市公司还应在会计年度前 3 个月、9 个月结束后的一个月内编制季度报告，并予以公告。

2.年度报告

上市公司和公司债券上市交易的公司，应当在每一会计年度结束之日起 4 个月内，向国务院证券监督管理机构和证券交易所报送年度报告，并予以公告。

(二)临时报告

发生可能对上市公司股票交易价格产生较大影响，而投资者尚未得知的重大事件时，上市公司应当立即将有关情况向国务院证券监督管理机构和证券交易所报送临时报告，并予以公告，说明事件的起因、目前的状态和可能产生的法律后果。

有下列情形之一的为重大事件：(1)公司的经营方针和经营范围的重大变化；(2)公司的重大投资行为和重大的购置财产的决定；(3)公司订立重要合同，可能对公司的资产、负债、权益和经营成果产生重要影响；(4)公司发生重大债务和未能清偿到期重大债务的违约情况；(5)公司发生重大亏损或者重大损失；(6)公司生产经营的外部条件发生重大变化；(7)公司的董事、1/3 以上监事或者经理发生变动；(8)持有公司 5%以上股份的股东或者实际控制人，其持有股份或者控制公司的情况发生较大变化；(9)公司减资、合并、分立、解散及申请破产的决定；(10)涉及公司的重大诉讼，股东大会、董事会决议被依法撤销或者宣告无效；(11)公司涉嫌犯罪被司法机关立案调查，公司董事、监事、高级管理人员涉嫌犯罪被司法机关采取强制措施；(12)国务院证券监督管理机构规定的其他事项。

(三)其他信息披露

依法公开发行股票或者公司债券，应当公告招股说明书、公司债券募集办法等。依法发行新股或者公司债券，还应当公告财务会计报告。

(四)信息的发布与监督

上市公司董事、监事、高级管理人员应当保证上市公司所披露的信息真实、准确、完整。发行人、上市公司公告的招股说明书、公司债券募集办法、财务会计报告等，有虚假记载、误导性陈述或者重大遗漏，致使投资者在证券交易中遭受损失的，发行人、上市公司应当承担赔偿责任；发行人、上市公司的董事、监事、高级管理人员和其他直接责任人员以及保荐人、承销的证券公司，应当与发行人、上市公司承担连带赔偿责任，但是能够证明自己没有过错的除外；发行人、上市公司的控股股东、实际控制人有过错的，应当与发行人、上市公司承担连带赔偿责任。

国务院证券监督管理机构对上市公司信息公告情况进行督察，证券监督管理机构、证券交易所、保荐人、承销的证券公司及有关人员，对公司依照法律、行政法规规定必须作出的公告，在公告前不得泄露其内容。

证券交易所决定暂停或者终止证券上市交易的，应当及时公告，并报国务院证券监督管理机构备案。

四、禁止交易行为

（一）内幕交易

1.内幕交易的概念

内幕交易是指知悉证券交易内部信息的人员和非法获取证券交易内幕信息的人员，利用内幕信息进行证券交易行为。《证券法》规定，禁止证券交易内幕信息的知情人和非法获取内幕信息的人利用内幕信息从事证券交易活动。

2.内幕信息的知情人

内幕信息的知情人包括：(1)发行公司的董事、监事、高级管理人员；(2)持有公司5%以上股份的股东及其董事、监事、高级管理人员，公司的实际控制人及其董事、监事、高级管理人员；(3)发行人控股的公司及其董事、监事、高级管理人员；(4)由于所任公司职务可以获取公司有关内幕信息的人员；(5)证券监督管理机构工作人员以及由于法定的职责对证券交易进行管理的其他人员；(6)保荐人、承销的证券公司、证券交易所、证券登记结算机构、证券服务机构的有关人员；(7)国务院证券监督管理机构规定的其他人员。

3.内幕信息

证券交易活动中，凡涉及公司的经营、财务或者对该公司证券的市场价格有重大影响的尚未公开的信息，为内幕信息。

下列信息均属内幕信息：(1)需要临时公告的重大事件；(2)公司分配股利或者增资的计划；(3)公司股权结构的重大变化；(4)公司债务的重大变更；(5)公司营业用主要资产的抵押、出售或者报废一次超过该资产的30%；(6)公司的董事、监事、高级管理人员的行为可能依法承担重大损害赔偿责任；(7)上市公司收购的有关方案；(8)国务院证券监督管理机构认定的对证券交易价格有显著影响的其他重要信息。

证券交易内幕信息的知情人和非法获取内幕信息的人，在内幕信息公开前，不得买入或者卖出该公司的证券，不得泄露该信息，也不得建议他人买卖该证券。内幕交易行为给投资者造成损失的，行为人应当依法承担赔偿责任。

【思考14-3】李某是ABC上市公司的董事，一次与朋友聚会期间，无意中泄露了本公司即将配股的消息。其朋友张某第二天便购得ABC公司股票5万元，待配股消息公开后，全部卖出，获利2万元。试分析张某的行为是否属于内幕交易。

（二）操纵市场

1.操纵市场的概念

证券市场的操纵市场是指单位或个人为牟取经济利益或减少经济损失，利用资金、信息等优势，或者滥用职权，制造证券市场假象，诱导投资者在不了解事实真相的情况下作出证券投资的决定。

2.操纵市场的行为

《证券法》禁止任何人以下列手段操纵证券市场：

(1)单独或者通过合谋，集中资金优势、持股优势或者利用信息优势联合或者连续买卖，操纵证券交易价格。

(2)与他人串通，以事先约定的时间、价格和方式相互进行证券交易，影响证券交易价格或者证券交易量。

(3)在自己实际控制的账户之间进行证券交易，影响证券交易价格或者证券交易量。

(4)以其他手段操纵证券市场。

操纵证券市场行为给投资者造成损失的，行为人应当依法承担赔偿责任。

【思考 14-4】甲、乙均为证券公司，双方联合，集中全部资金，连续两周大量购入 C 公司的股票，使该股票从每股 11 元上升到每股 17 元，然后在此价位大量卖出获利。试分析甲、乙两公司的行为是否合法。

(三)制造虚假信息

制造虚假信息包括编造、传播虚假信息和作出虚假陈述或信息误导两种情况。

《证券法》规定，禁止国家工作人员、传播媒介从业人员和有关人员编造、传播虚假信息，扰乱证券市场；禁止证券交易所、证券公司、证券登记结算机构、证券服务机构及其从业人员，证券业协会、证券监督管理机构及其工作人员，在证券交易活动中作出虚假陈述或者信息误导。各种传播媒介传播证券市场信息必须真实、客观，禁止误导。

(四)欺诈客户

欺诈客户是指证券公司及其从业人员在证券交易中违背客户的真实意愿，侵害客户利益的违法行为。欺诈客户行为给客户造成损失的，行为人应当依法承担赔偿责任。

欺诈客户的行为，主要表现为：(1)违背客户的委托为其买卖证券；(2)不在规定时间内向客户提供交易的书面确认文件；(3)挪用客户所委托买卖的证券或者客户账户上的资金；(4)未经客户的委托，擅自为客户买卖证券，或者假借客户的名义买卖证券；(5)为牟取佣金收入，诱使客户进行不必要的证券买卖；(6)利用传播媒介或者通过其他方式提供、传播虚假或者误导投资者的信息；(7)其他违背客户真实意思表示，损害客户利益的行为。

【思考 14-5】某证券公司挪用客户账户上的资金用于股票买卖，但在获利后及时、足额地归还到客户账户中。试分析该证券公司的行为是否合法。

(五)其他禁止交易行为

《证券法》规定，禁止法人非法利用他人账户从事证券交易；禁止法人出借自己或者他人的证券账户；禁止资金违规流入股市；禁止任何人挪用公款买卖证券等。国有企业和国有资产控股的企业买卖上市交易的股票，必须遵守国家有关规定。

五、上市公司收购

(一)上市公司收购的概念

上市公司收购是指投资者依法公开收购上市交易的股份，以达到对该股份有限公司控股或兼并目的的行为。

(二)上市公司收购的方式

上市公司收购主要包括要约收购、协议收购和其他合法方式收购三种。

要约收购，是指投资者向目标公司的所有股东发出要约，表明愿意以要约中的条件购买目标公司的股票，以期达到对目标公司的控股或兼并目的。采取要约收购方式的，收购要约约定的收购期限不得少于30天，并不得超过60天。在收购要约确定的承诺期限内，收购人不得撤销其收购要约。收购人需要变更收购要约的，必须事先向国务院证券监督管理机构及证券交易所提出报告，经批准后，予以公告。收购人在收购期限内，不得卖出被收购公司的股票，也不得采取要约规定以外的形式和超出要约的条件买入被收购公司的股票。

协议收购，是指投资者与目标公司的股东进行协商，购买目标公司的股票，以达到对目标公司的控股或兼并目的。以协议方式收购上市公司时，达成协议后，收购人必须在3日内将该收购协议向国务院证券监督管理机构及证券交易所作出书面报告，并予以公告。在公告前不得履行收购协议。采取协议收购方式的，协议双方可以临时委托证券登记结算机构保管协议转让的股票，并将资金存放于指定的银行。

(三)收购信息披露

1.通过证券交易所的证券交易，投资者持有或者通过协议、其他安排与他人共同持有一个上市公司已发行的股份达到5%时，应当在该事实发生之日起3日内，向国务院证券监督管理机构、证券交易所作出书面报告，通知该上市公司，并予以公告；在上述期限内，不得再行买卖该上市公司的股票。

2.投资者持有或者通过协议、其他安排与他人共同持有一个上市公司已发行的股份达到5%后，其所持该上市公司已发行的股份比例每增加或者减少5%，应当依照上述规定进行报告和公告。在报告期限内和作出报告、公告后2日内，不得再行买卖该上市公司的股票。

3.通过证券交易所的证券交易，投资者持有或者通过协议、其他安排与他人共同持有一个上市公司已发行的股份达到30%时，继续进行收购的，应当依法向该上市公司所有股东发出收购上市公司全部或者部分股份的要约。

(四)收购后事项的处理

收购期限届满，被收购公司股权分布不符合上市条件的，该上市公司的股票应当由证券交易所依法终止上市交易；其余仍持有被收购公司股票的股东，有权向收购人以收购要约的同等条件出售其股票，收购人应当收购。收购行为完成后，被收购公司不再具备股份有限公司条件的，应当依法变更企业形式。

在上市公司收购中，收购人持有的被收购的上市公司的股票，在收购行为完成后的12个月内不得转让。

收购行为完成后，收购人与被收购公司合并，并将该公司解散的，被解散公司的原有股票由收购人依法更换。

收购行为完成后，收购人应当在15日内将收购情况报告国务院证券监督管理机构和证券交易所，并予以公告。

一、选择题

1.下列股票交易行为中，属于国家有关证券法律、法规禁止的有哪些？（　　）

A. 甲上市公司的董事在甲公司股票上市交易之日起1年内转让自己所持有本公司股票的10%

B. 乙证券公司的从业人员，在任职期间，购买了ABC上市公司的股票

C. 为丙上市公司发行新股出具审计报告的注册会计师，在该公司股票承销期满后第8个月，买卖了该公司的股票

D. 丁上市公司的监事将其持有的该公司股票在卖出后5个月内又买入

2.下列情形中，证券交易所可以决定暂停上市公司股票上市交易的有哪些？（　　）

A.公司股本总额由1个亿减少到6000万元

B.公司不按照规定公开其财务状况

C.公司有重大违法行为

D.公司最近2年连续亏损

3.上市公司发行公司债券上市交易后，发生下列哪些情形，证券交易所可以决定暂停债券上市交易？（　　）

A.公司有重大违法行为

B.公司最近1年发生亏损

C.公司净资产降至人民币5000万元

D.公司债券所募集的资金不按照核准的用途使用

4.上市公司发生下列情形时，应立即公告的有哪些？（　　）

A.公司经理发生变动

B.公司20%的监事发生变动

C.股东大会决议被依法撤销或者宣告无效

D.公司副经理发生变动

5.甲依法向乙上市公司发出了上市公司收购要约，在收购要约期满后，乙上市公司的股权分布不符合上市条件，下列哪些说法是正确的？（　　）

A.乙上市公司终止上市

B.乙上市公司的其他股东有权向甲出售股票

C.甲以比收购要约更苛刻的条件收购乙上市公司其他股东的股票

D.甲以与收购要约同等的条件收购乙上市公司其他股东的股票

二、问答题

1.公开发行新股应具备什么条件？

2.公开发行债券应具备什么条件？

3.股票上市、公司债券上市的条件是什么？

4.禁止交易的行为有哪些?

5.简述证券交易的一般规则。

三、案例分析

1.A、B两公司均为股票上市公司。A公司单独设立证券投资部,集中大量货币资金与某证券公司联合,利用公司年度报告和中期报告前的时间差,大量购入本公司股票;后利用发行债券的资金,委托其关联企业代为收购B公司发行在外的普通股,因未以A公司名义收购,故未上报国务院证券监督管理机构,也未对外公告,截至目前已累计收购B公司股份的40%。

请问:A公司上述行为有哪些不合法之处?

2.远大股份有限公司经过法定程序批准,于2016年2月10日通过向社会公开发行股票成立,注册资本为5000万元。为了扩大生产经营规模,公司决定通过增资扩股方式筹集资金。2016年8月28日,该公司董事会向股东大会提交了一份增资扩股方案,该方案主要内容如下:

(1)本次发行的新股一律为人民币普通股,每股面额为1元人民币,拟发行2000万股,一律以配售方式发行。

(2)根据公司盈利和财产增值情况,每股发行价格拟定为3元人民币,并委托大海证券公司独家承销。

(3)如果一切进展顺利,新股销售时间将安排在2017年2月2日至6月2日之间进行。

请问:上述内容是否符合法律的规定,为什么?

第十五章　期货法

【案例导入】

某期货公司市场开发人员梁某，在开发客户过程中向投资者王某承诺期货投资包赚不赔。王某听信后很快投入10万元进行期货交易，并将交易密码告诉梁某，由梁某代他下单。不久，王某账户就亏损4万元。由于心虚，梁某未向王某汇报真实交易情况，反而谎称盈利。后来王某在查询账单时发现真实情况，便向梁某质问，梁某竟不辞而别，不知去向。王某无奈向期货公司提出索赔，几经调解期货公司赔偿了王某的部分损失。

分析：市场开发人员梁某对投资者王某所做的包赚不赔承诺是否违法？期货公司对由此引发的损失是否具有赔偿责任？为什么？

第一节　期货市场主体监管法

一、期货交易的概念、性质与主要品种

期货交易起源于现货，它是指在期货交易所等固定场所内买卖特定的标准化期货合约、期权合约的金融交易行为。根据我国《期货交易管理条例》，我国的期货交易，是指采用公开的集中交易方式或者国务院期货监督管理机构批准的其他方式进行的以期货合约或者期权合约为交易标的的交易活动。期货合约，是指期货交易场所统一制定的、规定在将来某一特定的时间和地点交割一定数量标的物的标准化合约。期货合约包括商品期货合约和金融期货合约及其他期货合约。期权合约，是指期货交易场所统一制定的、规定买方有权在将来某一时间以特定价格买入或者卖出约定标的物(包括期货合约)的标准化合约。

期货交易必须在期货交易所或者监管当局批准的其他场所，诸如银行间国债市场、外汇交易中心等进行。根据《期货交易管理条例》第4条规定，期货交易应当在期货交易所、国务院批准的或者国务院期货监督管理机构批准的其他期货交易场所进行。禁止在前款规定的期货交易场所之外进行期货交易。从交易目的来看，作为一种金融创新，期货交易的最终目的并不是商品所有权的转移，而是通过合约买卖，有效规避现货市场的风险。

期货交易分为商品期货、金融期货和期权交易等品种。商品期货的上市交易品种多为价格波动较大、供需量大，并且容易进行标准化处理、容易储运和分级的农产品、工业产品以及能源或者其他商品。比如，我国大连期货交易所的大豆期货、玉米期货等。金融期货的期货合约标的物往往是股票、债券等有价证券、汇率、利率等金融产品及其相关指数产品。比

如我国最为投资者所熟知的股指期货。而期权交易中，期权合约期权人的行权标的物主要包括商品、金融产品以及期货合约等等。

二、期货交易的功能与价值

期货交易的最基本功能是规避风险和价格发现：

从规避风险这一功能来说，期货这种创新交易制度，最早就是被投资者专门用于期现两个市场进行套期保值交易，从而规避现货市场风险的重要手段。借助于该功能，投资者可以在期货市场上买入或者卖出与现货市场等量但逆向的期货合约，从而在期现两市搭建起盈亏对冲机制，实现两市损益抵补，最终达到锁定成本、规避价格风险、稳定收益的目的。

从价格发现这一功能来说，期货市场凭借竞价交易等交易制度，可以使得在特定时间点上的、一定数量和品质的产品价格更加趋近于均衡价格。期货市场上的价格发现，旨在通过公开、公正、高效与竞争的期货交易运行机制，形成具有真实性、预期性、连续性和权威性的价格。

通过期货交易，投资者可以锁定成产成本、实现预期的利润。生产者可以根据期货市场上的交易价格变动情况来安排自己的生产经营活动。国家宏观调控当局可以将当前和过往的交易价格和走势作为宏观调控的重要参考和依据。不仅如此，以现货市场为基础而发展起来的期货市场还能够反作用于现货市场，通过独特的经济功能能动地引导和调节现货市场的完善。我国期货市场的发展还能增强我国在国际商品定价中的主动权和话语权。

【思考 15-1】我国金融期货近年来发展迅猛，股指期货越来越成为我国资本市场规避风险的重要工具。但是 2016 年股灾发生后，市场上有一种观点认为，正是股指期货的存在给了大量做空 A 股的机构投资者打压股市的机会，让股票市场出现断崖式暴跌，应当叫停股指期货。请问这种观点正确吗？

三、我国期货交易的市场主体及其法律规制

1.期货公司

我国《期货交易管理条例》第 15 条规定，期货公司是依照《中华人民共和国公司法》和本条例规定设立的经营期货业务的金融机构。设立期货公司，应当经国务院期货监督管理机构批准，并在公司登记机关登记注册。未经国务院期货监督管理机构批准，任何单位或者个人不得设立或者变相设立期货公司，经营期货业务。期货公司从事经纪业务，接受客户委托，以自己的名义为客户进行期货交易，交易结果由客户承担。

①期货公司的设立。申请设立期货公司，应当符合《中华人民共和国公司法》的规定，并具备下列条件："(一)注册资本最低限额为人民币 3000 万元；(二)董事、监事、高级管理人员具备任职资格，从业人员具有期货从业资格；(三)有符合法律、行政法规规定的公司章程；(四)主要股东以及实际控制人具有持续盈利能力，信誉良好，最近三年无重大违法违规记录；(五)有合格的经营场所和业务设施；(六)有健全的风险管理和内部控制制度；(七)国务院期货监督管理机构规定的其他条件。"国务院期货监督管理机构根据审慎监管原则和各项业务的风险程度，可以提高注册资本最低限额。注册资本应当是实缴资本。股东应当以货币或者期货公司经营必需的非货币财产出资，货币出资比例不得低于 85%。国务院期货监督管理机构应当在受理期货公司设立申请之日起 6 个月内，根据审慎监管原则进行审查，作

出批准或者不批准的决定。未经国务院期货监督管理机构批准，任何单位和个人不得委托或者接受他人委托持有或者管理期货公司的股权。

②期货公司业务许可制度。期货公司业务实行许可制度，由国务院期货监督管理机构按照其商品期货、金融期货业务种类颁发许可证。期货公司除申请经营境内期货经纪业务外，还可以申请经营境外期货经纪、期货投资咨询以及国务院期货监督管理机构规定的其他期货业务。期货公司不得从事与期货业务无关的活动，法律、行政法规或者国务院期货监督管理机构另有规定的除外。期货公司不得从事或者变相从事期货自营业务。期货公司不得为其股东、实际控制人或者其他关联人提供融资，不得对外担保。期货公司从事经纪业务，接受客户委托，以自己的名义为客户进行期货交易，交易结果由客户承担。

③期货公司变更与注销。期货公司办理下列事项，应当经国务院期货监督管理机构批准："(一)合并、分立、停业、解散或者破产；(二)变更业务范围；(三)变更注册资本且调整股权结构；(四)新增持有5%以上股权的股东或者控股股东发生变化；(五)设立、收购、参股或者终止境外期货类经营机构；(六)国务院期货监督管理机构规定的其他事项。前款第三项、第六项所列事项，国务院期货监督管理机构应当自受理申请之日起20日内作出批准或者不批准的决定；前款所列其他事项，国务院期货监督管理机构应当自受理申请之日起2个月内作出批准或者不批准的决定。"

期货公司办理下列事项，应当经国务院期货监督管理机构派出机构批准："(一)变更法定代表人；(二)变更住所或者营业场所；(三)设立或者终止境内分支机构；(四)变更境内分支机构的经营范围；(五)国务院期货监督管理机构规定的其他事项。前款第一项、第二项、第四项、第五项所列事项，国务院期货监督管理机构派出机构应当自受理申请之日起20日内作出批准或者不批准的决定；前款第三项所列事项，国务院期货监督管理机构派出机构应当自受理申请之日起2个月内作出批准或者不批准的决定。"

期货公司或者其分支机构有《中华人民共和国行政许可法》第70条规定的情形或者下列情形之一的，国务院期货监督管理机构应当依法办理期货业务许可证注销手续："(一)营业执照被公司登记机关依法注销；(二)成立后无正当理由超过3个月未开始营业，或者开业后无正当理由停业连续3个月以上；(三)主动提出注销申请；(四)国务院期货监督管理机构规定的其他情形。"期货公司在注销期货业务许可证前，应当结清相关期货业务，并依法返还客户的保证金和其他资产。期货公司分支机构在注销经营许可证前，应当终止经营活动，妥善处理客户资产。

2.期货交易所

①期货交易所的组织形式

期货交易所是专门进行标准化期货合约买卖的场所。从全球范围来看，期货交易所分为公司制和会员制两种主要的组织形式。公司制期货交易所是指由股东出资、以股份有限公司或者有限责任公司形式设立的营利性的企业法人。会员制的期货交易所是由交易所的会员共同组织的，非营利性的期货交易机构，其重要特点是交易所的运营资本由会员以缴纳会费的形式予以筹集，当交易所收入有盈余，会员不取得出资回报，而当交易所出现亏损时，会员则必须以增加会费的形式分担损失。

从我国目前的期货市场实践来看，大连商品交易所、郑州商品交易所和上海期货交易所实行的是会员制。而中国金融期货交易所实行的是公司制。

②期货交易所的主要职责

期货交易所应当依照本条例和国务院期货监督管理机构的规定，建立、健全各项规章制度，加强对交易活动的风险控制和对会员以及交易所工作人员的监督管理。期货交易所履行下列职责："（一）提供交易的场所、设施和服务；（二）设计合约，安排合约上市；（三）组织并监督交易、结算和交割；（四）为期货交易提供集中履约担保；（五）按照章程和交易规则对会员进行监督管理；（六）国务院期货监督管理机构规定的其他职责。"期货交易所不得直接或者间接参与期货交易。未经国务院期货监督管理机构审核并报国务院批准，期货交易所不得从事信托投资、股票投资、非自用不动产投资等与其职责无关的业务。

期货交易所除履行《期货交易管理暂行条例》规定的职能外，还应当履行下列职能："（一）制定并实施期货交易所的业务规则；（二）发布市场信息；（三）监管会员期货业务，查处会员违规行为；（四）监管指定交割仓库的期货业务；（五）监督结算银行与本所有关的期货结算业务。"

③期货交易所的组织结构

会员大会是期货交易所的权力机构，由全体会员组成。会员大会由理事会召集，一般情况下每年召开一次。

理事会是会员大会的常设机构，对会员大会负责。理事会由会员理事和非会员理事组成；其中会员理事由会员大会选举产生，非会员理事由中国证监会委派。理事会设理事长 1 人、副理事长 1 至 2 人。理事长、副理事长由中国证监会提名，理事会选举产生。理事长不得兼任总经理。

期货交易所设总经理 1 人，副总经理若干人。总经理、副总经理由中国证监会任免。总经理每届任期 3 年，连任不得超过两届。总经理是期货交易所的法定代表人，总经理是当然理事。

④期货交易所的设立和变更

设立期货交易所，由国务院期货监督管理机构审批。未经国务院批准或者国务院期货监督管理机构批准，任何单位或者个人不得设立期货交易场所或者以任何形式组织期货交易及其相关活动。

期货交易所办理下列事项，应当经国务院期货监督管理机构批准："（一）制定或者修改章程、交易规则；（二）上市、中止、取消或者恢复交易品种；（三）上市、修改或者终止合约；（四）变更住所或者营业场所；（五）合并、分立或者解散；（六）国务院期货监督管理机构规定的其他事项。"国务院期货监督管理机构批准期货交易所上市新的交易品种，应当征求国务院有关部门的意见。

⑤期货交易所的风险管理制度

期货交易所应当按照国家有关规定建立、健全下列风险管理制度："（一）保证金制度；（二）当日无负债结算制度；（三）涨跌停板制度；（四）持仓限额和大户持仓报告制度；（五）风险准备金制度；（六）国务院期货监督管理机构规定的其他风险管理制度。"

当期货市场出现异常情况时，期货交易所可以按照其章程规定的权限和程序，决定采取下列紧急措施，并应当立即报告国务院期货监督管理机构："（一）提高保证金；（二）调整涨跌停板幅度；（三）限制会员或者客户的最大持仓量；（四）暂时停止交易；（五）采取其他紧急措施。"

第二节 期货市场业务监管法

一、期货交易会员管理

根据我国《期货交易管理条例》第 23 条的规定，在期货交易所进行期货交易的，应当是期货交易所会员。符合规定条件的境外机构，可以在期货交易所从事特定品种的期货交易。具体办法由国务院期货监督管理机构制定。

《期货交易管理条例》第 25 条规定，下列单位和个人不得从事期货交易，期货公司不得接受其委托为其进行期货交易："(一)国家机关和事业单位；(二)国务院期货监督管理机构、期货交易所、期货保证金安全存管监控机构和期货业协会的工作人员；(三)证券、期货市场禁止进入者；(四)未能提供开户证明材料的单位和个人；(五)国务院期货监督管理机构规定不得从事期货交易的其他单位和个人。"

二、期货交易保证金管理

根据《期货交易管理条例》第 11 条规定，期货交易所应当按照国家有关规定建立、健全保证金管理制度。《期货交易管理条例》第 28 条规定，期货交易应当严格执行保证金制度。期货交易所向会员、期货公司向客户收取的保证金，不得低于国务院期货监督管理机构、期货交易所规定的标准，并应当与自有资金分开，专户存放。期货交易所向会员收取的保证金，属于会员所有，除用于会员的交易结算外，严禁挪作他用。期货公司向客户收取的保证金，属于客户所有，除下列可划转的情形外，严禁挪作他用：(1)依据客户的要求支付可用资金；(2)为客户交存保证金，支付手续费、税款；(3)国务院期货监督管理机构规定的其他情形。

《期货交易管理条例》第 36 条规定，会员在期货交易中违约的，期货交易所先以该会员的保证金承担违约责任；保证金不足的，期货交易所应当以风险准备金和自有资金代为承担违约责任，并由此取得对该会员的相应追偿权。客户在期货交易中违约的，期货公司先以该客户的保证金承担违约责任；保证金不足的，期货公司应当以风险准备金和自有资金代为承担违约责任，并由此取得对该客户的相应追偿权。

【思考 15-2】2018 年 8 月 11 日上午 10 时，位于成都市滨江中路的四川嘉陵期货经纪有限公司(下称"嘉陵期货")总部门前，聚集了近 20 位投资者，他们正在与嘉陵期货交涉，想拿回自己的保证金。据悉，2018 年 8 月上旬，当时总部位于成都、代理额在四川省位列第二的嘉陵期货曝出董事长刘崇喜失踪、挪用客户保证金 8000 多万元的消息后，引发了嘉陵期货客户的恐慌。2018 年 8 月中下旬，证监会的调查组进驻嘉陵期货，与公安联合封闭办案，随后董事长刘崇喜被公安机关逮捕。当年年底，嘉陵期货停业整顿组决定采取分类、分期清退客户保证金的清退方案。该方案确定清退原则，先小后大，先个人后机构，先清退客户权益甄别确认无异议的。

请问，嘉陵期货本次挪用客户保证金的行为可能面临哪些法律责任？

三、期货交易结算制度

①当日无负债。根据《期货交易管理条例》第 11 条规定，期货交易所应当按照国家有关规定建立、健全当日无负债结算制度。《期货交易管理条例》第 34 条规定，期货交易所实行当日无负债结算制度。期货交易所应当在当日及时将结算结果通知会员。

②结算保证金制度。根据《期货交易管理条例》第 11 条规定，期货交易所应当按照国家有关规定建立、健全结算担保金制度。《期货交易管理条例》第 37 条规定，实行会员分级结算制度的期货交易所，应当向结算会员收取结算担保金。期货交易所只对结算会员结算，收取和追收保证金，以结算担保金、风险准备金、自有资金代为承担违约责任，以及采取其他相关措施；对非结算会员的结算、收取和追收保证金、代为承担违约责任，以及采取其他相关措施，由结算会员执行。

③分级结算制度。分级结算制度是指交易所首先对其会员进行结算，随后，结算会员再对非结算会员以及客户进行结算。《期货交易管理条例》第 8 条规定，期货交易所可以实行会员分级结算制度。实行会员分级结算制度的期货交易所会员由结算会员和非结算会员组成。

④交易结算报告通知和确认制度

《期货交易管理条例》第 33 条规定，期货公司根据期货交易所的结算结果对客户进行结算，并应当将结算结果按照与客户约定的方式及时通知客户。客户应当及时查询并妥善处理自己的交易持仓。2003 年《最高人民法院关于审理期货纠纷案件若干问题的规定》第 27 条规定，客户对当日交易结算结果的确认，应当视为对该日之前所有持仓和交易结算结果的确认，所产生的交易后果由客户自行承担。第 28 条规定，期货公司对交易结算结果提出异议，期货交易所未及时采取措施导致损失扩大的，对造成期货公司扩大的损失应当承担赔偿责任。客户对交易结算结果提出异议，期货公司未及时采取措施导致损失扩大的，期货公司对造成客户扩大的损失应当承担赔偿责任。第 29 条规定，期货公司对期货交易所或者客户对期货公司的交易结算结果有异议，而未在期货交易所交易规则规定或者期货经纪合同约定的时间内提出的，视为期货公司或者客户对交易结算结果已予以确认。

【思考 15-3】刘某是期货公司的老客户，与期货公司工作人员大多很熟。一日，刘某以电话下单方式指令期货公司开仓买入 100 手大豆合约，下午收盘时，大豆价格下跌了 40 点，按照结算价，刘某的浮动亏损约 4 万元。收盘后，刘某找到期货公司的接单员王某，希望王某帮他消除期货公司的报单录音，并让王某向公司承认因自己工作失误报错了单，刘某的指令应是开仓卖出 100 手，并承诺给王某 2 万元的好处。王某当即拒绝了刘某的非法要求，并及时向公司报告此事，引起了期货公司的重视，期货公司决定，终止与客户刘某的合同关系。

请问：如果刘某按照王某的意思进行操作，可能面临何种法律责任？在我国目前的期货结算制度下，应当如何杜绝类似事件的发生？我国当前的期货结算制度是否存在修订的必要？

四、期货交易强制平仓制度

平仓，是指期货交易者买入或者卖出与其所持合约的品种、数量和交割月份相同但交易方向相反的合约，了结期货交易的行为。

《期货交易管理条例》第 34 条规定，期货交易所会员的保证金不足时，应当及时追加保证金或者自行平仓。会员未在期货交易所规定的时间内追加保证金或者自行平仓的，期货交易所应当将该会员的合约强行平仓，强行平仓的有关费用和发生的损失由该会员承担。客户保证金不足时，应当及时追加保证金或者自行平仓。客户未在期货公司规定的时间内及时追加保证金或者自行平仓的，期货公司应当将该客户的合约强行平仓，强行平仓的有关费用和发生的损失由该客户承担。

2003 年《最高人民法院关于审理期货纠纷案件若干问题的规定》第 33 条规定，期货公司的交易保证金不足，期货交易所履行了通知义务，而期货公司未及时追加保证金，期货公司要求保留持仓并经书面协商一致的，对保留持仓期间造成的损失，由期货公司承担；穿仓造成的损失，由期货交易所承担。

五、涨跌停板制度

涨跌停板，是指合约在 1 个交易日中的交易价格不得高于或者低于规定的涨跌幅度，超出该涨跌幅度的报价将被视为无效，不能成交。根据《期货交易管理条例》第 11 条规定，期货交易所应当按照国家有关规定建立、健全涨跌停板制度。在涨跌停板制度下，前交易日结算价加上允许的最大涨幅构成当日价格上涨的上限，称为涨停板；前一交易日结算价减去允许的最大跌幅构成价格下跌的下限，称为跌停板。因此，涨跌停板又叫每日价格最大波动幅度限制。涨跌停板的幅度有百分比和固定数量两种形式。如上海期货交易所的铜、铝涨跌停板幅度为 3%，涨跌停板的绝对幅度随上日结算价而变动；而郑州商品交易所绿豆合约则是以昨日结算价为基准，上下波动 1200 元吨作为涨跌停板幅度。

六、持仓限额和大户持仓报告制度

根据《期货交易管理条例》第 11 条的规定，期货交易所应当按照国家有关规定建立、健全持仓限额和大户持仓报告制度。持仓限额，是指期货交易所对期货交易者的持仓量规定的最高数额。大户持仓报告制度是指当投资者持仓量达到交易所规定的持仓限额时，应通过结算会员或交易会员向交易所或监管机构报告其资金和持仓情况。持仓限额和大户持仓报告制度主要是为了防止期货市场操纵行为的发生。

七、风险准备金制度

根据《期货交易管理条例》第 11 条的规定，期货交易所应当按照国家有关规定建立、健全风险准备金制度。《期货交易管理条例》第 31 条规定，期货交易所、期货公司、非期货公司结算会员应当按照国务院期货监督管理机构、财政部门的规定提取、管理和使用风险准备金，不得挪用。

《期货交易所管理办法》第 78 条规定，期货交易所应当按照手续费收入的 20%的比例提取风险准备金，风险准备金应当单独核算，专户存储。中国证监会可以根据期货交易所业务规模、发展计划以及潜在的风险决定风险准备金的规模。

八、期货交易防火墙制度

《期货交易管理条例》第 30 条规定，期货公司经营期货经纪业务又同时经营其他期货业务的，应当严格执行业务分离和资金分离制度，不得混合操作。同时，《期货交易管理条例》第29条也规定，期货公司应当为每一个客户单独开立专门账户、设置交易编码，不得混码交易。

九、变相期货交易禁止制度

任何机构或者市场，未经国务院期货监督管理机构批准，采用集中交易方式进行标准化合约交易，同时采用以下交易机制或者具备以下交易机制特征之一的，为变相期货交易：(1)为参与集中交易的所有买方和卖方提供履约担保的；(2)实行当日无负债结算制度和保证金制度，同时保证金收取比例低于合约（或者合同）标的额20%的。在《期货交易管理条例》施行前采用前述规定的交易机制或者具备前款规定的交易机制特征之一的机构或者市场，应当在国务院商务主管部门规定的期限内进行整改。

课后练习

一、选择题

1.某期货公司在客户开发过程中向投资者刘某承诺期货投资包赚不赔，而且在刘某正式开户前没有向刘某出示任何有关期货交易风险的说明。那么该期货公司违犯了下列哪些规定？（　　）

A.在经纪业务中与客户约定分享利益、共担风险

B.向客户做获利保证

C.不按规定向客户出示风险说明书

D.有关国务院期货监督管理机构规定的其他欺诈客户的行为

2.2007年，大豆期货交易活跃。某客户在某期货公司营业部开户并存人近亿元准备进行大豆期货交易。当时因市场原因该客户一直没有进行交易，资金闲置。该营业部经理王某看到席位上有这么多的资金，根据自己经验判断大豆期货处于多头行情中，认为赚大钱的机会来了，于是王某擅自利用这些资金以自己名义买进了多手期货合约。

(1)在该案例中王某违犯了下列哪条规定？（　　）

A.挪用客户保证金　　B.违规划转客户保证金

C.违犯规定收取保证金　　D.不按照规定接受客户委托

(2)在该案例中，王某应遭到什么惩罚？（　　）

A.给予纪律处分，处1万元以上10万元以下的罚款

B.给予警告，并处1万元以上5万元以下的罚款；情节严重的，暂停或者撤销任职资格、期货从业人员资格

C.给予警告，并处1万元以上10万元以下的罚款；情节严重的，暂停或者撤销任职资格、期货从业人员资格

D.给予警告，并处1万元以上15万元以下的罚款；情节严重的，暂停或者撤销任职资格、期货从业人员资格

3.某期货公司接受客户李某委托为其进行白糖期货交易，李某根据白糖期货近期的表

现，总结经验得出白糖处于多头行情中，并有加速上涨的趋势，于是下达交易指令，买入白糖期货合约 50 手。但是，期货公司根据自己以往的经验，预测白糖期货的走势并不十分明朗，有下跌的风险，于是擅自做主没有为李某下达交易指令。结果白糖期货价格迅速上涨，造成李某没有获利。

(1)在该案例中，该期货公司违犯了下列哪条规定？(　　)

A.隐瞒重要事项，诱骗客户发出交易指令

B.使用其他不正当手段，诱骗客户发出交易指令

C.未将客户交易指令下达到期货交易所

D.以上都不是

(2)在该案例中，该期货公司应遭到什么惩罚？(　　)

A.责令改正，给予警告，没收违法所得，并处违法所得 1 倍以上 3 倍以下的罚款；没有违法所得或者违法所得不满 10 万元的，并处 10 万元以上 30 万元以下的罚款；情节严重的，责令停业整顿或者吊销期货业务许可证

B.责令改正，给予警告，没收违法所得，并处违法所得 1 倍以上 3 倍以下的罚款；没有违法所得或者违法所得不满 10 万元的，并处以 10 万元以上 50 万元以下的罚款；情节严重的，责令停业整顿

C.责令改正，给予警告，没收违法所得，并处违法所得 1 倍以上 5 倍以下的罚款；没有违法所得或者违法所得不满 10 万元的，并处 10 万元以上 30 万元以下的罚款；情节严重的，责令停业整顿

D.责令改正，给予警告，没收违法所得，并处违法所得 1 倍以上 5 倍以下的罚款；没有违法所得或者违法所得不满 10 万元的，并处 10 万元以上 50 万元以下的罚款；情节严重的，责令停业整顿

4.投资者张某是某期货公司客户经理胡某的客户，李某是该期货公司交易部经理。某天，行情波动较大，刚好张某有事不在期货公司，胡某在未经张某委托的情况下私自做了几笔交易，且都在当日平仓，获利 6000 元。交易结束后，因为交易指令单上没有指令下达人的签字，李某找到胡某，让其找张某对当天交易进行确认，但胡某却要求李某将张某账户的当天交易结算到另一个账户。李某为了拉拢胡某，便私自做主，将张某交易账户的交易结算到其指定的账户。事后胡某给李某 3000 元，李某接受了。

(1)在该案例中，胡某违犯了下列哪条规定？(　　)

A.向客户提供虚假成交回报

B.不按照规定接受客户委托或者不按照客户委托内容擅自进行期货交易

C.不按照规定在期货保证金存管银行开立保证金账户，或者违规划转客户保证金

D.以上都不是

(2)在该案例中，李某违犯了下列哪条规定？(　　)

A.挪用客户保证金　　B.违规划转客户保证金

C.违犯规定收取保证金　　D.以上都不是

5.连日来，大豆交易活跃，持仓不断增加，多空双方严重对峙，市场风险骤然加大。期货交易所临时召开紧急会议商讨如何控制风险，期货从业人员吴某是会议成员之一。会议临近结束时，吴某借机出去给其好友投资者张某打电话，告知交易所将采取严格的风险控制措

施，预料大豆价格将会大跌。张某得知消息，立刻卖空大豆期货合约50手。当天晚上，期货交易所公布风险控制措施，第二天大豆期货价格果然暴跌，张某平仓获利8万元。

(1)在该案例中，吴某违犯了哪条规定？(　　)

A.《期货交易管理条例》第72条

B.《期货交易管理条例》第82条

C.《期货交易管理条例》第73条

D.《期货交易管理条例》第83条

(2)在该案例中，对张某应承担的法律责任是什么？(　　)

A.处10万元以上50万元以下的罚款

B.处8万元以上10万元以下的罚款

C.处8万元以上30万元以下的罚款

D.处10万元以上30万元以下的罚款

6.黄某在某期货公司营业部开户进行大豆期货交易。由于近期大豆走势不稳，处于调整阶段，于是黄某预测大豆调整还没结束，不准备下达指令进行交易。但是，该期货公司认为大豆行情将转向多头行情，并告知黄某，百般劝其下达指令买人。黄某信以为真，买人大豆期货合约50手。其实期货公司并不十分看好。期货公司违犯了什么规定？(　　)

A.内幕交易

B.隐瞒重要事项或者使用其他不正当手段，诱骗客户发出交易指令

C.未经委托擅自交易

D.以上都不是

7.李某在某期货公司开户进行大豆期货交易。某日，李某买人大豆期货合约100手，当天大豆期货价格大幅下跌，造成李某账户的保证金余额低于交易所规定的最低保证金标准，于是期货公司及时通知李某追加保证金。但是，李某并没有在规定时间内追加保证金，这时期货公司应采取什么措施？(　　)

A.在李某写下书面承诺保证后，可以为其保留头寸

B.要求客户提供车辆等资产进行抵押，之后可以为其保留头寸

C.可以强行平仓，也可以暂时保留头寸，但要继续追加保证金，同时要保证在穿仓价位到来之前一定要强行平仓

D.强行平仓

8.某铜冶炼公司是期货交易所的会员，2007年8月8日卖出铜期货合约50手，当天铜期货价格大涨，造成该公司账户的保证金余额不足。期货交易所及时通知该公司在规定的时间内追加保证金，但是该公司并没有在规定时间内追加保证金，也没有自行平仓。于是期货交易所根据保证金不足的数额对该公司的铜期货合约强行平仓20手，造成该公司300万元的损失。那么造成的损失由谁承担？(　　)

A.期货交易所和该公司　　B.期货交易所

C.该公司　　D.期货公司

9.王某和赵某是朋友，而且是同一期货公司的大客户，拥有资金量非常大，平时两者经常交流期货交易经验。某交易日，王某告诉赵某，如果他们利用足够大的资金量做同一种期货合约，必将有利可图。于是，王某和赵某在同一交易日买入同一种期货合约，结果该期货

合约大涨，随后平仓获利。该案例中王某和赵某违反了下列哪条规定？（　　）

A.利用信息优势联合，操纵期货交易价格

B.集中资金优势，操纵期货交易价格

C.连续买卖合约，操纵期货交易价格

D.利用持仓优势，操纵期货交易价格

10.赵某在期货公司开户从事期货交易，买入郑州白糖期货合约，期货公司指定为其服务的经纪人彭某见价格上涨，根据自己对行情的判断，欲建议赵某平仓。但一时无法联系上该客户，眼见时机将失，彭某果断替客户下指令平仓。以下说法正确的是（　　）。

A.经纪人彭某事后应马上要求客户对交易指令予以追认

B.由于该指令使客户赵某盈利，可以不要求其对交易指令予以追认

C.由于该指令使客户赵某盈利，可以在一个星期内要求其对交易指令予以追认

D.经纪人擅自做主，其所下指令应予以撤销。

二、简答题

1.试述期货交易的功能与价值。

2.试述我国法律对于期货保证金管理的法律规制。

第十六章　会计法与审计法

学习目标

★ 了解我国会计和审计的管理制度

★ 掌握会计核算与监督的主要规定

第一节　会计法

【案例导入】

某食品厂会计人员李海因病休假半个月，会计科长指定出纳王丽临时兼管李海的债权债务账目的登记工作，未办理会计工作交接手续；该厂当年亏损28万元，后经会计科长授意，会计人员采取伪造会计凭证等手段调整企业的财务会计报告，将本年度利润调整为30万元，并将调整后的企业财务会计报告经厂长及有关人员签名、盖章后向有关单位报送。请根据上述资料说明该厂会计工作违反了法律的哪些规定？

一、会计法概述

(一)会计的概念

会计是以货币作为基本计量单位，以凭证为依据，运用专门的方法，连续、系统、全面地对经济活动进行核算和监督，并向有关方面提供会计信息的一种经济管理活动。会计的基本职能是进行会计核算，实行会计监督。

(二)会计法的概念

会计法有广义和狭义之分。广义的会计法是指国家权力机关和行政机关制定的各种会计规范性文件的总称，包括会计法律、会计行政法规和会计规章等。狭义的会计法仅指会计法律，即《中华人民共和国会计法》(以下简称《会计法》)。

《会计法》于1985年1月21日由第六届全国人大常委会通过，并于1993年、1999年和2017年经历了多次修正、修订。《会计法》的制定对规范会计行为，保证会计资料的真实、完整，加强经济管理和财务管理，提高经济效益，维护社会主义市场经济秩序具有十分重要的意义。

二、会计工作管理体制

(一)会计工作的主管部门

会计工作的主管部门是指代表国家对会计工作行使管理职能的政府部门。《会计法》规定:“国务院财政部门主管全国的会计工作,县级以上地方各级人民政府财政部门管理本行政区域内的会计工作。”

【思考 16-1】2006 年 6 月市财政局对设立在本市的甲外商独资企业发出财务工作检查通知书,该企业的董事长赵某认为本企业是外商独资企业,不受《会计法》的约束,财政局无权进行检查。试分析赵某的观点是否正确。

(二)会计制度制定的权限

《会计法》规定,国家实行统一的会计制度,国家统一的会计制度由国务院财政部门根据《会计法》制定并公布。国务院有关部门对会计核算和会计监督有特殊要求的行业,可以依照《会计法》和国家统一的会计制度,制定实施国家统一的会计制度的具体办法或者补充规定,报国务院财政部门审核批准。

(三)会计人员的管理

财政部门负责会计人员的业务管理,包括会计从业资格管理、会计专业技术职务资格管理、会计人员评优表彰奖惩和会计人员继续教育等。

(四)单位内部的会计工作管理

《会计法》规定:单位负责人对本单位的会计工作和会计资料的真实性、完整性负责;单位负责人应当保证本单位财务会计报告真实和完整,单位负责人应当在财务会计报告上签名并盖章。这一规定明确了单位负责人是本单位会计行为的责任主体。单位负责人是指法定代表人或者法律、行政法规规定代表单位行使职权的主要负责人。

《会计法》规定:会计机构、会计人员依照本法规定进行会计核算,实行会计监督;任何单位或者个人不得以任何方式授意、指使、强令会计机构、会计人员伪造、变造会计凭证、会计账簿和其他会计资料,提供虚假财务会计报告;任何单位或者个人不得对依法履行职责、抵制违反本法规定行为的会计人员实行打击报复。

三、会计核算

会计核算是用货币为主要计量单位,对企业、事业、机关团体等单位经济业务进行及时、连续、系统的记录、计算和分析,如实反映财务状况和经营成果,并据以编制会计报表的活动。《会计法》中所规范的会计核算指的是会计事务中记账、算账和报账。会计核算是《会计法》的核心内容之一,也是会计机构和会计人员的主要职责。

(一)会计核算基本原则

会计核算的基本原则是真实性原则。《会计法》规定:“各单位必须根据实际发生的经济业务事项进行会计核算,填制会计凭证,登记会计账簿,编制财务会计报告。任何单位不得以虚假的经济业务事项或者资料进行会计核算。任何单位和个人不得伪造、变造会计凭证、会计账簿及其他会计资料,不得提供虚假的财务会计报告。”

(二)会计核算内容

1.款项和有价证券的收付;

2.财物的收发、增减和使用;

3.债权债务的发生和结算;

4.资本、基金的增减;

5.收入、支出、费用和成本的计算;

6.财务成果的计算和处理；

7.需要办理会计手续、进行会计核算的其他事项。

（三）会计核算程序

1.填制原始凭证；

2.编制记账凭证；

3.登记会计账簿；

4.核对；

5.编制财务会计报告。

（四）会计档案的管理

各单位对会计凭证、会计账簿、财务会计报告和其他会计资料应当建立档案，妥善保管。会计档案的保管期限和销毁办法，由国务院财政部门会同有关部门制定。

（五）会计核算的基本要求

1.依法建账；

2.根据实际发生的经济业务进行会计核算；

3.保证会计资料的真实和完整；

4.正确采用会计处理方法；

5.正确使用会计记录文字；

6.使用电子计算机进行会计核算必须符合法律规定。

公司、企业必须根据实际发生的经济业务事项，按照国家统一的会计制度的规定确认、计量和记录资产、负债、所有者权益、收入、费用、成本和利润。

公司、企业进行会计核算不得有下列行为：随意改变资产、负债、所有者权益的确认标准或者计量方法，虚列、多列、不列或者少列资产、负债、所有者权益；虚列或者隐瞒收入，推迟或者提前确认收入；随意改变费用、成本的确认标准或者计量方法，虚列、多列、不列或者少列费用、成本；随意调整利润的计算、分配方法，编造虚假利润或者隐瞒利润；违反国家统一的会计制度规定的其他行为。

【思考16-2】在民族自治地方，可以使用当地通用的一种民族文字记账。这一说法正确吗？为什么？

（六）会计年度

我国是以公历年度为会计年度，即以每年公历的1月1日至12月31日，为一个会计年度。

（七）记账本位币

会计核算以人民币为记账本位币。经济业务收支以人民币以外的货币为主的单位，可以选定其中一种货币作为记账本位币，但是编报的财务会计报告应当折算为人民币。

四、会计监督

会计监督是会计工作的基本职能之一，是会计机构、会计人员在办理财务会计事务过程中，对本单位执行国家财政制度和财务制度的情况以及生产经营活动中所实行的监察督促活动。会计监督分为单位的内部监督和单位以外的外部监督。

（一）单位内部的会计监督

单位内部的会计监督是为了保护其资产的安全完整、保证其经营活动符合国家法律、法规和内部制度，提高经营管理水平和效率而在单位内部采取的一系列相互制约、相互监督的制度与方法，是贯彻执行会计法律、法规和规章，保证会计工作有序进行，完善会计监督体系的重要措施。

1.对单位内部会计监督的要求。各单位应当建立和健全本单位内部会计监督制度，单位内部会计监督制度应当符合下列要求：记账人员与经济业务事项和会计事项的审批人员、经办人员和财务保管人员的职责权限应当明确，并相互分离和相互制约；重大对外投资、资产处置、资金调度和其他重要经济业务事项的决策和执行的相互监督和相互制约程序应当明确；财产清查的范围、期限和组织程序应当明确；对会计资料定期进行内部审计的办法和程序应当明确。

2.对单位负责人职责的规定。单位负责人应当保证会计机构和会计人员依法履行职责，不得授意、指使、强令会计机构和会计人员违法办理会计事项。

3.对会计机构和会计人员职责的规定。会计机构和会计人员对违反《会计法》和国家统一的会计制度规定的会计事项，有权拒绝办理或者按照职权予以纠正。

（二）外部监督

外部监督分为政府监督和社会监督，是指有关国家机关和注册会计师依照法律、行政法规规定的职权对有关单位的会计行为实施监督检查。各单位必须依照有关法律和行政法规规定接受有关监督检查部门依法实施的监督检查，如实提供会计凭证、会计账簿、财务会计报告和其他会计资料以及有关情况，不得拒绝、隐匿和谎报。

1.财政部门实施监督的规定。监督检查各单位是否依法设置会计账簿；会计凭证、会计账簿、财务会计报告和其他会计资料是否真实、完整；会计核算是否符合《会计法》和国家统一的会计制度的规定；从事会计工作的人员是否具备从业资格。

2.注册会计师实施监督的规定。注册会计师审查企业财务会计报告出具审计报告；验证企业资本出具验资报告；办理企业合并、分立、清算事宜中的审计业务；出具有关报告；法律、法规规定的其他审计业务。

3.其他有关部门实施监督的规定。审计、税务、人民银行、证券监管和保险监管等部门应当依照有关法律和行政法规规定的职责，对有关单位的会计资料实施监督检查。在对有关单位的会计资料依法实施监督检查后，应当出具检查结论。

4.监督检查部门保密义务的规定。依法对有关单位的会计资料实施监督检查的部门及其工作人员对在监督检查中知悉的国家秘密和商业秘密负有保密义务。

（三）会计监督的具体规则

1.根据法律规定，一张原始凭证所列的支出，需要由两个以上的单位共同负担时，应当由保存该原始凭证的单位开具原始凭证分割单给其他负担的单位，而不是复印件。

2.原始凭证金额有错误的，应该由出具单位重开，不得在原始凭证上更改。如果是原始凭证上记载的其他内容有错误，可以更改，并在更改处加盖印章。

3.会计人员回避制度。国家机关、国有企业、事业单位任用会计人员应当实行回避制度。单位负责人的直系亲属不得担任本单位的会计机构负责人、会计主管人员，会计机构负责人、会计主管人员的直系亲属不得在本单位会计机构中担任出纳工作。

4.会计人员调动工作、离职或者因病暂时不能工作,应与接管人员办理工作交接手续。一般会计人员办理交接手续,由单位的会计机构负责人、会计主管人员负责监交。会计机构负责人、会计主管人员办理交接手续时,由单位负责人负责监交,必要时,主管单位可以派人会同监交。移交人员对移交的会计凭证、会计账簿、会计报表和其他会计资料的合法性、真实性承担法律责任。会计资料移交后,如发现是在其经办会计工作期间内所发生的问题,由原移交人员负责。

五、会计机构和会计人员

会计机构是指各单位办理会计事务的职能部门。会计人员是指从事会计工作的人员。建立健全会计机构,配备与工作要求相适应的,具有一定素质和数量的会计人员,是做好会计工作,充分发挥会计职能作用的重要保证。

(一)会计机构的设置

一般说来,大、中型企业和具有一定规模的行政事业单位,以及财务收支数额较大、会计业务较多的社会团体和其他经济组织,应单独设置会计机构,以便及时组织本单位各项经济活动和财务收支的核算,实行有效的会计监督。对于不具备单独设置会计机构的单位,如财务收支数额不大,会计业务比较简单的企业、机关、团体和事业单位等,可以在有关机构中配置专职会计人员。对于不具备设置会计机构条件的单位,应当委托中介机构代理记账。

(二)会计岗位的设置

各单位根据本单位会计业务的需要设置会计工作岗位。《会计基础工作规范》规定:“会计工作岗位,可以一人一岗、一人多岗或者一岗多人。但出纳人员不得兼管稽核、会计档案保管和收入、费用、债权债务帐目的登记工作。”在设置会计工作岗位时,必须遵循“不相容职务相分离原则”;建立岗位责任制,会计机构内部应当建立稽核制度。

【思考 16-3】小王在甲厂进行会计实习时,发现该厂并未设置财务室,而是在行政办公室指定了会计和出纳,小王认为甲厂的做法不妥。小王的观点正确吗?

(三)会计机构负责人的任职资格

担任单位会计机构负责人的,除取得会计从业资格证书外,还应当具备会计师以上专业技术职务资格或者从事会计工作 3 年以上经历。对国有企业会计机构负责人和会计主管人员的任免,应当经过主管单位的同意。

【思考 16-4】A 公司 3 月份发生以下事项:(1)1 日,公司会计人员王某脱产学习半个月,财务科科长赵某指定出纳刘某临时兼管王某的收入、费用账目登记工作,未办理会计工作交接手续;(2)10 日,财务科科长赵某辞职,公司决定任命李某(没有会计从业资格证书)为会计科科长,由人事科科长负责监交。试分析上述行为有无违法之处。

(四)会计从业资格

会计从业资格是指进入会计职业,从事会计工作的一种法定资质,是进入会计职业的门槛。从事会计工作的人员,应当具备从业资格和条件,这是保证会计工作质量的重要前提。根据《会计法》的规定,从事会计工作的人员必须取得会计从业资格证书,才能上岗工作;未取得会计从业资格证书的人员,不得从事会计工作。会计从业资格证书是具备会计从业资格的证明文件,在全国范围内有效。会计从业资格证书的取得实行考试制度。

1.取得会计从业资格的范围。在国家机关、社会团体、公司、企业、事业单位和其他组织从事会计工作的人员，包括香港特别行政区、澳门特别行政区、台湾地区人员及外籍人员在中国大陆境内从事会计工作的人员，必须取得会计从业资格，持有会计从业资格证书。

2.取得会计从业资格证书的条件。遵守会计和财经法律、法规；具备良好的道德品质；具备会计专业知识和技能。

六、代理记账

代理记账，是指由社会中介机构即会计咨询、服务机构、会计师事务所代替独立核算单位代理记账、算账、报账业务。

（一）代理记账机构的设立条件

1.至少有 3 名持有会计从业资格证书的专职从业人员；

2.主管代理记账业务的负责人必须具有会计师以上的专业技术资格；

3.有固定的办公场所和健全的代理记账业务及管理制度。

（二）代理记账的业务范围

1.根据委托人提供的原始凭证和其他资料，按照国家统一的会计制度的规定进行会计核算；

2.对外提供财务会计报告；

3.定期向税务机关提供税务资料；

4.承办委托人委托的其他会计业务。

委托人与受托人应当签订书面委托合同，明确代理记账的程序、要求和相关责任。

七、违反《会计法》的法律责任

（一）单位及负责人和会计人员违反《会计法》的法律责任

1.有违反《会计法》有关会计核算规定的行为的，追究相关单位及相关人员的行政责任。构成犯罪的，依法追究刑事责任。

2.伪造、变造会计凭证和会计账簿，编制虚假财务会计报告；隐匿或者故意销毁依法应当保存的会计凭证、会计账簿和财务会计报告，构成犯罪的，依法追究刑事责任；尚不构成犯罪的，追究相关单位和人员的行政责任。

3.授意、指使、强令会计机构、会计人员及其他人员伪造、变造会计凭证和会计账簿，编制虚假财务会计报告或者隐匿、故意销毁依法应当保存的会计凭证、会计账簿和财务会计报告，构成犯罪的，依法追究刑事责任；尚不构成犯罪的，可追究相关人员的行政责任。

4.单位负责人对依法履行职责的会计人员实行打击报复，构成犯罪的，依法追究刑事责任；尚不构成犯罪的，由其所在单位或者有关单位依法给予行政处分。对受打击报复的会计人员，应当恢复其名誉和原有职务、级别。

（二）其他人员违反《会计法》的法律责任

财政部门及有关部门的工作人员在实施监督管理中滥用职权、玩忽职守、徇私舞弊或者泄露国家秘密、商业秘密，构成犯罪的，依法追究刑事责任；尚不构成犯罪的，依法给予行政处分。监督检查人员将检举人姓名和检举材料转给被检举单位和被检举个人的，由所在单位或者有关单位依法给予行政处分。

【思考 16-5】甲公司 2018 年度亏损 50 万元，董事长 C 授意会计机构负责人 A 进行“技术处理”。A 会同会计人员 B 采取伪造会计凭证等手段调整企业的财务会计报告，由亏损调整为盈利 80 万元，并将调整后的财务报告对外报出。试分析：上述当事人行为属于何种违法行为？并分别说明各自应承担的法律后果。

第二节　审计法

【案例导入】

2019 年 3 月 6 日，华润集团总公司(国企)下属单位华润天津分公司，接到总公司通知，3 日后，总公司委托理清注册会计师事务所前来审计分公司 2018 年的财务状况。天津分公司接到通知后，在公司周边联系了一家饭店，作为审计组下榻之处，租用饭店一间会议室作审计组办公室。分公司领导授意该公司会计科：(1)连夜检查账目，凡是账目不平的事项，要设法作平。(2)库存货物与账目不相符的，要设法编制出库单。

理清注册会计师事务所派韩某、李某和王某，3 月 9 日来到该分公司，按照该分公司的安排开始审计工作。该公司招待甚周，审计组未到公司具体核实记账凭证、出库单、进库单等。凭着公司账册，在饭店会议室核算了一遍账目，认为账目清楚，流动资金周转正常，公司总体效益尚好，于是写了审计报告，认为该公司财务工作账款相符、账物相符、符合财务手续。并签字报告给总公司。请问：华润天津分公司的做法有哪些不合法？理清注册会计师事务所的做法有哪些不合法？

一、审计概念及特征

(一)审计的概念

审计是由专职机构和人员根据授权或者接受委托，依法对审计单位的财政、财务收支和有关经济活动的真实性、合法性和效益性，进行审查和鉴证，评价经济责任，用以维护财经法纪，改善经营管理，提高经济效益，促进宏观调控的独立性经济监督活动。

从上面定义可知，审计的主体是审计人，审计的客体是被审计人，审计的对象是被审计单位的财政、财务收支和有关的经济活动，审计的标准是法律法规，审计的职能是对审计对象的监督、评价和鉴证，审计的性质是一项具有独立性的经济监督活动。通俗地讲，审计是独立检查会计账目，监督财政、财务收支真实、合法和效益的行为。

(二)审计的特征

1.独立性。审计机构和审计人员依法独立行使审计监督权，不受其他行政机关、社会团体和个人的干涉。

2.权威性。审计机构在宪法中有明确的法律地位，依法独立行使职权，不受任何干涉，审计结论和审计决定具有法律效力。

3.公正性。审计人员在审计过程中，要通过审核鉴定对经济资料进行客观、真实和正确的反映，以使经济利益各方使用。

二、审计法的概念

审计法是调整审计关系的法律规范的总称，《中华人民共和国审计法》(以下简称《审计法》),是我国规范审计行为的基本法律。为了加强国家的审计监督,维护国家财政经济秩序,提高财政资金使用效益,促进廉政建设,保障国民经济和社会健康发展,《全国人民代表大会常务委员会关于修改〈中华人民共和国审计法〉的决定》已由第十三届全国人民代表大会常务委员会第三十一次会议于2021年10月23日通过,自2022年1月1日起施行。

三、审计机关和审计人员

(一)审计组织体系

1.国家审计机关

国家审计机关是代表国家依法行使审计监督权的行政机关,包括中央审计机关和地方审计机关。我国的中央审计机关是审计署。《审计法》规定:国务院设立审计署,在国务院总理领导下主管全国的审计工作,审计长是审计署的行政首长,审计署为我国的最高审计机关,在国务院的领导下,主管全国的审计工作。同时规定:"我国的地方审计机关共分省(自治区、直辖市)、市(自治州)、县(自治县、不设区的市、市辖区)三级。地方审计机关实行双重领导体制,在本级政府行政首长(正职)和上一级审计机关的领导下开展审计工作,对本级政府和上一级审计机关负责并报告工作,审计业务以上级审计机关领导为主。审计署对中央预算执行情况和其他财政收支情况进行审计监督,向国务院总理提出审计结果报告。地方各级审计机关分别在省长、自治区主席、市长、州长、县长、区长和上一级审计机关的领导下,对本级预算执行情况和其他财政收支情况进行审计监督,向本级人民政府和上一级审计机关提出审计结果报告。"

2.内部审计机构

内部审计是由部门、单位内设的审计机构对内部财务收支的真实性、合法性和效益性进行的审计监督。内部审计机构是部门、单位内部从事审计业务的专门组织,是组织内部经营管理的组成部分。我国当前的内部审计机构,主要由本部门、本单位负责人直接领导,并接受国家审计机关和上级主管部门内部审计机构的指导和监督。

3.社会审计机构

社会审计是指由经过审计机关审核批准成立的独立的会计师事务所接受委托,对被审计单位的财务收支及有关的经济活动所进行的审计。会计师事务所是指经国家批准,注册登记,依法独立承办注册会计师业务的单位。会计师事务所由注册会计师组成,是承办法定业务的工作机构,它不是国家机关的职能部门。经济上实行有偿服务、自收自支、独立核算、依法纳税,具有法人资格。会计师事务所接受政府审计机关、政府其他部门、企业主管部门和事业单位的委托,依法独立地承办业务。会计师事务所接受各级财政部门的监督和指导,在业务上主要接受各级注册会计师协会的指导和管理。

(二)审计人员

1.政府审计人员

政府审计人员是指政府审计机关中从事审计的领导人和专业人员,政府审计人员基本上属于国家公务员。

2.内部审计人员

内部审计人员是指部门、单位内部专门从事审计工作的人员。

3.注册会计师

我国注册会计师是指在会计事务所从事审计工作的人员,他们必须通过国家统一的考试、注册登记和后续教育,才能取得执业资格进行执业。

四、审计机关职责和权限

(一)政府审计机关的职责

政府审计机关的职责是指法律和行政法规规定的政府审计机关应当完成的职能任务和应承担的责任。根据有关部门法律规定,政府审计机关的职责分为基本职责和具体职责。

政府审计机关的基本职责是:审计监督国家财政收支,审计监督与国有资产有关部门的收支。

具体职责可概括为:审计监督财政预算的执行情况和决算草案,以及预算外资金的管理和使用情况;审计监督中央银行的财务收支,以及国有金融机构的资产、负债和损益;审计监督国有企业的资产、负债和损益;审计监督国家事业组织的财务收支;审计监督国家建设项目预算的执行情况和决算;审计监督政府部门管理和社会团体受政府委托管理的社会保障金、社会捐赠金及其他有关基金、资金的财务收支;审计监督国际组织和外国政府援助、贷款项目的财务收支;审计监督与国家财政收支有关部门的特定事项;审计监督国家法律、行政法规规定应当由审计机关进行审计的事项;对内部审计机构进行业务指导和监督;依照有关部门法律和国务院规定,指导监督民间审计组织;发现经济社会运行中存在风险隐患的,及时向本级人民政府报告或者向有关主管机关、单位通报。

(二)政府审计机关的权限

要求提供和报送资料权,监督检查权,调查取证权,采取临时性措施权,通报和公布审计结果权,经济处理权,行政处罚权,建议纠正违法规定权,建议行政处分权,建议刑事处分权。

审计机关有权要求被审计单位按照审计机关的规定提供财务、会计资料以及与财政收支、财务收支有关的业务、管理等资料,包括电子数据和有关文档。被审计单位不得拒绝、拖延、谎报。被审计单位负责人应当对本单位提供资料的及时性、真实性和完整性负责。审计机关对取得的电子数据等资料进行综合分析,需要向被审计单位核实有关情况的,被审计单位应当予以配合。

审计机关进行审计时,有权检查被审计单位的财务、会计资料以及与财政收支、财务收支有关的业务、管理等资料和资产,有权检查被审计单位信息系统的安全性、可靠性、经济性,被审计单位不得拒绝。

审计机关进行审计时,有权就审计事项的有关问题向有关单位和个人进行调查,并取得有关证明材料。有关单位和个人应当支持、协助审计机关工作,如实向审计机关反映情况,提供有关证明材料。

审计机关经县级以上人民政府审计机关负责人批准,有权查询被审计单位在金融机构的账户。审计机关有证据证明被审计单位以个人名义存储公款的,经县级以上人民政府审计机关主要负责人批准,有权查询被审计单位以个人名义在金融机构的存款。

审计机关进行审计时,被审计单位不得转移、隐匿、篡改、毁弃财务、会计资料以及与财政收支、财务收支有关的业务、管理等资料,不得转移、隐匿、故意毁损所持有的违反国家规定取得的资产。审计机关对被审计单位违反前款规定的行为,有权予以制止;必要时,经县级以上人民政府审计机关负责人批准，有权封存有关资料和违反国家规定取得的资产；对其中在金融机构的有关存款需要予以冻结的，应当向人民法院提出申请。

审计机关对被审计单位正在进行的违反国家规定的财政收支、财务收支行为，有权予以制止；制止无效的，经县级以上人民政府审计机关负责人批准，通知财政部门和有关主管部门暂停拨付与违反国家规定的财政收支、财务收支行为直接有关的款项，已经拨付的，暂停使用。

审计机关认为被审计单位所执行的上级主管部门有关财政收支、财务收支的规定与法律、行政法规相抵触的，应当建议有关主管部门纠正；有关主管部门不予纠正的，审计机关应当提请有权处理的机关依法处理。

审计机关可以向政府有关部门通报或者向社会公布审计结果。审计机关通报或者公布审计结果，应当依法保守国家秘密、工作秘密、商业秘密、个人隐私和个人信息，遵守法律、行政法规和国务院的有关规定。

审计机关履行审计监督职责，可以提请公安、财政、自然资源、生态环境、海关、税务、市场监督管理等机关予以协助。有关机关应当依法予以配合。

五、审计程序

审计程序是审计人员对审计项目从开始到结束的整个过程中采取的系统性工作步骤。为了使审计工作有组织、有计划和有步骤地进行，保证审计工作质量和提高审计工作效率，审计人员执行审计业务时，都必须遵循一定的审计程序，选用一定的审计方法来获取审计证据，以支持其对被审计单位的财务状况和经营成果发表审计意见和作出审计结论。

不论是国家审计、内部审计，还是社会审计，也不论是财政财务审计、财政法纪审计，还是经济效益审计，审计程序一般都包括准备、实施和终结三个阶段，每个阶段又包括若干具体工作内容。审计程序各个阶段的具体工作内容，随着审计种类不同而有所不同。

审计人员通过审查会计凭证、会计账簿、财务、会计资料，查阅与审计事项有关的文件、资料，检查现金、实物、有价证券，向有关单位和个人调查等方式进行审计，并取得证明资料。

审计组对审计事项实施审计后，应当向审计机关提出审计组的审计报告。审计组的审计报告报送审计机关前，应当征求被审计单位的意见。被审计单位应当自接到审计组的审计报告之日起 10 日内，将其书面意见送交审计组。审计组应当将被审计单位的书面意见一并报送审计机关。

审计机关按照审计署规定的程序对审计组的审计报告进行审议，并对被审计单位对审计组的审计报告提出的意见一并研究后，出具审计机关的审计报告。对违反国家规定的财政收支、财务收支行为，依法应当给予处理、处罚的，审计机关在法定职权范围内作出审计决定；需要移送有关主管机关、单位处理、处罚的，审计机关应当依法移送。

审计机关应当将审计机关的审计报告和审计决定送达被审计单位和有关主管机关、单位，并报上一级审计机关。审计决定自送达之日起生效。

上级审计机关认为下级审计机关作出的审计决定违反国家有关规定的，可以责成下级审计机关予以变更或者撤销，必要时也可以直接作出变更或者撤销的决定。

六、违反《审计法》的法律责任

(一)被审计单位违反《审计法》的法律责任

被审计单位违反本法规定,拒绝、拖延提供与审计事项有关的资料的,或者提供的资料不真实、不完整的,或者拒绝、阻碍检查、调查、核实有关情况的,由审计机关责令改正,可以通报批评,给予警告;拒不改正的,依法追究法律责任。

被审计单位违反本法规定,转移、隐匿、篡改、毁弃财务、会计资料以及与财政收支、财务收支有关的业务、管理等资料,或者转移、隐匿、故意毁损所持有的违反国家规定取得的资产,审计机关认为对直接负责的主管人员和其他直接责任人员依法应当给予处分的,应当向被审计单位提出处理建议,或者移送监察机关和有关主管机关、单位处理,有关机关、单位应当将处理结果书面告知审计机关;构成犯罪的,依法追究刑事责任。

对本级各部门(含直属单位)和下级政府违反预算的行为或者其他违反国家规定的财政收支行为,审计机关、人民政府或者有关主管部门在法定职权范围内,依照法律、行政法规的规定,区别情况采取下列处理措施:责令限期缴纳应当上缴的款项;责令限期退还被侵占的国有资产,责令限期退还违法所得;责令按照国家统一的财务、会计制度的有关规定进行处理;其他处理措施。

被审计单位应当按照规定时间整改审计查出的问题,将整改情况报告审计机关,同时向本级人民政府或者有关主管机关、单位报告,并按照规定向社会公布。各级人民政府和有关主管机关、单位应当督促被审计单位整改审计查出的问题。审计机关应当对被审计单位整改情况进行跟踪检查。审计结果以及整改情况应当作为考核、任免、奖惩领导干部和制定政策、完善制度的重要参考;拒不整改或者整改时弄虚作假的,依法追究法律责任。

(二)审计人员违反《审计法》的法律责任

审计人员应当依法执行任务,正确履行职责,办理审计事项应当客观公正、实事求是和廉洁奉公,不得滥用职权、徇私舞弊和玩忽职守。审计人员滥用职权、徇私舞弊、玩忽职守或者泄露、向他人非法提供所知悉的国家秘密、工作秘密、商业秘密、个人隐私和个人信息的,依法给予处分;构成犯罪的,依法追究刑事责任。

课后练习

一、选择题

1. 在我国,下列哪个部门主管会计工作?(　　)

A. 财政部门　　B. 审计部门　　C. 税务部门　　D. 中国人民银行

2. 从事会计工作应当具备的基本任职资格是什么?(　　)

A. 具有初级会计专业技术资格　　B. 取得会计从业资格证书

C. 总会计师　　D. 单位负责人

3. 下列人员中,谁应对本单位的会计工作和会计资料的真实性、完整性负责?(　　)

A. 会计机构负责人B. 主管会计　　C. 总会计师　　D.单位负责人

4.根据《审计法》的规定,以下哪些属于审计机关的审计监督对象?(　　)

A. 各类金融机构　B.各类事业组织　C.司法机关　　D.行政机关

二、问答题

1. 会计核算包括哪些内容?

2. 违反会计法的法律责任有哪些?

3. 审计机关有哪些职责和权限?

三、案例分析

1. 2018 年 7 月 18 日,经×××区市场监督管理局核准登记成立了北京市电子元件厂。经厂领导班子研究决定,对该厂有关会计核算的问题作如下规定,并报有关部门备案:

(1)该厂为了方便同国外客户的交往,以 4 月 1 日到下年的 3 月 31 日为一个会计年度。

(2)该厂确定记账本位币为法国马克,年终报表以马克报出,并同时折算为美元。

(3)聘请三川软件公司根据该厂的要求,按 4 月 1 日到下年的 3 月 31 日为会计年度开发财务软件。软件已完成,并经厂长审核批准使用。

(4)为了方便以后企业进行股份制改造,会计科目按照股份有限公司的规定设置。

(5)由于该厂刚刚成立,业务较少,因此会计和出纳暂由主管财务的副厂长一人兼任,待业务开展以后,再决定是否将会计与出纳两个岗位分开。

(6)本规定自 2017 年 4 月 1 日起正式执行。

问:上述决议有无违法之处? 对上述规定应如何调整?

2.2019 年 1 月 10 日起,中新会计师事务所对川都纺织品批发公司进行审计时,发现下列情况:

(1)该公司使用收款凭证、付款凭证和转账凭证。在登记账簿时,收款凭证和付款凭证登记完毕后,注明了已记账的符号"√",转让凭证未注明。

(2)应付账款总分类账第 37 页中间有三行空格,经审计人员提醒,会计已将三行空格用铅笔涂黑。

(3)该公司 7 月转字第 18 号凭证,贷方金额修改为 5000 元,原写错的金额因画线过粗,已将其全部盖住,无法辨认。

(4)9 月转字第 12 号凭证,误将借方金额填入贷方,将贷方金额填入了借方,且已经记入账,月底会计发现后,在原凭证上将记错方向的金额用涂改液遮盖,然后按正确的方向将金额重新填入原记账凭证。同时,在总账和明细账上用相同的方法进行了修改。

问:以上四种行为,哪一种行为违反了会计基础规范? 请回答正确的方法是什么。

3.2013 年 2 月,××市审计局××年度审计计划安排,派审计组对××公司财务处 2012 年度现金收支情况进行了审计。审计时发现的问题有:(1)动用现金 3300 元购买专控商品,其中:×月××日购买沙发 5 个,支付 1500 元;×月××日购买照相机一架,支付 1800 元。违反了《现金管理暂行条例》第 8 条关于"购置国家规定的专项控制商品,必须采取转账结算方式,不得使用现金"的规定。(2)坐支现金 8350 元,×月××日坐支销货款 8350 元,支付计划外临时工工资。违反了《现金管理暂行条例》第 11 条第 2 款关于"开户单位支付现金……不得从本单位的现金收入中直接支付"的规定。(3)公款私存。×月至×月,先后 6 次将出售废旧物品的收入 8643.20 元擅自截留,并经财务处长同意,以出纳员×

××的户名存入××储蓄所。违反了《现金管理暂行条例》第21条第9款关于"不准将单位的现金收入按个人储蓄方式存入银行"的规定。并根据问题提出处理意见:(1)财务处对上述违纪问题应写出书面检查,对有关责任人员应进行批评教育。(2)公款私存的8643.20元,连同利息,应由财务处列入其他销售项目以作处理并建议公司纪检、监察室进一步检查处理。

请问:该审计组是否有权提出处理意见?

第十七章 税法

学习目标

★ 了解我国的税收种类

★ 熟悉违反税法的行为及其法律责任

★ 掌握增值税、消费税、营业税、企业所得税和个人所得税的主要内容

理论精要

【案例导入】

2020年1月伍某开设私人诊所为患者看病，由于其医术精湛，到2022年3月伍某取得了收入共计100万元。期间伍某从未向税务局主动报税，但为了回馈社会，伍某通过红十字会向希望工程捐款20万元，也由此获得了当地政府的嘉奖。2022年5月，伍某忽然接到县税务机关的出发通知单，要求其补缴税款及税收滞纳金。伍某愤愤不平，以县税务机关决定、处罚错误为由，向市一级税务机关申请复议，市级税务机关经过审查，作出维持原税务机关决定的复议决定。对此，伍某仍然不服，并将该事件起诉到法院，法院作出维持原税务机关决定和上一级税务机关复议决定的判决。

请问：(1)伍某应纳税吗？应纳哪些税？(2)税务机关、上一级税务机关的决定及法院判决是否合法，为什么？

第一节 税法概述

一、税收的概念和特征

税收是国家为了实现其职能，凭借社会公共权力，根据法律法规，强制地、无偿地取得财政收入的一种分配形式。税收是国家取得财政收入的一种方式，体现了一定的分配关系。

(一)强制性

税收的征收是通过国家法律的颁布、执行而进行的，对任何单位和个人均具有约束力。纳税人必须依照税法规定纳税，履行纳税义务，否则就要受到法律的制裁。税收的强制性是保证税收分配活动顺利进行、实现国家职能的必要保证。税收的强制性，使其与其他财政收入形式区别开来。

【思考17-1】富兰克林有一句名言：人一生下来有两件事不可避免，一是死亡，二是缴税。试分析其含义。

(二)无偿性

税收缴纳后，不直接还给具体的纳税人，国家也无须为此作出某种预期的承诺或付出相

应代价。税收的这一特征使其与还本付息的国债收入相区别。

(三)固定性

国家在征税之前,以法律形式规定了课税对象的范围、征收数额、征收比例和征收期限等内容,并按照预先规定的标准进行征收。当然,税收的固定性不是绝对的,随着社会生产力和生产关系的发展变化、经济的发展状况,以及国家利用税收杠杆的需要,税收的课征对象、税目和税率不可能永远不变。通过一定的法律程序,也可作相应的调整。

【思考 17-2】某公司是当地的纳税大户,遂向税务机关申请税收折扣,遭到税务机关的拒绝,试分析税务机关拒绝有无道理。

二、税收的作用

(一)组织财政收入

税收作为国家筹集财政资金的基本手段,最原始和最基础的作用是聚集财政收入,从社会成员中强制、无偿地取得一部分收入,为国家提供公共物品和组织经济建设奠定物质基础。

(二)调节国民经济,促进国民经济协调发展

在社会主义市场经济条件下,税收作为国家宏观调控的经济杠杆,参与社会产品的分配和再分配,对生产、分配、交换和消费等各环节进行调节,从而优化国民经济结构,促进国民经济协调发展。

(三)调节企业利润水平,促进公平竞争

企业利润是考核企业经营状况的综合指标,也是企业自我发展、自我积累的物质基础。为了使企业公平竞争,国家可以通过征税,把因客观因素形成的企业级差收入收归国家所有,剔除客观因素对企业利润水平的影响,使企业在相对公平的条件下开展竞争。

(四)维护国家权益,促进国际经济交往

在国际交往中,任何国家对本国从事生产、经营的外国企业或个人都拥有税收管辖权,这是国家权益的具体体现。税收是行使国家主权、维护国家利益的重要手段,在促进对外贸易、经济技术合作和科技文化交流,贯彻国家的进出口政策,增加外汇收入等方面发挥着重要作用。

【思考 17-3】税与费有什么区别?

三、税收的分类

1.根据征税对象的属性不同,可以划分为:

(1)流转税。是以商品流转额(销售额)和非商品营业额为征税对象的税种,包括了增值税、消费税、关税等。

(2)所得税。是以纳税人的所得或收益额为征税对象的税种,包括我国现行的企业所得税和个人所得税。

(3)财产税和行为税。是以某些特定的财产或某种特定目的行为为征税对象的税种,主要包括房产税、契税、车船税、城市维护建设税、印花税等。自 2021 年 6 月 1 日起,我国在全国范围内推行财产税和行为税合并申报,进一步减少纳税人的报税流程和时间。

(4)资源税。是以开发利用国有自然资源为征税对象的税种,其征税范围包括我国领域

及管辖的其他海域内的能源矿石、金属矿产、非金属矿产、水汽矿产、盐类五大类。

2.根据税收管理权和税收收入支配权的不同,可以分为:

(1)中央税。是指由中央政府管理和支配的税种,例如关税、消费税、车辆购置税、进口环节海关代征的增值税等。

(2)地方税。是指由地方政府管理和支配的税种,例如城镇土地使用税、耕地占用税、土地增值税、房产税、车船税等。

(3)中央和地方共享税。是指由中央政府和地方政府共同管理和支配的税种,例如增值税(除进口环节海关代收的部分外)、企业所得税、个人所得税、资源税、印花税等。

3.根据计税标准的不同,可以分为:

(1)从价税。是指以征税对象的计税金额为计税标准,并按照一定比例计征的税种,我国现行的税种大部分采用从价计征的方式。

(2)从量税。是以征税对象的重量、体积、数量等计量单位为计税标准征收的税种,我国消费税税目中的啤酒、黄酒、成品油,进口关税税目中的啤酒、原油就采用该方式计税。

(3)复合税。是对征税对象同时使用从价计征和从量计征方式征收的税种,我国消费税税目中的卷烟、白酒,进口关税税目中的广播用录像机、放像机摄影机就采用该方式计税。

4.根据计税价格中是否包括税款,可以分为:

(1)价内税。是指计税价格中包括税款在内的税种,目前,我国除关税和增值税之外,其他所有税种均为价内税。

(2)价外税。是指计税价格中不包括税款在内的税种,我国的关税和增值税属于价外税。

四、税收法律制度

(一)税法的概念

税法是国家制定的用以调整国家与纳税人之间在征纳税方面的权利及义务关系的法律规范的总称。它是国家依法征税、纳税人依法纳税的行为准则。其目的是保障国家利益和纳税人的合法利益,维护正常的纳税秩序,保证国家的财政收入。

税法与税收密不可分,存在着一一对应的关系。税收的取得必须要有税法作为其依据和保障,税收活动必须严格依照税法规定的范围、标准、程序进行,税法是税收的法律根据和法律保障。税收具有"一税一法"的特点。

(二)税法的构成要素

税法的构成要素是指税法应当具备的必要因素和内容。税法的构成要素一般包括征税人、纳税人、课税对象、税率、纳税环节、纳税地点、纳税期限、增税与减免税及违章处理等要素,其中课税对象、纳税人和税率是税法的基本要素。

1.征税人

征税人是指代表国家行使征税权利的各级税务机关和其他征收机关。因税种不同,可有不同的征税机关,如增值税的征税主体是税务机关,关税的征税主体是海关。

2.纳税人

纳税人,即纳税义务人,是指一切履行纳税义务的自然人、法人和其他组织。在此要区分两个与纳税人相关的概念:一是负税人,二是扣缴义务人。

负税人是实际负担税款的单位和个人,即税款的最终承担者或负担者。纳税人与负税人有时一致,即纳税人所缴纳的税款是由自己负担的;有时不一致,当税负可以转嫁时,纳税人就不是负税人,二者发生了分离。二者一致的为直接税,不一致的为间接税。可以说,每个公民不一定都是纳税人,但基本上都是负税人。

扣缴义务人是法律、法规规定的负有代扣代缴、代收代缴税款义务的单位和个人,包括代扣代缴义务人和代收代缴义务人。代扣代缴义务人是税法规定的有义务从持有的纳税人收入中,扣除其应纳税款并代为缴纳的单位或个人;代收代缴义务人是税法规定的有义务借助经济往来关系,向纳税人收取应纳税款并代为缴纳的单位或个人。

3.课税对象

课税对象或称征税对象,即征税客体,是指课税的目的物,是确定税种的主要标志。如增值税的课税对象是商品或劳务在生产和流通过程中的增值额;企业所得税是对企业的生产、经营所得和其他所得征税。课税对象分为流转额、所得额、自然资源、财产和行为五种。

在此应区分三个与课税对象紧密相关的概念:计税依据、征税范围和税目。

(1)计税依据又称税基,是税法规定的据以计算各种应征税款的依据,是课税对象量的表现。课税对象反映的是对什么征税,计税依据解决的是如何计量。

(2)征税范围是指税法规定应税内容的具体区间,是课税对象的具体范围,体现了征税的广度。

(3)税目是税法中规定的具体征税项目,是课税对象的具体化。例如,消费税规定了 14 个税目,营业税规定了 9 个税目,个人所得税规定了 11 个税目。税目的确定进一步明确了征税范围,哪些项目需要纳税,哪些项目不需要纳税,以及不同项目的税率差别等问题只有通过确定税目才能解决。

4.税率

税率是应纳税额与课税对象之间的比例。税率是税收制度的核心和中心环节,税率的高低既是决定国家税收收入多少的重要因素,也是决定纳税人税收负担轻重的重要因素,因此,它反映了征税的深度,体现了国家的税收政策。税率可划分为比例税率、累进税率和定额税率三类。

(1)比例税率。对同一课税对象,不论数额大小,确定一个比例计征。我国现行的增值税、营业税、企业所得税等采用的都是比例税率。

(2)累进税率。根据课税对象的数额,确定不同等级,依次递进计征。具体形式是将课税对象按数额大小划分为若干等级,针对不同等级规定由低到高的不同税率。累进税率又分为全额累进税率、超额累进税率和超率累进税率三种。

①全额累进税率。它是把课税对象的数额分为若干等级,确定不同等级的税率,课税对象的全部数额达到哪一级,就适用哪一级的税率征税。

②超额累进税率。它是把课税对象的数额划分为若干个等级,每一等级规定一个税率,税率依次提高,分别以课税对象数额超过前级的部分为基础计算应纳税额的税率,即每一纳税人的课税对象依其所属等级同时适用几个税率分别计算,将计算结果相加后得出应纳税款。目前个人所得税采用这种税率。

③超率累进税率。是指以课税对象数额的相对率划分若干级距,分别规定相应的差别税率,相对率每超过一个级距的,对超过的部分就按高一级的税率计算征税。目前,土地增

值税采用超率累进税率。

【思考 17-4】王某月工资 2100 元，李某月工资 2101 元，按现行个人所得税法规定，工资所得以每月收入额减去法定扣除额 1600 元后的余额为应纳税所得额。由此二人的应纳税所得额分别为 500 元和 501 元。个人所得税法规定全月应纳税所得额不超过 500 元的，税率为 5%，超过 500 元不超过 2000 元的，适用税率为 10%。试比较全额累进税率与超额累进税率的应用结果。

可见，超额累进税率只就超过上一级的部分适用高一级的税率，计算科学而且合理。

(3)定额税率。对课税对象每一单位，规定固定税额，不计百分比。课税对象的计量单位可以是重量、数量、面积、体积等自然单位，也可以是专门规定的复合单位。定额税率在计算上比较便利，而且采用从量计征办法，征税数额不受价格变动的影响。缺点是负担不尽合理，只适用特殊的税种。目前采用定额税率的有资源税、车船使用税等。

5.纳税环节

纳税环节是指税法规定的课税对象从生产到消费的流转过程中，以及提供劳务的经营活动中应该缴纳税款的环节。

从我国税收实践看，对商品课税的纳税环节可概括为两种形式：一种是把所有的流转环节都作为纳税环节，即全环节征税形式，如我国现行增值税；另一种是选择特定的环节作为纳税环节，如现行消费税是在生产环节纳税。

6.纳税期限

纳税期限是税法规定的纳税人应当向国家缴纳税款的期限。国家开征的每一种税都有纳税期限的规定。凡在规定时限以前缴纳者均为合法，凡超过规定时限才缴纳者则属于违规行为并应受处罚。纳税期限的确定，对于监督纳税人及时足额纳税、保证财政收入的实现有现实作用。

7.增税和减免税

增税包括附加和加成，附加是地方附加的简称，是地方政府在正税以外，附加征收的一部分税款。一般来说，附加收入是为解决地方机动财力的需要，留给地方使用的收入。加成是加成征税的简称，是对特定纳税人的一种加税措施，加一成则加征正税税额的 10%。

减税的措施有减税、免税以及规定起征点和免征额。减税是对应纳税额减征的一部分。免税是对应纳税额全部免予征收。起征点是税法规定的课税对象达到一定数额时才开始征税的数量标准，达到才征收，达不到则免征。免征额是税法规定的课税对象数额中免予征税的数额，即只就其超过免征额部分征税。

8.违章处理

违章处理是对纳税义务人违反税法规定的处罚。违章行为一般包括欠税、偷税、骗税、抗税等。处罚措施一般包括补交税款、征收滞纳金、经济处罚、追究刑事责任，还有扣缴税款、扣留货物、吊销货物、吊销税务登记、停止营业等。

第二节　我国现行的主要税种

一、流转税

流转税是以流转额为课税对象而征收的一类税收的总称。流转额是指商品和劳务在流通服务过程中实现的货币收入额，包括商品流转额和非商品流转额。商品流转额，即商品交易额，非商品流转额主要是指各种劳务收入或服务性业务收入额。我国现行的流转税主要有增值税、消费税和关税。

(一)增值税

增值税是对商品、劳务、服务、不动产、无形资产等在流转过程中产生的增值额所征收的一种税。增值额是指企业在一定期间的生产经营过程中新创造的价值，即企业的商品销售收入，扣除其耗用的外购商品和劳务后的余额。由于增值税具有就增值额课征的特点，可以避免重复征税，有利于解决税负不均的问题，促进专业化发展。

1.纳税人

增值税的纳税人是指在我国境内销售或进口货物，提供加工修理修配劳务，销售服务、无形资产、不动产的单位和个人。根据纳税人经营规模及会计核算健全度的不同，可将增值税纳税人划分为小规模纳税人和一般纳税人。

小规模纳税人是指年应征增值税销售额在500万元及以下的单位，年应税销售额超过该规定的单位通常要登记成为一般纳税人。年应税销售额虽没有超过规定，但会计核算健全，且能提供给准确税务资料的，也可向税务机关申请登记为一般纳税人。小规模纳税人采用简易计税法计税，一般纳税人采用一般计税法计税。

2.征收范围

(1)销售货物。货物指的是有形的动产，包括电力、热力、气体在内，但不包括销售不动产和无形动产。

(2)销售劳务，即在中国境内有偿提供加工、修理修配劳务。

(3)进口货物，即申报进入中国海关境内的货物。

(4)销售服务，即在中国境内有偿提供交通运输服务、邮政服务、电信服务、建筑服务、金融服务、现代服务、生活服务。

(5)销售无形资产，即有偿转让无形资产的所有权或使用权的业务活动。

(6)销售不动产，即有偿转让不动产所有权的业务活动。

此外，一些虽然没有收但按照税法规定需要视同销售的业务，例如将自产或外购的货物用于投资、分红、赠送等，也需要缴纳增值税。

3.税率

根据项目不同，增值税一般纳税人可适用的税率有13％、9％、6％、零税率几档。

(1)除特殊规定外，纳税人销售货物、劳务、有形动产租赁服务或者进口货物适用13％的税率。

(2)纳税人销售交通运输、邮政、基础电信、建筑、不动产租赁服务，销售不动产，转让土地使用权，适用 9%的税率。同时，纳税人销售粮食、食用植物油，自来水、暖气、冷气、热气、煤气、石油液化气、天然气、沼气、居民用煤炭制品，图书、报纸、杂志，饲料、化肥、农药、农机、农膜以及国务院规定的其他货物也适用 9%的税率。

(3)纳税人销售服务、无形资产，除另有规定外适用 6%的税率。

(4)除国务院另有规定外，纳税人出口货物增值税税率为零。境内单位和个人跨境销售国务院规定范围内的服务、无形资产税率为零。

除另有规定外，小规模纳税人采用简易办法计税的，征收率为 3%。

纳税人兼营不同税率的货物或者应税劳务的，应当分别核算不同税率货物或者应税劳务的销售额；未分别核算的，从高适用税率。

纳税人销售不同税率货物或应税劳务，并兼营应属一并征收增值税的非应税劳务，其非应税劳务应从高适用税率。

4.增值税的计算

增值税以纳税人的销售额作为计税依据。销售额是指纳税人销售货物或者提供应税劳务向购买方所收取的全部价款和价外费用，但是不包括收取的销项税额。

一般纳税人实行税款抵扣制，即应纳税额为当期销项税额与当期进项税额抵减后的余额。小规模纳税人实行简易办法计算应纳税额，不允许抵扣任何进项税额，以销售总额与征收率的乘积为应纳税额。

(二)消费税

消费税是以我国境内生产、委托加工和进口应税消费品的销售额、销售数量为征收对象而征收的一种税。它是建立在增值税普遍征收基础上，国家根据特定的财政目的或调节消费目的选择部分产品进行征税。

1.纳税人

消费税的纳税人是指在我国境内从事生产、委托加工和进口《消费税暂行条例》列举的应税消费品的单位和个人。

2.税目

《消费税暂行条例》列举了 14 类征收消费税的消费品，包括：烟、酒及酒精、化妆品、高尔夫球及球具、高档手表、游艇、木制一次性筷子、实木地板、贵重首饰及珠宝玉石、鞭炮和焰火、成品油、汽车轮胎、摩托车、小汽车等。

3.税率

现行消费税税率有比例税率和固定税率两种。比例税率从 3%至 45%共设 10 档，对黄酒、啤酒、汽油、柴油实行从量定额征收，粮食类白酒、卷烟实行从量定额和从价定率复合征收。

4.计算

消费税的征收办法采取从价征收和从量征收两种。实行从价定率征收的，其计税依据为含有消费税不含有增值税的消费额。实行从量定额征收的，其计税依据为应税消费品数量。

5.征税环节

除卷烟和超豪华小汽车外，消费税实行单一环节征收。金、银、铂金、钻石及其饰品在零售环节征收消费税。其余应税消费品在生产、委托加工或进口环节纳税，在后续的批发、零售等环节则不再缴纳消费税。在基础纳税环节之上,卷烟需在批发环节加征一道消费税,超豪华小汽车需在零售环节加征一道消费税。

(三)关税

关税是海关依法对进出境货物、物品征收的一种税。

1.纳税人

关税的纳税义务人为进口货物的收货人、出口货物的发货人、进境物品的所有人。

2.征收范围

除国家规定享受减免税的货物可以免征或减征关税外,所有进口货物和少数出口货物属于关税的征收范围。

3.税目与税率

关税的税目由《海关进出口税制》规定。关税税率分为进口税率、出口税率和特别关税。

(1)进口关税。分为最惠国税率、协定税率、特惠税率、普通税率、关税配额等五种税率形式。不同税率的运用是以进口货物的原产地为标准的。对进口货物在一定时间内可以实行暂定税率。

(2)出口关税。目前国家仅对少数资源性产品及易于竞相杀价、盲目出口、需要规范出口秩序的半制成品征收出口关税,未定有出口税率的货物,不征出口关税。

(3)特别关税。包括报复性关税、反倾销税、反补贴税、保障性关税。

4.计算

我国对进出口货物征收关税主要采取从价计征的办法,以进出口货物的完税价格为让税依据征收关税。进出口货物的完税价格,由海关以该货物的成交价格为基础审查确定。成交价格不能确定时,完税价格由海关依法规定。

二、所得税

所得税是以纳税人的所得额为课税对象的一种税,主要包括企业所得税和个人所得税。

(一)企业所得税

企业所得税是指中华人民共和国境内的企业,就其来源于中国境内外的生产、经营所得和其他所得而征收的一种税。

1.纳税人

企业所得税的纳税人是指我国境内实行独立经济核算的企业或者组织,包括国有企业、集体企业、私营企业、股份制企业,以及有生产、经营所得和其他所得的其他组织,但不包括个人独资企业、合伙企业。按照收入来源地管辖权和居民管辖权相结合的方式,可以将企业分为居民企业和非居民企业。居民企业承担全面纳税义务,就来源于中国境内、境外的全部所得纳税;非居民企业承担有限纳税义务,仅就来源于中国境内或与其境内机构、场所有实际联系的所得纳税。

2.征税范围

纳税人在中国境内、境外取得的生产经营所得和其他所得。

3.税率

企业所得税实行比例税率,一般情况下,居民企业适用25%的税率,非居民企业适用20%的税率。对国家需要重点扶持的高新技术类企业,减按15%的税率征收企业所得税;

对符合条件的小型微利企业，减按20%的税率征收企业所得税。

4.计算

企业所得税的计税依据是企业的应纳税所得额。应纳税所得额是指纳税人每一纳税年度的收入总额扣去准予扣除的项目后的余额。收入总额是指企业在生产经营活动及其他活动中各项收入的总和，包括纳税人来源于中国境内、境外的生产经营收入和其他收入。按照国家规定准予扣除的项目包括与取得应纳税收入有关的所有必要和正常的成本、费用、税金和损失。

（二）个人所得税

个人所得税是以个人收入为课税对象的一种税。

1.纳税人

纳税人包括中国公民、个体工商户、合伙企业、个人独资企业以及在中国有所得的外籍人员（包括无国籍人员）和我国香港、澳门、台湾同胞。依据住所和时间将纳税人分为居民和非居民两类，其中对居民就其全球所得征税，对非居民仅就来自中国境内的所得征税。

居民纳税人是指在中国境内有住所，或者在境内无住所但在一个纳税年度内累计在境内居住满183天的个人。非居民纳税人是指在中国境内既无住所又不居住，或者无住所且在一个纳税年度内在境内累计居住不满183天的个人。

2.税目

按照应税所得来源，可将个人所得税应税项目分为9类：工资、薪金所得；劳务报酬所得；稿酬所得；特许权使用费所得；经营所得；利息、股息、红利所得；财产租赁所得；财产转让所得；偶然所得。

3.税率

个人所得税实行超额累进税率与比例税率相结合的税率体系。综合所得（包括工资薪金所得、劳务报酬所得、稿酬所得、特许权使用费所得）适用3%至45%的七级超额累进税率；经营所得适用5%至35%的五级超额累进税率；除特殊规定外，利息、股息、红利所得，财产租赁所得，财产转让所得和偶然所得适用20%的比例税率。

4.计算

居民个人综合所得和经营所得的应纳税额等于应纳税所得额乘以适用税率减速算扣除数，其他所得的应纳税额为应纳税所得额乘以适用税率。

综合所得年应纳税所得额为年综合所得收入额减去6万元的减除费用、专项扣除、专项附加扣除和其他扣除的余额；经营所得的应纳税所得额为年度收入总额减去成本、费用、损失等准予扣除项目的余额；财产转让所得应纳税额为不含增值税的财产转让收入总额减去财产原值、合理费用的余额；财产租赁所得的应纳税所得额为每次（月）租赁收入额减去财产租赁过程中缴纳的税费、修缮费用（800元为限）和其他减除费用的余额；利息、股息、红利所得以及偶然所得以每次的收入额为应纳税所得额。

第三节　税收征收管理

一、税收征收管理机关及其职责

(一)税收征收管理机关

税收征收管理机关包括国家各级税务机关和海关。

(1)海关主要负责关税、船舶吨税的征收和管理。同时,进口货物的增值税和消费税也有海关进行代征。

(2)除由海关征收和委托海关征收的税种外,其他税种,例如增值税、消费税、企业所得税、个人所得税、耕地占用税、城镇土地使用税等,均由各级税务机关负责征收管理。

(二)税收征收管理机关的职责

税收征收管理机关的职责包括:税务管理、税款征收、税务检查、税务处罚。

二、税务管理

(一)税务登记管理

税务登记又称纳税登记,是指纳税人在领取营业执照之日起30日内向税务机关申请办理书面登记的法律手续。税务登记包括开业登记、变更登记、停业或复业登记、注销登记、外出经营报验登记等。办理税务登记应当按照税收征收管理法律制度的期限、程序要求进行。

(1)开业登记是指从事生产经营的纳税人,经国家工商行政管理部门批准开业后办理的纳税登记。纳税人一般应自领取营业执照之日起30日内,向税务机关申报办理税务登记。

(2)变更登记是指纳税人在办理税务登记后,原登记的内容发生变化时,自办理变更工商登记之日起30日内,持有关证件到原税务机关重新申报办理的登记。

(3)注销登记是指纳税人在发生解散、破产、撤销以及依法终止履行纳税义务的其他情形时,向原登记税务机关申请办理的登记,纳税人应当在向工商行政管理机关办理注销登记前,向原税务登记管理机关办理注销登记。

(4)停业、复业登记是纳税人暂停和恢复生产经营活动而办理的纳税登记。

(5)外出经营报验登记是指纳税人到外县进行生产经营的,应当向主管税务机关申请开具外出经营活动税收管理证明。

【思考17-5】ABC公司生产规模不断扩大,经股东会研究,决定增加注册资本,并向工商行政管理机关办理了变更登记手续,请问是否需要办理税务登记变更手续?

(二)账簿、凭证管理

纳税人、扣缴义务人应当依法设置账簿,根据合法、有效凭证记账,进行核算。凡从事生产、经营的纳税人、扣缴义务人应自领取营业执照之日起15日内按照有关法律、行政法规和国务院财政、税务主管部门的规定设置账簿,自领取税务登记证件之日起15日内,将其财务、会计制度或者财务、会计处理办法和会计核算软件,报送税务机关备案。

(三)发票管理

依法办理税务登记的纳税人,在领取税务登记证件后,应向税务机关申请领购发票。

单位、个人在购销商品、提供或者接受经营服务以及从事其他经营活动中，应当按照规定开具、使用、取得发票。发票一般由收款方向付款方开具。开具发票应当按照规定的时限、顺序，逐栏、全部联次一次性如实开具，并加盖单位财务印章或发票专用章。任何单位不得转借、转让、代开发票，禁止倒卖发票、发票监制章和发票防伪专用品。

开具发票的单位和个人应当按照税务机关的规定存放和保管发票，已开具的发票存根联和发票登记簿应当保存 5 年。

(四)纳税申报

纳税申报是指纳税人、扣缴义务人按照法律、行政法规规定，在申报期限内就纳税事项向税务机关提出书面申报的一种法定手续。纳税义务人、扣缴义务人必须在法律、行政法规规定的申报期限内办理纳税申报。纳税人享受减税、免税待遇的，在减税、免税期间仍应按照规定办理纳税申报。

纳税义务人办理纳税申报的方式有：直接申报、邮寄申报和数据电文申报表等。

三、税款征收

(一)税款征收方式

税款征收方式包括：查账征收、查定征收、查验征收、定期定额征收和其他征收方式(代扣代缴、代收代缴、委托代征)。

(二)税款征收措施

税务机关在税款征收中可以采取下列措施。

1.加收滞纳金

纳税人未按照期限缴纳税款的，扣缴义务人未按照规定期限解缴税款的，税务机关除责令限期缴纳外，从滞纳税款之日起，按日征收滞纳税款万分之五的滞纳金。

2.核定应纳税额

纳税人有下列情形之一的，税务机关有权核定其应纳税额。

(1)依照法律、行政法规的规定可以不设置账簿的。

(2)依照法律、行政法规的规定应当设置但未设置账簿的。

(3)擅自销毁账簿或者拒不提供成本资料的。

(4)虽设置账簿，但账目混乱或者成本资料、收入凭证、费用凭证残缺不全，难以查账的。

(5)发生纳税义务，未按照规定的期限办理纳税申报，经税务机关责令限期申报而逾期仍不申报的。

(6)纳税人申报的计税依据明显偏低，又无正当理由的。

(7)未按照规定办理税务登记的从事生产经营的纳税人以及临时经营的纳税人。

3.税务保全

税务机关有根据认为从事生产、经营的纳税人有逃避纳税义务行为的，可以在规定的纳税期之前，责令限期缴纳应纳税款，在限期内发现纳税人有明显的转移、隐匿其应纳税的商品、货物以及其他财产或者应纳税的收入的迹象的，税务机关可以责成纳税人提供纳税担保，如果纳税人不能提供纳税担保，经县以上税务局(分局)局长批准，税务机关可以采取下列税收保全措施。

(1)书面通知纳税人开户银行或者其他金融机构冻结纳税人的金额相当于应纳税款的存款。

(2)扣押、查封纳税人的价值相当于应纳税款的商品、货物或者其他财产。

【思考 17-6】甲企业负债累累,为逃避债务 2021 年 1 月 18 日开始变卖厂房、设备等,被税务人员发现,为确保 1 月份的税款足额征收,税务人员立即查封了甲企业价值相当于税款的设备。试分析:税务人员的做法是否合法?为什么?

4.强制执行

从事生产、经营的纳税人、扣缴义务人未按照规定的期限缴纳或者解缴税款,纳税担保人未按照规定的期限缴纳所担保的税款,由税务机关责令限期缴纳逾期仍未缴纳的,经县以上税务局(分局)局长批准,税务机关可以采取下列强制执行措施。

(1)书面通知纳税人开户银行或者其他金融机构从其存款中扣缴税款。

(2)扣押、查封、依法拍卖或者变卖其价值相当于应纳税款的商品、货物或者其他财产,以拍卖或者变卖所得抵缴税款。

5.阻止出境

欠缴税款的纳税人需要出境的,应在出境前向税务机关结清应纳税款或者提供担保,未结清税款又不提供担保的,税务机关可以通知出境管理机关阻止其出境。

6.税款退还和追征

(1)税款的退还。纳税人超过应纳税额缴纳的税款,税务机关发现后(不受时间限制)应当立即退还;纳税人自结算缴纳税款之日起 3 年内发现的,可以向税务机关要求退还多缴的税款并加算银行同期存款利息。

(2)税款的追征。因税务机关的责任,使纳税人、扣缴义务人未缴或少缴税款的,税务机关在 3 年内可以要求补缴税款,但是不得加收滞纳金。

因纳税人、扣缴义务人计算错误等失误,未缴或少缴税款的,税务机关在 3 年内可以追征税款和滞纳金。特殊情况下,可延长至 5 年。特殊情况是指未缴或少缴税款在 10 万元以上的。

对于偷税、骗税、抗税的,税务机关追征其未缴或少缴的税款、滞纳金或所骗取的税款,不受此时效限制,可无限期地追征。

7.税款优先

(1)税收优先于无担保债权,法律另有规定的除外;纳税人欠缴的税款发生在纳税人以其财产设定抵押、质押或者纳税人的财产被留置之前的,税收应当先于抵押权、质权、留置权执行。

(2)纳税人欠缴税款,同时又被行政机关决定处以罚款、没收违法所得的,税收优先于罚款、没收违法所得。

(3)税务机关可以依照《中华人民共和国合同法》的有关规定,行使代位权和撤销权。税务机关依法行使代位权、撤销权的,不免除欠缴税款的纳税人尚未履行的纳税义务和应承担的法律责任。

四、税务检查

税务机关有权进行下列税务检查:检查纳税人、扣缴义务人的账簿、记账凭证、报表和有关资料;检查纳税人应纳税的商品、货物或其他财产及扣缴义务人的代扣代缴税款的有关情况;责成纳税人、扣缴义务人提供有关资料;检查纳税人邮寄、托运应纳税商品、货物或其他财产的有关单据、凭证和有关资料;经县以上税务局(分局)局长批准,凭全国统一格式的检查存款账户许可证明,查询从事生产、经营的纳税人、扣缴义务人在银行或其他金融机构的存款账户。

税务机关派出的人员进行税务检查时,应当出示税务检查通知书,并有责任为被检查人保守秘密。

纳税人、扣缴义务人必须接受税务机关依法进行的税务检查,如实反映情况,提供有关资料,不得拒绝、隐瞒,税务机关依法进行税务检查时,有权向有关单位和个人调查被检查人的有关情况,有关单位和个人有义务向税务机关如实提供有关资料及证明材料。

【思考 17-7】2021 年 11 月,税务机关组织检查组对甲公司进行税务检查。检查中,存货管理员 A 以存货管理无违法行为为由,拒绝接受检查;银行负责人 B 以检查人员未出示检查存款账户许可证明为由拒绝提供资料。试分析:A、B 两人的说法有无道理?为什么?

五、税务争议的解决

税务争议是指税务机关与纳税人之间因确认或实施税收法律关系而产生的纠纷。解决税务争议的方式主要有税务行政复议和税务行政诉讼,并且一般要以税务管理相对人缴纳税款为前提。在税务争议期间,税务机关的决定一般不停止执行。

税法规定,当事人对税务机关的处罚决定、强制执行措施或者税收保全措施不服的,可以依法申请行政复议,也可以依法向人民法院起诉。但当事人对税务机关的处罚决定逾期不申请行政复议,也不向人民法院起诉,又不履行的,作出处罚决定的税务机关可以采取强制措施,或者申请人民法院强制执行。

当事人同税务机关在纳税上发生争议时,必须先依照税务机关的纳税决定缴纳税款及滞纳金或者提供相应的担保,然后可以依法申请行政复议(必经复议)。对行政复议不服的,可以依法向人民法院起诉。

【思考 17-8】ABC 公司是 6 月份新开业的农副产品生产公司,认为应适用 9%的税率,可是税务机关确定其适用 13%的税率,为此发生争议,拒不缴纳 6 月份的税款,并准备向人民法院起诉,试分析:若你是 ABC 公司的负责人,应该怎样做?

六、税收法律责任

纳税人违反税法的行为与责任主要有以下几种:

1.违反税务管理规定

纳税人未按规定时限办理税务登记、变更或注销登记;未按规定保管与纳税有关资料及会计资料的;不按规定将财务、会计制度报送税务机关备查;不按规定进行纳税申报等,税务机关可处以 2000 元以下的罚款,情节严重的,处以 2000 元以上 1 万元以下的罚款。

2.偷税

伪造、变造、隐匿、擅自销毁账簿、记账凭证,或者在账簿上多列支出或不列、少列收入,或拒不进行纳税申报或者进行虚假的纳税申报,不缴或少缴应纳税款的行为是偷税。

对偷税行为人,由税务机关追缴其不缴或少缴的税款、滞纳金,并处以不缴或少缴税款的 50%以上 5 倍以下的罚款;构成犯罪的,依法追究刑事责任。

根据刑法规定,偷税数额在 1 万元以上,且偷税数额占应纳税额的 10%以上的,或者因偷税被税务机关给予 2 次行政处罚又偷税的,处以 3 年以下有期徒刑或者拘役,并处偷税数额 1 倍以上 5 倍以下的罚金。

【思考 17-9】某歌星一次外出演出被查出偷税 27 万元,其应纳税额为 302 万元,试分析:该歌星偷税行为是否构成犯罪? 为什么?

3.欠税

纳税人在规定期限内不缴或少缴应纳税款,经税务机关责令限期缴纳,逾期仍未缴纳的行为是欠税。对欠税行为,税务机关可依法追缴欠缴税款、滞纳金,并处欠缴税款 50%以上 5 倍以下的罚款;构成犯罪的,依法追究刑事责任。

4.骗税

以假报出口或其他欺骗手段,骗取国家出口退税款的行为是骗税。对于骗税行为,由税务机关追缴骗取的退税款,并处骗取税款 1 倍以上 5 倍以下的罚款;构成犯罪的,依法追究刑事责任。

5.抗税

以暴力、威胁的方法拒不缴纳税款的行为是抗税。对于抗税行为,由税务机关追缴其拒缴的税款、滞纳金,并处拒缴税款 1 倍以上 5 倍以下的罚款;构成犯罪的,依法追究刑事责任。

课后练习

一、选择题

1.下列要素中,属于税法核心要素的有(　　)。

A. 课税对象　　B. 税率　　C. 税目　　D. 纳税人

2.下列应缴纳增值税的单位有(　　)。

A.商场　　B.水泥厂　　C.天然气公司　　D.五星级饭店

3.下列行为应缴纳增值税的有(　　)。

A. 甲厂将专利技术出售给乙厂　　B. 企业将自产的产品赠送给老顾客

C. 运输单位提供的货物运输劳务　　D. 企业将闲置的办公楼出租

4.下列应缴纳营业税的单位有(　　)。

A. 建筑公司　　B. 食品加工厂　　C. 家电维修公司　　D. 工商银行

5.下列应缴纳企业所得税的单位有(　　)。

A.个人独资企业　　B.合伙企业

C.中外合资经营企业　　D.有限责任公司

6.由海关直接征收的税种有(　　)。

A.关税　　B.耕地占用税　　C.教育附加税　　D.证券交易税

7.某公司将税务机关确定的应于 2022 年 4 月 10 日缴纳的税款 20 万元拖至 4 月 27 日缴纳,税务机关依法加收该公司滞纳税款的滞纳金为(　　)元。

A.1700　　B.1800　　C.17000　　D.1000

8.下列各项中属于税收强制措施的是(　　)。

A.书面通知纳税人开户银行冻结纳税人价值相当于应纳税款的存款

B.书面通知纳税人开户银行从其存款中扣缴税款

C.扣押、查封纳税人的价值相当于应纳税款的商品、货物或其他财产

D.依法拍卖、变卖纳税人的价值相当于应纳税款的商品、货物或其他财产

9.下列属于税收征收措施的有(　　)。

A.吊销营业执照　　B.加收滞纳金　　C.强制执行　　D.核定应纳税额

二、问答题

1.税法的构成要素有哪些?基本要素是什么?

2.简述增值税、消费税、营业税的关系。

3.税款征收方式有哪些?

三、案例分析

1.某商场2021年10月份发生了一次火灾,使商场经营受损,保险公司虽给予赔偿,但赔偿部分仍不足以抵补损失。为了扭转局面,该商场的经理没有从经营上想办法,却动起税收的念头。他指使工作人员将部分商品转移到地下仓库,故意给税务人员造成一种修整期间生意冷淡的假象。税务机关接到举报电话后,立即对该商场的实际经营情况进行详细检查,发现该商场有逃避纳税义务的行为。便责令其在10天内缴纳应交税款,该商场对税务机关的通知置之不理,且将一部分销售收入通过往来账户挂在与其关系密切的单位的户头上。税务机关便又责令其提供纳税担保,该商场仍然充耳不闻。税务机关为了保证税款,便扣押、查封了该商场部分价值相当于税款的商品。

请问:(1)该商场的行为属于什么行为?(2)税务机关的处理正确吗?

2.某房地产公司从2021年3月份开张至2019年9月半年期间从未办理纳税申报,税务机关多次催促,该公司总是以刚开张、亏损大为由拒不进行纳税申报。税务人员在明察暗访中,发现该公司的经营与自述相反,经营得相当不错,便怀疑该公司有偷税行为。为了证实,便要求检查该公司的所有会计资料。从该公司的经营账簿上所推算的结果为,该公司确属亏损。后有人举报该公司有两本账。税务机关接到举报后,要求该公司提供真实的经营资料。从这些资料可看出,该公司确属偷税,而且偷税面和偷税数额都很大,所偷税款涉及增值税、城市维护建设税、教育附加税及企业所得税等,偷税数额达17.8万元。税务机关责令其补缴所偷税款及所偷税款的滞纳金和罚款。该公司置之不理。税务机关多次催缴,均无效果。税务人员认为该公司的行为已从偷税上升为抗税。

请问:(1)该公司的行为属于什么行为?(2)税务机关的处理正确吗?(3)税务机关应如何处理?

第十八章　劳动与就业法律制度

学习目标

★ 掌握劳动法的概念和调整对象
★ 掌握劳动合同和集体合同的基本概念及特征
★ 掌握并能应用劳动合同的基本内容以及劳动合同解除的相关规定
★ 掌握我国工时制度、休息休假制度和延长工作时间的基本规定
★ 了解劳动保护管理制度的主要内容
★ 了解劳动争议的处理方式

理论精要

【案例导入】

王工程师在2021年与公司签订了无固定期限劳动合同，约定王工程师可以不必坐班，但应当保证每周及时为公司做技术指导。2022年，公司进行劳动合同清理。在清理过程中，公司提出，王工程师原来在该公司仅工作了7年，不符合在公司工作10年才有资格签订无固定期限劳动合同的条件；并且公司制度规定公司实行标准工时制度，王工程师一直没有遵守该规定。因此决定与王工程师解除劳动合同。请问：

(1)王工程师与公司的劳动合同中关于工作时间的约定有效吗？

(2)公司提出的解除劳动合同的理由充分吗？

(3)王工程师不服公司作出的解除劳动合同的决定，应当怎么办？

第一节　劳动与就业法律制度概述

一、劳动就业的概念与特征

劳动就业，是指具有劳动能力的公民在法律规定的劳动年龄内，依法参与社会劳动从而获得收入与报酬的活动。

劳动就业具有以下特点：首先，劳动就业的主体是具有劳动能力的适龄公民，包括能够劳动的残疾人；其次，劳动就业的内容是参加社会劳动，该劳动须能增加社会财富，并为法律所准许；最后，劳动就业的结果是能产生经济性收入或报酬，使劳动者获得生活来源。

二、劳动就业法律制度

(一)概念

劳动就业法律制度，是指调整劳动就业法律关系及其邻近社会关系的法律规范的总称。

当前，我国的劳动就业法律制度主要规定在《中华人民共和国劳动法》(以下简称《劳动法》)中，同时也散见于其他法律和行政法规。这些制度总体上包括：劳动合同与集体合同制度、工作时间和休息制度、工资制度、劳动安全卫生制度、女职工和未成年工特殊保护制度、劳动争议与监督检查制度、促进就业制度、职业培训制度等。此外，《中华人民共和国劳动合同法》(以下简称《劳动合同法》)已于2007年6月29日通过，于2008年1月1日起实施，并于2012年12月28日修正；《就业促进法》于2007年8月30日通过，自2008年1月1日起施行，并于2015年4月24日修正。

(二)劳动法的调整对象

劳动法的调整对象主要有两个方面，即劳动关系和与劳动关系密切相关的其他社会关系。

劳动关系是劳动者在劳动过程中与用人单位之间发生的关系，是生产关系的重要组成部分。它的发生以劳动的发生为前提，其主体一方是劳动者，另一方是用人单位；其内容就是劳动；劳动者提供劳动力，用人单位使用劳动力；它是人身关系与财产关系的结合，是平等性与隶属性相统一的一种关系。

与劳动关系密切相关的其他社会关系虽然不同于劳动关系，但也是劳动关系的调整对象。这些关系主要有管理劳动方面的关系、社会保险关系、处理劳动争议所发生的某些关系、工会组织与单位行政之间的关系以及有关国家机关为执行劳动法进行监督检查而发生的各种社会关系等。

(三)劳动法的适用范围

《劳动法》第2条规定：在中华人民共和国境内的企业、个体经济组织和与之形成劳动关系的劳动者，适用本法。国家机关、事业组织、社会团体和与之建立劳动合同关系的劳动者，依照本法执行。可见，劳动法是以是否建立劳动合同关系来界定劳动法的适用范围的。具体而言，我国劳动法适用于：

(1)在中华人民共和国境内的企业、个体经济组织和与之形成劳动关系的劳动者；

(2)国家机关、事业组织、社会团体的工勤人员；

(3)实行企业化管理的事业组织的非工勤人员；

(4)其他通过劳动合同与国家机关、事业组织、社会团体建立劳动关系的劳动者。

需要注意的是，劳动法不适用于公务员和比照实行公务员制度的事业组织和社会团体的工作人员，以及农村劳动者(乡镇企业职工和进城务工、经商的农民除外)、现役军人、家庭保姆、在中华人民共和国境内享有外交特权和豁免权的外国人等。

(四)劳动者的基本权利和基本义务

劳动者的基本权利和基本义务是劳动法的核心内容，劳动法的所有规定都是在此基础上展开的。劳动者享有的基本权利有：平等就业和选择职业的权利、取得劳动报酬的权利、休息休假的权利、获得劳动安全卫生保护的权利、接受职业技能培训的权利、享受社会保险的福利的权利、提请劳动争议处理的权利以及法律规定的其他劳动权利。劳动者应履行的基本义务是：劳动者应当完成劳动任务，提高职业技能，执行劳动安全卫生规程，遵守劳动纪律和职业道德。

第二节 劳动合同与集体合同

一、劳动合同

(一)劳动合同的定义、特征与分类

劳动合同又叫劳动协议,是指劳动者与用人单位之间建立劳动关系,明确双方劳动权利和劳动义务的协议。劳动合同是一种特殊的民事合同,因此,它除了具有一般合同所共有的特征外,还具有自身独立的特征。

1.劳动合同的主体是特定的,一方是具有劳动能力的劳动者,另一方是用人单位。劳动者是指具有劳动能力的自然人,包括中国人和在我国境内从事劳动的外国人、无国籍人;用人单位是指依法具有用人资格和能力的国家机关、企事业组织、社会团体和个体工商户等。

2.劳动合同是双务合同,其权利义务具有统一性和对应性。劳动者的劳动权利就是用人单位的劳动义务;反之,用人单位的劳动权利就是劳动者的劳动义务。

3.劳动合同的客体具有单一性,即劳动力。

4.劳动合同是有偿合同。通过劳动合同,用人单位可以从劳动者身上获得劳动力,而劳动者则可以从用人单位获得劳动报酬。

5.劳动合同是要式合同。所谓要式合同,是指法律规定必须采取某种形式的合同。《劳动法》第 19 条规定,劳动合同应当以书面形式订立。

劳动合同按照不同的标准可以进行不同的分类:

(1)按照期限的长短,劳动合同可以分为固定期限劳动合同、无固定期限劳动合同和以完成一定的工作为期限的劳动合同。劳动者在用人单位连续工作满十年;或用人单位初次实行劳动合同制度或者国有企业改制重新订立劳动合同时,劳动者在该用人单位连续工作满十年且距法定退休年龄不足十年;或者连续订立两次固定期限劳动合同,且劳动者没有《劳动合同法》第 39 条和第 40 条第 1 项、第 2 项规定的情形而续订劳动合同的,除劳动者提出订立固定期限劳动合同外,应当订立无固定期限的劳动合同。用人单位自用工之日起满一年不与劳动者订立书面劳动合同的,视为用人单位与劳动者已订立无固定期限劳动合同。

(2)按照劳动者是否在编,劳动合同可以分为正式工劳动合同和临时工劳动合同。正式工劳动合同签订的结果是劳动者成为用人单位编制定员内的一名正式职工;临时工劳动合同则主要适用于劳动者在用人单位从事临时性、短暂性工作的情形。

(3)按照劳动者一方的人数,劳动合同可分为个人劳动合同和集体劳动合同。

(二)劳动合同的订立

1.劳动合同订立的原则

《劳动合同法》第 3 条规定:订立劳动合同,应当遵循合法、公平、平等自愿、协商一致、诚实信用的原则。首先,订立劳动合同必须合法。具体来讲,必须主体合法,劳动者与用人单位都必须具有订立劳动合同的合法资格;必须内容合法,劳动合同的内容不得违反国家法律、行政法规的规定;必须订立形式和程序符合法律的要求,劳动合同应当以书面形式订立,并且按照要约和承诺的方式及步骤来进行。其次,劳动合同的内容必须公平,用人单位不得利用其优势制定对劳动者不公平的合同条款。再次，订立劳动合同必须遵守平等、自愿、协商一致的原则。任何一方都不得强迫对方与自己订立劳动合同，否则，劳动合同将没有法律效力。平等，是指双方的法律地位平等；自愿，体现了双方在劳动合同订立过程中意志自由，意思自治；协商一致，表现了双方应在充分沟通和互相尊重的基础上达成合意。最后，双方应遵循诚实信用原则。用人单位与劳动者在订立劳动合同时应讲究信誉，恪守诺言，不弄虚作假，不欺骗隐瞒。

2.劳动合同的内容

劳动合同的内容有法定内容和约定内容之分。法定内容是法律直接规定劳动者与用人单位必须遵守的内容，当事人不得排除其适用或随意更改；约定内容是双方当事人经过协商取舍所确定的合同的条款。《劳动合同法》规定，劳动合同应当具备以下条款：用人单位的名称、住所和法定代表人或者主要负责人；劳动者的姓名、住址和居民身份证或者其他有效身份证件号码；劳动合同期限；工作内容和工作地点；工作时间和休息休假；劳动报酬；社会保险；劳动保护、劳动条件和职业危害防护以及法律、法规规定应当纳入劳动合同的其他事项。其中，劳动报酬、社会保险、劳动保护、劳动条件和职业危害防护是法定内容，当事人不得排除适用，其约定也不得低于法律规定的标准；其余各项则为约定内容，当事人可根据法律具体商定。此外，用人单位与劳动者还可以补充约定试用期、培训、保守秘密、补充保险和福利待遇等其他事项。

3.劳动合同的效力

依法订立的劳动合同具有法律约束力，自承诺通知到达要约人起生效。但存在下列情形之一的，劳动合同自始无效，对当事人没有拘束力：

(1)以欺诈、胁迫的手段或者乘人之危，使对方在违背真实意思的情况下订立或者变更劳动合同的；

(2)用人单位免除自己的法定责任、排除劳动者权利的；

(3)违反法律、行政法规强制性规定的。

劳动合同无效有全部无效和部分无效之分。全部无效的合同，除独立性条款以外，其他条款对当事人都没有约束作用；而部分无效的合同，该部分不影响其他部分的，其他部分对当事人仍有拘束力。现实生活中，无效的部分条款主要是免责条款，如造成对方人身伤害的免责条款及因故意或重大过失造成对方财产损失的免责条款。

劳动合同的无效，由劳动争议仲裁委员会或者人民法院确认。劳动合同被确认无效后，劳动者已付出劳动的，用人单位应当向劳动者支付劳动报酬，报酬的数额参照本单位相同或者相近岗位劳动者的劳动报酬确定；同时，当事人依据合同产生的劳动权利义务关系归于消灭，已经履行的终止履行，尚未履行的不得履行。对合同无效的产生有过错的一方应当赔偿对方因此所受到的损失，双方都有过错的，应当各自承担相应的责任。

【思考 18-1】2021 年 2 月，小张应聘到 A 酒店做服务员，并与 A 酒店签了为期 2 年的劳动合同，缴了 500 元的服装押金。该合同规定："鉴于酒店服务行业的特殊要求，凡在酒店工作的女性服务员在合同期内不得结婚，不得怀孕。否则，酒店有权解除劳动合同。"试分析该劳动合同的效力。

(三)劳动合同的变更、解除和终止

1.劳动合同的变更

劳动合同的变更,是指当事人在劳动合同依法成立后履行完毕前,按照法律的规定或双方的约定,对其条款的修改或增减。劳动合同的变更仅指其内容的变更,而不包括其主体的变更。劳动合同的主体发生变化,学理上称之为劳动合同的转移。

一般情况下,劳动合同依法成立后,当事人应按照合同的约定,全面适当地履行自己的义务。但是,在特定条件下也允许当事人变更合同的条款。根据《劳动法》及相关法律的规定,当事人可在下列情形下变更劳动合同:

(1)劳动者与用人单位协商一致的;

(2)订立劳动合同时所依据的法律、法规已经修改,致使原来订立的劳动合同无法全面履行的;

(3)企业经上级主管部门批准转产、调整生产任务,或者由上级主管机关决定改变单位的工作任务的;

(4)企业严重亏损或发生不可抗力,致使劳动合同无法履行的;

(5)劳动合同与集体合同规定不同的;

(6)劳动者因健康原因不能从事原工作的;

(7)法律允许的其他情况。

当事人变更劳动合同,应当采用书面形式记载变更的内容,经用人单位和劳动者双方签字或者盖章后生效。

2.劳动合同的解除

劳动合同的解除,是指当事人在劳动合同履行完毕前终止双方劳动权利和劳动义务的行为。劳动合同的解除的情形有三种,分别是双方协商解除、用人单位单方解除和劳动者单方解除。

(1)劳动合同双方协商解除。双方协商解除劳动合同是指经由用人单位和劳动者双方协商一致,而提前终止劳动合同效力的法律行为。

(2)用人单位单方法定解除。当发生下列情形时,用人单位可按要求单方解除劳动合同。其中,有下列情形之一的,用人单位可提前30日以书面形式通知劳动者本人,或者额外支付劳动者一个月工资后解除劳动合同:

①劳动者患病或者非因工负伤,在规定的医疗期满后不能从事原工作,也不能从事由用人单位另行安排的工作的;

②劳动者不能胜任工作,经过培训或者调整工作岗位,仍不能胜任工作的;

③劳动合同订立时所依据的客观情况发生重大变化,致使劳动合同无法履行,经用人单位与劳动者协商,未能就变更劳动合同内容达成协议的。

有下列情形之一的,用人单位可随时通知劳动者解除劳动合同:

①劳动者在试用期间被证明不符合录用条件;

②劳动者严重违反用人单位的规章制度,或严重失职,营私舞弊,给用人单位造成重大损害;

③劳动者同时与其他用人单位建立劳动关系,对完成本单位的工作任务造成严重影响,或者经用人单位提出,拒不改正;

④因劳动者以欺诈、胁迫的手段或者乘人之危，使用人单位在违背真实意思的情况下订立或者变更劳动合同的，致使劳动合同无效；

⑤劳动者被依法追究刑事责任的。

有下列情形之一的，用人单位可采取经济性裁员的方式解除劳动合同：

①按照企业破产法规定进行重整的；

②生产经营发生严重困难的；

③企业转产、重大技术革新或者经营方式调整，经变更劳动合同后，仍需裁减人员的；

④其他因劳动合同订立时所依据的客观经济情况发生重大变化，致使劳动合同无法履行的。

用人单位需要裁减人员 20 人以上或者裁减不足 20 人但占企业职工总数 10%以上的，应提前 30 日向工会或者全体职工说明情况，听取工会或者职工的意见，并将裁减人员方案向劳动行政部门报告。在裁减人员时，用人单位应当优先留用下列人员：

①与本单位订立较长期限的固定期限劳动合同的；

②与本单位订立无固定期限劳动合同的；

③家庭无其他就业人员，有需要扶养的老人或者未成人的。

用人单位依前述裁减人员后，在 6 个月内又重新招用人员的，应当通知被裁减的人员，并在同等条件下优先录用。

用人单位并非在任何情况下都可以单方解除劳动合同，法律禁止用人单位在出现下列情形时解除劳动合同：

①从事接触职业病危害作业的劳动者未进行离岗前职业健康检查，或者疑似职业病病人在诊断或者医学观察期间的；

②在本单位患职业病或者因公负伤并被确认丧失或者部分丧失劳动能力的；

③患病或者非因公负伤，在规定的医疗期内的；

④女职工在孕期、产期、哺乳期的；

⑤在本单位连续工作满 15 年，且距法定退休年龄不足 5 年的；

⑥法律、行政法规规定的其他情形。

用人单位单方解除劳动合同，应事先将理由通知工会。工会认为不适当的，可以提出意见。如果用人单位违反法律、法规或者劳动合同，工会有权要求纠正；劳动者对用人单位解除劳动合同不服而申请仲裁或者提起诉讼的，工会应当依法给予支持和帮助。

(3)劳动者单方法定解除。当发生下列情形时，劳动者可按要求单方解除劳动合同：

①未按照劳动合同约定提供劳动保护或者劳动条件的；

②未及时足额支付劳动报酬的；

③未依法为劳动者缴纳社会保险费的；

④用人单位的规章制度违反法律、法规的规定，损害劳动者权益的；

⑤用人单位以欺诈、胁迫的手段或者乘人之危，使劳动者在违背真实意思的情况下订立或者变更劳动合同致使劳动合同无效的；

⑥法律、行政法规规定劳动者可以解除劳动合同的其他情形。

劳动者单方解除劳动合同，一般应提前 30 日以书面形式通知用人单位，劳动者在试用期内解除劳动合同的，提前 3 日通知用人单位即可。但是，若用人单位以暴力、威胁或者非法限制人身自由的手段强迫劳动者劳动，或者当用人单位违章指挥、强令冒险作业危及劳动者人身安全时，劳动者可以立即解除劳动合同，不需事先告知用人单位。

【思考 18-2】黄某原在一家国有企业工作并与企业签订了为期 5 年的劳动合同。在合同期内，黄某以收入偏低为由，口头提出解除劳动合同，企业未予答复。过了 10 天，黄某被一家合资企业招用，又与该企业签订了劳动合同。试分析：

(1)黄某与原企业的劳动合同是否已经解除？

(2)合资企业在本案中是否应承担责任？

3.劳动合同的终止

劳动合同的终止，是指劳动合同丧失法律效力，其中的权利义务归于消灭。司法实践中，劳动合同终止的事由主要有：

(1)劳动合同期满的；

(2)劳动者开始依法享受基本养老保险待遇的；

(3)劳动者死亡，或者被人民法院宣告死亡或者宣告失踪的；

(4)用人单位被依法宣告破产的；

(5)用人单位被吊销营业执照、责令关闭、撤销或者用人单位决定提前解散的；

(6)法律、法规规定或当事人约定的其他情况。

二、集体合同

(一)集体合同的定义与特点

集体合同，是指用人单位与本单位职工根据法律、法规、规章的规定，就劳动报酬、工作时间、休息休假、劳动安全卫生、职业培训、保险福利等事项，通过集体协商签订的书面协议。集体合同制度是各国调整劳动关系所普遍采取的一种制度，它充分发挥了工会这一工人组织的作用，有利于从整体上维护劳动者的合法权益，调节广大职工与用人单位之间的关系。

1.集体合同适用于企业和实行企业化管理的事业组织及其全体职工，县级以下区域内的建筑业、采矿业、餐饮服务业等行业也可以由工会与企业方面代表订立行业性集体合同或区域性集体合同；

2.集体合同的主体，一方是工会或职工推举的代表，另一方是用人单位；

3.集体合同的内容是职工的集体劳动事项，包括劳动报酬、工作时间、休息休假、劳动安全卫生、保险福利，其作用是维护劳动者的整体利益；

4.集体合同应提交职工代表大会或全体职工讨论通过，有效通过后的集体合同适用于用人单位和全体职工；

5.集体合同的效力高于个人劳动合同，个人合同中关于劳动条件和劳动报酬的规定不得低于集体合同规定的标准；

6.集体合同是要式合同，必须经劳动保障行政部门登记、审查、备案方能生效。

(二)集体合同的订立

集体合同由工会代表职工与企业签订；没有建立工会的企业，由职工推举的代表与企业签订。签订集体合同要遵守法律、法规、规章及国家有关规定，双方应相互尊重，平等协商，诚实守信，公平合作，集体合同的内容要兼顾双方合法权益，要注意避免过激行为。订立集体合同，应遵循以下步骤：

1.一方以书面形式向对方提出进行集体协商的要求，另一方无正当理由不得拒绝进行集体协商，并且应当在收到集体协商要求之日起20日内以书面形式给予回应。

2.集体协商，由双方首席代表轮流主持集体协商会议，就集体合同草案达成一致。

3.将双方协商一致的集体合同草案提交职工代表大会或者全体职工讨论。职工代表大会或者全体职工讨论通过集体合同草案，应当有2/3以上职工代表或者职工出席，且须经全体职工代表半数以上或者全体职工半数以上同意。集体合同草案通过后，由集体协商双方首席代表签字，集体合同即告成立。

4.报送审查。集体合同签订后，应当自双方首席代表签字之日起10日内，由用人单位一方将文本一式三份报送劳动保障行政部门审查。劳动保障行政部门对报送的集体合同应当办理登记手续。对集体合同有异议的，劳动保障行政部门应当自收到文本之日起15日内将"审查意见书"送达双方协商代表。若劳动保障行政部门自收到文本之日起15日内未提出异议，则集体合同即行生效。

5.公布。生效的集体合同，应当自其生效之日起由协商代表及时以适当的形式向本方全体人民公布。

（三）集体合同的内容

集体协商双方可以就下列多项或某项内容进行集体协商，签订集体合同：(1)劳动报酬；(2)工作时间；(3)休息休假；(4)劳动安全与卫生；(5)补充保险和福利；(6)女职工和未成年工特殊保护；(7)职业技能培训；(8)劳动合同管理；(9)奖惩；(10)裁员；(11)集体合同期限；(12)变更、解除集体合同的程序；(13)履行集体合同发生争议时的协商处理办法；(14)违反集体合同的责任；(15)双方认为应当协商的其他内容。

集体合同中劳动报酬和劳动条件等标准不得低于当地人民政府规定的最低标准。

（四）集体合同的变更、解除

集体合同在有效期内，经双方协商代表协商一致，可以变更或解除。有下列情形之一的，也允许变更或解除集体合同：

(1)用人单位因被兼并、解散、破产等原因，致使集体合同或专项集体合同无法履行的；

(2)因不可抗力等原因致使集体合同或专项集体合同无法履行或部分无法履行的；

(3)集体合同或专项集体合同约定的变更或解除条件出现的；

(4)法律、法规、规章规定的其他情形。

（五）集体合同争议处理

集体合同争议包括两种，一种是双方在集体协商过程中发生的争议，另一种是在集体合同履行时发生的争议。

集体协商过程中发生争议，双方当事人不能协商解决的，当事人一方或双方可以书面向劳动保障行政部门提出协调处理申请；未提出申请的，劳动保障行政部门认为必要时也可以进行协调处理。

因履行集体合同发生争议，当事人协商解决不成的，可以向劳动争议仲裁委员会申请仲裁；对仲裁裁决不服，可以自收到仲裁裁决书之日起15日内向人民法院提起诉讼。

第三节　工资、工作时间、休息休假

一、工资

（一）工资的概念

工资，是指用人单位基于劳动关系，根据法律有关规定和集体合同、劳动合同的约定，支付给劳动者的劳动报酬。工资的形式一般有计时工资、计件工资、奖金、津贴、补贴、延长工作时间的工作报酬和特殊情况下支付的工资。

工资不仅关系到劳动者的切身利益，构成其生活的主要来源，影响着劳动关系的和谐，而且影响着社会经济健康有序的发展。实行正确的工资政策和分配制度，对于调动劳动者的积极性，有着重要的意义。

（二）工资的分配

1.工资分配的主体

用人单位是工资分配的主体。由于我国仍处于社会主义初级阶段，不同的用人单位所享有的工资分配自主权尚存差异。目前，享有工资分配自主权的用人单位主要是企业和个体经济组织，以及实行企业化管理的事业单位。实行全额拨款和差额拨款的事业单位只对工资总额的一部分享有工资自主权；国家机关工资总额由国家直接管理，机关不享有自主权。

2.工资分配的原则

《劳动法》第 46 条和第 47 条确立了工资分配的基本原则，即按劳分配原则；同工同酬原则；在经济发展的基础上逐步提高工资水平的原则；工资总量宏观调控原则；用人单位自主分配原则；效率优先、兼顾公平原则。

(1)按劳分配原则。工资的按劳分配，是指用人单位要按照劳动者在工作中所付出的一般劳动的数量和质量来确定其所获得的劳动报酬，多劳多得，少劳少得，不劳不得，打破平均主义大锅饭，形成激励机制，体现实质意义的公平。当然，在坚持按劳分配为主体的同时，也要允许多种分配方式并存。

(2)同工同酬原则。同工同酬是按劳分配的进一步体现，它要求相同工作中的等量等质劳动应获得等值报酬，同时，也要求排除和杜绝工资分配中的性别、年龄、民族、种族和身份等的歧视。

(3)在经济发展的基础上逐步提高工资水平的原则。此原则的要旨有二，即一方面国家承诺积极努力提高劳动者的工资水平，另一方面又警惕工资的畸形提高，要做到工资水平与经济发展水平相适应，工资增长与经济增长保持同步。

(4)工资总量宏观调控原则。国家通过经济、法律或行政手段对工资分配总量进行调节和控制，以保护工资增长的正常速度与合理比例，确保工资总额的增长速度不超过国民收入的增长速度，平均工资增长速度不超过社会劳动生产率的增长速度。

(5)用人单位自主分配原则。国家赋予用人单位分配工资的自主权，用人单位可着眼于提高劳动者的积极性，根据生产经营的特点和经济效益，依法自主确定本单位的工资分配方式和工资水平。

（三）最低工资保障制度

最低工资，是指劳动者在法定工作时间内提供了正常劳动的前提下，其所在用人单位应支付的最低劳动报酬。国家实行最低工资保障制度。最低工资的具体标准由各省、自治区、直辖市人民政府规定，报国务院备案。从法律规定来看，各省、自治区、直辖市人民政府确定和调整本辖区内的最低工资标准应综合参考以下因素：(1)劳动者本人及平均赡养人口的最低生活费用；(2)社会平均工资水平；(3)劳动生产率；(4)就业状况；(5)地区之间经济发展水平的差异。

用人单位支付劳动者的工资不得低于当地最低工资标准，并且不得将下列各项作为最低工资的组成部分：(1)加班加点工资；(2)中班、夜班、高温、低温、井下、有毒有害等特殊工作环境、条件下的津贴；(3)国家法律、法规和政策规定的劳动者保险、福利待遇。

（四）工资支付保障制度

国家对用人单位支付工资进行督促和检查，以保障广大劳动者的合法权益。为规范用人单位的工资支付行为，国家颁布实施了《工资支付暂行规定》。《劳动法》也规定，工资应当以货币形式按月支付给劳动者本人。用人单位不得克扣或者无故拖欠劳动者的工资。劳动者在法定休假日和婚丧期间以及依法参加社会活动期间，用人单位应当依法支付工资。

二、工作时间

（一）工作时间的概念

工作时间，是指劳动者根据法律、法规的规定在一昼夜或一周内从事本职工作的小时数。劳动者一昼夜内从事本职工作的时间，叫工作日；一周内从事本职工作的时间，叫工作周。在我国，根据国务院 1995 年修正的《关于职工工作时间的规定》，职工每日工作 8 小时，每周工作 40 小时。

工作时间关系着国民的身体健康，关系着国家经济的发展与进步。对劳动者工作时间的确定，要综合考虑各方面的情况，注意“三结合”，即保护劳动者身体健康和保证完成生产任务相结合，逐步缩短工作时间与本国国情相结合，考虑劳动者平等享有劳动权、休息权与区别不同工作性质和不同劳动者的需要相结合。

（二）工作日

1.定时工作日

(1)标准工作日。指一般情况下法律规定的统一工作时间，标准工作日是其他定时工作日的立法基础。我国的标准工作日是 8 小时工作制。

(2)缩短工作日。指少于标准工作日的工作时间。国务院《关于职工工作时间的规定》第 4 条规定：在特殊条件下从事劳动和有特殊情况，需要适当缩短工作时间的，按照国家有关规定执行。在这里所称的“特殊条件”和“特殊情况”，主要是指有毒有害、特别繁重、高度危险等工作条件和环境。

(3)延长工作日。指超过 8 小时的工作日。用人单位因特殊情况和紧急任务确需延长工作时间的，按照国家有关规定执行。

(4)综合计算工作日。指以一定的时间为周期，集中安排工作和休息，平均工作时间与每日 8 小时大体相当的工作日。根据劳动部《关于企业实行不定时工作制和综合计算工时工作制的审批办法》第5条的规定，这种工作日主要适用于交通、铁路、邮电、水运、航空、渔业等行业中因工作性质特殊，需连续作业的职工以及地质及资源勘探、建筑、制盐、制糖、旅游等受季节和自然条件限制的行业的部分职工等。

(5)弹性工作日。指在工作周为40小时的情况下，按照劳动者与用人单位事先的约定，由劳动者个人自主安排工作时间的工作日。

2.不定时工作日

每日没有固定工作时间限制的工作日，主要适用于企业中的高级管理人员、外勤人员、推销人员、部分值班人员或其他因工作无法按标准工作时间衡量的职工，或者企业中的长途运输人员、出租汽车司机，铁路、港口、仓库的部分装卸人员和因工作性质特殊，需机动作业的职工，以及其他因生产特点、工作特殊需要或职责范围的关系，适合实行不定时工作制的职工。

三、休息休假

(一)休息休假的概念

休息休假，是指劳动者根据法律法规的规定，在岗期间享有不从事生产与工作，而由个人支配的休息时间。休息休假制度是保持劳动者身心健康的重要制度，也是劳动者休息权在法律上的重要体现。

(二)休息休假的种类

1.工作间歇休息。指劳动者在一个工作日内享有的休息和用膳时间，一般为1～2小时，最少不能少于半小时。

2.日休假。指劳动者享有的两个邻近工作日之间的休息时间，一般不少于16小时。

3.公休假日。指劳动者在工作满一周后，享有的连续休息一天(24小时)以上的休息时间。按现行规定，劳动者在一般情况下每周可以休息两天，即星期六和星期日。企业和不能实行标准工作时间的事业单位，可视具体情况灵活安排公休日。

4.法定节日。指法律统一规定用以开展纪念、庆祝活动的休息时间。法律、法规规定的其他休假节日，是指部分公民放假的节日和纪念日，如妇女节、青年节、儿童节、建军节和少数民族节日。

5.探亲假。指与父母或配偶分居两地的职工，每年享有的一定期限的带薪假期。但是，职工与父亲或与母亲一方能够在公休假日团聚的，不能享受法律规定探望父母的待遇。

6.年休假。我国实行年休假制度，劳动者连续工作一年以上的，享受带薪年休假。但一般已实行特殊休假的单位，如实行寒暑假的学校就不再实行年休假。

(三)休息休假的保护——对加班加点的限制

为保护劳动者休息休假的权利，保持其身心健康，《劳动法》对用人单位安排劳动者加班加点作出了严格的限制，规定用人单位不得违反法律延长劳动者的工作时间。该限制表现为两方面。一是对用人单位安排劳动者加班加点的时间进行了限制。《劳动法》第41条规定，用人单位由于生产经营需要，经与工会和劳动者协商后可以延长工作时间，一般每日不得超过1小时；因特殊原因需要延长工作时间的，在保障劳动者身体健康的条件下延长工作时间每日不得超过3小时，但是每月不得超过36小时。二是对劳动者加班加点规定了高于正常工作时间工资标准的工资报酬，《劳动法》第44条明确规定用人单位安排劳动者延长工作时间的，支付不低于工资的150%的工资报酬；休息日安排劳动者工作又不能安排补休的，支付不低于工资的200%的工资报酬；法定休假日安排劳动者工作的，支付不低于工资的300%的工资报酬。

当然，并非任何情况下用人单位安排劳动者延长劳动时间都受到限制，在下列情形下，用人单位延长工作时间就不受限制：(1)发生自然灾害、事故或者因其他原因，威胁劳动者生命健康和财产安全，需要紧急处理的；(2)生产设备、交通运输线路、公共设施发生故障，影响生产和公众利益，必须及时抢修的；(3)法律、行政法规规定的其他情形。

第四节 劳动保护制度

一、劳动保护制度的含义

劳动保护制度是指对劳动者在生产过程中人身安全与身体健康进行保护的制度，它包括劳动安全卫生保护以及对女职工、未成年工的特殊保护两方面的内容。用人单位必须建立、健全劳动保护制度，严格执行国家劳动安全卫生规程和标准，严格遵守法律对女职工和未成年工的保护，对劳动者进行劳动安全卫生教育，防止劳动过程中的事故，减少职业危害。

二、劳动安全卫生保护制度

劳动安全卫生是劳动保护制度的重要内容。当前，我国劳动安全卫生的基本方针是“安全第一，预防为主”，实行企业负责、行业管理、国家监察、群众监督的安全生产管理体制，与以往相比，突出了“企业负责”，明确了企业在劳动安全卫生管理中的职责。

劳动安全卫生保护的基本内容如下：

(一)安全生产责任制

用人单位的各级领导人员在管理生产的同时，必须负责管理安全工作，认真贯彻执行国家有关劳动保护的法规和制度；用人单位生产、技术、设计、供销、运输、财务等各有关专职机构，都应该在各自业务范围内，对实现安全生产的要求负责；用人单位应该根据实际情况加强劳动保护工作机构或专职人员的工作，各生产小组都应该设有不脱产的安全员；劳动者应该自觉地遵守安全生产规章制度，不进行违章作业，并且要随时制止他人违章作业，积极参加安全生产的各种活动，主动提出改进安全工作的意见，爱护和正确使用机器设备、工具及个人防护用品。

(二)安全技术措施计划管理制度

劳动安全卫生设施必须符合国家规定的标准。新建、改建、扩建工程的劳动安全卫生设施必须与主体工程同时设计、同时施工、同时投入生产和使用。用人单位在编制生产、技术、财务计划的同时，必须编制安全技术措施计划。安全技术措施所需的设备、材料，应该列入物资、技术供应计划，对于每项措施，应该确定实现的期限和负责人。用人单位的领导应该对安全技术措施计划的编制和贯彻执行负责。安全技术措施计划的范围，包括以改善劳动条件、防止伤亡事故、预防职业病和职业中毒为目的的各项措施，不要与生产、基建和福利等措施混淆。

（三）劳动安全卫生教育制度

用人单位必须认真地对新职工进行安全生产的入厂教育、车间教育和现场教育，并且经过考试合格后，才能准许其进入操作岗位。从事电气、起重、锅炉、受压容器、焊接、车辆驾驶、爆破、瓦斯检验等特种作业的劳动者，必须经过专门培训并取得特种作业资格。

（四）劳动安全卫生检查制度

用人单位对生产安全工作，除进行常规检查外，还应该进行定期的检查，包括普遍检查、专业检查和季节性检查，国家劳动安全行政部门也应经常性地对用人单位的劳动安全卫生工作进行检查和处理。

（五）劳动防护用品发放和管理制度

劳动防护用品能有效地防止劳动者在生产过程中中毒、受伤，保护其人身安全和身体健康，用人单位必须为劳动者提供符合国家规定的劳动安全卫生条件和必要的劳动防护用品，对从事有职业危害作业的劳动者应当定期进行健康检查。同时，对劳动防护用品的生产经营实行许可证制度，确保防护用品质量合格，能真正起到保护作用。

（六）劳动安全卫生监察制度

国家设立劳动监察机构或群众性组织。对用人单位执行劳动安全卫生规程的情况进行监察，防止劳动安全卫生事故的发生。我国现行的劳动监察法规主要有《矿山安全监察条例》、《锅炉压力容器安全监察暂行条例》、《工会劳动保护监督检查员暂行条例》等。

（七）伤亡事故和职业病统计报告和处理制度

国家建立伤亡事故和职业病统计报告和处理制度。县级以上各级人民政府劳动行政部门、有关部门和用人单位应当依法对劳动者在劳动过程中发生的伤亡事故和劳动者的职业病状况，进行统计、报告和处理。对于隐瞒不报、虚报或故意延迟报告的用人单位，应责令补报，并给予其责任人纪律处分；情节严重的，追究其刑事责任。

三、女职工和未成年工的特殊劳动保护

女职工和未成年工的特殊劳动保护，是我国劳动立法的重要内容。作为劳动者中的特殊群体，一定意义上讲，女职工与未成年工是弱势群体。他们的身体结构和生理机能不同于男性职工或成年工，比较容易在劳动中受到伤害，因此必须给予区别性保护。

（一）女职工的特殊劳动保护

女职工特殊劳动保护的内容主要有如下方面：

1.禁止安排女职工从事禁忌活动

《劳动法》第59条规定，禁止安排女职工从事矿山井下、国家规定的第四级体力劳动强度的劳动和其他禁忌从事的劳动。具体而言，用人单位禁止安排女职工从事下列工作：

（1）矿山井下工作；

（2）森林业伐木、归楞和流放作业；

（3）《体力劳动强度分级》标准中第Ⅳ级体力劳动强度的作业；

（4）建筑业脚手架的组装和拆除工作，以及电力、电信行业的高处架线作业；

（5）连续负重（指每小时负重次数在6次以上）每次负重超过20公斤，间断负重每次负重超过25公斤的作业。

2.经期保护

女职工在月经期间，用人单位禁止安排其从事食品冷冻库及冷水等低温作业、《体力劳动强度分级》标准中第Ⅲ级体力劳动强度作业以及《高处作业分级》标准中第Ⅱ级（含Ⅱ级）以上的作业。

3.孕期保护

《女职工禁忌劳动范围的规定》第 6 条明确了怀孕女职工禁忌从事的劳动范围：

（1）作业场所空气中铅及其化合物、汞及其化合物、苯、镉铍、砷、氰化物、氮氧化物、一氧化碳、二硫化碳、氰、己内酰胺、氯丁二烯、氧二烯、环氯己烷、苯胺、甲醛等有毒物质浓度超过国家卫生标准的作业；

（2）制药行业中从事抗癌药物及己烯雌酚生产的作业；

（3）作业场所反射性物质超过《放射防护规定》中规定剂量的作业；

（4）人力进行的上方和石方作业；

（5）《体力劳动强度分级》标准中第Ⅲ级体力劳动强度的作业；

（6）伴有全身强烈振动的作业，如风钻、捣固机、镶造等作业，以及拖拉机驾驶等；

（7）工作中需要频繁弯腰、攀高、下蹲的作业，如焊接作业；

（8）《高处作业分级》标准所规定的高处作业。

此外，女职工在孕期不能适应原劳动的，用人单位应当根据医疗机构的证明，予以减轻劳动量或者安排其他能够适应的劳动。对怀孕 7 个月以上的女职工，用人单位不得延长劳动时间或者安排夜班劳动，并应当在劳动时间内安排一定的休息时间。怀孕女职工在劳动时间内进行产前检查，所需时间计入劳动时间。

4.生育期保护

女职工生育享受 98 天产假，其中产前可以休假 15 天；难产的，增加产假 15 天；生育多胞胎的，每多生育 1 个婴儿，增加产假 15 天。

女职工怀孕未满 4 个月流产的，享受 15 天产假；怀孕满 4 个月流产的，享受 42 天产假。

女职工产假期间的生育津贴，对已经参加生育保险的，按照用人单位上年度职工月平均工资的标准由生育保险基金支付；对未参加生育保险的，按照女职工产假前工资的标准由用人单位支付。

女职工生育或者流产的医疗费用，按照生育保险规定的项目和标准，对已经参加生育保险的，由生育保险基金支付；对未参加生育保险的，由用人单位支付。

5.哺乳期保护

用人单位不得安排女职工在哺乳未满一周岁的婴儿期间从事国家规定的第三级体力劳动强度的劳动和哺乳期禁忌从事的其他劳动，不得安排其延长工作时间和夜班劳动。

对哺乳未满 1 周岁婴儿的女职工，用人单位不得延长劳动时间或者安排夜班劳动。

用人单位应当在每天的劳动时间内为哺乳期女职工安排 1 小时哺乳时间；女职工生育多胞胎的，每多哺乳 1 个婴儿每天增加 1 小时哺乳时间。

【思考 18-3】女职工郑某生育后不久，于 2021 年 2 月与 A 公司签订了为期 3 年的劳动合同，从事销售工作。2021 年 7 月末，郑某住院 30 余天，出院后仍不能正常从事销售工作。A 公司以此为由，提前 30 天书面通知郑某解除劳动合同，并要求她必须于 9 月 30 日前办理各种手续。郑某以自己还在哺乳期为由，向当地劳动争议仲裁委员会申请劳动争议仲裁。

试分析：A公司能否单方解除与郑某的劳动合同？为什么？

(二)未成年工的特殊劳动保护

未成年工是指年满16周岁未满18周岁的劳动者。未成年工身体尚未发育成熟，必须对其合法权益加强保护，以促进其身心的健康成长。我国《劳动法》和《未成年工特殊保护规定》较系统全面地规定了未成年工的劳动保护措施。这些措施如下：

1.上岗前的培训。未成年工上岗前用人单位应对其进行有关的职业安全卫生教育、培训。

2.禁止用人单位安排未成年工从事禁忌劳动。属于未成年工禁忌劳动的是：《生产性粉尘作业危害程度分级》国家标准中第一级以上的接尘作业；《有毒作业分级》国家标准中第一级以上的有毒作业；《高处作业分级》国家标准中第二级以上的高处作业；《冷水作业分级》国家标准中第二级以上的冷水作业；《高温作业分级》国家标准中第三级以上的高温作业；《低温作业分级》国家标准中第三级以上的低温作业；《体力劳动分级》国家标准中第四级体力劳动强度的作业；矿山井下及矿山地面采石作业；森林业中的伐木、流放及守林作业；工作场所接触放射性物质的作业；有易燃易爆、化学性烧伤和海拔3000米以上的高原作业(不包括世居高原者)；连续负重每小时在6次以上并每次超过20公斤，间断负重每次超过25公斤的作业；使用凿岩机、捣固机、气镐、气铲、铆钉机、电锤的作业；工作中需要长时间保持低头、弯腰、上举、下蹲等强迫体位和动作频率每分钟大于50次的流水线工作。

3.禁止用人单位安排患有某种疾病或具有某些生理缺陷(非残疾型)未成年工从事以下范围的劳动：《高处作业分级》国家标准中第一级以上的高处作业；《低温作业分级》国家标准中第二级以上的低温作业；《高温作业分级》国家标准中第二级以上的高温工作；《体力劳动强度分级》国家标准中第三级以上体力劳动强度的作业；接触铅、苯、汞、甲醛、二硫化碳等易引起过敏反应的作业。

4.用人单位应对未成年工定期进行健康检查。用人单位对未成年工在安排工作岗位之前，或未成年工工作满一年，或年满18周岁，距前一次的体检时间已超过半年时要进行健康检查。用人单位应根据未成年工的健康检查结果安排其从事适合的劳动，对不能胜任原劳动岗位的，应根据医务部门的证明，予以减轻劳动量或安排其他劳动。未成年工体检的费用，由用人单位统一承担。

第五节　劳动争议解决

一、劳动争议的含义

劳动争议，也叫劳动纠纷，是指劳动者与用人单位之间关于劳动权利和劳动义务的争执。劳动争议具有以下法律特征：首先，劳动争议是基于劳动关系，关于劳动权利和劳动义务的争议；其次，劳动争议是因执行劳动法或履行劳动合同、集体合同而发生；最后，劳动争议发生在用人单位与劳动者之间。

从内容上看，劳动争议主要存在以下情形：因企业开除、除名、辞退职工和职工辞职、自动离职发生的争议；因执行国家有关工资、保险、福利、培训、劳动保护的规定发生的争议；因履行劳动合同发生的争议;法律、法规规定的其他劳动争议。

二、劳动争议处理的原则

根据《劳动法》和《中华人民共和国企业劳动争议处理条例》相关规定,劳动争议的处理,应当遵循以下原则:

(一)调解的原则

调解是指由中立的第三人从中间调停疏导,帮助争议双方交换意见,从而使双方在争议解决上达成一致的争议处理机制。以调解的方式处理争议,不仅有利于实现实体意义的公正,还能提高办案效率。对劳动争议进行调解,有利于缓和劳资矛盾,迅速合理地解决劳资纠纷。

调解的原则有以下两方面的含义:

1.调解贯穿始终。不仅劳动争议调解委员会要重视以调解的方式解决劳动争议,仲裁机构和人民法院在处理劳动争议时,也应该优先考虑以调解的方式结案。

2.调解必须以自愿为前提。任何劳动争议处理机构都不能强迫劳动争议当事人进行调解,强制调解达成的协议将没有法律拘束力。

(二)及时处理的原则

劳动争议体现为劳资关系紧张。它的发生,不仅直接关系到当事人的合法权益,还直接影响到社会生产的有序进行,导致劳动生产率的下降。因此,对劳动争议的处理,贵在及时,相关的劳动争议处理机构应快速、高效地调解劳动争议。

(三)以事实为依据、以法律为准绳的原则

以事实为依据、以法律为准绳的原则是一切执法活动所必须遵循的基本准则,劳动争议的处理也不例外。劳动争议处理机构应深入调查劳动案件,全面掌握争议的来龙去脉,弄清事实、分清责任。在此基础上严格按照法律的规定,不偏不倚、客观公正地处理劳动者与用人单位之间权利与义务的纠纷。

(四)平等的原则

法律面前人人平等。用人单位与劳动者之间虽然存在一定的隶属性,但在法律上仍是平等的主体。当发生劳动争议时,有关争议处理的法律法规对二者平等适用,任何一方都没有超越法律的特权。

三、劳动争议处理的机构

(一)劳动争议调解委员会

用人单位可以设立劳动争议调解委员会,由职工代表、用人单位代表和工会代表组成。职工代表由职工代表大会(或者职工大会)推举产生,用人单位代表由用人单位指定,工会代表由工会委员会指定。调解委员会组成人员的具体人数由职工代表大会提出并与用人单位协商确定,用人单位代表的人数不得超过调解委员会成员总数的1/3。一般情况下,劳动争议调解委员会主任由工会代表担任,调解委员会的办事机构设在工会委员会。没有成立工会组织的企业,调解委员会的设立及其组成由职工代表与企业代表协商决定。

(二)劳动争议仲裁委员会

各县、市、市辖区应当设立劳动争议仲裁委员会(以下简称仲裁委员会)。仲裁委员会由劳动行政主管部门的代表、工会的代表和政府指定的经济综合管理部门的代表组成。仲裁委员会组成人员必须是单数，主任由劳动行政主管部门的负责人担任。劳动行政主管部门的劳动争议处理机构为仲裁委员会的办事机构，负责办理仲裁委员会的日常事务。仲裁委员会实行少数服从多数的原则。

（三）人民法院

人民法院是行使国家审判权的国家机关。劳动争议的当事人对仲裁委员会的仲裁裁决不服的，可向人民法院提起诉讼。

四、劳动争议的解决途径

（一）和解协商

劳动争议的和解协商，是指劳动争议当事人在平等自愿的基础上，本着互谅互让的精神，通过协商，依法达成和解协议解决争议的活动。劳动争议发生后，当事人应当协商解决。但是，协商并非劳动争议解决的必经程序，当事人不愿协商或协商不成，可转而申请调解或仲裁。

（二）调解

调解主要是指调解委员会的调解，当然也包括仲裁机构和人民法院的调解。劳动争议调解委员会调解劳动争议，应当自当事人申请调解之日起 30 日内结束；到期未结束的，视为调解不成。仲裁机构或人民法院调解不成的，应及时对劳动争议进行裁决或判决。

（三）仲裁

劳动者或用人单位自劳动争议发生之日起 60 日内，可以书面形式向劳动争议仲裁委员会申请仲裁。当事人因不可抗力或者有其他正当理由超过申请仲裁时效的，仲裁委员会应当自收到申诉书之日起 7 日内作出受理或者不予受理的决定。仲裁委员会决定受理的，应当自作出决定之日起 7 日内将申诉书的副本送达被诉人，并组成仲裁庭；决定不予受理的，应当说明理由。仲裁委员会的仲裁裁决，一般应在收到仲裁申请的 60 日内作出。对仲裁裁决无异议的，当事人必须执行。

（四）诉讼

经过裁决，当事人对仲裁裁决不服的，可以自收到仲裁裁决书之日起 15 日内向人民法院提起诉讼。当事人不能绕过仲裁直接以劳动争议向人民法院起诉，否则，人民法院将不予受理。仲裁裁决作出后，一方当事人在法定期限内既不起诉又不履行仲裁裁决的，另一方当事人可以申请人民法院强制执行。

【思考 18-4】小赵是两年前毕业的高职生，2020 年 7 月应聘到一家种子公司工作。2021 年 6 月公司效益不好，一直未发放工资。他因体谅公司难处一直未追要。2021 年 9 月小赵辞去公司工作另谋出路，双方解除了劳动合同，直到 2022 年 2 月小赵才向公司追要拖欠的 3 个月的工资，该公司拒绝支付，小赵申请劳动争议仲裁。试分析：

(1)劳动争议仲裁机构是否会支持小赵的请求？为什么？

(2)小赵可否直接向人民法院起诉？为什么？

课后练习

一、选择题

1.甲公司安排职工李某在国庆节期间上班。根据《劳动法》的规定，李某应该获得的工资为不低于其标准工资报酬的（　　）。

A.150%　　B.200%　　C.250%　　D.300%

2.用人单位可以提前30天以书面形式通知劳动者本人解除劳动合同的有（　　）。

A.在试用期间被证明不符合录用条件的

B.患病或者负伤，在规定的医疗期内的

C.严重违反用人单位规章制度的

D.不能胜任工作，经过培训或调整工作岗位仍不能胜任工作的

3.法定最低就业年龄是（　　）。

A.18　　B.17　　C.16　　D.15

4.用人单位安排劳动者每月的加班时间不得超过（　　）小时。

A.10　　B.24　　C.36　　D.48

二、问答题

1.签订劳动合同时应注意哪些事项？

2.劳动者和用人单位在什么情况下可以单方解除劳动合同？

3.简述我国劳动法对加班加点的限制。

4.发生劳动争议时如何解决？

三、案例分析

伍小姐与公司签订了一份劳动合同。请对下面列出的劳动合同的内容进行分析：

甲方：公司

乙方：伍小姐

第一条　本合同于2018年8月10日生效，有效期至2023年8月10日。其中试用期至2019年8月10日止。

第五条　甲方安排乙方在休息日加班工作的，不支付加班工资。但乙方可以累计加班时间，由所在部门负责人安排补休。

第六条　乙方工作满三年以后，享有每年七天的带薪年休假。

第十条　甲方将应为乙方缴纳的社会基本保险费计入乙方工资，由乙方自行决定是否办理有关社会保险手续。

第三十四条　为响应国家晚婚、晚育的号召，乙方承诺在甲方工作期间不生育子女。如乙方违反本规定，甲方将要求乙方按第三十五条之规定承担违约责任，并有权解除本合同。

第三十五条　甲方每月从乙方工资中扣留10%，到每年底一并发放。如果乙方在工作中给甲方造成损失，甲方有权从该扣留款中直接受偿。

第四十条　双方因履行本合同发生争议，当事人可以向甲方劳动争议调解委员会申请调解；调解不成的，应当自劳动争议发生之日起60日内向劳动争议仲裁委员会申请仲裁。当事人一方也可以直接向甲方所在地的人民法院提起诉讼。

第十九章　经济纠纷解决途径

学习目标

★ 掌握仲裁、行政复议的范围

★ 掌握法院的管辖规定

★ 了解仲裁、行政复议、法院审判的程序

第一节　经济仲裁

【案例导入】

甲商厦与乙鞋厂签订了棉鞋购销合同，合同规定10月交货。双方在合同签订后又补签了一份仲裁协议。协议约定，如果双方就合同发生争议，任何一方有权提请仲裁。后来合同履行中双方发生了纠纷，乙鞋厂向人民法院起诉。开庭前，甲商厦向法院提交了仲裁协议，请求法院驳回乙鞋厂的起诉。分析：

(1)法院应否驳回乙鞋厂的起诉？为什么？

(2)什么是仲裁？当事人的哪些争议可以仲裁？

(3)仲裁法的主要规定有哪些？

一、仲裁法概述

(一)仲裁的概念

仲裁也称“公断”，是指纠纷当事人之间自愿达成协议，将纠纷提交仲裁机构进行审理，并作出对争议各方均有约束力的裁决的解决纠纷的活动。

仲裁具有以下特征：

1.自愿性

当事人是否采取仲裁方式解决纠纷，完全基于当事人双方的自愿。一般来说，仲裁机构的选择、仲裁庭组成人员的产生、仲裁事项等均可以由当事人协议确定。

2.约束力

仲裁的裁决对当事人均有约束力，一方当事人不履行的，另一方当事人可以向人民法院申请执行，受理申请的人民法院应当执行。

3.灵活性

当事人可以选择仲裁庭的组成形式、开庭的方式，以及仲裁规则等，仲裁程序、仲裁形式等与经济诉讼相比，具有很大的灵活性。

4.效率性

仲裁实行一裁终局制度,不同于法院审判的两审终审制度,可以使当事人的纠纷在较短时间内得到解决。

(二)仲裁法

仲裁法是指国家制定或认可的,调整在仲裁过程中发生的各种关系的法律规范的总称。

仲裁是当今国际上通行的解决争议的重要方式。1994 年 8 月 31 日全国人大常委会第九次会议通过了《中华人民共和国仲裁法》(以下简称《仲裁法》),是调整仲裁法律关系的基本法,该法自 1995 年 9 月 1 日起施行,并历经了 2009 年和 2017 年两次修正。

《仲裁法》的颁布和施行,对于保证公正、及时地仲裁经济纠纷,保护当事人的合法权益,保障社会主义市场经济健康发展,具有十分重要的意义。

(三)仲裁的适用范围

根据《仲裁法》的规定,仲裁适用于解决平等主体的公民、法人和其他组织之间发生的合同纠纷和其他财产权益纠纷,如买卖合同、租赁合同、知识产权转让合同等。但是,下列纠纷不能仲裁:(1)婚姻、收养、监护、抚养、继承纠纷;(2)依法应当由行政机关处理的行政争议;(3)劳动争议的仲裁;(4)农业集体经济组织内部的农业承包合同纠纷的仲裁。

(四)《仲裁法》的基本原则

《仲裁法》的基本原则是仲裁立法的指导思想,它是贯穿整个仲裁过程、仲裁机构和双方当事人必须遵循的基本准则,主要包括以下原则。

1.自愿原则

自愿原则是《仲裁法》最基本的原则,即是否选择仲裁作为解决纠纷的途径,选择哪家仲裁机构仲裁,哪些争议事项提交仲裁,选择哪个仲裁员和哪些形式的仲裁庭,以及选择哪种审理方式和开庭形式,由当事人自愿决定。甚至仲裁时间、仲裁地点,当事人也可以选择。

2.以事实为根据、以法律为准绳的原则

仲裁应当根据事实,符合法律规定,公平合理地解决纠纷,即仲裁活动必须以确凿的证据和事实为根据,裁决必须以法律作为处理案件的标准和衡量尺度,这是公正处理经济纠纷的根本保障。

3.独立原则

仲裁独立指的是从仲裁机构的设置到解决仲裁纠纷的整个过程,都具有法定的独立性,具体体现在:一是仲裁独立于行政机关,与行政机关没有隶属关系,其依法独立仲裁,不受行政机关的干涉;二是仲裁不实行级别管辖和地域管辖,仲裁组织体系中的仲裁协会、仲裁委员会和仲裁庭三者之间相对独立;三是仲裁独立于审判。

(五)仲裁法的基本制度

1.协议仲裁制度

当事人采用仲裁方法解决纠纷,应当由双方自愿达成仲裁协议。没有仲裁协议,一方申请仲裁的,仲裁委员会不予以受理。

2.或裁或审制度

仲裁和诉讼是两种不同的争议解决方式。当事人发生争议只能在仲裁与诉讼两种方式中选择一种解决方式。有效的仲裁协议可排除法院的管辖权,只有在没有仲裁协议或者仲裁协议无效,或者当事人放弃仲裁协议的情况下,法院才可以行使管辖权。

3.一裁终局制度

仲裁实行一裁终局制度，即仲裁庭作出的仲裁裁决为终局裁决。裁决作出后，当事人就同一纠纷再申请仲裁或者向人民法院起诉的，仲裁机构或人民法院不予以受理。

【思考 19-1】甲、乙双方签订购销合同，解决争议的条款约定：发生争议由甲方所在地的仲裁机构解决。后双方发生争议，作出裁决之后，乙方对裁决结果不服，再次申请甲方所在地的仲裁机构重新仲裁，并且向法院起诉。问：乙方再次申请仲裁并且向法院起诉是否符合法律规定？

4.回避制度

仲裁员有下列情形之一的，应当回避，当事人也有权提出回避申请：(1)是本案当事人或者当事人、代理人的近亲属；(2)与本案有利害关系；(3)与本案当事人、代理人有其他关系，可能影响公正仲裁的；(4)私自会见当事人、代理人，或者接受当事人、代理人的请客送礼的。仲裁员是否回避，由仲裁委员会主任决定；仲裁委员会主任担任仲裁员的，由仲裁委员会集体决定。

二、仲裁机构

仲裁机构包括仲裁委员会和仲裁协会。

(一)仲裁委员会

仲裁委员会是组织进行仲裁工作，解决经济纠纷的事业单位法人。仲裁委员会可以在直辖市和省、自治区人民政府所在地的市设立，也可以根据需要在其他设区的市设立，不按行政区划层层设立，仲裁委员会独立于行政机关，与行政机关没有隶属关系。仲裁委员会之间也没有隶属关系。仲裁委员会由上述市的人民政府组织有关部门和商会统一组建。设立仲裁委员会，应当在省、自治区、直辖市的司法行政部门登记。

仲裁委员会由主任 1 人、副主任 2～4 人和委员 7～11 人组成。仲裁委员会的组成人员中，法律、经济贸易专家不得少于 2/3。

仲裁委员会应当从公道、正派的人员中聘任仲裁员。仲裁员应当符合下列条件之一：(1)从事仲裁工作满 8 年的；(2)从事律师工作满 8 年的；(3)曾任审判员满 8 年的；(4)从事法律研究、教学工作并具有高级职称的；(5)具有法律知识、从事经济贸易等专业工作并具有高级职称或者具有同等专业水平的。

(二)仲裁协会

仲裁协会是社会团体法人。中国仲裁协会实行会员制。各仲裁委员会是中国仲裁协会的法定会员。中国仲裁协会是仲裁委员会的自律性组织，根据由全国会员大会制定的章程对仲裁委员会及其组成人员、仲裁员的违纪行为进行监督。根据《仲裁法》和《中华人民共和国民事诉讼法》(以下简称《民事诉讼法》)的有关规定制定仲裁规则和其他仲裁性文件。

三、仲裁协议

(一)仲裁协议的概念

仲裁协议是指双方当事人自愿把他们之间可能发生或者已经发生的经济纠纷提交仲裁机构裁决的书面约定。仲裁协议应当以书面形式订立，口头达成仲裁的意思表示无效。

（二）仲裁协议的内容

仲裁协议应当具有下列内容：(1)请求仲裁的意思表示；(2)有仲裁事项；(3)有选定的仲裁委员会。

有下列情形之一的，仲裁协议无效：(1)约定的仲裁事项超出了法律规定的仲裁范围；(2)无民事行为能力人或限制民事行为能力人订立的仲裁协议；(3)一方采取胁迫手段，迫使另一方订立的仲裁协议；(4)口头订立的仲裁协议；(5)仲裁协议对仲裁委员会没有约定或者约定不明确，当事人又达不成补充协议的。

（三）仲裁协议的效力

仲裁协议依法成立，即具有法律约束力。仲裁协议独立存在，合同的变更、解除、终止或者无效，不影响仲裁协议的效力。

当事人对仲裁协议的效力有异议的，可以请求仲裁委员会作出决定或者请求人民法院作出裁定。一方申请仲裁委员会作出决定，另一方请求法院作出裁定的，由人民法院裁定。

当事人对仲裁协议的效力有异议的，应当在首次开庭前提出。

当事人达成仲裁协议，一方向人民法院起诉未声明有仲裁协议，人民法院受理后，另一方在首次开庭前提交仲裁协议的，人民法院应当驳回起诉，但仲裁协议无效的除外；另一方在首次开庭前未对人民法院受理起诉提出异议的，视为放弃仲裁协议，人民法院应当继续审理。

【思考 19-2】甲、乙签订买卖童装的合同，约定如果发生纠纷，由乙所在地的仲裁机构仲裁解决。后来，甲提出解除合同，并愿意承担由此给乙造成的损失，于是，双方解除了合同，但就损失赔偿金额发生了争议。乙认为合同既然已经解除，其中的仲裁条款也失去效力，于是向人民法院起诉。试分析乙的观点是否正确。

四、仲裁程序

（一）申请和受理

1.申请

当事人申请仲裁应当符合下列条件：(1)有仲裁协议；(2)有具体的仲裁请求和事实、理由；(3)属于仲裁委员会的受理范围。此外，当事人还应当向仲裁委员会递交仲裁协议、仲裁申请书及副本，并按规定缴纳仲裁费用。

2.受理

仲裁委员会自收到仲裁申请书之日起 5 日内，认为符合受理条件的，应当受理，并通知当事人；认为不符合受理条件的，应当书面通知当事人不予受理，并说明理由。

仲裁委员会受理仲裁申请后，应当在仲裁规则规定的期限内将仲裁规则和仲裁员名册送达申请人，并将仲裁申请书副本和仲裁规则、仲裁员名册送达被申请人。被申请人应当在规定的期限内提交答辩书，并由仲裁委员会按规定将答辩书副本送达申请人。被申请人未提交答辩书的，不影响仲裁程序的进行。

（二）仲裁庭的组成

仲裁庭可以由 3 名仲裁员或者 1 名仲裁员组成。由 3 名仲裁员组成的，设首席仲裁员。当事人约定由 3 名仲裁员组成的，应当各自选定或者各自委托仲裁委员会主任指定 1 名仲裁员，第 3 名仲裁员由当事人共同选定或者共同委托仲裁委员会主任指定。第 3 名仲裁员是首席仲裁员。当事人约定由1名仲裁员成立仲裁庭的，应当由当事人共同选定或者共同委托仲裁委员会主任指定。当事人没有在仲裁规则规定的期限内约定仲裁庭组成方式或者选定仲裁员的，由仲裁委员会主任指定。仲裁庭组成后，仲裁委员会应当将仲裁庭的组成情况书面通知当事人。

第二节　行政复议

【案例导入】

甲公司与税务机关在纳税上发生了争议，不服税务机关的处罚，于是向上一级税务机关申请复议，上一级税务机关受理了甲公司的复议申请。A市的税务机关为改善办公条件，从乙办公用品批发行赊购办公桌椅一批，共计3万余元，一直未付款。乙办公用品批发行多次催要无果，于是向上一级税务机关申请行政复议，不料申请被驳回。分析：

(1)为什么甲的申请被受理，而乙的申请被驳回？

(2)什么是行政复议？行政复议的范围有哪些？

(3)《行政复议法》的主要规定有哪些？

一、行政复议的概念

行政复议是指公民、法人和其他组织认为行政机关的具体行政行为侵犯其合法权益，依法向特定行政机关提出申请，由受理该申请的行政机关对原作出具体行政行为机关的行政行为依法进行审查并作出行政复议决定的活动。1999年4月29日全国人民代表大会常务委员会通过了《中华人民共和国行政复议法》(以下简称《行政复议法》)，该法自1999年10月1日起施行，并历经了2009年和2017年两次修正，是行政复议活动进行的基本法律依据。

二、行政复议的范围

(一)行政复议受理的范围

有下列情形之一的，公民、法人或组织均可提起复议：

(1)对行政机关作出的警告、罚款、没收违法所得、没收非法财务、责令停产停业、暂扣或吊销许可证、暂扣或吊销执照、行政拘留等处罚决定不服的。

(2)对行政机关作出的限制人身自由或查封、扣押、冻结财产等行政强制措施决定不服的。

(3)对行政机关作出的有关许可证、执照、资质证、资格证等证书变更、中止、撤销的决定不服的。

(4)对行政机关作出的关于确认土地、矿藏、水流、森林、山岭、草原、荒地、滩涂、海域等自然资源的所有权或使用权的决定不服的。

(5)认为行政机关侵犯合法的经营自主权的。

(6)认为行政机关变更或废止农业承包合同，侵犯其合法权益的。

(7)认为行政机关违法集资、征收财物、摊派费用或违法要求履行其他义务的。

(8)认为符合法定条件,申请行政机关颁发许可证、执照、资质证、资格证等证书,或申请行政机关审批、登记有关事项,行政机关无法办理的。

(9)申请行政机关履行保护人身权利、财产权利、受教育权利的法定职责,行政机关没有依法履行的。

(10)申请行政机关依法发放抚恤金、社会保险金或最低生活保障费,行政机关没有依法发放的。

(11)认为行政机关的其他具体行政行为侵犯其合法权益的。

公民、法人或者其他组织认为行政机关的具体行政行为所依据的下列规定不合法,在对具体行政行为申请行政复议时,可以一并向行政复议机关提出对该规定的审查申请:①国务院部门的规定;②县级以上地方各级人民政府及其工作部门的规定;③乡、镇人民政府的规定。上述所列规定不含国务院部、委员会规章和地方人民政府规章。规章的审查依照法律、行政法规办理。

(二)不得申请行政复议的事项

下列事项不得申请行政复议:

(1)不服行政机关的抽象行政行为的,可依照有关规定通过监督途径提出处理要求,主要是指针对不特定的人作出的具有普遍性的法规等。

(2)不服行政机关作出的行政处分或其他人事处理决定的,可依照有关法律、行政法规的规定提出申诉。

(3)不服行政机关对民事纠纷作出的调解或其他处理,可依法申请仲裁或向人民法院提起诉讼。

三、行政复议程序

(一)行政复议申请

1.申请行政复议的期限

公民、法人或者其他组织认为具体行政行为侵犯其合法权益的,可以自知道该具体行政行为之日起60日内提出行政复议申请,但是法律规定的申请期限超过60日的除外。因不可抗力或者其他正当理由耽误法定申请期限的,申请期限自障碍消除之日起继续计算。申请可以是书面的,也可以是口头的。

行政复议申请已被行政复议机关依法受理的,或者法律、法规规定应当先向复议机关申请行政复议、对行政复议决定不服再向人民法院提起行政诉讼的,在法定行政复议期限内不得向人民法院提起行政诉讼。申请人向人民法院提起行政诉讼,人民法院已经依法受理的,不得申请行政复议。

【思考19-3】甲公司因擅自扩大经营范围被工商管理机关处以罚款,该公司向上一级工商行政管理机关提出复议,行政复议被受理后,甲公司又向人民法院递交了起诉状。试分析:这一做法合法吗?为什么?

2.行政复议管辖

(1)对县级以上地方各级人民政府工作部门的具体行政行为不服的,由申请人选择,可以向该部门的本级人民政府申请行政复议,也可以向上一级主管部门申请行政复议。但对海关、金融、国税、外汇管理等实行垂直领导的行政机关和国家安全机关的具体行政行为不服的，向上一级主管部门申请行政复议。

(2)对地方各级人民政府的具体行政行为不服的，向上一级地方人民政府申请行政复议。但对省、自治区人民政府依法设立的派出机关所属的县级地方人民政府的具体行政行为不服的，向该派出机关申请行政复议。

(3)对国务院部门或者省、自治区、直辖市人民政府的具体行政行为不服的，向作出该具体行政行为的国务院部门或者省、自治区、直辖市人民政府申请行政复议。

(二)行政复议受理

行政复议机关收到行政复议申请后，应当在5日内进行审查，对不符合法律规定的行政复议申请，决定不予受理，并书面告知申请人；对符合法律规定，但是不属于本机关受理的行政复议申请，应当告知申请人向有关行政复议机关提出。除上述规定外，行政复议申请自行政复议机关负责法制工作的机构收到之日即为受理。

行政复议机关受理行政复议申请，不得向申请人收取任何费用。

除有下列情形之一的，行政复议期间具体行政行为不停止执行：(1)被申请人认为需要停止执行的；(2)行政复议机构认为需要停止执行的；(3)申请人申请停止执行，行政复议机关认为其要求合理，决定停止执行的；(4)法律规定停止执行的。

(三)行政复议决定

行政复议原则上采取书面审查的办法，但是申请人提出要求或者行政复议机关负责法制工作的机构认为有必要时，可以向有关组织和人员调查情况，听取申请人、被申请人和第三人的意见。

行政复议的举证责任由被申请人承担。

行政复议机关应当自受理申请之日起60日内作出行政复议决定，但是法律规定的行政复议期限少于60日的除外。

行政复议机关负责法制工作的机构应当对被申请人作出的具体行政行为进行审查，提出意见，经行政复议机关的负责人同意或者集体讨论通过后，按照下列规定作出行政复议决定：

(1)具体行政行为认定事实清楚，证据确凿，适用依据正确，程序合法，内容适当的，决定维持。

(2)被申请人不履行法定职责的，决定其在一定期限内履行。

(3)具体行政行为有下列情形之一的，决定撤销、变更或者确认该具体行政行为违法；决定撤销或者确认该具体行政行为违法的，可以责令被申请人在一定期限内重新作出具体行政行为：①主要事实不清、证据不足的；②适用依据错误的；③违反法定程序的；④超越或者滥用职权的；⑤具体行政行为明显不当的。

(4)被申请人不按法定期限提出书面答复，提交当初作出具体行政行为的证据、依据和其他有关材料的，视为该具体行政行为没有证据、依据，决定撤销该具体行政行为。

行政复议决定书一经送达，即发生法律效力。被申请人应当履行行政复议决定。被申请人不履行或无正当理由拖延履行的，行政复议机关或有关上级行政机关应当责令其限期履行。

(四)行政复议与行政诉讼的关系

对于属于法院受案范围的行政案件，公民、法人或者其他组织可以直接向法院提起诉讼,也可以先向上一级行政机关或者法律、法规规定的行政机关申请复议;对复议不服的,再向法院提起诉讼,但是法律规定行政复议决定为最终裁决的除外。

公民、法人或者其他组织认为行政机关的具体行政行为侵犯其已经依法取得的土地、矿藏、水流、森林、山岭、草原、荒地、滩涂、海域等自然资源的所有权或者使用权的,应当先申请行政复议;对行政复议决定不服的,可以依法向法院提起行政诉讼。

【思考 19-4】某省滨海市下辖某县土地管理部门作出收回光华公司土地使用权的决定。光华公司不服向法院起诉,法院裁定不予受理。此后,光华公司向滨海市土地管理部门申请行政复议。滨海市土地管理部门受理后,经过审查,作出了维持该县土地管理部门“收回光华公司土地使用权决定”的行政复议决定。试分析:

(1)光华公司向法院起诉时,法院裁定不予受理的做法是否符合法律规定?为什么?

(2)光华公司如果不服滨海市土地管理部门的行政复议决定,还可以通过什么途径保护公司的权益?

第三节 民事诉讼

【案例导入】

A 市的甲公司与 B 市的乙公司签订了一份买卖合同,履行地点在 C 市,合同签订地点在 A 市,合同中未约定争议解决的管辖法院。甲按期履行了合同,但乙迟迟不付款,甲多次催要无果,于是向 A 市人民法院起诉,A 市人民法院以对本案没有管辖权为由裁定不予受理,并告知甲向有管辖权的法院起诉。分析:

(1)人民法院的管辖权是如何划分的?

(2)《民事诉讼法》的主要规定有哪些?

(3)仲裁与诉讼有什么区别?

一、民事诉讼的概念

民事诉讼是指人民法院依照法律规定,在当事人和其他诉讼参与人的参与下,依法解决诉讼的活动。诉讼按其解决的具体争议的性质不同,可分为刑事诉讼、民事诉讼和行政诉讼。

二、民事诉讼的管辖

诉讼管辖,是指各级人民法院之间以及不同地区的同级人民法院之间,受理第一审民事案件的分工和权限。诉讼管辖按照不同标准可以分为级别管辖、地域管辖、专属管辖、协议管辖等。

(一)级别管辖

级别管辖是人民法院系统内划分上下级人民法院之间,对第一审民事案件受理范围上的分工和权限。

我国法院分为四级:基层人民法院、中级人民法院、高级人民法院、最高人民法院。另外,还有专门法院,如军事法院、海事法院、铁路运输法院。

基层人民法院(指县级、不设区的市级、市辖区的法院)管辖除上级人民法院管辖外的所有第一审民事、经济纠纷案件。我国绝大多数的第一审民事案件由基层人民法院管辖。

中级人民法院管辖重大涉外案件,在本辖区有重大影响的案件,最高人民法院确定由中级人民法院管辖的案件。

高级人民法院管辖在本辖区有重大影响的第一审民事案件。

最高人民法院管辖两类案件:一是在全国有重大影响的案件,二是认为应当由本院审理的案件。

(二)地域管辖

各级人民法院的辖区和各级行政区划一致。按照人民法院的辖区,确定同级法院之间受理第一审案件的分工和权限,称地域管辖。地域管辖又分为一般地域管辖、特殊地域管辖。

1.一般地域管辖

一般地域管辖是指根据当事人住所地确定管辖法院的一种管辖。通常采取“原告就被告”的原则,即到被告所在地法院起诉。被告所在地对作为公民的个人被告而言,是指其住所地,即户籍所在地,如果经常居住地(居住满 1 年)与户籍所在地不一致的,以经常居住地为住所。对作为法人或其他组织的被告而言,是指其主要办事机构所在地或主要营业地。

2.特殊地域管辖

特殊地域管辖是以诉讼的所在地,或引起法律关系发生、变更、消灭的法律事实所在地为依据确定管辖法院的一种管辖,其主要内容如下:

(1)一般合同纠纷案件,由被告住所地或合同履行地人民法院管辖。

(2)保险合同纠纷案件,由被告住所地或保险标的物所在地人民法院管辖。

(3)票据纠纷案件,由被告住所地或票据支付地人民法院管辖。

(4)运输合同纠纷案件,由被告住所地或运输始发地、目的地人民法院管辖。

(5)侵权行为纠纷案件,由被告住所地或侵权行为地人民法院管辖。

(6)交通事故损害赔偿纠纷案件,由被告住所地或事故发生地、车辆或船舶最先到达地、航空器最先降落地人民法院管辖。

(三)专属管辖

专属管辖是法律规定案件必须由特定法院管辖,其他法院无权受理,当事人也不得协议变更受理法院,主要包括:(1)因不动产纠纷提起的诉讼,由不动产所在地人民法院管辖;(2)因港口作业中发生的纠纷提起的诉讼,由港口所在地人民法院管辖;(3)因继承遗产纠纷提起的诉讼,由被继承人死亡时住所地或主要遗产所在地人民法院管辖。

【思考 19-5】B 市的甲购买了乙在 A 市的一套房屋,因房屋质量问题发生了争议,甲准备起诉乙。试分析甲应向哪个法院提起诉讼。

(四)协议管辖

协议管辖是指当事人在纠纷发生前或诉讼发生后,以协议方式确定第一审民事案件的管辖法院。根据法律规定,国内合同纠纷案件当事人可以在被告住所地、原告住所地、合同履行地、合同签订地、标的物所在地人民法院中选择。涉外合同或涉外财产权益纠纷案件当事人可以选择与争议有实际联系的地点的人民法院管辖。

三、民事诉讼程序

(一)第一审程序

第一审程序是指人民法院审理当事人起诉案件所适用的程序。通常包括下面几个阶段。

1.起诉和受理

起诉，是公民、法人和其他民事主体因自己的民事权益受到侵害或与他人发生争议而向人民法院提出诉讼请求，要求人民法院予以司法保护，依法作出裁判的诉讼行为。起诉必须符合下列条件：(1)原告是与本案有直接利害关系的公民、法人和其他组织；(2)有明确的被告；(3)有具体的诉讼请求和事实、理由；(4)属于人民法院受理民事诉讼的范围和受诉人民法院管辖范围。

人民法院认为不符合起诉条件的，应当在 7 日内裁定不予受理；原告对裁定不服的，可以提起上诉。

2.调查和调解

人民法院审判人员必须认真审核诉讼材料，调查收集必要的证据，并根据当事人自愿的原则，在事实清楚的基础上，分清是非，进行调解。调解达成协议，必须双方自愿，不得强迫。调解协议的内容不得违反法律规定。调解未达成协议，人民法院应当制作调解书。调解书经双方当事人签收后，即具有法律效力。调解未达成协议或者调解书送达前一方反悔的，人民法院应当及时判决。人民法院审理行政案件，不适用调解。

3.开庭审理

人民法院审理案件，除涉及国家秘密、个人隐私或者法律另有规定的以外，应当公开进行。涉及商业秘密的案件，当事人申请不公开审理的，可以不公开审理。开庭审理包括庭审准备、法庭调查、法庭辩论、评议和宣判等阶段。庭审准备是指开庭审理案件前所进行的准备工作，如开庭审理前 3 日通知当事人和其他诉讼参与人，开庭审理前，核对当事人和其他诉讼参与人身份等。法庭调查是在当事人和其他诉讼参与人的参与下，核实各种证据，以查明案情，认定事实。法庭辩论是在审判人员主持下，由双方当事人对案件有争议的事实、证据等互相辩驳。法庭辩论结束后，当事人不愿进行调解或者调解不成的，合议庭全体成员进行评议，实行少数服从多数的原则，评议后，根据案件情况，当庭宣判或者定期宣判。

人民法院对公开审理或者不公开审理的案件，一律公开宣告判决。当庭宣判的，应当在 10 日内发送判决书；定期宣判的，宣判后立即发给宣判书。宣告判决时，必须告知当事人上诉权利、上诉期限和上诉的法院。

(二)第二审程序

我国实行两审终审制，当事人不服地方人民法院第一审判决的，有权在判决书送达之日起 15 日内向上一级人民法院提起上诉。当事人不服地方人民法院第一审裁定的，有权在裁定书送达之日起 10 日内向上一级人民法院提起上诉。

二审法院对上诉案件进行审理，按下列情况分别处理：(1)原判决认定事实清楚，适用法律正确的，判决驳回上诉，维持原判；(2)原判决适用法律错误，依法改判；(3)原判决认定事实错误，或者原判决认定事实不清，证据不足，裁定撤销原判决，发回原审人民法院重审，或查清事实后改判；(4)原判决违反法定程序，可能影响案件正确判决、裁定的，撤销原判决，发回原审人民法院重审。

第二审的判决、裁定是终审的判决、裁定，一经送达当事人，即发生法律效力，当事人不得再行上诉，或就同一诉讼标的以同一事实和理由重新起诉。对发回原审人民法院重审的案件的判决、裁定可以上诉。

(三)审判监督程序

审判监督程序是指人民法院对已经发生法律效力的判决、裁定发现确有错误，依法进行再审给予纠正的一种特殊程序。审判监督程序的提起，通常包括以下情况：(1)各级人民法院院长对本院已经发生法律效力的判决、裁定，发现确有错误，认为需要再审的，应当提交审判委员会讨论决定。(2)最高人民法院对地方各级人民法院已经发生法律效力的判决、裁定，上级人民法院对下级人民法院已经发生法律效力的判决、裁定，发现确有错误的，有权提审或者指令下级人民法院再审。(3)当事人对已经发生法律效力的判决、裁定，认为有错误的，可以向原审人民法院或者上一级人民法院申请再审，但不停止判决、裁定的执行。当事人申请再审，应当在判决、裁定发生法律效力后 2 年内提出。(4)人民检察院提出抗诉的案件，人民法院应当再审。

(四)执行程序

执行程序是人民法院依法对已经发生法律效力的判决、裁定及其他法律文书的规定，强制义务人履行义务的程序。对发生法律效力的判决、裁定、调解书和其他应由人民法院执行的法律文书，当事人必须履行。一方拒绝履行的，对方当事人可以向人民法院申请执行。申请执行的期限从法律文书规定履行期间的最后一日起计算，双方或者一方当事人是公民的为 1 年，双方是法人或者其他组织的为 6 个月。

【思考 19-6】A 地甲公司与 B 地乙公司签订了一份书面购销合同，甲公司向乙公司购买冰箱 100 台，每台价格是 1500 元，双方约定乙公司代办托运，甲公司在收到货物后的 10 日内付款，任何一方违约需支付违约金 10 万元，并且约定了因合同发生纠纷由合同签订地 C 地的法院管辖，后来，乙公司违约，双方发生争议，甲公司提起诉讼，试分析：

(1)甲、乙双方约定发生合同纠纷由 C 地的法院管辖，该管辖协议是否有效？

(2)如果双方当事人没有约定管辖协议，那么，甲公司可以向哪个法院提起诉讼？

(3)如果乙不服一审判决，能否上诉？

(4)乙上诉后，如果二审法院维持原判，试分析二审法院判决的法律效力有哪些。

课后练习

一、选择题

1.下列各项中，可以申请仲裁解决的是(　　)。

A.甲与其任职单位的劳动合同争议

B.甲、乙两人的继承遗产纠纷

C.甲企业与银行签订的流动资金贷款合同纠纷

D.甲某与村民委员会签订的土地承包合同纠纷

2. 根据行政复议法的规定，下列各项中可以提起行政复议的有(　　)。

A.不服行政机关作出的行政处分决定

B.不服行政机关作出的人事决定

C.不服行政机关对民事纠纷作出的调解

D.不服行政机关作出的收回土地使用权的决定

3. 2021年9月1日，某行政机关对A公司作出责令停产停业的决定，并于当日以信函方式寄出，A公司于9月5日收到该信函。下列关于A公司提出行政复议申请的期间表述正确的有哪些？(　　)

A.9月1日至9月30日　　B.9月1日至10月30日

C.9月5日至10月4日　　D.9月5日至11月4日

4. 李某对甲市A区国家税务局的某一具体行政行为不服，决定申请行政复议。下列关于受理李某申请的行政复议机关表述正确的有哪些？(　　)

A.A区人民政府　　B.甲市国家税务局

C.A区国家税务局　　D.甲市人民政府

5. A企业因与银行发生票据兑付纠纷而提起诉讼，该企业在起诉银行时可以选择的人民法院有哪些？(　　)

A.原告住所地人民法院　　B.票据支付地人民法院

C.被告住所地人民法院　　D.票据出票地人民法院

6.下列关于仲裁与民事诉讼区别的表述中，正确的有哪些？(　　)

A.仲裁必须由双方当事人自愿达成仲裁协议方可进行，而诉讼只要有一方当事人起诉即可进行

B.仲裁实行一裁终局制度，而诉讼实行两审终审制度

C.仲裁不公开进行，诉讼一般公开进行

D.仲裁不实行回避制度，诉讼实行回避制度

二、问答题

1. 简述仲裁的范围与仲裁协议的效力。

2. 简述诉讼和仲裁的区别。

3. 简述行政复议与诉讼的区别。

参考文献

1. 黄河:《经济法》,中国人民大学出版社 2003 年版。
2. 卢炯星、洪志坚:《劳动法案例精解》,厦门大学出版社 2004 年版。
3. 王利明:《民法学》,法律出版社 2000 年版。
4. 李昌麒:《经济法学》,法律出版社 2016 年版。
5. 李艳芳:《经济法案例分析》,中国人民大学出版社 2006 年版。
6. 王建平:《经济法》,东北财经大学出版社 2006 年版。
7. 周正庆:《中华人民共和国证券法知识读本》,金融出版社 2006 年版。
8. 王利民:《违约责任论》,中国政法大学出版社 2003 年版。
9. 曲振涛、王福友:《经济法》,高等教育出版社 2017 年版。
10. 冯果:《公司法要论》,武汉大学出版社 2003 年版。
11. 王宝树:《中国商事法》,人民法院出版社 2001 年版。
12. 吴汉东:《知识产权法》,法律出版社 2014 年版。
13. 杨紫烜:《经济法》,北京大学出版社 2015 年版。
14. 侯怀霞:《经济法学》,北京大学出版社 2003 年版。
15. 周正庆:《中华人民共和国证券法知识读本》,金融出版社 2006 年版。
16. 顾功耘:《经济法教程》,上海人民出版社 2002 年版。
17. 潘静成、刘文华:《经济法》,中国人民大学出版社 2005 年第 2 版。
18. 王宝树:《中国商事法》,人民法院出版社 2001 年版。
19.朱崇实、卢炯星主编:《经济法》,厦门大学出版社 2013 年版。
20.强力、王志诚:《中国金融法》,中国政法大学出版社 2010 年版。
21.吴弘、李有星:《金融法》,高等教育出版社 2013 年版。
22.王晓晔:《经济法学》,社会科学文献出版社 2010 年版。
23.刘文华:《经济法》,中国人民大学出版社 2017 年版。
24.张守文:《经济法学》,北京大学出版社 2018 年版。
25.殷洁:《经济法》,法律出版社 2019 年版。
26.魏俊、朱福娟:《经济法概论》,法律出版社 2019 年版。
27.方赛迎、邓保国:《经济法》,暨南大学出版社 2019 年版。
28.杨德敏:《经济法通论》,复旦大学出版社 2019 年版。
29.曾咏梅、王峰:《经济法》,武汉大学出版社 2015 年版。
30.漆多俊:《经济法基础理论》,法律出版社 2017 年版。
31.王晓红、张秋华:《经济法概论》,中国人民大学出版社 2018 年版。
32.赵威:《经济法》,中国人民大学出版社 2019 年版。
33.孟庆瑜:《经济法基本问题研究》,人民出版社 2017 年版。
34.朱大旗:《金融法》,中国人民大学出版社 2015 年版。
35.朱崇实:《金融法教程》,法律出版社 2017 年版。